U0617895

中华传世藏书

【图文珍藏版】

欽定古今圖書集成

精华本

[清]陈梦雷　蒋廷锡⊙原著

刘宇庚⊙主编

第八册

线装书局

第六十六章　星命纪事与星命杂录

星命纪事

《括异志》：费孝先，成都人，取人生年月日时成卦，谓之轨革，后有卦影，所画皆唐衣冠，禄位亦唐官次，岂非唐之精象数者为之欤？

《魏书·孙绍传》：绍迁右将军大中大夫，绍曾与百寮赴朝，东掖未开，守门候旦。绍于众中引吏部郎中辛雄于众外，窃谓之曰："此中诸人，寻当死尽，唯吾与卿犹享富贵。"雄甚骇愕，不测所以。未几有河阴之难。绍善推禄命，事验甚多，知者异之。

《唐书·尚献甫传》：长安二年，荧惑犯五诸侯，献甫自陈五诸侯太史位："臣命纳音金也，火金之仇，臣且死。"后曰："朕为卿厌之。"迁水衡都尉，谓曰："水金生，卿无忧。"至秋卒，后嗟异。

《张果传》尝云："我生尧丙子岁，位侍中。"其貌实年六七十。时有邢和璞者，善知人夭寿，帝令璞推果生死，懵然莫知其端。

《龙城录》：房元龄来买卜，成都日者笑而掩象曰："公知名当世，为时贤相，奈无嗣相绍何？"公怒。时遗直已三岁，在侧，日者顾指曰："此儿，此儿，绝房氏者此也。"公大怅而还，后皆信然也。

《独异志》：唐贞元中，李师古暇日常宴其从事，适有日者预坐，师古遣遍视幕客皇甫弼、贾直言之徒，凡十辈，答曰："十日之内，俱有重祸。"又指一从事王生者曰："此先忌马厄。"时有从事姓魏者，师古之妻党，移第凿池，积土其傍，上构高亭，极为弘敞，既成，即迎入舍，乐之饮酣，亭忽摧塌，以其下土弱不胜其任，坐客皆折手足，不至于死，王生因为角马木长钉横贯其胫，立死。

玉泉子牛庶锡，性静退寡合，累举不第。贞元元年，因问日者，君明年状头及第，庶锡但望偶中一第，殊不信也。时已八月，未命主司。偶经少保萧昕宅前，值昕策杖独游南园，庶锡遇之，遽投刺并贽所业，昕独居，方思宾客，喜延之，语及省文卷，再三称赏，因问："外议以何人？当知举。"庶锡对曰："尚书至公为心，必更屈领一岁。"昕曰："必不见命，若尔，君即状头也。"庶锡起拜谢，坐未安，忽闻驰马传呼曰："尚书知举。"昕遽起，庶锡复再拜，曰："尚书适已赐许，皇天后土实闻斯言。"昕曰："前言已定矣。"明年果状头及第。

段文昌尝佐太尉南康王韦皋为成都馆驿巡官，忽失意，皋逐之，使作灵池尉，羸童劣马，奔迫就限。去灵池六七里，已昏黑，路绝行人，忽有两炬前引，更呼曰："太尉来就。"及郭门，两炬皆灭。先时韦皋奏使入长安，素与刘禹锡深交，禹锡时为礼部员外郎，与日者从容，文昌入谒，日者匿于帘下。既去，日者谓禹锡曰："员外若图省转，事势殊远，须待十年后，此客入相，方转本曹正郎耳。"自是禹锡失意，连授外官十余年，文昌入相，方除禹锡吏部郎中。

《全唐诗话》：张曙、崔昭纬中和初同举相，与诣日者问命。曙时自负才名籍甚，以为将来状元，崔亦分居其下。日者殊不顾曙第目崔曰："将来万全高第。"曙有愠色。日者曰："郎君亦及第，然须待崔拜相，当此时过堂。"既而曙果不终场。昭纬首冠。曙以篇什刺之云："千里江山陪骥尾，五更风水失龙鳞。昨夜浣花溪上雨，绿杨芳草为何人？"后七年，昭纬为相，曙方登第，果于昭纬下过堂。杜荀鹤同年生也，酬曙诗云："天上书名天下传，引来齐到玉皇前。大仙录后头无雪，至药成来灶绝烟。笑蹑紫云金作阙，梦抛尘世铁为船。九华山叟惊凡骨，同到蓬莱岂偶然。"

《南唐近事》：赵王李德诚镇江西，有日者自称世人贵贱一见辄分，王使女妓数人，与其妻滕国君同妆梳、服饰，偕立庭中，请辨良贱。客俯躬而进，曰："国君头上有黄云。"群妓不觉皆仰首，日者曰："此是国君也。"王悦而遣之。

《宋史·掌禹锡传》：禹锡喜命术，自推直生日，年庚寅，日乙酉，时壬午，当易之归妹、困、震初中末三卦，以世应飞伏纳五甲行轨析数推之，卦得二十五少分，三卦合七十五年约半，禄秩算数，尽于此矣。

《韩世忠传》：世忠字良臣，延安人，风骨伟岸，目瞬如电，早年鸷勇绝人，能骑生马驹，家贫无产业，嗜酒尚气，不可绳检。日者言：“当作三公。”世忠怒其侮己，殴之。

《刘谦传》：谦历保静军节度。初，谦将应募，与同军王仁德讯于日者，日者指谦谓仁德，曰：“尔当为此人厩吏。”及谦帅殿前，仁德果隶役厩中。

《湘山野录·僧录》：赞宁有大学洞古博物著书数百卷，王元之禹偁、徐骑省铉疑则就而质焉，二公皆拜之。柳仲涂开因曰：“余顷守维扬，郡堂后菜圃才阴雨则青焰夕起，触近则散，何邪?”宁曰：“此磷火也，兵战血或马牛血，著土则凝结为此气，虽千载不散。”柳遽拜之，曰：“掘之皆断枪折镞，乃古战地也。”因赠以诗，中有“空门今日见张华”之句。太宗欲知古高僧事，撰《僧史略》十卷进呈，充史馆编修，寿八十四。司天监王处讷推其命，孤薄不佳，三命星禽，晷禄壬遁，俱无寿贵之处。谓宁曰：“师生时所异者，止得天贵星临门必有裂土侯王在户否?”宁曰：“母氏尝谓某曰：汝生时卧草，钱文穆、王元瓘往临安县拜茔，至门雨作，避于茆檐甚久，殆浣浴襁籍毕，徘徊方去。”

《东轩笔录》：京师有僧化成，能推人命贵贱，予尝以王安国之命问之。化成曰：“平甫之命，绝似苏子美。”及平甫放逐逾年，复大理寺丞，既卒，年四十七，与舜钦官职废斥、年寿无小异者。

《续湘山野录》：蜀人严储者，与苏易简之父善，储之始举进士，而苏之子易简生三日，为饮局，有日者同席，储以年日询之，日者曰：“君当俟苏公之子为状元乃成名。”坐客皆笑，后归朝累亦不捷。太平兴国五年，果于易简榜下登第。

《丁晋公谈录》：太宗即位，后来数年，应为朱邸牵拢，仆驭者皆位至节帅，人皆叹讶之。洎晋公为福建路转运使日，建州浦城知县李元侃善算术，因访问之，云：“人生名品皆尽有阶级，固不可越，诚土象行度，临照次第而使然耳。真宗即位，木在奎居，兖州地分奎为天，奴仆宫故当时执驭者皆骤居，富贵，岂偶然邪?”

韩王晋初罢陇州，巡官到京，至日者王勋卜肆问命，次帘下看鲁公驺殿稍盛，叹曰：“似此贵官，修个甚福来得到此。”勋曰：“员外即日富贵更强似此人，何足叹羡，往往便为交代亦未可知。”后果如其言。

《东轩笔录》：本朝状元多同岁，此于星历必有可推者，但数问无能晓之。尔前徐奭、梁固皆生于乙酉，王曾、张师德皆生于戊寅，吕溱、杨寘皆生于甲寅，贾黯、郑獬皆生于壬戌，彭汝砺、许安世皆生于辛巳，陈尧咨、王整皆生于庚午。

章郇公庆历中罢相知陈州，舣舟蔡河上。张方平、宋子京俱为学士，同谒公。公曰："人生贵贱莫不有命，俱生年月日时，胎有三处合者，不为宰相亦为枢密副使。"张、宋退，召术者泛以朝士命推之，唯得梁适、吕公弼二命各有三处合。张、宋叹息而已。是时梁、吕皆为小朝官。既而，皇祐中梁为相，熙宁中吕为枢密使，皆如郇公之言。

《挥麈前录》：英宗在濮邸，与燕王宫族人世雄厚善，两家各生子，同年月日时，是生神宗，而世雄之子令铄也。神宗后即帝位，令铄进士及第，为本朝宗室登科第一。

《青箱杂记》：太尉程公勘、侍郎掌公禹锡俱以庚寅三月十日生，程子时，掌午时，二公同年及第，程作枢密副使，晚年帅延安建节，而掌以工部侍郎致仕，位不逮于程，而二公享寿修短不差，程以治平三年二月薨，掌以其年三月捐馆。

翰林王公洙、修撰钱公延年，俱以丁酉八月丑时生，王十九日，钱二十日，钱以嘉祐六年六月卒，时王公已病。或谓王公起于寒素，早岁蹇剥，庶可以免灾。侍郎掌公曰："钱虽少年荣进，晚即滞留；王虽早岁奇蹇，晚即迁擢。长短比折，祸福适均。"王公竟不起。梁少卿吉府、宋郎中咸俱乙未八月二日生，梁申时，宋巳时，梁二十八已为太子中书舍人，通判饶州，而宋犹未第，客游鄱阳。有日者妙于星术，宋往叩之，日者曰："秀才命似本州通判，他日官职亦相类，寿则过之。"后皆如其言。王端明素、卢太尉政俱以丁未八月二十四日辰时生，而王出于贵胄，卢起于军伍，王卒于边藩，卢薨于殿师，事皆略同，亦可怪也，但卢之寿考有过于王，得非以少年微贱邪？张尚书方平、李给事徽之、王秘监端俱以丁未九月二十三日生，张酉时，李卯时，王戌时，迄今皆致政康强。

刘忱过鸣犊镇，见田所张秀，问其年甲，与忱同辛酉八月二十四日生，刘午时，秀巳时。后秀陕西效用有功，累官至团练使卒。卒之日，忱任利路运使，因出巡，乘轿扑落崖，亦几于死。

《东轩笔录》：熙宁八年，吕惠卿为参知政事，权倾天下。时元参政绛为翰林学士，判群牧常问三命。僧化成曰："吕参政早晚为相。"化成曰："吕给事为参政譬如草屋上置鸱吻耳。"元曰："然则其不安乎？"成曰："其黜免可立而待也。"是时，春方半，元曰："事应在何时有消息？"成曰："在今年五月十七日。"元怃然不测，亦潜纪之。既而吕权日盛，台谏噤口，无敢指议之者。会五月十七日，元退朝，因语府界提举蔡确曰："化成言吕参政祸在今日，真漫浪语也。"二公相视而笑，遂同还群牧，促召成而诮之。成曰："言必无失，姑且俟之。"二公愈笑其术之非。既而化成告去，蔡亦上马。是时曾待制孝宽同判群牧，薄晚来过，厅方即坐，元因访："今日有何事？"曾曰："但闻御史蔡承禧入札子，不知言何等事也。"语未已，内探报今日蔡察院言吕参政兄弟，元闻之大骇，乃以化成之言告曾公，既而吕罢政，事实始此日也。

《漫笑录》：元丰中，王岐公位宰相，王和父尹京上甚眷渥，行且大用。岐公乘间奏曰："京师术者皆言王安礼明年二月作执政。"神宗怒曰："执政除拜由朕，岂由术者之言，他日纵当此补，特且迟之。"明年春，安礼果拜右丞，珪曰："陛下乃违前言，何也？"上默然久之，曰："朕偶忘记。"信知果是命也。《渑水燕谈录》：进士李某者久未第，一日，讯命日者，曰："君遇三韩即发禄。"李乃偏访贵人韩姓者，冀蒙推毂，而卒无知者。元丰中，朝廷遣使高丽，有与李故人者，奏名同往，至其国，考图籍，乃古三韩之地也。使还，赐出身。

《却扫编》：熙宁、元丰间，有僧化成者，以命术闻于京师，蔡元长兄弟始赴省试，同往访焉，时问命者盈门，弥日方得前，既语以年月，率尔语元长曰："此武官大使臣命也，他日衣食不阙而已，余不可望也。"语元度曰："此命甚佳，今岁便当登第，十余年间可为侍从，又十年为执政，然决不为真相，晚年当以使相终。"既退，元长大病不言。元度曰："观其推步，卤莽如此，何足信哉？更俟旬日再往访之，则可验矣。"旬日复往，僧已不复记识，再以年月语之，率尔而言，悉如前说。兄弟相顾大惊，然是年遂同登科，自是相继贵显。于元长则大谬如此，而元度终身无一语之差，以此知世所谓命术者类不可信其有合者，皆偶中也。

《退斋笔录》：元丰中，王荆公乞罢机政，寓于刘流相宅两月，神宗未许其去，沆之子琯尝谒公，坐间闻公云："化成住处在近，可令呼来。"化成者，工课命老僧也。少顷化成至，公作一课，更为看命。化成曰："三十年前与相公看命，今仕至宰相，更复何问？"公微作色曰："安石问命，又不待做官，但力乞休，上未许，只看易便去得否。"化成曰："相公得意浓时，正好休，要去在相公，不在上，不疑何卜。"公怅然叹服，去意遂决。

《铁围山丛谈》：阴阳家流穷五行术数，不得为妄，至一切听之，反弃人事，斯失矣。是以古人行道而委命，不敢用亿中以为信也。先鲁公生庆历之丁亥，其月当壬寅，日当壬辰，时为辛亥。在昔幼时，言命者或不多，取之能道，位极人臣，则不过三数人。及逢时遇主，君臣相鱼水，而后操术者，人人争谈格局之高，推富贵之由，徒足发卖者之一笑耳。大观改元，岁复丁亥，东都顺天门内有郑氏者，货粉于市，家颇赡给，俗号郑粉家。偶以正月五日亥时生一子，岁月日时适与鲁公合。于是其家大喜，抚爱谓且必贵，时人亦为之倾。耸长则恣其所欲，为斗鸡走犬，一切不禁也。始，年十有八，春末，携妓从浮浪人跃犬马游金明，自苑中归，上下悉大醉矣，马忽骇，入波水中浸而死。

政宣间，除擢侍从以上，皆先命日者推步其五行体咎，然后出命。故一时术者谓士大夫穷达在我可否之间。朝士例许于通衢下马从医卜，因是此辈益得以凭依。今谈天者，既出入贵人门第，揣摩时事，以售其说，偶尔符合，遂名奇中，卜以决疑，卦影乃验于日，后反致人疑。死生、祸福、贵贱各有定分，彼焉能测造化之妙。晁文元平生不喜术数之说，每谓自然之分天命也，乐天不忧知命也，推理安常委命也，何必逆计未然也。

《清波杂志》：徽宗在潜邸，密使人持诞生年月，俾术人陈彦论之。彦一见问："谁使若来？"再三诘之，乃告以实。彦曰："覆大王，彦即今闭铺，六十日内望富贵。"后以随龙，官至节钺，其验如此，都人目曰"卖卜陈"。又见郭天信者，亦以术显。靖康之祸，其有以炎正中否之兆告上者乎，时识者皆知必乱，不谓如是之速。

一说：端邸闻相国寺陈彦明数学，谈禄命如神，令人持生年密问之，彦乃屏人告以大横之兆，且云事应在两月后，至是果验。初欲官以京秩，继乃补西班，积官至节钺。政和全盛时，或云彦尝以运数中微密告于上，徽宗为作石记埋宣政殿下。又云彦亦有兄，为辟雍士。前后二说不同，乃并书之。

丙午、己亥、壬戌、乙巳，辉命之八字也。顷遇一老僧，谈五行，见语："若非乙巳不至今日，若无壬戌不致竟老穷薄，退神重事，多失机会。然福不成福，祸不成祸，所得者寿数差永。"淳熙戊申，居都下，除夕有二辈，伪传亲知言。至门出见，觉非。忽言奉圣旨追对公事。时以永嘉林氏争分，有兴制狱，初不持引文，乃随以往中，无所慊，神色泰然如常，至府治门外，坐于一室，已见灯二，询扣年甲、乡贡、来历，往返者六五，乃云不敢久留，再三推谢，送出门，盖悟其非也，一时叵测。既归，议诉于府尹。赵子和尹云："制院谬误。所谓总辖使臣者，亦宛转致恳谓已科决元所遣之吏，该本逮永嘉周和泰，错认颜标作鲁公也。"亲旧见晓，既京尹护失，孰讯其枉。后两日，制狱事，亦以复自念，与传记所书"入冥误追，放还境界"无异，特幽明殊涂耳。平生横逆，莫此为甚。当是时，庙堂禁从，有知己闻之，第骇愕而已。己酉终岁，灾屯无所不有，特未溘然，又留残喘。至今事定，却有风声鹤唳之警，虽云气数使然，益信老僧"祸不成祸"之说，且为官府追逮不审之戒。

《挥麈后录》：江子我端友，知经明道，驰誉中外。后尽弃旧业，鳏居孑然，年亦迟莫，唯留心内典，苦身自约，不复有世间之意。结庐都城之外，惟先人时时过之，每春容毕景也。乙巳岁春，与之俱至相蓝访卜肆，子我云："吾既无功名之心，何所问也？"先人强之，瞽者布八字毕，曰："官人来年状元及第矣。"子我顾先人云："术者之妄有如此者。"相与一笑，而去。次年值钦宗登极，下诏搜访遗逸，吴元中作上台，以子我名闻赐对便殿，有言动听，自布衣拜承事郎尚书兵部员外郎，可谓奇中矣，子我休复孙也。

《齐东野语》：郑时中字复亨，三衢人，在上庠日多游朝绅间，好大言。尝语同舍曰："前举漕荐乃术者曹谷先许，今复来矣。"有好事闻之，曰："此必谷又许之。"乃与偕走其肆，则郑实未尝先往，曹沉吟久之，频自摇首，推演再三，乃曰："吾十年前曾许此命来春必高选，今所见乃不然，虽然，来春定得官，但非登科耳。今秋得举，却不必问。"郑乃曰："吾家无延赏，来年不郊，非科举，何由得官？"

谷曰："某见得如此耳。"既而，程泰之大昌与郑同荐，程第而郑不利。时余松茂老为秦会之客，第三人及第，秦与谋代，余因荐郑，秦亦悦其辩，设礼有加，郑无以之。尝闻其季父行可名仲熊者言旧在太学日击靖康，金人欲立张邦昌，秦为中司，特议立赵氏，金人召赴军前，秦遂遣妻王氏南归，已登舟，王闻变，亟步以往，秦时犹未入北军，因同入肆买虀面，人已盈坐，主人横一桌沟上使坐，王忧惧不能举箸，秦兼尽之，略无惧色，已乃同至军前，被执，郑因于坐间，举此事，谓得之行可。秦意正欲暴白此事，而人无知者，闻其言大喜。时行可犹仕州县，即召用之，二年同为执政。是岁复亨亦得官，其神验如此。

《挥麈余话》：蔡元度娶荆公之女，封福国夫人，止一子子因仍是也。谈天者多言其寿命不永，元度夫妇忧之。一日，尽呼术士，有名者如林开之徒，集于家，相与决其疑，云："当止三十五岁。"元度顾其室，云："吾夫妇老矣，可以放心，岂复见此逆境邪?"其后，子因至乾道中寿八十而终，然其初以恩幸为徽猷阁学士，靖康初既蔡氏败，例遭削夺，恰年三十五，盖其禄尽之岁。由是而知五行亦不可不信也。

《玉照新志》：郑绅者，京师人，少日以宾赞事政府坐累，被逐，贫窭之甚。妻弃去，适他人。一女流落宦寺家，不暇访其生死，日益以困。偶往相监，问命于日者，日者惊，曰："后当官极品。未论其他，而今已为观察，且喜在今日，君其识焉。"同行侪辈笑且排之。甫出寺门，有快行家者数辈，宣召甚急，始知其女已入禁中，得幸九重矣。即除阁门宣赞舍人。未及岁，以女正长秋拜廉察。不数年，位登师垣，爵封郡王，极其富贵荣宠。妻再适。张公缊夤缘肺腑，亦至正任承宣使。韩斯士，郑氏婿也。见语如此。

《桯史》：中都有谈天者，居于观桥之东，日设肆于门，标之曰"看命司"。其术稍售，其徒僧之曰："司者有司之称，一妄庸术乃以有司自命，岂理也哉?"相与谋讼之，一人起曰："是不难，我能使之去。"旦日徙居其对衢，亦易其标曰"看命西司"。过者多悟而笑，其人愧赧，亟不敢留。伎流角智轧敌乃有谕于不言者，亦可谓巧矣，书之以资善谑。

蜀有杨艮者，善议命，游东南公卿间，瞽而多知，自云知数，言颇不碌碌，其得失多以五行为主，不深信《珞琭》诸书。嘉泰辛酉，来九江，太守易文昌祓留之，偏见郡官，余适在周梦与坐上。时韩平原得君权震天下，梦与因扣以所至。艮屏人愀然曰："是不能令终。夫年壬申金也，申为金位，有坤土以厚之，故金之刚莫加焉。目曰剑锋，从可知矣。是金不复畏它火，唯丙寅能制之。盖支干纳音俱为火，而履于木，木实生火，火且自生，生生不穷，虽使百炼，终能胜之，理之自然也。凡人生时主末，今乃遇之，兆已成矣。且其月辛亥，其日巳己，四孟全备，二气交战，虽以致大受之福，亦以挺冲击之灾。今术者亦颇知之，多疑其丙寅岁病死，以为不可再值，其实不然。盖火炎金液，外强中干，以刚遇烈，赫赫然天地一炉，鞲万物一橐龠，孰可向迩，是年顾当兆祸耳，未疾颠也。年运于卯，火为沐浴，气微而败，灰烬熔竭不能支矣。然受物也，大非尽其用，弗可一阳将萌亶其时乎。"梦与相顾动色，谨志之册，弗敢言及。余官镇江，偶遇之，适林总卿祖洽来饷军兴，檄吴江袁丞韶入幕丞登科，人有隽才，余问其命，曰："辛巳、丙申、丁亥、壬寅。"余谓亦俱在四孟，而丁壬丙辛皆真化，且于格为天地，德合尤分明。遂扣艮前说，因以为拟艮。作而曰："唯其大分明，所以非韩比，特二化气皆生，韩自此却不及之。"遂一笑舍去。既而，艮言皆大验，乃叹其神。袁近岁以荐者改秩为宰，盖方晋未艾也。

《贵耳集》：张魏公开建业幕府，有一术者来谒，取辟客命推算，术者云皆非贵人，公不乐，曰："要作国家大事，幕下如何无三五人宰执、侍从，此亦智将不如福将也。"魏公之客虞雍公，雍公之客王谦仲，范宗尹之客贺宗礼，皆宰执也。开禧毕再遇帅扬，起身行伍，骤为名将，亦非偶然，麾下有二十余人，都统制殿帅四人，则知魏公推命之不诬也。

京师大相国寺有术士，蜀人，一命必得于隔夕，留金翼朝议命。显肃后父郑绅，贫无借，有侄居中，在太学为前廊。侄约叔同往议命，叔笑曰："何不留钱沽酒市肉邪？"强之，乃往，如其所约，术士先说绅命，只云异姓真王。再云居中命，亦云异姓真王，因前命而发。绅以后贵，积官果封王。居中作相，亦封华原郡王。外戚封王爵者自绅始。

《嬾真子》：洛中士人张起宗，以教小童为生，居于会节园侧，年四十余。一日行于内前，见有西来，行李甚盛，问之，曰："文枢密知成都回也。"姬侍皆骑马，锦绣兰麝，溢人眼鼻。起宗自叹曰："我丙午生，相远如此。"傍有瞽卜辄曰："秀才，我与汝算命。"因与借地卜者，出算子约百余，布地上，几长丈余，凡阅两时，曰："好笑，诸事不同，但三十年后，有某星临某所，两人皆同，当并案而食者九个月。"起宗后七十余岁，时文公亦居于洛，起宗视其交游饮宴者，皆一时贵人，辄自疑曰："余安得并案而食乎。"一日，公独游会节园，问其下曰："吾适来，闻园侧教学者甚人？"对曰："老张先。"公曰："请来。"及见，大喜，问其甲子，文与之同，因呼为会节先生。公每召客必预召赴，人会无先生则不往，公为主人则拐于左，公为客则拐于右，并案而食者将及九月。公之子及甫知河阳府，公往视之，公所居私第，地名东田，有小姬四人，谓之东田小籍，共升大车。随行祖于城西，有伶人素不平之，因为口号曰："东田小籍已登油壁之车，会节先生暂别玳筵之宴。"坐客微笑。自此潞公复归洛，不复召之矣。瞽之言异哉，闻之于司马文季。

《可谈》：余幼时从母氏在常州，时见钱秀才开图书知人三世姓，男子知妇姓，女子知夫姓，无不验。吾家三姊，长适吴氏，次适沈氏。钱阅书皆言夫姓吴，当时怪其差谬。后数年，沈姊离婚归宗，嫁吴宽夫。不知图书何为而亿中乃尔，生齿浩繁，岂此数帙文字所能概括。

《游宦纪闻》：蜀昔有术士，精于谭天，尤善戏谑。士夫或有以五行试其术，答云："此人必已食禄，异时官至五马。"咸强其笔于楮，以为他日证验，于是索笔特书云："目今敛板鞠躬，已见二千石在后。"众莫不哗然而哂之，且诮云："是乃挽米舟一水手，何为谬言如是？"术者云："吾之术验矣，请细思之。"众方悟"敛板鞠躬"之说，莫不为之一笑。

《邻几杂志》：宋、贾二相布衣时同诣宋三命，云："二公俱当作相，更相陶铸。"宋发即不同贾虽差迟向后宋却相趁尔。宋状元及第，知制诰。贾在经筵舍人院试出身。宋入参大政。贾试舍人。宋命隔幕闻宋语，二相道及前事。自后宋罢为散秩，自扬徙郓。贾人参，一旦有内降札子，启封，则宋庠、吴育可参知政事。贾手写奏状，且喜前言之验。贾今为仆射侍中，宋吏部尚书枢密使同平章事。韩钦圣好阴阳，见二公说。

《辍耕录》：檇李郭宗夏尝见建德路总管赵良臣，言都下有李总管者，官三品，家巨富，年逾五十而无子。闻枢密院东有术者，设肆算命，谈人休咎多奇中。试往即焉。且语之曰："吾之禄寿已不必言，但推有子与否。"术者笑曰："君有子矣，何为给我?"李曰："吾实无子，岂给汝耶?"术者怒曰："君年四十当有子，今年五十六矣，非给我而何?"同坐者皆军官，见二人争执，甚讶之。李沉吟良久，曰："吾年四十时，一婢有娠，吾以职事赴上都，比归则吾妻鬻之矣，莫知所往，若有子则此是也。"术者曰："此子终当还君。"相别而出。时坐中一千户邀李入茶坊，告之曰："十五年前吾亦无子，因到都置一婢，则已有孕，到家时适吾妻亦有孕，前后一两月间，各生一男，今皆十五六矣，岂君之子也。"两人各言妇人之容貌岁齿相同。李归语于妻，妻往日诚悍妒，至是见夫无嗣，心颇惭而怜之。翼日邀千户至家，享以盛馔，与之刻期而别，千户先归南阳府。李以实告于所管近侍大官，乞假前往。大官曰："此美事也，我当与汝奏闻。"既而有旨，得给驿以行，凡筵席之费，皆从官办。李至，众官郊迎。往千户宅，设大宴，李所以馈献千户并其妻子仆妾之物甚侈。千户命二子出拜，风度不殊，衣冠如一，莫知何者为己子。致请于千户，千户曰："君自认之。"李谛视良久，天性感通，前抱一人，曰："此吾子也。"千户曰然。于是父子相持而哭，坐中皆为堕泪，举杯交贺，大醉而罢。明日，千户答礼，会客如昨，谓李曰："吾既与君子矣，岂可使母子分离，今并其母以奉。"李喜出望外。回都，携见大官，大官曰："佳儿也。"引之入觐，通籍宿卫，后亦官至三品。大抵人之有子无子，数使之然，非人力所能也，而术士之业亦精矣。

星命杂录

《梦溪笔谈》：《唐六典》述五行，有禄命、驿马、浒河之目，人多不晓"浒河"之义。予在鄜延见安南行营诸将阅兵马籍，有称过范河损失，问其何谓范河，乃越人谓淖沙为范河，北人谓之活沙。予尝过无定河，度活沙，人马履之，百步之外皆动，澒澒然如人行幕上，其下足处虽甚坚，若遇其一陷，则人马驼车应时皆没，至有数百人平陷无孑遗者。或谓此即流沙也。又谓沙随风流谓之流沙。"浒"

字书亦作“坔”，按古文，“坔”，深泥也。术书有洴河者，盖谓陷运，如今之空亡也。

《东坡志林》：吾昔谪黄州，曾子固居忧临川，死焉。人妄传吾与子固同日化去，且云如李长吉事，以上帝召他时，先帝亦闻其语，以问蜀人，蒲宗孟且有叹息语。今谪海南，又传吾得道乘舟，入海不复返者，京师皆云，儿子书来言之，今日有从黄州来者，云太守何述言吾在儋耳，一日忽失所在，独道服在耳，盖上宾也。吾平生遭口语无数，盖生时与韩退之相似，吾命在斗间，而退之身宫在焉，故其诗曰：“我生之辰，月宿直斗。”且曰：“无善声以闻，无恶声以扬。”今谤吾者，或云死，或云仙，退之之言良非虚耳。

韩退之诗：“我生之辰，月宿南斗。”乃知退之磨羯为身宫，仆以磨羯为命宫，平生多得谤誉，殆同病也。

《游宦纪闻》：今日者所用《百中经》，乃从唐显庆壬寅年壬寅日积算起。欲知其法，但看某年下得若干数，以六十除之，不及六十数，然后在寅上数一数，逆行间一位是第二十，下仿此，则知本年正旦得何日辰。假令辛年得十八万二千九百七十三数，以六数除之，先除三六十八，除十八万数，又除四六二十四，除二千四百，又除六九五百四十，剩三十三数，自壬寅数到壬申，计三十位，又自壬申数下第三位，则旦日为甲戌，他仿此。欲知每岁逐月旦日是何甲子，但取九年前次月望日即是后九年前一月旦日，毫发无差。乃知数学有捷法，此亦一端也。

《文献通考》：陈氏曰：“阴阳之与术数，似未有以大异也。”不知当时何以别之，岂此论其理，彼具其术耶？今志所载二十一家之书，皆不存，无所考究，而隋唐以来子部遂阙阴阳一家，至董逌《藏书志》始以星占五行书为阴阳类，今稍增损之，以时日、禄命、遁甲等备阴阳一家之阙。马端临曰：“陈氏之说固然矣，然时日、禄命、遁甲独非术数乎。”

晁氏曰：“自古术数之学多矣，而最盛于世者葬书、相术、五星、禄命、六壬、遁甲、星禽而已。然六壬之类，足以推一时之吉凶；星禽、五星、禄命、相术之类，足以推一身之吉凶。其所知若有远近之异，而或中或否不可尽信则一也。”

《李虚中命书》三卷。晁氏曰：唐李虚中撰，虚中字常容，《姓纂》云“冲之八代孙”。学最深于五行书，寿夭、贵贱、利不利，辄先处其年时，百不失一。

《河图天运二赋》一卷。晁氏曰：不著撰人，论天地二运，盖三命书也。

《五命秘诀》一卷。晁氏曰：皇朝林开撰，三命之术，年月日干支也，加以时胎，故曰五命。

《鲜鹗经》十卷。晁氏曰：未详撰人，凡十门六十二章，以星禽推知人之吉凶，言其性情嗜好为尤验，说者谓本神仙之诀也，故此书载于《道藏》，李邯郸云罗浮山通遥子撰。

《紫堂诀》三卷。晁氏曰：紫堂先生撰，未详何代人著，紫垣十二星至隐曜总三百六十位分二十八舍，附之以五星配十二辰，以推人命之吉凶。

《五星命书》一卷。陈氏曰：不著名氏，歌诀颇详，然未必验也。

《诸家五星书》一卷。陈氏曰：杂录五星禄命之说，前数家亦多在焉。

《怡斋百中经》一卷。陈氏曰：东阳术士曹东野自言今世言五星者皆用唐显庆历历法，更本朝前后无虑十余变，而《百中经》犹守旧，安得不差，于是用见行历法推算，其说如此，未知能质也。

《五行精纪》三十四卷。陈氏曰：清江乡贡进士廖中撰，周益公为之序，集诸家三命说。

《三辰通载》三十四卷。陈氏曰：嘉禾钱如璧编，集五星命术。

《广济阴阳百忌历》二卷。陈氏曰：称唐吕才撰，有序，按才序阴阳书其三篇见于本传，曰禄命，曰卜宅，曰葬。尽扫世俗拘滞之论，安得复有此历本，初固已假托，后人附益尤不经。

《蠡海集》：羊刃之说，禄前一位是也，禄过则刃生，盖贵人位前必列兵，以此为喻。但值阳干方是，阴干则否。如甲卯、丙午，甲既禄于寅前，值卯方为真，盖寅卯一气之木也。乙禄卯前，值辰，非同类，故否。然则阳性暴，故借羊之狠以警之。至放子平中，以夺财，羊刃名之者，有逞暴凌劫之意也。他可类推。

戊己两干寄禄巳午，子寓母家之义。虽然，戊见午刃则不可一途而取，戊既依母，而禄刃，乃一气火也，俱有生土之意，故戊日得火多则为印也。己则否，己禄于午，午前则未为刃，未己连属土，则非戊午之比也。阴错阳差有十二日，盖六十

甲子分为四段，自甲子、己卯、甲午、乙酉各得十五辰。甲子之前三辰，值辛酉、壬戌、癸亥，为阴错。己卯之前三辰，值丙子、丁丑、戊寅，为阳差。甲午之前三辰，值辛卯、壬辰、癸巳，为阴错。己酉之前三辰，值丙午、丁未、戊申，为阳差。盖四段中每段除十二辰，各余三辰，三四亦得十二辰，是为阴错阳差也。甲子、甲午为阳辰，故有阴错；己卯、己酉为阴辰，故有阳差也。

又一说，甲子、甲午、己卯、己酉之前各三辰者，以天干配地支一周之后，所余三辰也。甲配子而历尽于乙亥，故丙子，丁丑、戊寅为阳错。己配卯而历尽于庚寅，故辛卯、壬辰、癸巳为阴差也。丙午、丁未、戊申为阳差。辛酉、壬戌、癸亥为阴错者，就甲午、己酉上，同此类推。星命之术，其以四余为暗曜，在天虽无象，然推算祸福则有验，其取法未见其详也。窃尝论之罗睺、计都为天之首尾，逆行于天，与天同道故也，盖天体之中地平存焉。地平之影其名暗虚，占候家言暗虚，其大如月轮，夜于虚空之中，值月则月食，值星则星亡。月本无光，借日生明，自三日既见之，后月与日渐远，其明渐多，至于十三，与日相对，故为望焉。月之行也，分青朱白黑八道，出入于黄道之间。若所行正值于黄道之交，适对于日度暗虚，从空而掩之，月则为之食焉。所交有浅深，故所食有多少，是以算星术者以罗、计犯月为月食。若然，罗、计其暗虚之谓欤。

星术天盘十二宫，共百岁零六月，因详论数用一二三四五以为水火木金土之生，总为十有五焉。九宫之位纵横，皆十五，为生物之大数欤。是则十二宫俱函十五之生数也。以日配之，共成一百八十日，是为半年矣。况天盘不分男女同用，男数八，女数七，共成十五。男迎女送，男子十六精通，女子十四经行，方始成人。自此后，以精耗血去，真元渐减，不复能及于前次宫，相貌、福德、官禄、精神疏少，减十，或九，或八、七以下，人气日微，以至衰弱，各宫之数咸不逮十五矣。取义于此，岂不了然？

《笔畴》：圣人不言命，而曰：“不知命，无以为君子。”何也？盖命者死生、寿夭、贫富、贵贱之命也。世人不知此，则百计用心于其间，殊不知百计用心者徒然耳。既如此，则当宁心以待之，不可趋避也。圣人虑世人徒费其心，故曰：“不知命无以为君子。”非圣人自言命也。

《云梦药溪谈》：予尝诘星命家："有四柱同而祸福异者，何？"曰："刻异。"予曰："刻异而若推之者，以时不以刻，有四柱无五柱，而恶乎？"知之文山赠朱斗南序云："甲己之年生月丙寅，甲己之日生时甲子，以六十位类推之，其数极于七百二十，而尽以七百二十之年月，加七百二十之日时，则命之四柱其数极于五十一万八千四百，而无以复加矣。考天下盛时，凡州主客户有至四千五百万，或千七八百万，而荒服之外不与焉。天地之间生人之数如此，而其所得四柱者皆不能越于五十一万八千四百之外。且夫五十一万八千四百之数，散在百二十期中人生。姑以百岁为率，是百岁内生人其所受命止当六分之四有奇，则命愈加少，而其难断亦可知矣。宇宙民物之众，谓一日止于生十二人，岂不厚诬。"文山殆缄星家之舌，使之挢然不下者也。

《己疟编》：江湖间谈星命者有子平，有五星，又有范围，前定诸数。士大夫所乐问者，唯子平为，庶几以其诸乎理且道人之富贵、贫贱往往多中。相传宋有徐子平者，精于星学，后世术士宗之，故但称曰"子平"。予闻之隐者云："子平名居易，五季人，尝与麻衣道者陈图南、吕洞宾同隐华山，盖异人也。"今之推子平者，祖宋末徐彦升，其实非子平也。

术家以人生所值年月日时推算吉凶，而必归重于日主，颇亦有说。夫十二时皆生于日，积日而后成月，积月而后成岁，故日干最为重，盖日躔于子宫，则谓之子时，丑寅之类皆然。无日则无时，而月与岁皆无从推矣。虽小道亦尝窥测阴阳之际者。

《甲乙剩言》：赵相国以东事忧悴，时或兼旬不起。余往访之，适日者王生、医者李生两人在坐，相国谓王曰："我仇忌何日出宫？"谓李曰："我何日膏肓去体？"余笑曰："使石尚书出京，便是仇忌出宫，沈游击去头，是膏肓去体。"相国为之默然。

都下有抄前定命者，其辞皆七言，而村鄙若今市井盲词之类，其言自父母、妻子、兄弟贵贱庚甲皆具，人皆狂骇，以为神也。虽三公九卿，莫不从风而靡，以为此邵尧夫再来也。不知此皆从京师日者购其年庚履历，预为撰集，使人身自觅索，以骇眩之耳。如余未尝以命问京师日者，则觅之不复有此命矣，且未有文理，村鄙

若此而足以定人贵贱、寿夭者也。其事易见，何不少察而明，堕于其伪术乎？

《稗编》：王应麟云：以十一星行历推人命贵贱，始于唐贞元初。都利术士李弼乾《聿斯经》本梵书，程子谓三命是律，五星是历。晁氏谓泠州鸠曰："武王伐殷，岁在鹑火，月在天驷，日在析木之津，辰在斗柄、星在天鼋。"五星之术其来尚矣，定之方中。《公刘》之诗，择地之法也。"我辰安在"，论命之说也。《传》云："不利子商，则见姓之有五音。吉日维戊庚午，见支干之有吉凶。"

晁文元公平生不喜术数之说，术者常以三命语之。公曰："自然之分，天命也；乐天不忧，知命也；推理安常，委命也。何必逆计未然乎？"慈湖先生谓真文忠公曰："希元有志于学，顾未能忘富贵利达，何也？"公莫知所谓。先生曰："子尝以命讯日者，故知之。夫必去是心而后可以语道。"

《搜采异闻录》：今之五行家学，凡男子小运起于寅，女子小运起于申。许重注曰："三十而娶者，阴阳未分，时俱生于子。男从子数左行三十年，立于巳；女从子数右行二十余年，亦立于巳。合夫妇。故圣人因是制礼，使男三十而娶，女二十而嫁。其男子自巳数左行十，得寅，故十月而生于寅，故男子数从寅起。女自巳数右行十，得申，亦十月而生于申，故女子数从申起。"此说正为起运也。

《书蕉》："痴人前不可说梦，达人前不可言命。"宋人《就月录》以为陶渊明语，不知何据。

《太平清话》：张南轩知星命，乃判朱晦翁"官多禄少"四字。晦翁点首云："老汉生平辞官文字甚多。"

欽定古今圖書集成

堪輿篇

第三部

欽定古今圖書集成

[清] 陈梦雷 蒋廷锡 ◉ 原著
刘宇庚 ◉ 主编

线装书局
线装书局

昆仑山
祖山
龙脉
少祖山
龙脉
主山
坐山
外护
外护
右弼
左辅
右臂
水
左臂
案山
水口山
水
朝山

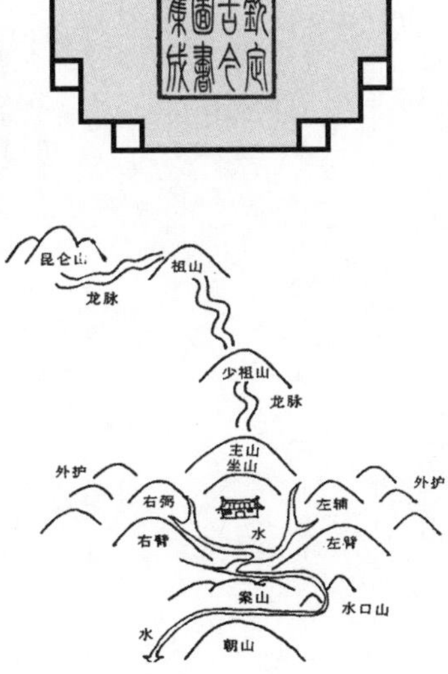

导 读

堪舆即风水，其起源久矣！早在先秦就有相宅活动。堪即天，舆即地，堪舆学即天地之学，传统五术之一相术中的相地之术，即临场校察地理的方法，是用来选择宫殿、村落选址、墓地建设等方法及原则。原意是选择合适的地方的一门学问。风水的历史相当久远，在古代，风水盛行于中华文化圈，是衣食住行的一个很重要的因素，有许多与风水相关的文献被保留下来。由文献中可知，古代的风水多用作城镇及村落选址，还有宫殿建设，后来发展至寻找丧葬地形。堪舆学是以河图洛书为基础，结合八卦九星和阴阳五行的生克制化，把天道运行和地气流转以及人在其中，完整地结合在一起，形成一套特殊的理论体系，从而推断或改变人的吉凶祸福，寿夭穷通，因此堪舆与人之命运休戚相关。堪舆篇具体包括堪舆汇考、堪舆总论、堪舆名流列传、堪舆艺文、堪舆纪事和堪舆杂录，如《黄帝宅经》《九天元女青囊海角经》《青乌先生葬经》《管氏地理指蒙》《古本葬经》《青囊奥旨》和《十二杖法》《十六葬法》《至宝经》《神宝经》和《天宝经》《乘生秘宝经》《橘林国宝经》《五星捉脉正变明图》《杨再谪仙人杨公金钢钻本形法葬图诀》《堪舆漫兴》《总索》《堪舆杂著》《葬经翼》《论葬》《水龙经》《阳宅十书》以及《论衡》等。

第一章　堪舆汇考一

《黄帝宅经》

序

夫宅者，乃是阴阳之枢纽，人伦之轨模，非夫博物明贤，未能悟斯道也。就此五种，其最要者，唯有宅法，为真秘术。凡人所居，无不在宅。虽只大小不等，阴阳有殊。纵然客居一室之中，亦有善恶。大者大说，小者小论。犯者有灾，镇而祸止，犹药病之效也。故宅者，人之本。人以宅为家，居若安即家代昌吉。若不安，即门族衰微。坟墓川冈，并同兹说。上之军国，次及州郡县邑，下之村坊署栅，乃至山居，但人所处，皆其例焉。目见耳闻，古制非一。

《黄帝二宅经》，《地典宅经》，《三元宅经》，《文王宅经》，《孔子宅经》，《宅锦》《宅挠》《宅统》《宅镜》《天老宅经》，《刘根宅经》，《元女宅经》，《司马天师宅经》，《淮南子宅经》，《王微宅经》，《司最宅经》，《刘晋平宅经》，《张子毫宅经》，《八卦宅经》，《五兆宅经》，《元悟宅经》，《六十四卦宅经》，《右盘龙宅经》，《李淳风宅经》，《五姓宅经》，《吕才宅经》，《飞阴乱伏宅经》，《子夏金门宅经》，《刁昙宅经》。

已上诸经，其旨大同小异，皆自言秘妙，互推短长，若不遍求，即用之不足。近来学者多攻《五姓》《八宅》，黄道白方例皆违犯大经，未免灾咎。所以人犯修动，致令造者不居，却毁阴阳而无据效，岂不痛哉！况先贤垂籍，诫勖昭彰，人自冥蒙，日用而不识。其象者，日月、乾坤、寒暑、雌雄、昼夜、阴阳等，所以包罗万象，举一千从，运变无形而能化物。大矣哉！阴阳之理也。经之阴者，生化物情

之母也；阳者，生化物情之父也。作天地之祖，为孕育之尊，顺之则亨，逆之则否，何异公忠受爵、违命变殃者乎？今采诸秘验，分为二十四路、八卦、九宫，配男女之位，宅阴阳之界，考寻休咎，并无出前二宅，此实养生灵之圣法也。

总　论

二十四路者，随宅大小，中院分四面，作二十四路，十干、十二支，乾、艮、坤、巽，共为二十四路是也。乾将三男震坎艮悉属于阳位；坤将三女，巽离兑悉属于阴位。是以阳不独王，以阴为得；阴不独王，以阳为得。亦如冬以温暖为德，夏以凉冷为德，男以女为德，女以男为德之义。《易诀》云：阴得阳，如暑得凉，五姓咸和，百事俱昌。所以德位高壮藹密即吉，重阴重阳则凶。阳宅更招东方、北方，阴宅更招西方、南方为重也。

是东面为辰，南、西面为戌，北之位斜分一条，为阴阳之界。

凡之阳宅即有阳气抱阴，阴宅即有阴气抱阳。阴阳之宅者，即龙也。阳宅龙头在亥，尾在巳；阴宅龙头在巳，尾在亥。凡从巽向乾，从午向子，从坤向艮，从酉向卯，从戌向辰移。

已上移转及上官所住，不计远近，悉入阳也。

从乾向巽，从子向午，从艮向坤，从卯向酉，从辰向戌移。

已上移转及上官，悉名入阴。

故福德之方，勤依天道。天德、月德、生气到其位，即修令清洁阔厚，即一家获安，荣华富贵。再入阴入阳，是名无气。三度重入阴阳，谓之无魂。四入谓之无魄。魂魄既无，即家破逃散，子孙绝后也。若一阴阳往来，即合天道自然，吉昌之象也。设要重往，即须逐道，住四十五日、七十五日，往之无咎。仍宜生气、福德之方，始吉。更犯五鬼、绝命、刑祸者，尤不利。《诀》云："行不得度，不如复故。"斯之谓也。又云："其宅乃穷，急翻故宫。"宜拆刑祸方舍，却益福德方也。又云："翻宅平墙，可为削殃。"夫辨宅者，皆取移来方位，不以街北街东为阳，街南街西为阴。凡移来不论远近，一里、百里、千里，十步与百步同。又此二宅修造，唯看天道。天德、月德、生气到，即修之，不避将军、太岁、豹尾、黄幡、黑

方及音姓宜忌。顺阴阳二气为正，此诸神杀及五姓、六十甲子，皆从二气而生，列在方隅，直一年公事，故不为灾。又云："刑祸之方缺复荒，福德之方连接长。"吉也。又云："刑祸之方缩复缩，犹恐灾殃枉相逐。福德之方拓复拓，子子孙孙受荣乐。"又云："宅有五虚，令人贫耗；五实，令人富贵。"宅大人少，一虚；宅门大内小，二虚；墙院不完，三虚；井灶不处，四虚；宅地多屋少庭院广，五虚。宅小人多，一实；宅大门小，二实；墙院完全，三实；宅小六畜多，四实；宅水沟东南流，五实。又云："宅乃渐昌，勿弃宫堂。不衰莫移，故为受殃。舍居就广，未必有欢。计口半造，必得寿考。"又云："其田虽良，薅锄乃芳。其宅虽善，修移乃昌。"《宅统》云："宅墓以象荣华之源，得利者所作遂心，失利者妄生反心。墓凶宅吉，子孙官禄；墓吉宅凶，子孙衣食不足；墓宅俱吉，子孙荣华；墓宅俱凶，子孙移乡绝种，先灵谴责，地祸常并，七世亡魂悲忧受苦，子孙不立，零落他乡，流转如蓬，客死河岸。"《青乌子》云："其宅得墓，二神渐护，子孙禄位乃固。得地得墓，龙骧虎步。物业滋川，财集仓库。子孙忠孝，天神佑助。"子夏云："墓有四诀，商角二姓，丙壬乙辛；宫羽徵三姓，甲庚丁癸。得地得宫，刺史王公，朱衣紫绶，世贵名雄。得地失宫，有始无终，先人受苦，子孙当凶。失地得宫，子孙不穷，虽无基业，衣食过充。失地失宫，绝嗣无踪，行求衣食，客死蒿蓬。"子夏云："人因宅而立，宅因人得存。人宅相扶，感通天地。"故不可独信命也。

凡修宅次第法

先修刑祸，后修福德，即吉。先修福德，后修刑祸，即凶。阴宅从巳起功顺转，阳宅从亥起功顺转。刑祸方用一百工，福德方用二百工，压之即吉。阳宅多修于外，阴宅多修于内。或者取子午分阴阳之界，误将甚也。此是二气潜通，运回之数，不同八卦九宫，分形列象，配男女之位也。其有长才深智，愍物爱生，敬晓斯门，其利莫测。且大犯即家破逃散，小犯则失爵亡官，其余杂犯，火光、口舌、跛蹇、偏枯、衰殃、疾病等，万般皆有，岂得轻之哉！犯处远而慢，即半年、一年、二年、三年始发。犯处近而紧，即七十五日、四十五日、或不出月即发。若见此图者，自然悟会。不问愚智，福德自修，灾殃不犯，官荣进达，财食丰盈，六畜获安，又归天寿。金玉之献，未足为珍；利济之徒，莫大于此。可以家藏一本，用诫子孙，秘而宝之，可名《宅镜》。又《宅书》云："折故营新，爻卜相伏；移南徙北，阴阳爻分。"是和阴阳者，气也；逐爻得变吉凶者，化也。随事能兴，故天地转运无穷。人畜鬼神，变化何准？《搜神记》云："精灵鬼魅，皆化为人。或有人自相感，变为妖怪。"亦如异性之木，接续而生，根苗虽殊，异味相杂。形碍之物，尚随变通；阴阳虚无，岂为常定？是知宅非宅气，由移来以变之。又云："宅以形势为身体，以泉水为血脉，以土地为皮肉，以草木为毛发，以舍屋为衣服，以门户为冠带。若得如斯，是事俨雅，乃为上吉。"《三元经云》："地善即苗茂，宅吉即人荣。"又云："人之福者，喻如美貌之人。宅之吉者，如丑陋之子得好衣裳，神彩尤添一半。若命薄宅恶，即如丑人，更又衣弊，如何堪也？故人之居宅，大须慎择。"又云："修来路即无不吉，犯抵路未尝安。"假如近从东来人此宅住，后更修拓西方，名抵路。却修拓东方，名来路。余方移转及上官往来，不计远近，准此为例。凡人婚嫁、买庄田六畜、致茔域、上官、求利等，悉宜向宅福德方往来，久久吉庆。若为刑祸方往来，久久不利。又忌龟头厅在午地，向北冲堂，名曰凶亭。有稍高竖屋，亦不利。《诀》云："龟头午，必易主。"亦云妨主，诸院有之，亦不吉。凡宅，午巳东巽巳来有高楼大榭，皆不利，宜去之吉。又云："凡欲修造动治，须避四王神。亦名帝车、帝辂、帝舍。假如春三月东方为青帝木王，寅为车，卯为辂，辰为舍即是。正月、二月、三月不得东。"户经曰："犯帝车杀父，犯帝辂杀母，犯帝舍杀子孙。夏及秋、冬三个月，仿此为忌。"又云："每年有十二月，每月有生气死气之位。但修月生气之位者，福来集。月生气与天道月德合其吉，路犯月死气之位，为有凶灾也。"

正月生气在子癸，死气在午丁。二月生气在丑艮，死气在未坤。三月生气在寅甲，死气在申庚。四月生气在卯乙，死气在酉辛。五月生气在辰巽，死气在戌乾。六月生气在巳丙，死气在亥壬。七月生气在午丁，死气在子癸。八月生气在未坤，死气在丑艮。九月生气在申庚，死气在寅甲。十月生气在酉辛，死气在卯乙。十一月生气在戌乾，死气在辰巽。十二月生气在亥壬，死气在巳丙。

凡修筑建造，土气所冲之方，人家即有灾殃，宜禳之。正月土气冲丁未方，二

月坤，三月壬亥，四月辛戌，五月乾，六月寅甲，七月癸丑，八月艮，九月丙巳，十月辰乙，十一月巽，十二月申庚。

图宅阳

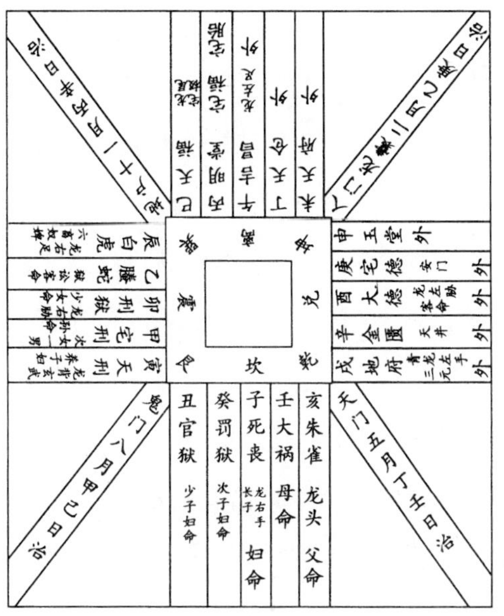

图说

天门首阳，宜平、稳、实，不宜绝、高、壮，犯之损家长，大病、头项等灾。

五月丁壬日修吉，北方不用壬子丁巳日。

亥为朱雀、龙头，父命座，犯者，害命坐人。壬为大祸，母命，犯之害命坐人，有飞灾口舌。子为死丧、龙右手，长子、妇命座，犯之害命坐人，失魂、伤目、水灾、口舌。癸为罚狱、勾陈，次子、妇命座，犯之害命坐人，口舌斗讼。

七月丁壬日修，三月亦通。宫羽姓不宜。三月七月即吉日。

丑为县狱，少子、妇命座，犯之鬼魅、盗贼、火光、怪异等灾。鬼门宅，壅气缺、薄、空、荒吉，犯之偏枯、淋肿等灾。

八月甲己日修吉，东方不用甲子日己巳日。

寅为天刑、龙背、元武，庶养、子妇、长女命座，犯之伤胎、系狱、被盗、亡败等灾。

六月甲己日修，角姓六月凶，十一月吉。

甲为宅刑，次女、孙男等命座，犯之害命坐人、家长病头项诸伤折等灾。卯龙右胁、刑狱，少女、孙命座，犯之害命坐人，火光气满、刑伤、失魂。乙螣蛇、讼狱，客命座，犯之害命坐人，妖怪、死丧、口舌。辰为白虎、龙右足，主讼狱，奴婢、六畜命座，犯之惊伤、跛蹇、筋急等灾。亦主惊恐。风门宜平，缺亦名福，首背向荣。《二宅》《五姓》《八宅》，并不宜高壮壅塞，亦名阳极阴。

十一月丙辛日修吉，南方不用丙子至辛巳日。

巳天福、宅屋，亦名宅极。《经》曰："欲得职，治宅极宜壮实，修改吉。"丙明堂、宅福、安门、牛仓等舍。《经》云："治明堂，加官益禄大吉祥，合家快活不可当。"午吉昌之地，龙左足。《经》云："治吉昌，奴婢成行六畜良，宜平实，忌高及龟头厅。"丁天仓。经曰："财耗亡，治天仓。宜仓库六畜，壮厚高拓吉。"未天府，高楼大舍，牛羊奴婢居之大孳息，仓厕利。人门龙肠，宜置牛马厩，其位欲开拓，壅厚亦名福囊，重而兼实大吉。申玉堂，置牛羊屋，主宝贝、金玉之事，壮实开拓吉。《经》曰："治玉堂，财钱横来，六畜肥强。"庚宅德、安门，宜置车屋鸡栖碓硙吉，宜开拓连接，壮阔净洁吉。酉大德、龙左胁，客舍吉。《经》曰："治大德，富贵资财成万亿。"亦名宅德，宜宅主。辛金匮、天井，宜置门及高楼大屋。《经》曰："治金匮，大富贵，宜财，百事吉。"戊地府、青龙左手，主三元，宜子孙，恒令清洁吉。《经》曰："青龙壮高，富贵雄豪。"外巽之位，宜作园池竹篁。设有舍屋，宜平而薄。外天德及玉堂之位，宜开拓侵修，令壮实大吉。《经》曰："福德之方拓复拓，子子孙孙受荣乐。"唯不得高楼重舍。外天仓与天府之位，不厌高壮楼舍，安门、仓库、牛舍及奴婢车屋并大吉。外龙腹之位，与内院并同，安牛羊牢厂，亦名福囊，宜广厚实吉。外坤宜置马厩吉，安重滞之物及高楼等，并大吉。外玉堂之院宜作崇堂，及郎君孙幼等院，吉。客厅即有公客来，若高壮侵拓，及有大树重屋等，招金玉宝帛，主印绶喜。外大德宅位，宜开拓，勤修泥，令新净吉。及作音乐饮会之事，吉。宜子孙妇女等院，出贵人，增财富贵，德望遐振。外金匮、青龙两位，宜作库藏、仓窖吉。高楼大舍，宜财帛，又宜子孙。出豪贵，婚连帝戚。常令清净连接，丛林花木蔼密。

图宅阴

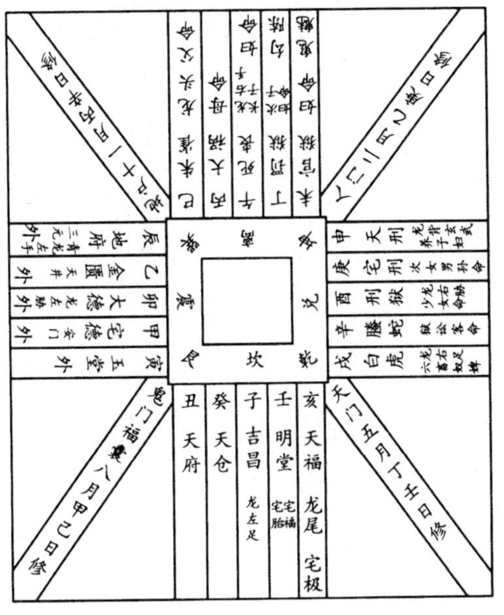

图说

乾天门，阴极阳首，亦名背枯向荣，其位舍屋连接长远，高壮阔实，吉。

五月丁壬日修，吉，北方不用壬子丁巳日。

亥为天福、龙尾，宜置猪栏，亦名宅极。《经》云：“欲得职，治宅极，宜开拓，吉。”

亥东三月丁壬日修，吉。宫羽姓即七月，吉。

壬宅福、明堂，宜置高楼大舍，常令清净，及集学经史，亦名印绶宫，宜财禄。子吉昌、龙左足，宜置牛屋。《经》曰：“奴婢成行六畜良，平实吉。”癸天仓，立门户、客舍、篁厕，吉。《经》云：“财耗亡，治天仓，安六畜，开拓高厚。”丑天府，高楼大舍，牛羊奴婢居之大孳息，仓厕并吉。艮鬼门，龙腹德囊，宜厚实重，吉，缺薄即贫穷。

八月甲巳日修，吉，东方不用甲子日。

寅玉堂，宜置车牛舍，主宝贝金玉之事，宜开拓。《经》曰：“治玉堂，钱财横至，六畜肥强，大吉。”甲宅德、安门，宜置碓硙，开拓连接，壮观吉，清净灾殃自消。卯大德、龙胁、客舍。《经》曰："治大德，富贵资财成万亿。"亦名宅主，主有德望。乙金匮、天井，宜置高楼大舍，常令清净，勤修泥，尤增喜庆。辰地府、青龙左手、三元，宜子孙，常宜清净。《经》曰："青龙壮高，富贵雄豪。"巽风宜平稳，不宜壅塞，亦名阳极，阴前背荣向枯，宜空缺通疏，大吉。

十一月丙辛日修，吉，南方不用丙子。

巳，朱雀、龙头，父命座，不宜置井，犯害命坐人，口舌飞祸，吐血颠狂，蛇畜作怪。丙大祸，母命，不宜置门，犯之害命坐人，飞祸口舌。午为死丧，长子妇命座，犯之害命坐人，失魂、伤目、心痛、火光、口舌，龙右手筋急。丁罚狱、勾陈，次子、妇命，犯之坐人，口舌、斗讼、疮病等灾。未为县狱，少子妇命座，犯之害命坐人，鬼魅、火疮、霹雳、盗贼、刀兵、流血、六畜伤死、家破逃散。坤人门，女命座，不宜置马厩，犯之偏枯淋肿等。此地宜荒缺低薄，吉。申天刑、龙背，庶子妇、长女命座，犯之失魂、病胁、刑伤、牢狱、气满、火怪。庚宅刑，次女、长孙命座，不宜置门，犯之害命坐人，病右胁、口舌、伤残、损坠。酉刑狱、龙右胁，少女、孙命座，犯者害命坐人，失魂、刑狱、气满、火怪。辛为螣蛇、讼狱，客命，犯之害命坐人，口舌、妖怪、死丧、灾起。戌白虎、龙右足，奴婢、六畜命座，犯之足跽、跛蹇、偏枯、筋急。外乾院与同院修造开拓，令壮实，高冈陵大树并吉。宜家长延寿，子孙荣禄不绝，光映门族，乾地广阔。外亥天福与宅极之乡，宜置大舍，位次重叠，深远浓厚，吉。与宅福明堂相连接壮实，子孙聪明昌盛，科名印绶，大富贵。外天仓宜高楼重舍，仓廪库藏，奴婢六畜等舍，大孳息，宜财帛五谷。其位高洁开拓，吉。外天府宜阔壮，子孙妇女居之大吉，亦名富贵饱溢之地，迁职喜，万般悉有矣。绝上外龙腹，福之位，宜壅实如山，吉。远近连接，大树长冈，不厌开拓，吉。若低缺无屋舍，即贫薄不安。外玉堂，宜子妇，即富贵荣华，子孙兴达。其位雄壮，即官职升升腾，位至台省，宝帛金玉不少。若陷缺荒残，即受贫薄，流移他地。外宅德宜作学习道艺，功巧立成，亦得名闻千里，四方来慕。亦为师统，子孙居之有信，怀才抱义，壮勇无双。外天德、金匮、青龙，此三神并宜浓厚实大舍高楼，或有客厅，卿相宴游过往。一家富贵豪盛，须赖三神。尤宜开拓。若冷薄荒缺败陷，即贫穷也。外青龙不厌清洁，焚香设座，延迓宾朋，高道奇人自然而至，安井及水渎甚吉。

《九天元女青囊海角经》一

序

青囊内传，海角秘文。浮黎正统，镇世鳌极。八卦八门，六甲天书。始青之下，囊括万象。赤明开国，天发祥光。洞彻天地，四极鳌布。八方云篆，元女降质。神通天地，数彻幽明。道遵河洛，卦契乾坤。首司庚甲，焕乎五行。布两间之枢纽，掌四时之德刑。明九万七千六百之元气，一十二万九千六百之元钧。生成万汇，拱卫星辰。济大旱之霖雨，御虎贲之强兵。人得之而生长，国得之而太平，家得之而丰盈。悟者游于神化，不落幽冥。死者归于葬埋，遗体受荣。浮黎祖秘，永镇乾坤。晋郭璞修。

图气始无太

恍恍惚惚
杳杳冥冥
无象无形

图说

纯黑晦体，太无非显，故黑之。黄石所谓“太无不无”，老氏所谓“无为天地之始”。统三才，混一气，恍惚不可见闻者也。是以元女设图，使来学透悟大道，偕登圣域，立教圣人以此悟无上至道，非元女之传，孰能以晦图造其端哉！

图气中有太

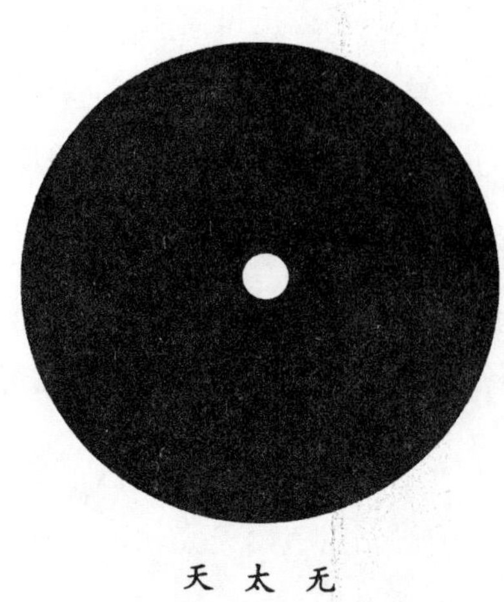

无中生有
太元一动
天地资生

图说

一点纯阳隐于黑中，晦而明也。是谓“黑中有白，阴里怀阳”。《图经》所谓“太有不有”，即老氏所谓“有为万物之母”，“万物莫不虚中以为体”。阴非此阳，乌能生化？知白守黑，即此机也。悟之为无上妙道。此二图八卦不能推甲子，不能契万物化生，根原莫逃乎此。

一阳初动处，万物未生时。些子好光景，乌能入言语。

图气终无有

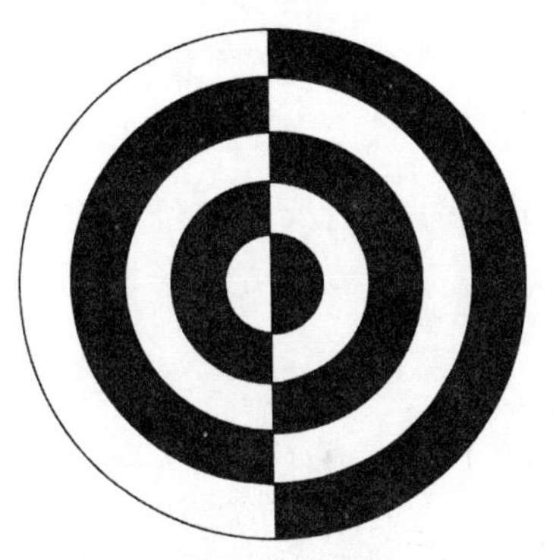

黑白相符
子午定机
万物之化

图说

乾坤奠位而阴阳相胜，日月循环而寒暑推迁。《图经》所谓：“有无相生，万物化成。”动静有时，消长有数。八卦可推，历律可契。四时依候，子午定机。阳生于子，阴生于午。阴阳消长，而万物之理、万物之机得矣。

图之天经气六运五

图说

五运六气者，丹天火气经于牛女奎壁，黅天上气经于心尾角轸，苍天木气经于危室柳鬼，素天金气经于亢氐昴毕，元天水气经于张翼娄胃。五运甲己化土运，乙庚化金运，丙辛化水运，丁壬化木运，戊癸化火运。合金运出人仁义，合水运出人宽荡，合土运出人敦厚，合木运出人有为，合火运出人多无情，是皆秉乎气运所生，人物作替，犹言合取生旺为兴，遇休囚即为衰也。

图数始地天

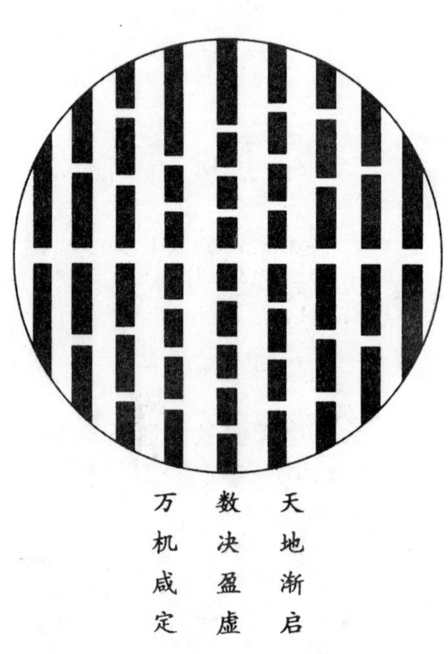

图说

一立数，始定焉，察盈虚，定消长，分造化，具五行，判阴阳，自一而至十，合大衍，五十有五，立中立极左右，皆合河图洛书之数，用天干之十数配地支之十二，浑天甲子数由乎此。

太元中数图

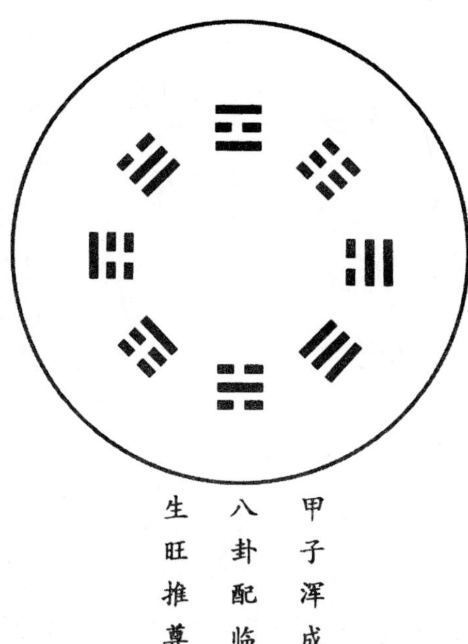

图说

浑天甲子合八卦，具五行，察阴阳，明消长，推旺墓，定吉凶。迎之吉，违之凶，此括太元中数之理，以喻用之神也。

奇数：一三五七九，为阳，天数，五倍十天干。

偶数：二四六八十，为阴，地数，六倍十二地支。

图之数终元太

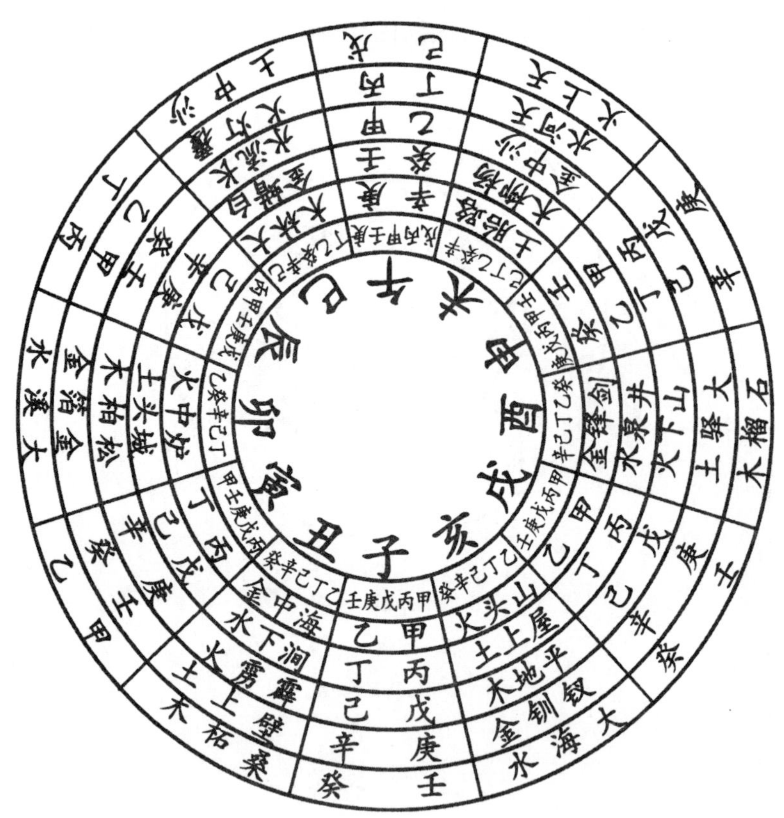

图说

十二地支至静，圆布十二宫，以十天干配地支，各五炁而成六十甲子，以配天炁，取天变地不变之义。冬至葭飞，立甲子之日始。尧廷蓂叶，作甲子之月始。以建子，作甲子之年始。

浑甲纳音由

水旺金藏曰海中，水中有源曰涧下。

阴内含阳曰霹雳，水土相须曰壁上。

一阳始动曰扶桑，木旺火生曰炉中。

水上生病曰城头，庚辛临官曰松柏。

木盛金绝曰金箔，乙卯长生曰大溪。

土墓木盛曰大林，金养色明曰白蜡。

墓胎东归曰长流，土之掩覆曰覆灯。

土墓不厚曰沙中，庚午土胎曰路旁。

木当茂盛曰杨柳，火盛金潜曰沙石。

水临其上曰天河，火旺上炎曰天上。

壬申金旺曰剑锋，秋金生水曰井泉。

丙丁火病曰山下，戊己土病曰大驿。

秋旺木绝曰石榴，甲戌火透曰山头。

墓胎土燥曰屋上，戊己木养曰平地。

庚辛衰木曰钗钏，壬癸带旺曰大海。

图甲纳降升阳阴

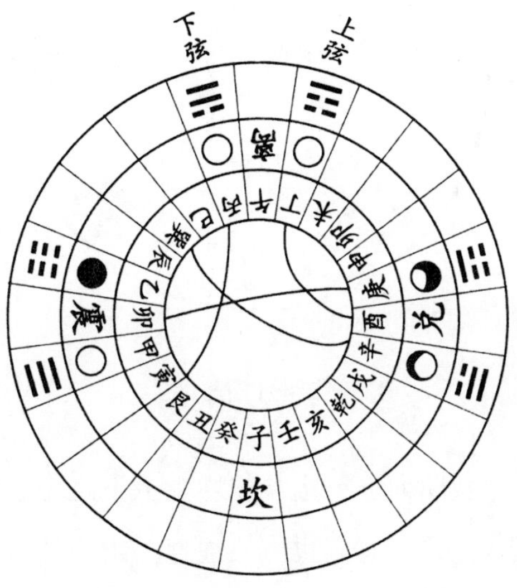

图说

天地之道，昼夜运行，阴阳消长，睹太阴可见圣神，图纳甲以喻后世。凡每月有六候，一候有五日，初三日生明，是一阳生，卦体属震，昏时月出西方庚，其月

之象如盂之仰，故纳于震。越六十时至初八日上弦，是二阳生，卦体属兑，昏时月出南方丁位，其象为兑上缺，故丁纳于兑。越六十时至十三日以至望，三阳全满而纯白，卦体属乾，昏时月出东方甲位，其象浑圆，故甲纳于乾。越六十时至十八日生魄，是一阴始生，卦体属巽，旦时月没西方辛位，其象为巽下断，故辛纳于巽。越六十时至二十三日下弦，是二阴生，卦体属艮，旦时月没南方丙位，其象如碗之覆，故丙纳于艮。越六十时至二十八日以至晦，三阴纯黑，卦体属坤，旦时月没东方乙位，其象浑然，故乙纳于坤。一月之内三百六十时之中，观晦朔弦望之盈亏，而易理之奥尽于斯矣。葬埋之吉凶无他，惟会合盈虚、明暗、上下，得宜祸福攸判。取坤震兑，乘乾巽艮，斯用天之奥哉！

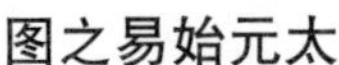

图之易始元太

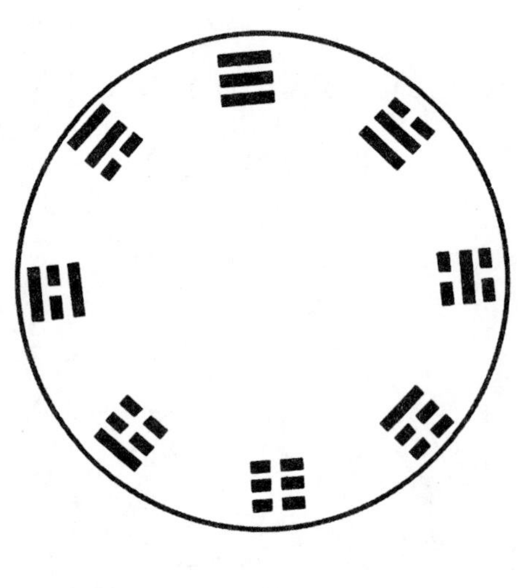

图说

河洛出而八卦分，象数明而五行定。乾坤主上下之位，坎离居日月之门，震巽艮兑各处其隅，以先天八卦定阴与阳也。故地理之阴阳从兹始，乾坤坎离定阳龙而不用其阳，震巽艮兑定阴龙而用其阴，是贵阴而贱阳之故也。

此图乾坤合九数，坎离合而成九数，震与兑合，艮与巽合皆成九数，故曰“太元始易图”也。

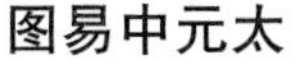

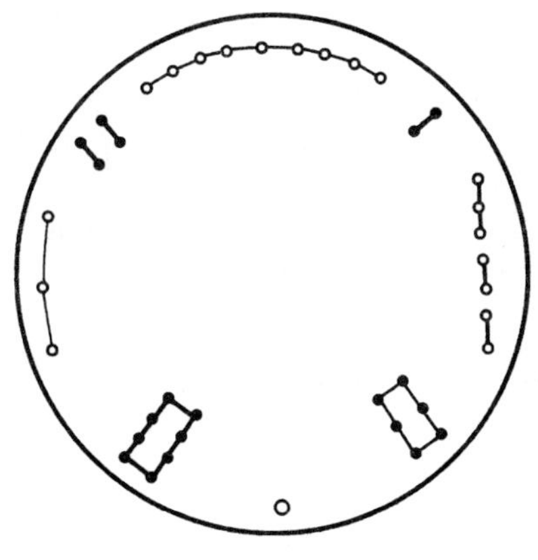

图说

乃戴九履一，左三右七，二四为肩，六八为足。阴阳迭凑而成八卦，八卦迭磨而成六十四卦。故九天元女，以八卦八爻迭推消长，以明地理地气之吉凶，颠倒之顺逆。取用于三般卦例，以示后学，以教世民之趋吉避凶也。

图易终元太

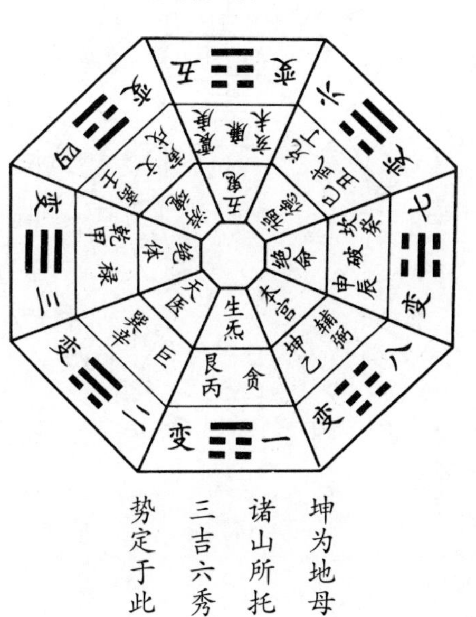

坤为地母，诸山所托，三吉六秀，势定于此。

图说

元女以坤元天书取其三吉，不用五凶山水也。以九曜之权衡，取阴阳之得配，贪巨廉武，洛书取其阴也。抽中爻为体，则知上下阴阳得配以定吉龙也。破禄文辅，洛书弃其阳也。抽中爻而知上下，孤阴寡阳而失配，以舍凶龙也。艮纳丙，震纳庚，以丙庚阳而旺。兑纳丁，巽纳辛，以辛丁阴而相。乾纳甲，离纳壬，以甲壬阳而孤。坤纳乙，坎纳癸，以乙癸阴而虚。旺、相、孤、虚之气定也。体天地之撰者，《易》之象。纪天地之撰者，《范》之数。数者，始于一。象者，成于二。一二奇偶也，二而四，一而八。一者，八卦之象。乾一、兑二、离三、震四、巽五、坎六、艮七、坤八，上稽天文，下察地理，中参人事，皆气运之数。天分五气，地列五行，上经于列宿，下合于方隅，敷布天地之间。四时迭序而有风寒温热，燥湿之化从此而生。气平而相得者所以道其常，是谓德也。气不平而相贼者所以观其变，是谓刑也。万物一定之数，于中变化无穷，而圣人明之。不使过干中道，所谓裁成万物也。

图之气方针浮

图说

元女昼以太阳出没而定方所，夜以子宿分野而定方气，因蚩尤而作指南，是以得分方定位之精微，始有天干方所，地支方气，后作铜盘，合局二十四向。天干辅而为天盘，地支分而为地盘，立向纳水从乎天，格龙收沙从乎地。今之象占，以正针天盘格龙，以缝针地盘立占。圆者从天，方则从地，以明地纪。

图之地天窥数

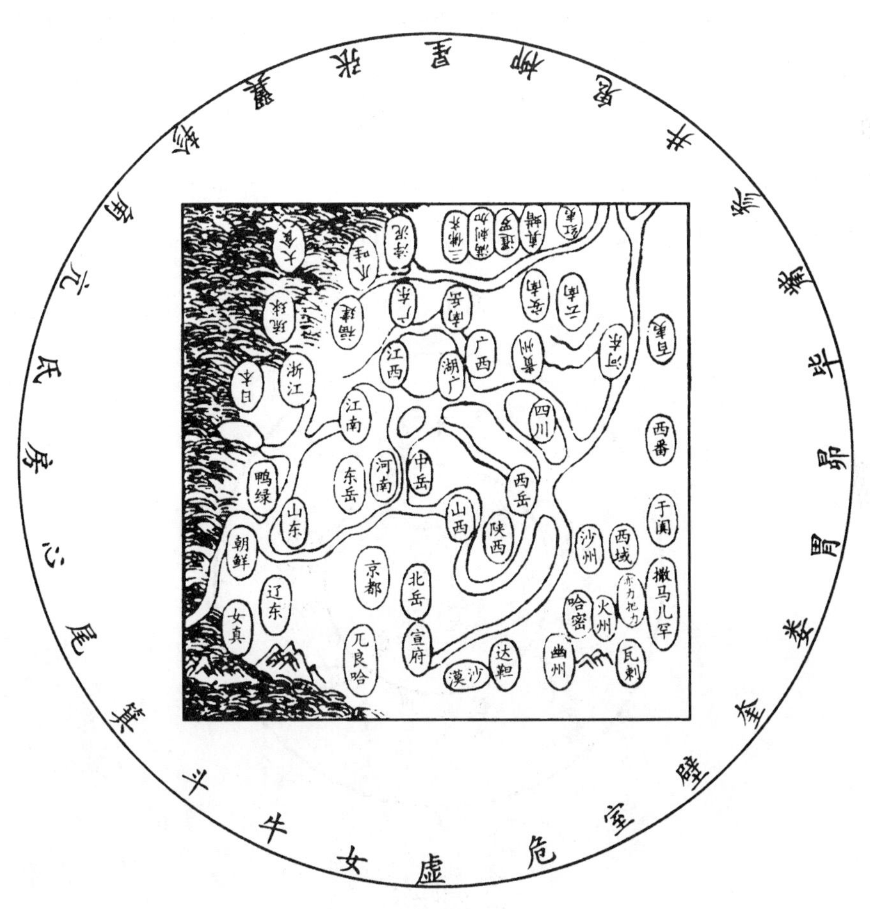

图说

天圆如倚盖，地方如棋局。窥地厚四万里，应五八之数。其方六万里，中国之广不过万里，余五万里皆属外国。自元女道于伏羲而治中国，始有阴阳，龙八卦成。始天倾西北，女娲炼石补之，地陷东南，大禹治水，龙形始定。天之数，一三五七九，属阳。始于一，成于三，盛于五，定于七，极于九。因天距地九万里，故曰“九天之上”。地之数，二四六八十，属阴。始于二，成于四，盛于六，定于八，极于十。因地厚四万里，倍之及泉，故曰“九泉之下”。惟阳盛于五，故日距地五万里。惟阴盛于四，故月距地四万里。揆历以日数为准，周经三十六万里，以应三百六十五度四分度之一，每一日占一度之宽。

乾坤合而成九，坎离合而成九，震兑合而成九，艮巽合而成九，四方四时各值九数，共成四九三十六之数，以定始中终之气。月有三百六十时，年有三百六十日，天有三百六十余度，地有三百六十余穴，人有三百六十余骨节。

大劫十二区分，每宫三个三千三百六十数始、中、终，大约一万八百年天始开，一万八百年地始辟，一万八百年人始生。天开于子，地辟于丑，人生于寅，共三万二千四百年，为胚胎之气。仍九万七千二百年后，浑天之劫运。

胞元气四

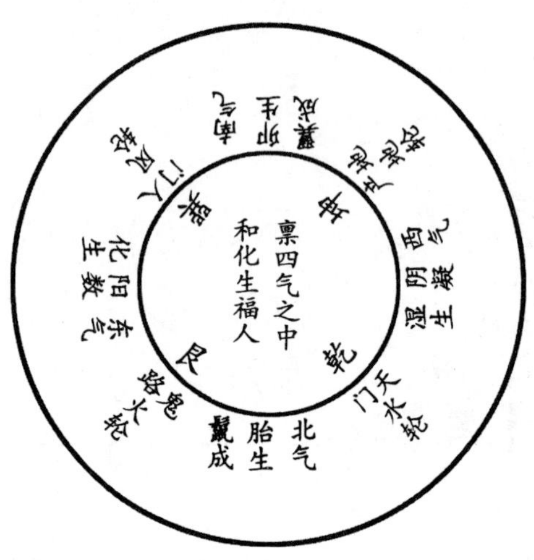

图说

乾坤艮巽为天地之四鳌界，日月之止所。使之循环，而作天地人鬼之四门；使之变化，为地水火风之四轮。流行造化，主乾坤之橐籥，宰阴阳之呼吸。统四生，权六道。世之善者，根于人道。世之恶者，根于鬼道。凡葬埋不得吉气，即陷子孙贫贱衰绝。择地者可无慎乎？

图没出阳太

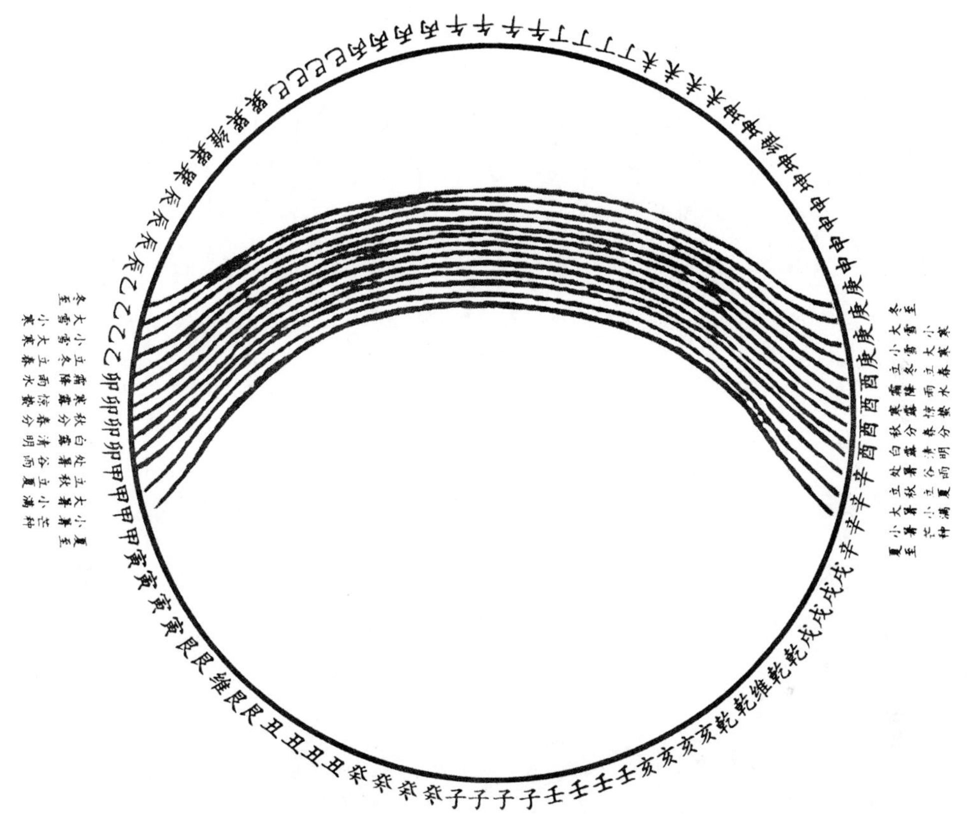

图说

盖地气必待天气盛而万物生，天炁衰而万物死。天无地道，无以宰乎德刑；地无万卉，无以成乎岁功。阴阳相胜之妙，根于日月去天地之远近。日月临地之近，万物感阳和以生。日月去地之远，万卉得阴凝以藏。

图之胞元壬六

图说

乾坤艮巽为天门、地户、人门、鬼路四门，作地水火风而以生化万类，莫不由此四气元胞。太阳出没往来，亦由四气。地之得以承载，而四鳌立极也。圣人作六十曜星而吉气亦归于四气，故设象以索真，而以二十四山地支加天干，用龙天干，龙亦加前地支数，至乾坤艮巽为四吉，依图象而取星，为救贫解祸之神，布福德之星。凡阴阳驳杂，不合三吉，以此救解之，即速应富贵。

图水砂纳收龙丙艮

巽辛龙收纳砂水图

坎癸申辰龙收纳砂水图

震庚亥未龙收纳砂水图

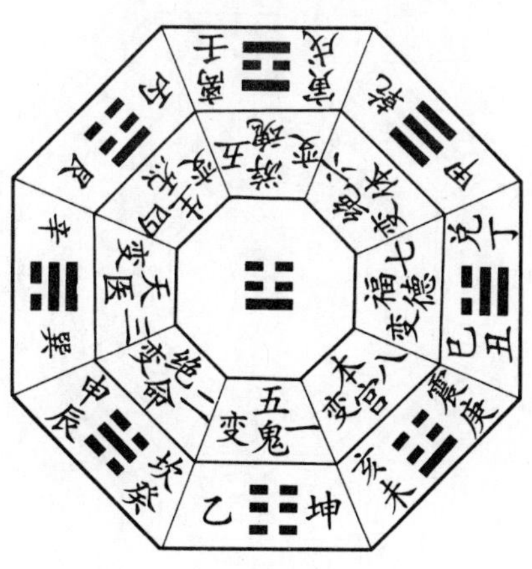

图水砂纳收龙丑巳丁兑

图水砂纳收龙戌寅壬离

图水砂纳收龙甲乾

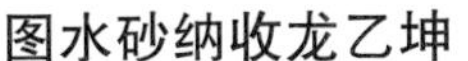

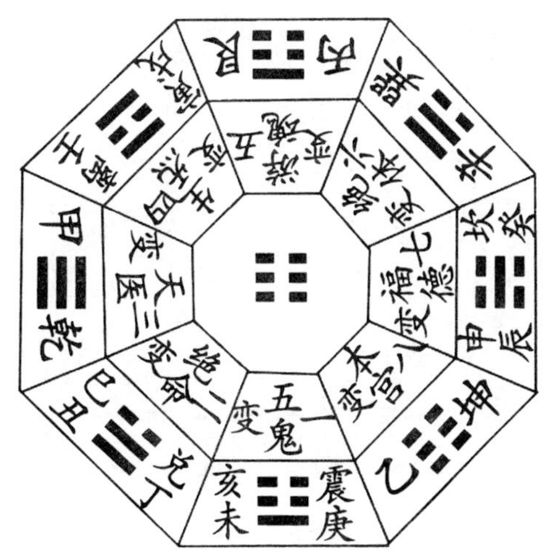

卦例诀

翻卦之诀，其法以离巽坤兑列于四指之上节，以乾艮坎震列于四指之下节，使乾兑离震巽坎艮坤一阴一阳，交互相对，以便于运指。假如星在二指四指，则逆数而前，在五指二指，则顺数而后，中起中落，傍起傍落。如乾是来山，此天父卦也，则坐兑丁为生气，震庚为天医，坐艮丙为福德。此三卦为三吉，除五卦为五凶，作向星，卦以五鬼为主。地母卦，如艮是来山，则向震庚，亥未是向生炁、向兑丁，巳丑是向天医，而巽辛是向福德。除此三吉，即是五凶。占水卦以辅星为主，其法径以本山为辅星，以辅武、破廉、贪巨、禄文为序。如前一上一下会，得贪、巨、武、水到堂为吉，廉、禄、破、文为凶，辅为半吉。《经》云："三吉只求来势好。"但以地母卦为主，求其艮丙辛巽兑丁巳丑震庚亥未十二阴龙，诸山所托之故也。向家只作鬼爻看，此专以壶中鬼卦就本山起，或乾山巽向，即从乾山上起，辅武、破廉、贪巨、禄文，看其砂之吉凶。又从本山下下罗经，即以鬼爻倒数。如乾山即就巽上起，辅武、破廉、贪巨、禄文，以观水吉凶。如坤山即就震上起，倒数，此即所谓壶中鬼卦也。天父、地母、壶中卦，乃三般大卦也。

天父卦起例

此例以贪、巨、禄、文、廉、武、破、辅、弼，辅星与弼星同合一卦，如乾卦起例，从兑上起贪巨云云。离从震上起，艮从坤上起，巽从坎上起，亦是如前起例。傍起傍住，中起中住之法也。

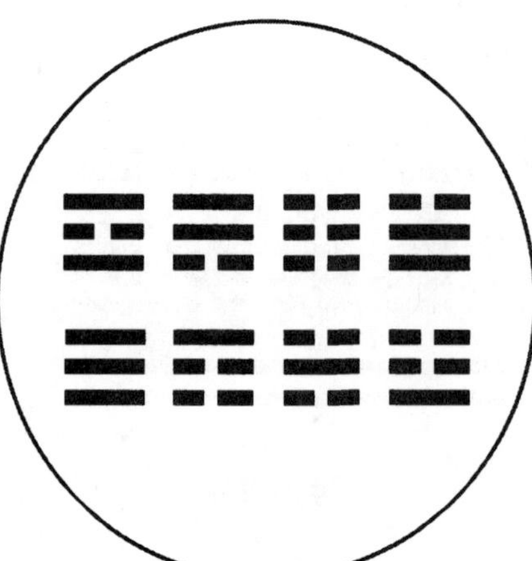

坤地母卦起例图

此以辅武破廉贪巨禄文为序中起中住

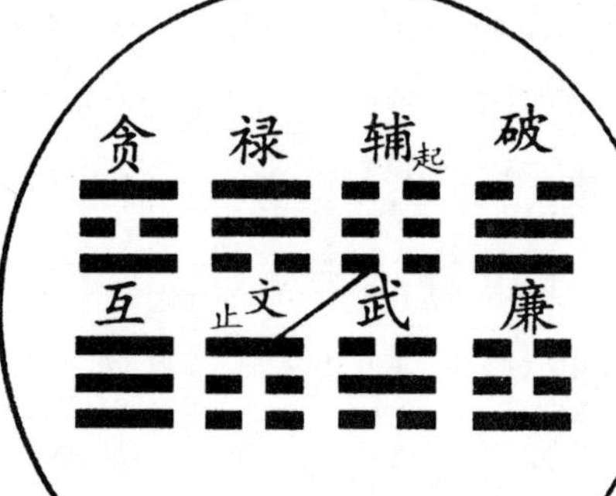

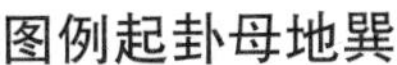

中起中落

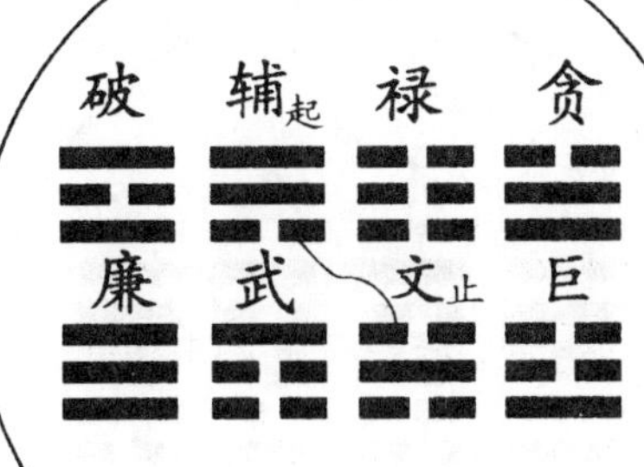

图例起卦母地震

震庚亥未

傍起傍落

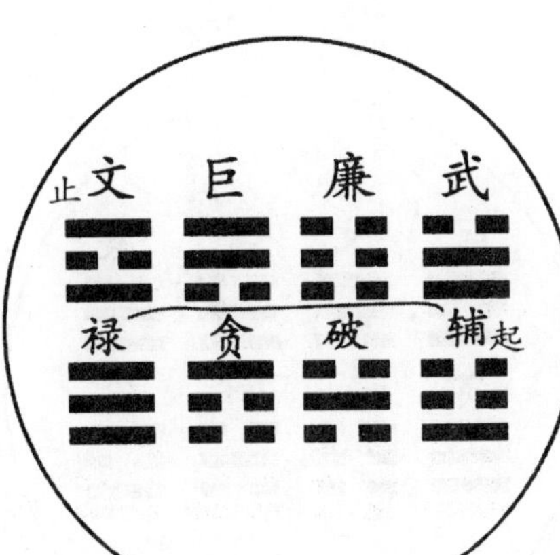

图例起卦母地兑

兑丁己丑
傍起傍落

图例起卦母地坎

坎癸申辰
中起中落

巨 止 文 武 廉
贪 禄 起 辅 破

图例起卦母地离

离壬寅戌
傍起傍落

图例起卦母地艮

艮纳甲丙
中起中住

抽爻得配失配图

中爻抽去失配之式，三吉、六秀，八贵毕出此图

抽多得配八贵图

八卦之内，惟此四卦名之曰四吉，盖缘抽去中爻上下得一阴一阳，配合曰三吉，曰六秀，曰八贵，皆此抽爻之诀也。

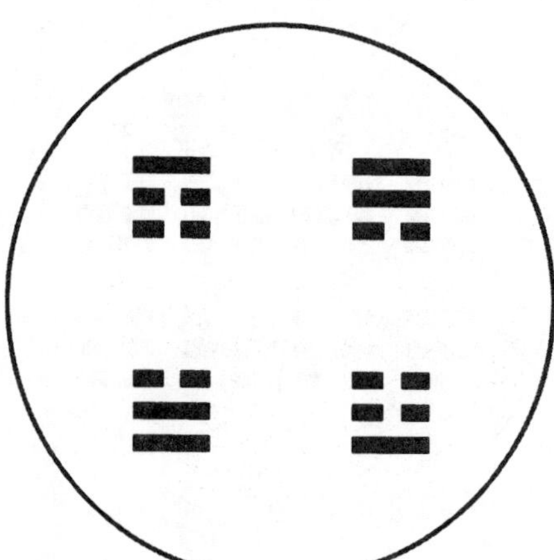

坤乙龙穴砂水图

三般大卦

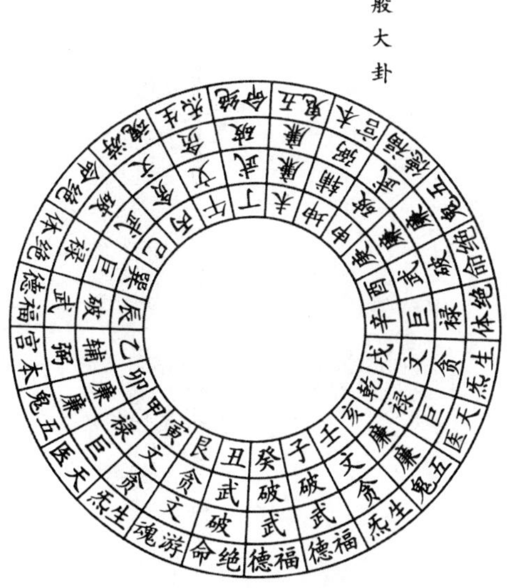

艮丙龙穴砂水图

地母诸山所托定艮丙三般大卦之图

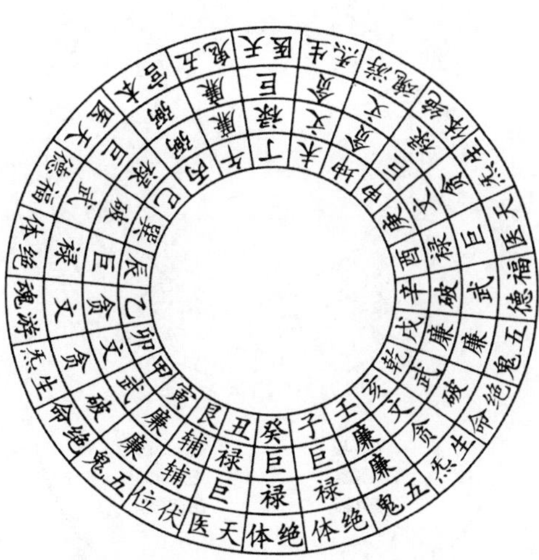

图水砂穴龙未亥庚震

地母诸山所托定震庚亥未三般大卦

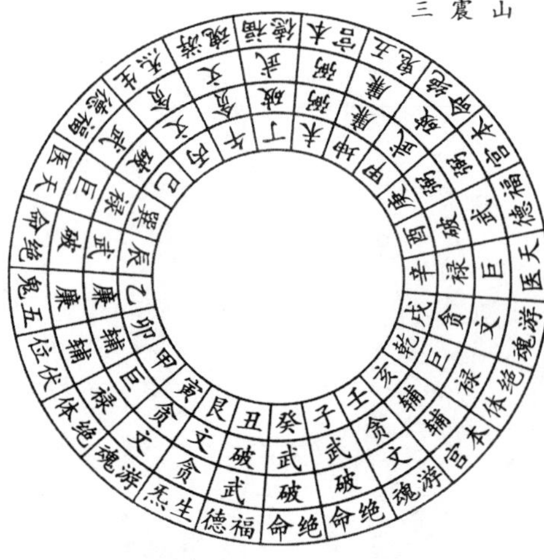

图水砂穴龙戌寅壬离

地母所托诸山三般大卦

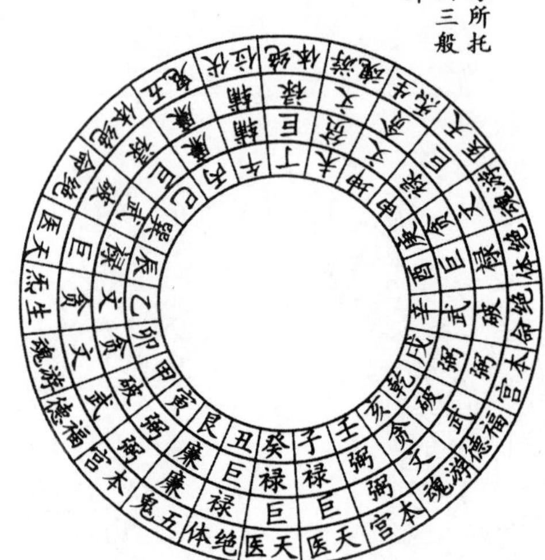

图水砂穴龙辛巽

地母定诸山所托三般大卦

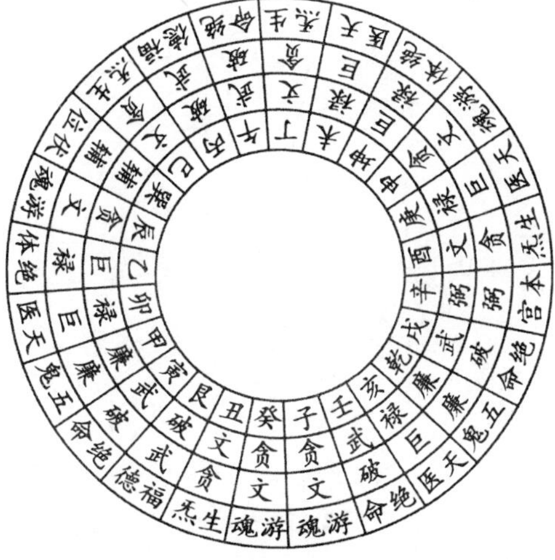

图水砂穴龙丑己丁兑

地母诸山所托定三般大卦

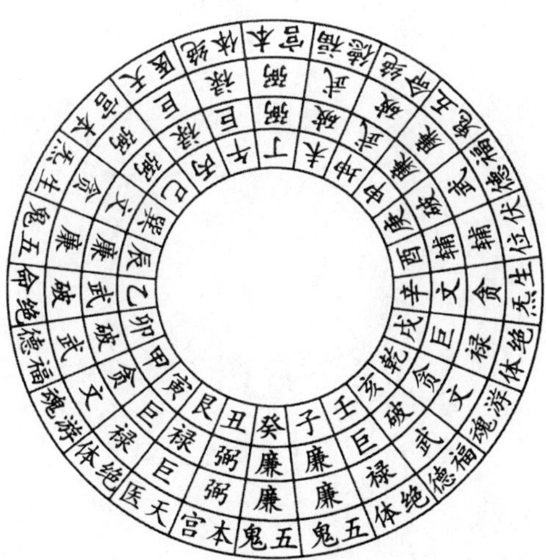

坎癸申辰龙穴砂水图

地母所托定诸山三般大卦

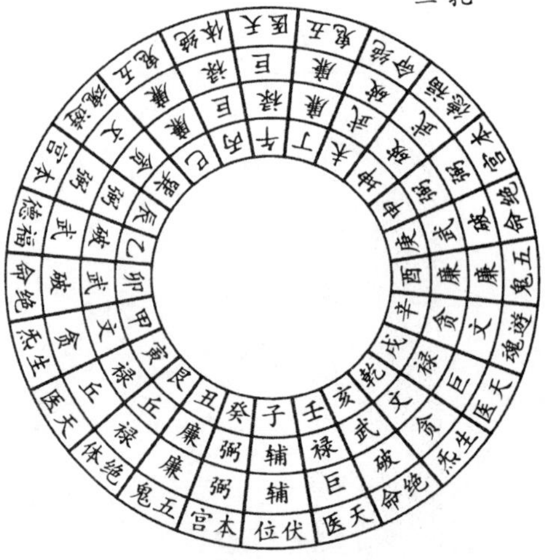

乾甲龙穴砂水图

地母所托定诸山三般大卦

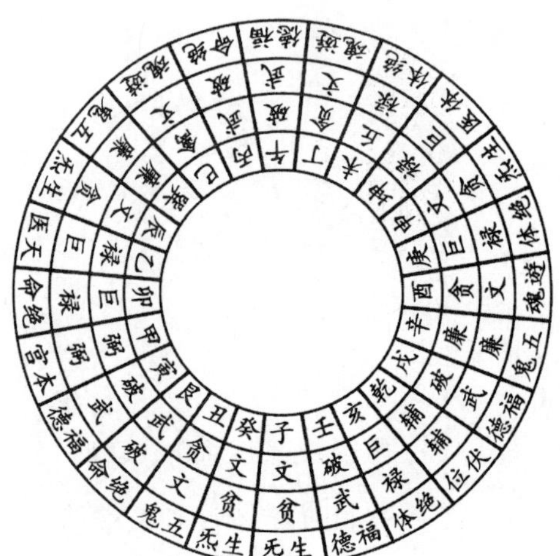

地母变卦例之图

五行	游年	九星	变	纳甲	位
木	生炁	贪狼	一变	丙艮	孟
土	天医	巨门	二变	辛巽	仲
土	绝体	禄存	三变	甲乾	季
水	游魂	文曲	四变	戌寅 壬离	仲
火	五鬼	廉贞	五变	未亥 庚震	孟
金	福德	武曲	六变	丑巳 丁兑	季
金	绝命	破军	七变	辰申 癸坎	孟
木	本宫	辅弼	八变	乙坤	伏

图说

地母之变，诸法所宗，净阴净阳，三吉六秀八贵，莫不出此。九星贪、巨、禄、文、廉、武、破、辅、弼之定位，地母所变，八卦之定爻，卦之纳甲，支之三合，艮丙、巽辛、乾甲、离壬、寅戌、震庚亥未、兑丁巳丑、坎癸申辰、坤乙，皆抽中爻。上下二爻，得配成吉，失配成凶。天星卦变皆天然一定之位次，而得配失配之吉凶合焉。震虽卦属廉贞五鬼，而取其得配，故为八贵也。阴阳之福祸，全在天星，以定吉凶。八卦游年之妙用，微旨微理，秘括青囊。得者地仙，转坤为乾。泄授匪人，灾及其身。

知此要诀，总括天星。八卦宫位，挨次而临。三吉六秀，显于斯章。兼出八贵，妙用得配。抽爻是则，吉凶可觅。净阴净阳，吉龙乃彰。贵阴贱阳，天星主张。纳甲并用，三合齐良。惟用斯诀，千古吻合。

初变艮

艮山子来艮，伏吟弼克定。
小口渐渐衰，过房乃有分。
艮山子来震，游魂中败尽。
被盗人逃亡，财散横伤命。
艮山子来巽，绝命长房灾。
家人多死灭，离乡永不回。
艮山子来离，五鬼孟男灾。
官司火殃重，失盗并散财。
艮山子来坤，生炁旺人丁。
大发庄田盛，秀子拜朝廷。
艮山子来兑，绝体季子悔。
女掌家门事，男颓产业退。
艮山子来乾，福德荫绵绵。
季子文章显，富贵旺丁田。
艮山子来坎，天医仲房暖。
资财常兴旺，商贾利名显。

二变巽

巽山子来巽，伏位长房灾。
损财并夭寿，出外不回来。
巽山子来离，福德精文艺。
富贵应期来，子孙兼孝义。
巽山子来坤，天医火土生。
紫炁儿孙衍，善行应朱门。
巽山子来兑，游魂凶星会。

二子奔他乡，住居无定止。
巽山子来乾，五鬼不堪言。
横逆家私败，个个卖田园。
巽山子来坎，生炁相生现。
长房孙贵重，五郎显庙廊。
巽山子来艮，绝命长房定。
次子败贫穷，妇守男奔竞。
巽山子来震，绝体长幼分。
财散子少亡，儿孙鲜安命。

三变乾

乾山子来乾，伏吟病多缠。
孤儿寡妇苦，老幼受熬煎。
乾山子来坎，游魂主远遁。
小口多夭折，寡妇房中闷。
乾山子来艮，福德星相生。
季房多孝弟，贤哉品级人。
乾山子来震，天医二房兴。
未免子破败，文艺人公门。
乾山子来巽，五鬼灾殃重。
火盗代来侵，子孙皆怨恨。
乾山子来离，绝命长先颓。
十载家业尽，妻儿皆自归。
乾山子来坤，绝体二老争。
幼儿多幼死，家破远乡多。
乾山子来兑，生炁平平惠。
老翁配少娘，女旺子安康。

四变离

离山子来离，伏吟弼星临。
小房多内乱，男女败西东。
离山子来坤，游魂不葬坟。
阴盛阳丁少，家门不吉星。
离山子来兑，天医一四位。
财帛俱丰足，文武尽荣贵。
离山子来乾，绝命克熬煎。
长房衰败绝，女婿扫坟前。
离山子来坎，绝体内相刑。
男女逃亡外，跛足步难行。
离山子来艮，五鬼家不和。
兄弟争废业，妇女作师婆。
离山子来震，生气比和隆。
长房五子贵，家豪似石崇。
离山子来巽，福德人慧聪。
少房子多秀，文武佐明君。

五变震

震山子来震，做贼官刑分。
男巫多忤逆，女婆恣淫行。
震山子来巽，绝体残疾当。
小房不离床，家败去他方。
震山子来离，生气五子奇。
俊秀文才盛，长发贵多宜。
震山子来坤，五鬼不和平。

生离父母去，家业不安宁。
震山子来兑，绝命重重悔。
儿孙见面死，泣哭无继嗣。
震山子来乾，天医旺重贤。
子孙为僧道，金木自憎嫌。
震山子来坎，福德子孙贤。
季儿多富贵，大旺庄田显。
震山子来艮，游魂出外忙。
他乡为闾里，家眷似淫娼。

六变兑

兑山子来兑，伏吟损长位。
子孙灾患伤，产子娘先背。
兑山子来乾，生炁克多嫌。
小女婚不正，罕发更聋残。
兑山子来坎，五鬼为贼伴。
忤逆凶徒祸，微灾不入算。
兑山子来艮，绝体二房凶。
子孙残疾久，男鳏女寡逢。
兑山子来震，绝命犯螟蛉。
外出无踪迹，少死受官刑。
兑山子来巽，游魂犯客星。
家财多耗败，离散损人丁。
兑山子来离，天医荫仲儿。
平头星释道，一二废根基。
兑山子来坤，福德小房荣。
文武为官贵，食禄享千钟。

七变坎

坎山子来坎，伏吟中子夭。
腰折投河死，产妇身难保。
坎山子来艮，天医火旺星。
文武扶明主，丁多富贵因。
坎山子来震，福德三公命。
水浸木增财，文武富贵来。
坎山子来巽，生炁旺人丁。
爵禄饶富贵，巧艺出其门。
坎山子来离，绝体季房痹。
官事多为死，代代出痴迷。
坎山子来坤，绝命家业零。
少死因黄炁，后渐少人丁。
坎山子来兑，五鬼贼盗会。
劫财衙门使：长房还冤债。
坎山子来乾，游魂自缢悬。
淫乱生殃祸，孀居仲绝延。

八变坤

坤山子来坤，伏位人口凶。
子孙多残疾，女守家困穷。
坤山子来兑，福德旺小房。
五男多孝义，文武列岩廊。
坤山子来乾，绝体祸孤孀。
后代家业破，贫苦命难当。
坤山子来坎，绝命子孙断。

破家身无依，空拳如何算。

坤山子来艮，田蚕生炁盛。

儿女列成行，富贵天星定。

坤山子来震，五鬼乱胡行。

忤逆为贼盗；官灾牢狱刑。

坤山子来巽，天医仲房称。

子贤文秀显，高爵王家赠。

坤山子来离，游魂远途迷。

女掌家财散，不久在庭除。

总评

右将八卦配天星，此是青囊奥旨文。

识得干支归卦例，三吉六秀掌中抡。

以芥投针为妙诀，毫厘差错误生民。

欲明微理无多子，熟玩青囊古本经。

熟玩自知真谛诀，试覆王侯官贵坟。

第二章 堪舆汇考二

《九天元女青囊海角经》二

上 集

天德神，数乃尊。理顺逆，万机纯。六甲运，五行赋。法五子，遁八门。布雷使，察金精。御五气，摄九灵。锄叛逆，超神英。

天书首文，天德至尊。天五地六，顺流逆行。八门遁甲，驱使风雷。莫不以五气，摄乎九灵。

混沌未分，三才一气。清浊奠位，神物是对。八卦甲子，象数察理。仰观俯察，默运其机。阴阳五行，厥德昭示。阳精日华，阴精月体。禀灵五曜，巡布四维。四时依候，子午定机。扶桑掩山，阴育阳施。出入往来，虞渊弗替。神气昭上，下应厥帝。青灵木德，地峙泰岳。在天为岁，甲木乙草。司春震位，绛灵火德。地峙衡岳，在天荧惑。丙火丁烟，司夏曰离。皓灵金德，地峙华岳。在天太白，庚金辛石。司秋应兑，元灵水德。地峙恒岳，在天曰辰。壬水癸泉，司冬曰坎。黄中土德，地峙嵩岳。在天为镇，戊土己灰。司中立极，二十八宿。因方定纪，寒暑推迁。运旋于气，元胞化生不替。阴阳奇偶，惟数是最，阳数始一三五七九，阴数始二四六八十。处中制外，天五地六。阳不孤生，阴不虚成。倍十天干，十二地支。静以主内，动以外施。周布六旬，各生五炁。归甲归庚，数品盈虚。八卦甲子，物物全机。

白极函三，三白攸分。甲戊辅帝，乙丙丁奇。枢由震发，甲戊更推。运阳握阴，阳发阴颓。六甲遁旬，六壬终维。六丁阴明，西兑寄体。

甲子一炁为五行始，丙子九炁为五行本，戊子七炁为五行标，庚子五炁为五行体，壬子三炁为五行终。东方壬子至庚得九炁，南方戊子至庚得三炁，中央庚子至庚得一炁，西方甲子至庚得七炁，北方丙子至庚得五炁。化气化象由乎庚，甲戌为天罡，斗柄主运用遁甲。以甲戌乙亥丙子丁丑为北方三台帝位，一坎六乾八艮皆镇乎北，故曰三白，皆三台帝宫也。上台虚精，中台六淳，下台曲星。人有三精，台光灵爽，幽精三台，乃天地级。

九曜九灵，万机听令。七曜惟显，辅弼惟隐。上摄天津，下统群生。

九曜，一曰贪狼，二曰巨门，三曰禄存，四曰文曲，五曰廉贞，六曰武曲，七曰破军，八曰左辅，九曰右弼也。北斗乃是阴阳统会。五星列曜，三元六甲。诸山众真，下元生人。富贵贫贱，寿夭贤愚。幽冥鬼祟，胎卵湿化。悉于斯星，所主施焉。

丘公颂

元女青囊海角经，
神仙传授甚分明。
有人会得三般卦，
五百年中一间生。
青囊自古秘斯文，
但覆多年旧冢坟。
山水变时局也变，
便知吉凶见分明。
五音共使三般卦，
八贵都寻六贵龙。
若有英贤明此理，
间生千载一相逢。
三般大卦如何起，
元女当年亲口传。
三吉只求来势好，

向家须变鬼爻看。

坤为地母，诸山所托。察龙坤卦，索求三吉。本龙以鬼爻求三吉，而收四方砂之局气。向卦以鬼爻索求流水之吉凶，次定三吉，而成消纳之吉气。

五行生旺要精通，
放水安坟出此中，
但用向中装本卦，
便知流水吉和凶。

青囊五行，专用八卦。龙之五行，察砂之旺气。向之五行，察水之旺气。

八星有主谁能识，
地下称尊少人知。
惟有赤松明此理，
后来翻做八山推。

古人执坤卦索求三吉，更不用五凶砂水也。惟赤松察阴阳之妙，变通之机，八山之索，俱用三吉，故不滞于六龙。六龙之外而获富贵者，终不免五凶之祸，此术之所以为神也。

阴阳俱有少流源，
但有长冈并远峦。
用得步中生炁穴，
也多财禄也多官。

须阴阳双上，山高旺气，兑龙丙丁起，艮龙丙辛丁起。三吉之山，龙行长远。虽无水朝逆，立向安坟，亦主大发富贵。

阴阳位上本无山，
只有长水活涧泉。
但向水流朝揖处，
此间荣贵胜如山。

凡三吉若得一水长远，虽无山阜之主水行生旺，迎水作穴，主大富贵。

阴阳山水俱周足，
此地寻常莫与人。

多福神祇常护惜，
折君年命损君身。
阴阳混杂事难期，
纵合天星未可知。
用得一宫山水足，
断他富贵未无疑。
三阳高大入云霄，
驷马高车德动朝。
贤俊子孙清又贵，
为官代代出英豪。
五凶砂水不全无，
大抵须令向外居。
若也不高当吉位，
自然祸患永消除。
来山不合六条龙，
空自千重与万重。
漫说子孙荣贵事，
心应难免祸灾凶。
六贵须求十里山，
短支旁陇用应难。
山行十里非真骨，
切莫迁移误世间。
阳位末山男更多，
阴山只是旺青娥。
阴阳相配俱周足，
孝义儿孙发福多。
时师乱说吉和凶，
只道山山是吉龙。

问到五音观地相，
心头撩乱不知踪。
五音共患千般病，
八卦频遭万种殃。
算得万千神祸事，
都缘死葬恶龙冈。

峦头与理气并行而不悖，须取三吉之势而求三吉之卦，庶见体用不相离。

本音衰绝最多凶，
切莫安坟向此中。
山水缓迎方是吉，
艮山寅甲忌相逢。

九曜三吉颂

释贪狼生气木星☶

艮为覆碗少人知，
却会五行仔细推。
天上贪狼加武曲，
人丁旺盛永无衰。
生炁来山立大名，
更临二木好阡茔。
若添水口相回合，
子息英雄达帝京。
贪狼远远作来山，
艮卦推求亦不难。
巽巳尖峰端正揖，
富豪官爵出其间。

富贵当年说石崇，
坎山艮落后遭凶。
思量成败非关命，
都为来山坐恶龙。
阴阳相对起高冈，
夫妇恩深义不忘。
只恐水流文曲去，
投河自缢表贞良。
生炁天医一样高，
半文半武出英豪。
不为卿相多为将，
后代儿孙佐圣朝。
贪狼武曲二山高，
瓦屋朱门佩印章。
财帛不求多自至，
子孙荣贵不寻常。
贪狼五鬼并高山，
上入云霄势一般。
龙虎斗争终发祸，
两峰相对忌刀残。
绝命回头入木星，
临刑欲死又还生。
巨门突起人长寿，
武曲加临有贵荣。

释巨门天医土星☰

巨门重叠横财来，
古藏金宝遇君开。

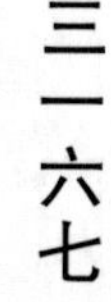

阳山定是男儿旺，
阴山女子发多财。
天医福德一般强，
金紫儿孙列雁行。
福德若低身小陷，
贫穷儿女尽孤孀。
巨门山陷禄存平，
家有资财足富盈。
禄位若高遭毒死，
更添残疾损人丁。

释武曲福德金星☱

兑为武曲一金星，
葬后王陵作上卿。
独助汉家谁敢敌，
一木山高母自刑。
武曲山高水又长，
最多金帛与田庄。
王陵三代为名将，
因是丁山兑水长。
兑山无头何处阡，
远朝砂水足盈余。
武曲忽然高照起，
坎中五鬼自消除。
武曲重重起秀峰，
横来财帛富儿孙。
月中丹桂连根折，
更产英雄武出群。

巽山无足也难行，
须向蛇头斩却精。
莫使龙蛇相接迓，
此方阡葬不安宁。
巽山辰巳里头藏，
天医天卦正此当。
大水更来生炁位，
子孙财帛自盈囊。
巽家原见坎家凶，
坎与巽家本不同。
天上六龙临墓绝，
其家应少白头翁。
坤艮二位是逆情，
祸及伊身母自刑。
若更一山阴贼到，
须忧刀下血腥腥。
震巽比邻为兄弟，
漫言他卦禄存星。
开辟伏羲女娲祖，
至今富贵旺人丁。
震山位秀起重重，
富贵须知此地逢。
莫把此山为五鬼，
须知变化有真龙。
兑上重逢水口朝，
高宜高大入云霄。
贪狼武曲齐临照，
西兑由兹旺六朝。

巨门高大出英贤，
高第神童寿命延。
山势若来长又远，
年年进益横来钱。
一金星上起来冈，
石氏当年葬祖场。
又有贪狼流水出，
合流西去出丁方。
破军福德一般平，
进禄添财福更增。
绝命若高遭毒药，
瘟癀徒死坏家声。
阴山齐起出英雄，
昔日黄巢葬祖宗。
二十万军心一片，
忽然战败走西东。
阳山齐起号金龙，
时暂收他太乙宫。
无奈廉贞多叛逆，
此山天上号狂龙。

释廉贞五鬼火星☳

震为盂仰镇天关，
遐迩归期叠峰看。
披拂仁风千里远，
人人尽拜将侯官。
五鬼重峰一代官，
雄豪多是掌兵权。

此山独出堪忧怕，
身陷番夷命不还。
水流五鬼入凶方，
项羽先茔葬此冈。
只得贪狼相救护，
廉贞高处自刑伤。
廉贞不得绝无山，
只要低平揖冢间。
此位有山为将相，
如无山势主兵难。
巽上重逢起秀峰，
山高还见出神童。
巨门星主人长寿，
男子为官世命隆。

中　集

位生民，奠宅灵。审卦气，配九星。推三吉，合八门。地母变，上化生。长男震，下逆行。自然气，吉凶定。时感应，如其神。

子房注：天书之文，星卦为尊。八门传变，母气下行。取诸三吉，避之五凶。阴阳祸福，理气感应。岂直生人之富贵，抑且魂魄以高升。

乾坤配合，阴阳始分。三男三女，六象化生。上应九宫，下值八门。五凶三吉，祸福攸臻。坤为地母，天气下行。三爻迭变，贪巨禄文。廉武破辅，弼星九灵。生炁天医，绝体游魂。五鬼福德，绝命本宫。长男主震，地母上升。五鬼绝命，天医生炁，游魂绝体，福德本宫。三般卦例，用诀神气。

凡三吉，贪主文，武主武，巨主福禄。生炁、官爵、天医、财货、福德，人丁五鬼，横祸官灾，绝命败绝，死亡绝体，残疾刑伤。游魂逃移，淫荡本宫，孤寡败亡。

五凶山不宜高大，作主不宜尖射，明堂不宜高陵。三吉平洋，三吉水来，朝平

洋三吉，宜向对五凶，外卫不可缺，惟三吉山高，五凶起拱，此即有文有武之象。

震坎艮为三男位，缺陷不旺人丁。巽离兑为女位，高秀主出女贵。

文曲山多，俗尚虚浮而诈。兑官水积，士无实行而贪。乾甲高而出众，不利子孙，且招宿疾。坤乙高而出众，阴人主事，家道悖逆。

五凶外起，反主权官。甲卯乙起，位列三台。兑丙丁耸，翰苑文明。壬癸离峦，高秀联科。甲第乾起高峦，位极尊崇。坤如圭壁，名登天榜。坤起旌峰，必握兵权。

三吉来山，阴山阳落，阳山阴落。虽无流泉，亦上吉。阳山阳落而阴水朝，阴山阴落而阳水朝，亦次吉。否则不吉，难以取用。

三吉砂水，宜居旺地。五凶砂水，宜退休囚。反此不吉。减旧福而生新殃，若遇吉峰而反进职。

三吉，水朝入上吉，流去次吉，长流大吉，短流次吉。五凶，水朝入大凶，流去小凶，长流大凶，短流小凶。生炁水主官禄，天医水主财货，福德水主人丁。生炁入福德，福德入生炁，旺丁富贵。福德入巨门，子孙聪明，世居显位。天医入福德，横进财宝，地道吉气，少而凶多，故君子寡而小人众。明者取用三吉，昧者误用五凶。

亥　紫微帝极，下宰群生。位极于亥，面敌天屏。九星运侧，出度授政。北斗七星，居天之中。翊卫天帝之座，上合八卦，下配八门，旁制四时。出度授政，主使十六。神和风雨，水旱设政。施令生杀，万物悉皆系焉。

自两仪剖判之后，真气上腾而为曜星，精气下降而为山岳。在天成象，在地成形，在野成物，在朝象官。天冲四极，昆仑之墟。天门明堂，泰山之精。中掖三台，五灵诸侯。四方名山大川，皆四方之宿。北极近西番，四星日上相次相。西番之南四星亦然，前后左右四执法。其中一星最赤明者，乃天皇帝座，下照亥地，骨脉清奇，形局合规，产寿贵之人。其次王公卿相，高寿神仙。喜丙丁艮震砂水朝应己官极星之照，亦主大贵显。

艮　一木星。贪狼生气艮官，阴中之阳。配合纳丙，阴中之阴。下值天任，为紫炁，为寿星。房心东北二十二星曰天市，中有一星最赤明者曰帝座，下照艮地，为天子之象，天禄之府，主产寿贵之人。其次王公卿相，节度神仙，皇亲国戚，生人美髯须。

张度之北，四星拱列，曰少微，下照丙地，亦将相东宫，大大官之位。多回龙，喜侧落。艮山艮落，艮山兑落，艮山庚兑落，艮山巽巳落，艮山乾亥落，艮山辛兑落，皆从阳入阳，有阴水朝至次吉，不则不吉。艮山巳丙落，艮山丁未落，艮山丑癸落，艮山壬亥落，艮山辛戌落，皆从阳入阴，无阳水朝至，亦上吉。艮水兑出，艮水巽出，若值阴山，上吉，否则不吉。艮水丙出，艮水辛出，艮水丁出，皆从阳入阴，俱上吉。

丙山巳丙落，丙山壬亥落，丙山辛戌落，丙山丁未落，皆从阴入阴，有阳水朝至次吉，无不吉。

丙山艮落，丙山巽落，丙山兑落，皆从阴入阳，俱上吉。

丙山丑艮落，庚兑落，乾亥落，辛兑落，皆从阴入阳，着有阴水朝至，骤发富贵，否则亦系上吉。

丙水艮出，或兑出，巽出，皆从阴入阳，俱上吉。

丙水丁出，或辛出，巳出，亥出，皆从阴入阴，阳山上吉，阴山不吉。

艮龙主文，皇亲国戚，忠良正直，孝义慈爱，喜丙丁折注，主少子中子先福。

辛水辛峰，主少年科甲，壬午水入，中子不利。巽卯水入主寿者，贫而禄者夭。

巳亥水入，诸房均福。酉庚水入，文武全才，

辰水朝入，主学佛老。坤申水入，主有孤寡，

乾乙水入，主生白蚁。坎癸水入，主祸灾殃。

丙龙为赦文主禄，贵旺人丁喜艮砂。水主长寿中少先，发喜回龙侧落三。阳水会累世富贵，子午水仲房军贼。申寅甲水，季子不祥。辰戌丑未水，孤寡少亡。壬癸水长生灾殃，乾水祸生不测。

艮丙水去长来远主，学问智谋，文武全才，金紫不绝。入巽辛兑丁，大富贵。先旺中小荫，亥卯未寅午戌，大发财禄。申子辰年，先进小房，其次中房。利丑寅，应二与八年。

巽　一土星。巨门天医巽宫，阴中之阳，配合纳辛，阴中之阴。下值天辅，主阴德，荐为天帝文章之府。天屏东维五星曰尚书，下照巽地，亦天子之象。其次公

侯卿监牧郎官。五里以下者，非足金玉、旺财禄、骨脉清奇、魁元甲第，或因姻亲荣显。

庚龙季殃。遇坤申寅，甲水入长子殃。辰戌丑未，小子不吉。酉水军徒，子午仲房军贼，壬癸长房瘟癀。子丑寅年利。

辛 辛龙辞藻文章。胃昴东二星最赤明者，下照辛地，出高寿神仙，忠贞义士，多辨才，旺人丁。喜震艮巽砂水，主中房。三阳会辛水，主少年科第。亥流而入，积世公卿。巽水厚禄，卯水入主兵权，丙丁水入主长寿，寅甲水入主凶豪。己水仲吉，乙水长凶。戌乾小长皆刑，辰戌间主自刎。子癸饥寒，壬午离乡，丑未淫盗，子丑寅辰巳利卯，牛羊皆利。

巽辛水入来，长远大富贵，女主施权。艮丙先进，中男财禄。入兑丁科甲寿算。艮峰小男贵，显应在申子辰年，旺财禄五年，十载内大旺。

巽山辛戌落，艮兑落，壬亥落，巳丙落，丁未落，皆从阳入阴，即无阳水朝至，亦上吉。

巽山巽落，兑落，艮落，乾亥落，皆从阳入阳，有阴水朝至次吉，否则不吉。

巽水艮出，或兑出，若值阴山上吉，否则不吉。

巽水辛出，亥出，丁出，丙出，皆从阳入阴，上吉。

辛山辛落，巳丙落，丁未落，辛兑落，巽巳落，皆从阴入阴，有阳水朝至次吉，否则不吉。

辛山巽落，庚兑落，艮落，乾亥落，皆从阴入阳，有阴水朝至，主骤富贵，即无亦上吉。

辛水兑出，巽艮出，皆从阴入阳，上吉。

辛水丙出，丁出，阳山上吉，阴山不吉。

兑 一金武曲福德兑宫，阴中之阳，配合纳丁，阴中之阴，下值天柱，少微之宫，乃天帝之臣，为国将金戈之库，词藻文章之府，主文章闻誉。主阊阳，为宝曜。胃昴之东二星最赤明者，曰天乙贵人，下照兑宫辛位，出文武全才，产谋略，亦产高寿神仙。喜丙丁砂水丁艮之气，主长子事。巽流厚禄，卯水兵权，戌水小凶，乾水长祸，巳水仲吉，乙水长殃。离壬淫盗，冲射离乡，亥流富贵。左旋迪吉，辰戌间主自刎。寅甲多主豪强，子癸饥寒，丑未孤寡，艮主重禄，丙入永年，

子辰巳午未年利葬。

兑山乾落，艮落，丑落，巽巳落，庚兑落，震落，亥坎落，皆从阳入阳，有阴水朝至次吉，否则不吉。

兑山丁未落，巳丙落，壬癸落，皆从阳入阴，即无阳水朝至，亦主上吉。

兑水巽出，艮出，皆从阳入阳，阴山上吉，阳水不吉。

兑水丙出，辛出，亥出，皆从阳入阴，上吉。

酉 少微之南一星，名曰老人星，秋分丑时出地二丈，常出丙入丁，产偏方英雄之主，主后妃夫人、公卿大夫、公侯将相。十里卿监、八九里郎官，牧守以下非也。丁方低陷，文人不寿。庚酉水至，众房均福。坤水内淫外亡，艮辛仲吉，亥卯长贵。丙主清奇，巽招女贵，丑寅僧道，子癸孤寡，寅甲横灭，壬位水厄，乾戌白蚁，利子辰巳，未申半吉。

丁山丁落，丙落，辛落，戌落，亥壬落，皆从阴入阴，有阳水朝至次吉，否则不吉。

丁山兑落，艮落，乾亥落，巽巳落，震落，皆从阴入阳，无阳水朝至，亦上吉。

丁水兑出，艮出，巽出，皆从阴入阳，俱上吉。

丁水丙出，辛出，阳山上吉，阴山不吉。

兑山低陷，利名蹭蹬，初年少微。积水，士无实行而贪。阳闾山低，多主阵亡。庚兑同行，武职刑孤。辛酉并出，科甲连登。应小房。

兑水丁山长远，人才蕃盛，入巽辛艮丙，出王佐之才。已酉丑年，大进财禄。应四与八年。乾主离乡淫贱，离主火殃劫煞，艮丙主兵权，巽主文明，坤主横法。

震 独火廉贞，五鬼震宫。阴中之阳，配合纳庚。阴中之阴，下值天衡。主天狱，为天潢，为红旗，乃天帝之纠煞，以伐无道者也。

离 一水文曲，游魂离宫。阳中之阳，配合纳壬。值天英阳中之阴，乃文明之象，为天霁、天马，主音律，好杀伐，旁制有罪。紫微之东四星曰四辅，下照亥地，位北斗出度授政，骤富贵，不绵远，先败小房。同丙至必主回禄。亥主遭刑，见庚丙，女人好学。

坎 二金破军，绝命坎宫。阳中之阳，配合纳癸。阳中之阴，下值天蓬。主瑶

光，为天宫上将之威权。荣官骤富，四围兵盗辄应之。癸主名誉大职，多六指。癸水阳配产双生，见牲乌白子，即主骤发。

乾 二土禄存，绝体乾宫。阳中之阳，配合纳甲。下值天心，阳中之阴。主机星相君，象北极之大将，为天厩，为白雾。

坤 三木辅弼，本宫坤宫。阴中之阴，配合纳乙。下值天芮，阳中之阴。主武戈招摇，好朋比谮夺，税近大臣，为天寡。凡三吉之山，有震庚砂水朝揖，骤发财福，速进官禄，兼有权势。见坎离山水，主诛灭。乾坤忤逆刑祸，产智谋，商贾发财，喜庚辛巽支砂水葬，利寅卯巳午戌岁，福德应与二八年分。

三吉水俱长远，而砂水合规，大富贵之地。如无朝迎，亦富贵也。但得一水长远，水行旺，迎水作穴，即大富贵，不必拘山阜作主。最喜阴阳双上，山高旺气，如兑龙丙丁起，艮龙丙辛丁应是也。测龙审其方，不必拘于曲折，大转换则测其变龙之炁，不必以入首拘也。立法虽神，妙在用法。

青囊权衡

八卦九宫，五行弗离。坤为土德，土中归骸。金并全气，元胞化生不替。骨骸反土，气体被后精神。入门各有所摄。

葬埋得生气，亡魂升，死魄温，生人福，子孙衍。得浊气，亡魂坠，死魄朽，生人祸，子孙败也。

天机权衡

八禄八刃而用八禄，忌八刃。

此双行之龙法，专以地支作龙，天干作穴。穴作八向，朝迎之水亦用天干作向，又用地支加用穴。先一位起子，推行二十四山，遇乾坤艮巽为四气元胞，可致骤发。丙为贪狼木星穴法，三十年后乃发，不论五凶三吉也。余为人救贫，无不应验。

来以生气，畏以八吹。不周广莫，轇轕凉风。明庶清明，景风阊阖。穴径浅深，弗替弗零。坎尊其始，甲角震耳。八山对求，乾当在癸。龙目宛宛，直离之丁。兑坎为鼻，艮为唇。卦气测位，三吉相因。五姓和融，六壬步占。斯文之道，德齐群生。生成之穴，不步可知。疑难之穴，非步不能。六壬步占之法，上以分水，下以合流，周尺八寸为矩。首步甲子，一步一神。长则十步一神，遇甲为麟麟，丙为凤凰，庚为彰光，壬为玉堂，为四兽吉步。又勿犯六甲，旬中之空亡，弗犯克姓之音，再以天禽加四兽之上，以氐、尾、箕、斗、危、室、胃、昴、毕、星、张、轸为上吉之禽，星、牛、房、参、井为次吉。又以合水起步，至本穴，如丙向，以艮变卦，自上迭下，生炁在坤乙，以坐山之壬加向中之支，一步壬午，二步癸未，加三吉于本步，入首高于众山，为大明堂。上起九步为龙，下起七步为虎，入首低于众山，为小明堂。上起七步为龙穴，下起五步为虎穴，使两不相冲，以合为穴。若值八煞五鬼，降煞绝体，龙虎冲射，则官非横逆，死亡立至。三吉之龙，非三吉之穴，三吉之穴，非三吉之步，立见祸殃。五赋相生，福及家门。五赋相刑，家鬼入庭。法每一折，满而后泄。吉气注穴，富贵不歇。

一气主龙一寸，管一年折水，注向一步管一年，又主一命。亥艮宜注庚亥，丙丁折注，忌卯。巽兑注艮，巽折注，忌离。壬丙丁卯龙忌庚辛，宜亥。艮丙丁龙注兑卯，忌亥。庚辛龙注卯艮巽，忌亥。丙丁为克。

放水之法，只放天干。阴以放阴，阳以放阳。

兑巽艮放丙辛丁，丙辛丁放兑巽艮，为控告空亡。亥山放巳，丙艮放丙庚，巽山放丁兑，丁山放辛，庚山放艮，酉卯山放丙壬，离山放乙，坤山放寅，为花罗水。马上御街为建才，马不上街不及第。秀才空有好文章，为官定出真山水。乾坤艮巽贵人乡，甲乙丙丁为正马，子午卯酉为旗枪。乾为帝座称天禄，坤为帝辇号玉堂。文权一例推艮巽，天门原来推甲方。风禄风马起丁巽，乙辰巽上马蹄忙。马蹄踏破御街水，秀才出去状元郎。丙官合格朝天马，辛是朝中御笔方。

墓宅折水放花罗，人家百事见荣亨。水流出去家门吉，文誉英豪动帝京。

空亡之水主钱财，一则荣官二济美。不论凶山并要水，亡灵安稳益生人。

建才之水自然昌，墓水须流不可忘。合得仙机折此水，人家富贵足千仓。

寅申巳亥为亡神，劫煞之位。子午卯酉为桃花，咸池之位。辰戌丑未为墓库，黄泉之位。此位水遇太岁冲年，则发祸殃。

放宅水，忌冲梁，忌冲栋，忌破架，弗偏归左右，忌直去当心，祸应甚速。

乾坤艮巽为孟，居长。甲庚丙壬为仲，主中。乙辛丁癸为季，主小。放水宜小不宜大，沟头撞命，则那半步。

步穴起撞及放水，八干相对，丙向起壬午，壬向起丙子，巽向起戊辰，乾向起戊戌，寅向起己丑，坤向起乙未，辰向起戊辰，戌向起戊戌，未向起己未，丑向起己丑。乾巽辰戌子午皆属戊，艮卯坤寅丑未酉皆属巳，一步算一命。

除缝十二空余，六十甲子分金。如壬穴丙向，艮纳丙，自上变下，生炁在坤。龙从亥入，癸亥巨门，辛亥破军，己亥廉贞，丁亥禄存，乙亥贪狼。如龙从子入，甲子武曲，丙子辅弼，戊子巨门，庚子文曲，壬子廉贞。戊配坎顺，己配离逆。

六壬元空以子、癸丑、艮寅、甲卯、乙辰、巽巳、丙午、丁未、坤申、庚酉、辛戌，乾亥、壬。

天罡、太乙、胜光小吉，传送、从魁、河奎登明、神后大吉。功曹、太冲，亦取唇、脐、目、尾、额、腹、角、耳、腰、足、鼻、肠。

葬龙唇，按龙角，不三年，自消索。出人少死外逃亡，存殁幽冥皆不乐。主长不利，申子辰生人及年月应。

葬龙脐，按龙耳，不三年，天禄至。儿孙富贵永绵绵，果显山川钟秀气。主仲季大利，申子辰寅午戌生人应。

葬龙，按龙腰，女淫男欲到处飘。出人残疾多聋哑，横祸非灾官事招。 主仲不利，寅午戌，生人及年月应。

葬龙尾，按龙足，歌舞应前生巫祝。从此败了旧门庭，男女私情多淫欲。主小不利，申子辰生人及年月应。

葬龙额，按龙鼻，白日升天将相业。儿孙年少早登科，秀水朝来为第一。 主长少利，巳酉丑生人及年月应。

葬龙腹，按龙肠，吉曜加临贵亦彰。目前富贵休夸说，只恐儿孙不久长。主长利，巳酉丑生人及年月应。

葬龙角，按龙唇，不久儿孙作配军。飞来灾祸重重见，八卦流年不顺情。主长不利，申子辰生人及年月应。

葬龙耳，按龙脐，子孙官位不为低。飞黄腾达朝天阙，福寿双全富贵齐。主仲小利，申子辰生人及年月应。

葬龙腰，按龙目，下后非灾来甚速。人亡家破一场空，纵有儿孙无住屋。主中不利，申子辰生人及年月应。

葬龙足，按龙尾，无衣无食无居址。填房入舍作螟蛉，走卒马前谁让你。主小不利，申子辰生人及年月应。

葬龙鼻，按龙颡，子孙封侯州郡长。山川秀气自天裁，奋发如雷天下仰。主长利，申子辰生人及年月应。

葬龙肠，按龙腹，官爵虽高被诛戮。纵然发达不悠久，子子孙孙受劳碌。主长房应，申子辰生人及年月应。

右法如此，若阴阳正配，形局合规，难尽拘此，否则不可犯。

丘公颂

得地方知下穴难，时师莫把等闲看。
未明六甲来山诀，莫去山头错认山。
不合星山莫用心，坏他山水误他人。
吉凶自有天然穴，用得天然穴始宁。
星山折水须知诀，六甲虽同用不同。
若值本宫无气穴，儿孙犹恐受贫穷。
天禽地兽本来同，行步分明逐六龙。
后代不知安穴法，下之多有祸灾凶。
六龙只得一条山，五姓相生更可安。
合得阴阳山水位，扦茔富贵出英贤。
来山虽吉姓相刑，祸福相兼岁岁生。
若值本宫和合处，更无灾眚及儿孙。
武曲来龙自古强，角音葬此受灾殃。
非他吉地为凶地，自是时师不审详。
天星八卦细推详，八卦明时配六龙。
定取穴中三吉穴，自然财禄免灾凶。
八山八煞要详明，天上呼为绝体名。

乾坤艮巽重叠见，坎离震兑递相并。
八山降煞最多凶，水入山家五鬼宫。
代代子孙多病死，灾瘟徒配坏家风。
来龙骨格脉分明，须看年星与月星。
年月星辰相会合，自然富贵与安宁。
寻龙须要问五行，更将年月合龙形。
龙形五星相会合，家门灾祸永无生。
一条流水一条山，坐向分明正好安。
但合本音年与月，断然财禄旺家门。

寻龙论理篇

凡山之吉凶，川之善恶，固以形之方广平和，无冲射转激之患。然其所致福，有气机在焉。即如草木根苗花实皆同，而有五味之异；人之耳目口鼻身体发肤皆同，有圣愚之别。可见在炁而不在形也。登山寻龙，细认祖宗。龙脉降势，护送朝迎。坐穴端正，关锁重重。明堂正聚，便是真龙。起伏过峡，剥换克生。金圆木直，土乃方平。火尖水动，正是五星。中生巧奇，两边生爪。隐隐隆隆，看取后峰，有石阴纵。就水临泥，看脉微微。中高一寸，便得真机。认取端的，方识根基。罗星塞沓，便是禽鬼。水口关阑，其中可取。龙穴真机，要识高低。山厚人肥，山瘦人饥。山清人秀，山浊人迷。山宁人驻，山走人离。山雄人勇，山缩人痴。山顺人孝，山逆人亏。脉真易下，气真易识。高不露风，低不脱脉。龙穴分明，何劳心力。似有似无，藏踪闪迹。草蛇灰线，细认来的。仰掌平坡，铺毡展席。这等形模，使人难识。切记合襟，明堂要聚。点穴穿珠，如人针灸。脉不离棺，棺不离脉。棺脉两就，移花接木。脱脉离棺，烂坏骨殖。伤脉败龙，虫蚁自入。细认来情，毫厘莫忽。龙从左来，脉居右扦。右畔龙来，穴居左裁。上分下合，要有护托。正脉取斜，斜脉取正，曲脉取直，斗脉取饶，饶脉取斗，双脉取单，单脉取实。无处取有，断处取续，硬处取软，散处取就。大山取小，小山取大，长处取短，短处取长，石处取土，土山取石，刚用其柔，柔用其刚，雌变为雄，雄变为雌，三山并出，缩者为尊。正脉取头，横脉取腰，挨生剪死，抄搭为勾，形须左右，穴居两畔，左挨右看，其应若响，高大为雄，低小为雌，俯者为阴，仰者为阳，动者为生，静者为死，急脉取缓，缓脉取急，高山取窟，平地取突，正脉开钳，或取球檐，左勾右搭，金鱼要合，更看龙虎，饶赋顺逆，脉取聚处，葬其所聚。八风不吹，八将要明，众水要归，四神要拱，三合要聚，三阳要全。钳唇窝脑，其穴难讨，枪头覆钟，切忌八风。狗蔹蛇虫，葬后动瘟，破衣百结，葬后宜绝。锯床筲箕，其穴切忌，水直池尖，死鳝忌之。颜突插𬌗，其穴无益，若有窝突，方可扦穴，若无窝突，劝君莫掘。龙穴砂水，四伴无主，真龙正处，砂水皆聚，有龙无穴，官事败绝，有穴无龙，家无老翁，社庙鬼龙，葬后必凶。水中无穴，官灾祸绝，高看腌脐，低看合襟，要明倒杖，盖粘倚撞，肥瘦方圆，标准浅深。天地人穴，上中下裁，大小八字，天乙太乙，点穴真机，手中为则，大指点根，盐指点节，左右仙宫，虎口为同，上分个字，下分球须，个字三叉，禾鍪生口。水星要抱，蟹眼虾须，标准三阳，金鱼界水，护托明堂，内藏金斗，外掩人口。穴要藏煞，葬后便发，误指山冈，立见灾殃。龙穴端正，富贵天定，左右直长，退败凄惶，前后尖锋，富贵三公，横尸露骨，多主宿疾，明堂掌心，积玉堆金，明堂倾泻，退败凶绝。四畔山飞，父子东西，水若之元，便进田庄，前湾后弓，富贵无穷，左右斜返，请君莫看。水怕直流，牵动土牛，淋头割脚，瘟癀退落，田塍水圳，横者为进，直射穿心，灾祸难禁。砂水斜散，何足为算，得此口功，知吉知凶。若明此诀，两眼如漆，认看不真，误杀多人。不识来龙，岂明吉凶？不会点穴，其家败绝。不会消砂，凶祸如麻。不会纳水，灾来财退。龙穴砂水，四字之宰。了明斯法，葬者必发。

下　集

尖方圆动直，行时逶曲递，流行停四望，归八方形变，异秘内神背，幽关迎阳明。

山陵丘垤，形势万状，或群队而来，或单独而至，或有案无案，或有左有右，或无左无右。主山与众，亦各不同。或偏落，或正落，或迎水，或迎朝，无拘定体。但取骨格之奇异，血脉之长远，肌肉之丰厚，皮毛之滋荣，气局之盛衰。众高取低，众低取高，众斜取正，众正取斜，众直取横，众横取直，众硬取软，众软取

硬，不以龙虎左右拘也。

楚蜀闽广江浙，其间大地多有应案朝从之属。燕魏等地，多长江独岭，应案朝从，往往无之。但看肌肉之丰厚，急峻则速暴，低缓则迟久。

山势千支万万派，其中认取一山怪。怪异山冈正是龙，原来不怪是虚空。

最忌龙虎斗争。山无首尾，乃无主之山。从冈短岭，细小峰堆，或方或圆，虽形势平正，皆为黑道天窍怪穴，慎弗以奇而误用之也。

山势成龙土亦温，茂林修竹木盘根。灵源怪石天然巧，吐气兴云看晓昏。

冬夏二至，晨昏雨后，气升如盖，如禽主文，如兽主武，气异极贵，或如石门，或隐隐如千石仓，或如山镇，或如楼屋在云雾中，此异气也。凡气雾浓盛者，此吉地也。五岳四渎，名山大川。黄河九曲，界气坡坪。川江浙流，界气阜陵。山冈陇麓，界气泽城。平洋审气，大合厥襟。近视砥平，远视雾蒸。聚神为慧，聚气为星。大为都郡，小为宅灵。五清六浊，配气受冥。乘以生气，温骨藏精。

山势之降，如龙飞凤舞，蛇盘虎踞，牛奔马走，列军出阵，屯兵驻马，列旗堆甲，几笏印箱，交床旌节，排衙唱喏，谢恩拜勅。平洋之势，如覆舟偃月，泥蛇土鳖，风中游丝，灰中拖线，形势万状，奇怪百出。莫不看水之界合而定之也。

明堂之前，不论有水无水，但草木滋荣，四山盘绕，支陇四揖，即为贵地。水之所宜，不拘江湖溪涧泉池沟壑渠堰，以宽平朝揖有情为贵。山之朝揖，不必拘于直来横至，或隔江湖溪涧，或隔道途陂池，不论高低大小，皆相称焉。但起处与冢相朝揖，即不长远亦吉。真龙自有真朝应，朝应无情不可扦。譬如贵人当面立，与我情意不相关。

山势背戾，丑恶不端，败冢荒城，枯槁不润，砂石水清，鬼劫离乡，皆所不葬。

童山无草自来凶，体若肥圆是吉龙。断山横斩气难过，若是蜂腰更不同。过山气脉势不住，龙虎归朝亦不虚。石山为主气完全，红润如珠却有情。独山无从多起伏，此龙未可等闲目。龙若单行无左右，更喜近案如弓曲。

势止卧峙，若流若住。势降低昂，若翔若踞。奇毛异骨，无上之最。八山异势，宾主异形。九星异迹，九宫异名。五赋定体，八索为徵。左降右伏，前翔后镇。眠山积石，因势定情。平漫为蓄，倾射为冷。五凶避忌，三吉趋迎。

大峰降势，曰都天，一气分受。列峰降势，曰横天，众气分受。三峰曰仙童，双峰曰玉女。三峰中尖者曰凤辇，中方曰玉辇。六七小土蜂曰文阵，六七小石峰曰武阵，土石一峰直上曰旌节。

神仙之地，五云楼台，一现一复，丹炉天梯，生蛇截水，鹤驾仙桥。

后妃之地，寅卯起伏，巳午低昂，戌亥盘曲，似散花冈。

王爵之地，大浪横江，云气相从，变云九折，大水缠包。

相公之地，三盖内藏，绣郭为冈，平洋雾蒸，三叠土方。

侯伯之地，龙马腾起，大枪大旗，石柱玉龟，形若兽奇。

九卿之地，体势平夷，势若游龙，土厚草丰。

方岳之地，势若卧牛，土厚草茂，曲脚拳头。

龙池出脉，翰苑之贵。

冲霄贪曜，六曹之最。

台下文星，黄阁之地。

文昌照野，侍从之位。

天马席帽，监司之应。

鱼袋双连，朝贵之应。

文笔插耳，庚金之贵。

形如水鳖，大夫之位。

气象深沉，谋略之贵。

太阴土星，八座之位。

案头文笔，知通之地。

四面金坚，降番之职。

宝曜兜鍪，武职之地。

乾势起伏，山脉来长。无龙有虎，阔厚而方。坤势迎柔，隐复不倾。有龙无虎，广厚长平。艮势逶迤，高峰而凌。钩锁连衡，朝拱四正。震势蟠峙，耸拔而峨。婆娑盘曲，土厚气和。巽势锐峰，丰盈而雄。不用龙虎，外藏八风。离势穿地，突起而崇。宛转回复，首尾相从。兑势雄来，坡正而垂。内秘五行，方广平夷。坎势曲折，起顿而长。龙虎护穴，秀直而昂。

丘公颂

吉地由来不比常，但求龙虎势来长。
若还十里无决破，世代儿孙坐庙廊。
来山须得龙离母，起伏迢迢百里长。
损寿破财人败绝，皆因祖葬大山冈。
远远寻龙到水边，好将坟穴逆安扦。
何须更问诸山足，只此饶财又出官。
一条流水远兼长，秀水湾环入旺方。
百里以来多起伏，定知此地不寻常。
十二龙形各不同，细分头尾认真踪。
此山来长百里远，葬者须居太乙宫。
六般凤穴巧安排，须是重重羽翼开。
百里以来无断绝，儿孙官职此中来。
高昂勒马转回头，伏虎湾腰傍水流。
卧犬卧牛头角异，多因争战得封侯。
禽如生耳文星现，兽角峥嵘武职当。
水口有洲多变异，定知财福不寻常。

文曲水

水星成形初不常，不方不直不高昂。
不圆不厚不尖秀，蛾眉断月多平洋。
卷地连舟抛节藻，幢旛飘带随风扬。
欲行有如浪涛发，欲住犹如酥在汤。
旋涡龙蟠并象卷，蜿蜒生蛇并卧犬。
天虹饮涧势浑豪，风吹罗带流苏软。
或三或五脚低悬，但取中支须入选。

此星取长不取短，却嫌细曲如鳅鳝。
或从百里十里来，三里五里皆回转。
涨天银河起潮头，天门回转惊雷电。
平湖细浪卷飞花，风帆竿尾凭天变。
势止成形顺逆殊，入穴根身稍贯串。
草蛇有骨逐逶迤，灰线无脉牵直衍。
只须辨得传变精，得失荣枯当自见。

涨天为帐重重起，宰相功臣位。若见腾云太阴星，少年登科第。涨天为帐贪狼起，低作州官高八位。涨天水出太阴金，男为驸马女妃嫔。涨天水下旌旗漾，才全文武多为将。涨天后来贪狼起，定出知州兵马贵。涨天水下巨门土，矮大人富死外路。涨天生蛇因女旺，产人发福体修长。文曲若是贪狼乡，贪禄不须言。不是横木不须看，到任便无官。文曲偕木侍郎官，双举同科荐。水星若盖金鸾秀，年少登科骤。低小星峦难及第，因亲置田地。平地芦花三袅同，食禄至千钟，芦花袅水东西点，极贵声名显。十里五里芦花袅，状元宰相地。文曲曜气走金蛇，榜眼出其家。

廉贞火

火星或正或不正，焰动斜飞为本性。高张云雾势峻嶒，宝殿龙楼为正应。斜扬风扫烟霞飞，火焰烧天遗电影。或如天马走云中，或如旌旗插霄汉。或为锯齿或雷车，攒前应后形无定。碎石巉岩体甚雄，两翼舒张势不同。或走平洋乱石间，或为禽曜水中生。廉贞若兼文曲贪，其地断然生贵人。变入巨低微，列土侯王地。双峰端正起，兄弟同科第。楼台笔架为应龙，状元与神童。若还斜侧练兵山，罗睺司监官。好龙若生天地盖，八座中书位。侵天端正重重起，与国同兴废。火焰重重高出尖，上将掌兵权。火木将来特起高，金吾上将豪。廉贞变土上青云，镇国大将军。低小尖锋局秀清，科甲继相登。若见三峰三代贵，博士便为最。火星倒地落平洋，公侯将相催，若见金水不为良，罢职换妻娘。

贪狼木

贪狼直秀不斜攲，正竖耸拔如云梯，萌芽齿列如排秀，冲霄双耸夜叉齐。贵人

文笔插青霄，蔽天剑戟相护卫。横如一字直引绳，势如卧蚕及卧龙。入水相生相继续，祖宗衍秀高重重。此星取大不取小，三三五五相连绕。三台圭笋峙清高，下有真龙枕池沼。或似佳人带雪飘，乱枪插地开华表。平地木星一字横，天书玉尺无根生。转岭木星如判笔，横枪列剑龙峥嵘。倒地木星似卧蚕，形局平和世所珍。直耸只宜安股肱，富贵绵绵相继生。

贪狼重重帐出身，官职任京城。贪狼若见水变生，护国大将军。贪狼圆圆尖峰起，枢密龙图地。贪狼同行土穴生，此位出公卿。贪狼势若奎字木，声名天下禄。贪狼背后落空亡，葬后绝儿郎。贪狼相克多刑伤，一贵便身亡。贪狼身秀生金脑，为官多起倒。贪狼入巨最多凶，灾祸起重重。

武曲金

武曲圆厚无攲仄，顿鼓悬钟觅端的。沐卵连珠列垒生，半月熖珠穿水脉。低微覆釜及覆舟，金盘月晕吐泉流。老蚌吐珠龙可贵，新蟾出海悬银钩。此星最厚不取薄，三三五五如城郭。或如宝盖耸层峦，或如莲花形绰约。平撒氍毹裀褥圆，出水仍分内外幕。端正方知福禄昌，六龙拨聚无枝脚。

武曲品字主三台，官职此中推。武曲高大为坐库，财宝积无数。武曲金星微微起，定主登科第。武曲似剑人谁识，降番大武职。金星起顶似梅花，宰相坐京华。透天金星似人形，定主功臣应。侧面金星似射天，一举中魁元。半金仄月如近水，出女多富贵。平地金星似覆笠，县官丞簿职。如珠如蛋如覆盘，知州兵马官。武曲摆开似旗形，因武得官荣。两金并起夹一水，断出县官位。廉贞降武面大江，榜眼探花郎。武曲若见前是土，巨富人大度。金星两起夹一土，登科过房户。金星后面若见土，矮大人豪富。

巨门土

巨门端正不喜偏，巍巍正立如冠冕。楼台罘罳列屏障，御街圭笏连云端。车舆拥从前后峙，兜鍪罗列左右迎。铺金覆箕厨柜列，涌匝突兀平天成。此是天星合正吉，推步之间须隐密。或如卧床或如枕，流棺架尸皆不吉。且观其出是何星，乖制生和辨凶吉。寄旺四时皆作首，长生起祖旺宗嫡。四垣运质向阳明，人杰地灵天象得。土屏带煞号天威，圣明应是此中出。

若见穿珠冕旒龙，断定出三公。前有执笏趋朝应，拜相天生定。御屏带煞号天都，武将公侯出。巨门三五节相连，金穴福绵绵。若是旗鼓两边朝，朝散刺史僚。巨门卓立如顿笏，榜眼神童位。巨门端正出云霄，八位入皇朝。若然伏土似眠弓，武职逞英豪。巨门前后见贪狼，兵马贵应当。巨门若见廉后应，斩砍天生定。巨门高于贪内藏，清举做官郎。

武曲带土为禄存，顿鼓传鼙列兜鍪。形如螃蟹蜘蛛样，多生武将定乾坤。如逢三吉富周全，若带凶神多杀戮。

廉贞带水成破军，头高走旗斜仄身。倾欹破碎皆其体，破脑参差身碎痕。

左辅之星似幞头，常随八曜佐身游。武曲欹斜球大小，杖鼓累卵驼峰侔。

右弼行踪多隐形，如丝如线草蛇惊。上水滩鱼没泥鳖，高水一寸便分明。

行到山穷水尽处，不识隐中藏龙贵。忽然结在水中央，水退偏强干地力。九星三吉妙难寻，多有怪穴朝中得。

文曲遇贪，槎乘浪退，仙翁倚巅，寿星兀坐。

文曲遇贪形聚散，藕丝木骨真龙见，风中摆带飞展动，生生相继无穷衍。拂天涨水势纵横，灵槎流转浑拖练，悬丝玉尺势权衡，北邙曜气端可选。

文曲遇武，胡僧礼拜。浪花滚月，金蟾泊海。

文曲间武波翻月，倒影楼台蘸宫阙，殿攒云遮拥吐唇，或作浮箪或龟鳖。蜘蛛旋网罗蜻蜓，兔伏江边孕秋月。

文曲兼廉，幢旌宝盖，始辱终荣，谏星获福。

文曲间火形乖制，罗网低垂排蛇势，
出垂摆动更风流，寺院山林宜占此。
文曲间巨难成局，流棺架囊相连续。
穴落平洋凹凸分，若遇瓜藤安节目。
才遇孤单不必寻，须赖两旁多贵助。
此星多结平洋地，要有间星全五福。
文曲来山形不变，旌旗闪闪成飞电。

谏诤功业成巧机，背井离乡名位显。
廉贞独火，石峰堆垛，
巉岩无土，非间弗做。
廉贞锐直如飞仙，罗悬峰僧坐禅。
自然烟焰参差作，红旗转展得名传。
廉贞间水落平田，死蛇挂树牛轭连。
或似反旗斜脚转，惊蛇出草并蚰蜒。
多作蛟潭并鬼窟，若遇间龙方可扦。
游侠智谋人荐拔，开国成家富贵绵。
廉贞间武练真宝，电掣雷轰风扫袅。
贵人幕下绣墩圆，风铃檐马玎珰小，
尖圆相继向前行，不遇谏龙终犯燥。
旗下将军台伏奸，开国成家自天召。
廉贞间武，百炼锋坚，
顺制非间，名缰利缠。
廉贞间贪形异常，照天蜡烛势高昂。
旗下剑旌逞威武，乱枪插地烛穹苍。
红旗旌节拥前后，宝殿龙楼拥外阳。
形势相生垣局备，仁慈忠义觐天堂。
廉贞间巨立层台，富贵双全文武才。
未遇真人当秘固，福龙须待福人来。
贪狼直耸如人坐，紫气平头身偃卧。
身根稍穴具三停，胸堂手足求真佐。
胸粗倚乳避元辰，反掌股肱插肩窝。
人形相似觅其中，虎口钳开身侧卧。
贪狼间水形难捉，左右纵横形杂错。
或似贵人引凤凰，或似猛将旌旗卓。
海翁忘机玩鸥鸟，寿星兀坐观龟鹤。

倒地木星平地水，水星飘曳木端雅。

二星富贵隔云泥，玉石不分空度臆。

贪狼遇曲飞峰走，仙童旌节生福寿。

贪狼遇武多不宜，形势乖张气甚殊。鬼劫纵横形驳杂，蛟潭鬼窟神坛依。九变十二炁充盛，神雷挺火立车攲。神祠洞府获吉鬼，火生傍土谏可持。殷人游侠富韬略，结体肥圆格喜奇。

贪狼遇武，炼铙釜覆，

水火炼龙，免遭刑戮。

贪狼遇廉多奇峰，认取子孙符祖宗。

递相传变五星足，富贵双全禄位隆。

三八旺东龙祖盛，南北相生换宗嫡。

三变西方始养就，天市钟形仍向东。

二龙相变换躔度，周天象数福兴隆。

贪狼遇廉锐丛矗，仁孝忠义世食禄。

贪狼变巨，兰台挂玉。

顺制非间，始荣终辱。

贪狼间巨为财气，直方并秀形端丽。

贵人捧诰下兰台，圭笏印箱重叠峙。

武曲单行形巨微，妆台梳洗画蛾眉。

顿鼓传鼙继恩顺，破楼破殿形倾危。

四九旺西龙祖盛，南火熔金北水宜。

武曲兽面看开怀，三台垂乳并佥魁。

月晕望弦角背皓，太阳圆健弗偏乖。

龟鱼螺蚌珠含吐，扳鞍凹应异天财。

签坞横冈虚凑脉，斗角天罡破面开。

釜钟襟合阴阳气，块然全仗地仙裁。

武曲遇土，父子恩深。

厨柜钟鼎，丹陛绣墩。

武曲行龙或遇土，五运推排为父母。钟釜垒垒覆平地，蓑笠蓬蓬蔽风雨。楼台罘罳仓库临，胡僧拜礼坛场具，美人抛帛临寒砧。高下方圆形异趣。方台牌开展氍毹。月晕生风日生雨。

武曲间木，月下横琴。终荣终辱，间遇升平。

武曲间木势乖张，戈戟傍边顿鼓枪。双耸夜叉擎水母，青莲丛里伴金仙。春笋峰攒巨石傍，低圆金体木高昂。夜叉著力负宝筐，笔架森罗砚石方。

武曲遇水，月晕波心。荣生贵子，丹陛清吟。武曲间水结奇形，紫微隐隐悬金镜。罗衣散乱熨金斗，阵云拥月升沧溟。相继相生支派远，游鱼成队任纵横。风来袅袅绕屏帐，巨石圆圆螺蚌生。挂壁蜂窝旋蝼蚁，迎檐蛛网张蜻蜓。此龙多结在平洋，山聚脉分形显灵。

武曲遇火，片片重兴。诛伐谏诤，伏煞酬恩。

武曲遇火势形偏，众峰尖削内擎圆。凤辇玉辂开屏障，赤石磷磷焦土坚。上有陂堆如覆钟，或如羲驭鞭赤龙。突兀炎空峰万千，癸壬不间终难扞。

巨门遇武，兀钟屏釜。月晕圆汀，氍毹方浦。

巨门间武为财气，作一横财发见世。
火金终是成乖戾，新福未终防旧否。
巨门间廉喜相随，笔枪倒旗文阵图。
出人韬略全文武，析土分茅家富贵。
巨门间贪土斯通，三世威权展土功。
火星若间凶翻福，不间功中反主凶。
五星九曜看峦头，总是方尖圆动直。
五凶三吉元机妙，谁解隔山能取气。
偏斜正侧穴凭伊，此是青囊含至理。
日月在天几万程，阳燧方诸水火烝。
二光相射当穴中，炎滴即从生聚处。
要知裁穴亦如此，穴聚前朝砂水气。

第三章　堪舆汇考三

《九天元女青囊海角经》三

果堂海角权衡

天机不露，岂知造化？根由妙理，无穷方察。阴阳定论，龙喜出身。长远砂喜，左右回旋。贵则清秀奇严，富则厚重丰盈。八风不吹，名曰聚炁。四水归朝，是曰迎财。脱胎则有吉有凶，审气则知贵知贱。孟仲季行，最嫌带刃。禄马隐行，最喜来朝。顶中认脉，要全一气。窝内穿筋，但看双肩。

罗睺紫气火星君，太阴太阳到禄存，计都木星并月孛，水星金曜土星真。

破军右弼与廉贞，破军巨门贪狼星。破军左辅文曲位，破军武曲禄存临。

阴阳死绝，生旺晦和。虚伪真乖，逍遥自在。神通得道，何必由山。

暗金五墓五鬼同，暗曜耗头到天冲。天罗血光白衣并，地网天罡逆鳞终。

暗金暗里受刀枪，暗被他人受杀伤。若值罗睺生炁疾，更将财本死他乡。加临五墓多翻胃，屋内常常有贼防。女子颠狂怀鬼妊，更兼淫乱丑声扬。

火星多招回禄祸，瞎眼郎君四外游。暗曜凶星失明断，家生淫乱毒蛇侵。太阴养女貌如花，怎奈巫山事更赊。若值耗头徒配远，儿孙公讼起丧家。

天冲家计值空亡，蹦跛风声病又加，惟有没神多债负，田园卖尽少荣华。

天罗养马堪罗计，疾病留连久卧床。要识计都无仁义，被人气死夺妻房。脓血频频生恶疾，女人犹恐产中亡。若值白衣多孝服，妇人淫泆却无常。月孛多应生气疾，更防妻妾有情郎。地网遭殃人枉死，父母妻儿没下场。水星淫乱风声起，疝气腰驼害血光。天罡阵亡及外死，火焚树压及雷伤。逆鳞赌博乡村扰，花酒成劳事不

宁。土宿争田公讼起，更遭癀病及奸情。

紫气照临家大富，太阳星主中科名，木星房房子孙贵，金星武曲主权衡。

左辅巨门宜长子，武曲一星仲子强。贪弼二星属小位，下穴逢之大吉昌。破军之星多害长，禄存一位小房当。廉火一星中子害，下穴逢之定不祥。

天罡多煞长，孤曜小房当。燥火与扫荡，二五中子亡。太阳宜长子，金水二男昌。太阳并四木，小子富豪强。添财还益寿，下穴细推详。

宋当开皇宝照海角权衡

认取龙神起祖，看他穴面出身。太阳紫气，为贵之最。太阴木星，贵亦超群。天财乃金谷之主，金水亦奏纳之官。太阳夹帝座銮舆，男为臣子。太阴夹龙池帝辇，女入皇宫。金水得朋，望重边疆。紫气入宫，身居宰辅。

依龙节，数后代盛衰；看山头，定长房中少。一节看一代，三房排作九房。

华盖生成将相，功曹定入中书。直符司兵马之权，宝盖定三公之位，凤阁为台省之职。宝殿出公卿之贵，龙楼相接于龙池，文明之象。帝座反变于帝辇，清耀之才。玉叶金枝，得之而圣子贤孙。玉印金箱，遇之而左丞右相。赦文带鬼劫，声振华夷。三台照咸池，名登宰相。贵人入劫煞，代有公卿。帝座兼龙池，富无俦匹。天财转金枝，名登金榜。金水入宝殿，位至专城。龙池带劫煞，官居内府。天马带五吊，职掌外台。地劫化龙楼，富而且贵。宝盖带鬼劫，丰而且盈。劫煞化龙墀，女入王宫。鬼劫化宝殿，官居司谏。太阳夹玉叶，职居宰辅。太阴夹玉印，女作皇妃。木曜夹金枝，姓入中书。紫气夹金箱，职居内府。帝辇同銮驾，位极崇高。劫煞化帝座，身为丞相。功曹参帝辇而乘。直符并銮驾而列。宝盖高悬于帝座，太阴并列于龙墀。看水朝迎，定其富贵。

龙楼夹玉叶，并出内相外台。宝殿与金枝，同行出将入相。风辇夹金箱，而去半纪状元。宝盖悬玉印而行，十年宰辅。将军连功曹，兄弟拜相。直符共华盖，父子发祥。帝辇入龙墀，御座随銮驾。以上八位，俱是双行。一节二节未为奇，三变五变始为上。

扫荡咸池若在壬，定出孤辰寡宿人。太阳帝座子宫安，镇压边疆出大官。太阳銮驾居癸位，儿孙聪明更秀丽。丑逢天吊及孤曜，异姓相随神社庙。艮逢紫气及木星，天下为官称第一。寅上金星并玉印，左丞右相天生定。天罡更改东方甲，孤克儿孙人绝却。卯上将星金水连，镇压边疆才更良。巽逢紫炁并木星，文武为官远播名。金枝玉叶巳宫临，他年白屋出公卿。天吊炎烈丙上详，男孤女寡守空房。离午龙墀并太阴，六部尚书第一人。丁位帝辇太阴金，男为驸马女妃嫔。扫荡劫煞未宫详，少年孤寡泪汪汪。天财宝盖坤官寓，利名赫赫跨寰宇。天财玉印申宫居，尚书宰辅佐京畿。太阴玉印辛位当，富贵双全近帝王。戌宫燥火并劫煞，斗争刑戮受悲伤。太阳玉叶居乾宫，公孙父子做官郎。太阳玉叶亥宫临，子孙清显满朝廷。扫荡之星宜详阅，富贵穷通在兹决。

乾亥乃太阳之地，龙楼同玉叶芬芳。巽巳是紫炁之官，宝殿与金枝照耀。凤阁夹金箱坤申，天财玉印连宝盖。太阳子癸，帝座与銮舆同行。太阳午丁，帝辇与龙墀聚会。太阴辛酉，直符华盖并临。金水乙卯，将军功曹当位。甲为天吊，扫荡未壬天煞。咸池甲辰号天罡，鬼劫天魁侍立。庚戌两官名。燥火，劫煞天杀相侵。

果堂颂

武贪巨门辅弼龙，方可登山细认踪。
水去水来皆是吉，不离四吉在其中。
未论星辰与庙乐，先观横案与前峰。
若还撩龙来冲射，定是凶神应后龙。
每见时师错用心，直从来主是真龙。
休将入手为端的，错乱阴阳立见凶。
万水喜从天上至，群龙宜向地中行。
田庄衣禄年年进，家业亨通百事成。
寻龙测脉寻三节，父母宗支无分别。
孟山更喜仲山连，仲山又喜季山接。
寻龙过气纷纷扰，支不支兮偶不偶。
若犯阴错与阳错，此龙宜作护龙究。

行龙宜转支龙过，若带干龙又不同。乾坤艮巽天龙穴，水朝当面是真龙。子午卯酉龙虎地，自然结穴亦藏风。寅申巳亥乳头穴，断然垂掌起高峰。辰戌丑未穴斜仄，难钟秀气不真融。欣然四吉得真龙，应在三年五岁中。富贵双全容易得，克期定日见兴隆。

二十四山四穴半，
用者须当仔细算。
乾坤艮巽丙为吉，
余煞十九俱不算。
贪狼何事发来迟，
穴吉向凶未可知，
立宅安坟过二纪，
方知富贵应孙儿。
八刃行龙不可扦，
任教水秀与砂清。
安坟立宅皆须忌，
误杀阎浮地理人。
夫妇行龙节节来，
安坟立宅任君裁。
来山合得龙为主，
富贵何愁地不摧。
主仆行龙不可扦，
安坟立宅祸连绵。
名为阴阳差错穴，
亥字看看合得乾。
阴阳二错只一穴，
乾亥来龙宜乙作。
艮寅来山丁向扦，
巽巳来龙辛乙是的。

坤申来龙癸位真，此是筠松真口诀。子午卯酉四山龙，丙壬庚甲在其中。寅申巳亥骑龙虎，乙辛丁癸水长流。若有此山并此水，白屋科名求不休。甲庚丙壬辰戌丑，未单水口不融结。若乾亥水口，内有太阳龙穴。

艮寅水口，木星龙穴。卯乙水口，金水龙穴。余皆仿此。

禄马随龙四位山，甲庚寅申在其间，
亥壬巳丙皆宜向，更看前朝有水湾。
来龙若见后来空，坐若空时势莫穹，
帝辇帝都并帝禄，帝官帝阙后当空。
断山横堑势来雄，切莫安坟向此中，
万代流传皆禁断，杨公秘诀显江东。
斜名扫荡，偏号燥火。
独来孤曜，破脑天罡。
天机出煞出何煞，不出灾殃发最怕。
是双金射坟，避得是仙人。
正双金神，穴起子癸。
坐向双双，依得是诀。

丙壬子午猴门宿，甲庚卯酉虎头当。坤艮寅申居子位，乾巽巳亥马头藏。乙辛辰戌龙宫上，丁癸丑未戌来装。

二十四山十九煞，举世何人识此法。有人会得此天机，寅时葬山卯时发。

寅申巳亥龙　乙辛丁癸　乾坤艮巽
子午卯酉龙　乾坤艮巽　甲庚丙壬
辰戌丑未龙　甲庚丙壬　乙辛丁癸
甲庚丙壬龙　乾坤艮巽　乙辛丁癸
乙辛丁癸龙　甲庚丙壬　乾坤艮巽
乾坤艮巽龙　丁癸乙辛　甲庚丙壬

二十四钳口

四孟双行龙，寅甲、申庚，巳丙、亥壬。乙辛丁癸全吉，乾坤艮巽次吉。

四仲双行龙，子癸、午丁、卯酉乙辛。

四季双行龙，戌乾、辰巽，丑艮未坤。甲庚丙壬全吉，乙辛丁癸次吉。

二十四钳颂

子癸来龙，丙是侵扦。著有声名，水流坤位。来朝向艮，坤大发旺。四神拱揖，无空缺葬。下人丁列，面前串珠。水来迎辅，国佐明君。

子乃北极之尊神，贵主文章佐帝廷。若来作穴看元妙，细认真形如丙壬。乾坤艮巽皆云吉，十字山头仔细分。龙若会时水便合，紫线缠绕在斯坟。

丑艮来龙，丁癸扦葬。著大丰荣，看他钳乳。向何边作，法不须言。前有甲庚丙壬水，丙庚向可取案前。又有公服山，代代出官班。丑与艮合右弼同，万古谁知丑艮功。若遇前流庚甲位，田财进益禄丰隆。朝来左右丙壬吉，落空须知在癸丁。若得分明裁正穴，一举登科显地灵。

寅甲跌断来龙出，坤艮穴是的。乙星紫气木星强，二子贵非常。丁癸若还迎山对，丁向人富贵。长男兴旺色衣郎，癸穴合太阳。若还迎山带甲龙，家业见贫穷。此是天罗星向穴，下后长房绝。水浸亡人却是塘，瘟火官事忙。

寅甲主富自天排，却恐时师不会裁。明堂若见乙辛至，丁癸二神又会来。六神吉处向坤觅，儿孙荣显彩衣回。

卯乙来冈庚位扦，富贵永绵绵。此是木星贪狼穴，水朝尖峰列。看他摆曜向何边，乾坤向可安。前山吉水叠来朝，代代出官僚。

若还旋转辰头落，鬼劫来凑泊。

卯乙来龙庚可安，巽为紫炁果非常。乾上木星坤阳位，下后儿孙必显扬。

辰巽来龙巽落头，辛未永无休。若还孟仲季不移，代代朱紫满朝廷。

辰巽丁连辛共临，下后方知有好音。滔滔寅甲长流至，太阳金宿于中心。忽然吉宿当前照，紫气木星居丙壬。若还合取真经诀，禄重王朝更后名。

巳丙落脉向何朝，辛癸最为高。五七年内出官僚，此是龙神照。若作朝乾向亦奇，代代出绯衣。

丁午来龙定是奇，壬癸向无移。乾艮二向穴分明，紫衣绕棺生。巳亥逆鳞及天冲，端的二星凶。若还作向小房绝，小满棺斜侧。

离是南方火旺神，共连庚甲丙壬真。若知乾巽俱为吉，须使坤流艮共分。赫赫功名成奕世，紫衣缠绕满棺生。

未坤定有癸穴配，富贵人无比。此是贪狼朝穴奇，不与俗师知。壬甲二向落穴真，富贵定元亨。

申庚来龙申落头，艮位穴堪求来龙。跌转左右真，乙癸穴分明。水口仓库离星应，富贵天然定贵人。文炁照其前，一举中魁元。

酉辛来龙落脉的，艮坤神仙诀乳头。若还生向东，甲向好施功。案前水绕秀峰列，象简拜金阙若还。作辰犯血光，二子绝离乡。

酉与辛同共一家，更同庚申福无差。乾坤艮巽皆为吉，朱紫盈门实可夸。

戌乾落脉辛是真，乙向小儿荣。丙甲二向穴相当，声名播四方。前朝若有催官水，执政名无对。丙方若有秀峰列，单子赛潘岳。

戌是乾家发旺龙，丙壬庚甲吉相临。若得四星皆大吉，著绯衣紫乙兼辛。自然古窖金银物，万古重生杨求贫。

亥壬来龙巽是亲，葬著富无伦。龙头若还转左右，丁乙天然凑。有人下著更兴隆，朱紫满朝廷。

孟仲季龙定富贵穴诀

乾坤艮巽四山凹，节节单行不混淆。

前有甲庚丙壬向，儿孙裂土各分茅。

乾坤艮巽单行龙，葬之家家福德洪。

大则将相与公卿，小则儿孙皆富盈。

子午卯酉四山装，乙辛丁癸水贪狼。

若得乾坤艮巽穴，依经下著三公旺。

上局行水诀法

乙辛丁癸位，坎离震兑同，排来其本宫。

子午行龙落壬丙，卯酉来脉甲庚乘。若是没神贪狼穴，葬下徐徐发福臻。

乾巽居长坤居二，贪狼却旺小儿宫。若依子午卯酉穴，长房必定绝其宗。乙辛丁癸杀其母，辰戌丑未次儿凶。寅申巳亥杀小口，甲庚丙壬久后隆。若直癸水来朝

穴，乌鸦白子产双黄。

寅申巳亥发来龙，甲庚丙壬一例裁。前有乙辛丁癸穴，朝贫暮富实奇哉。

寅申巳亥四山装，甲庚丙壬水流长。若遇乙辛丁癸穴，家门丰富显文章。

中局行水诀法

甲庚寅申同，巳亥壬丙位，来山共一宗。

寅申发龙坤艮吉，巳亥来龙乾巽良。此是没神贪狼穴，下后徐徐见吉昌。

乙辛居长丁居二，贪狼旺小地神催。若作寅申巳亥穴，长房出外永无回。甲庚丙壬生内乱，辰戌丑未绝中房。乾坤艮巽长儿衰，子午卯酉起瘟灾。

辰戌丑未四山冈，乾坤艮巽一般装。前有甲庚丙壬向，贫者遇之主财粮。

辰戌丑未四山尊，水流艮巽入乾坤。甲庚丙壬为财禄，八位流来旺子孙。

下局行水诀法

戌乾丑未宫，坤艮辰巽位，八位总相同。

辰戌来龙乙辛乡，丑未丁癸同贪狼。暗金罗喉破军煞，二十四山仔细详。吉凶口诀凭斯局，括尽阴阳在此章。甲庚居长丙壬二，贪狼却旺小儿郎。若作辰戌丑未向，长房必定赴法场。乾坤艮巽出外死，寅申巳亥自缢亡。子午卯酉瘟癀煞，此诀由来不比常。

五总龟龙过孟山，几多休咎在其间。文武定是离乡位，不怕双来不怕单。

寅申巳亥，出富贵。配兼夫妇，出杂职。三节不乱，大富贵。一节便乱，发不过三代便退。主外郡田庄。

五总龟龙过仲山，乾坤艮巽出官班。水来水去皆财禄，何用出身龙虎湾。

子午卯酉，出大富贵。三节三乱，文武之职。一节便乱，请举不及第，赴任失职。兼夫妇，七品至五品。

五总龟龙过季山，只宜寺院鬼神坛。前头总有天然穴，水走东西与北南。

唇穴为天罡，为土，为建，为宿，为破军，为青龙，为赦文，为魔，为天煞，为阴。

罗喉之山长房凶，凶在长房子息官。更主过房并抱养，后代儿孙一二同。

罗喉白蚁当头入，牛羊公事损人丁。水来左边右边入，看他气脉悉知情。

脐穴为紫气，为紫微，为太乙，为火，为元，为明堂，为贵人，为巨，为阳。

紫炁之星粟满仓，贵催科甲富余粮，田庄财帛年年进，三年两载便荣昌。

紫炁之星紫线生，儿孙富贵且尊荣，清秀儿郎勤学业，合和义聚旺门庭。

目穴为胜光，为火，为满，为禄，为存，为天刑，为天狱，为天耗，为天败，为死。

火星之宿出南方，解州公事为田塘。更因死事相罹赖，孤孀目害与离乡。

火星之祸不寻常，破耗官灾及少亡。纵有聪明人不久，必然招祸外来郎。

尾穴为太阴，为小吉，为土，为平，为房，为廉贞，为朱雀，为地狱，为天咸，为绝。

太阴之星出孤寡，自吊贼盗目无光。换妻少死女人疾，杀人徒配赴军亡。

太阴水浸损亡人，棺内形骸或转身。头上推居足下去，其家少女死频频。

颡穴为传送，为金，为定，为心，为贪狼，为金柜，为资财，为銮舆，为天宝，为生。御街引马当流至，为破，为箕。

太阳吉宿旺儿男，读书一举便为官，定主因妻财物富，牛羊六畜遍山川。

太阳紫茜满棺生，定主儿孙进外庄，清秀特朝官位至，四位俱迎贵显应。

腹穴为没神，为从奎，为金，为执，为瓦，为六畜，为天德，为进宝，为人财，为辅弼，为旺。

没神之位共贪狼，家资荣盛少年郎。若得水从朝上揖，定见中房福禄强。

没神渐渐主荣昌，进益田园玉满堂。御街引马当流至，万里云霄直上昂。

角穴为计都，为河奎，为土，为破，为巽，为白虎，为天败，为天突，为天刑，为晦。

计都主人服毒亡，悖逆儿孙配远方。内乱蛇伤并火发，瘟癀风疾主人伤。

计都又主少年亡，水浸死尸却是塘。先产白蚁后生水，定有流徒悖逆郎。

耳穴为木星，为登明，为水，为危。为斗，为武曲，为玉堂，为禄库，为天库，为临官，为少微，为一金，为和。

木星朝穴向难遇，此穴须知众吉昌。长房发家资财盛，人旺财豪富贵乡。

亡人紫茜生棺椁，木根水蚁定无伤。田蚕牛马俱兴旺，贵享钟禄万仓。

腰穴为月孛，为神后，为水，为成，为牛，为廉贞，为天牢，为天瘟，为天刑，为虚。

月孛凶星主少亡，公事投河及产伤。自吊更招家内乱，官灾火盗急须防。

棺内更多生白蚁，目盲更有病连床。劳瘵传尸多夭折，偏多横事恼心肠。

足穴为水星，为大吉，为土，为奴，为女，为禄存，为元武，为天耗，为地耗，为伪。

水星凶曜主何殃，罹赖官司公事忙。多因室女生公讼，脚病风波更夭亡。

水曜原来白蚁多，却来面上做泥窝。水浸乾时蛇鼠入，岁岁年年被鬼魔。

鼻穴为金星，为功曹，为土，为开，为虚，为巨门，为司命，为文星，为天官，为凤辇，为真。

西方太白吉星辰，定主儿孙德业荣。资财进益田园盛，更兼富贵旺人丁。

肠穴为土星，为太冲，为木，为闭、为危，为廉贞，为勾陈，为天灾，为狼籍，为小祸，为乖。

土宿之星道和僧，九流艺术自经营。田园退尽无生计，却宜片舌动公卿。

土星满棺生风疾，伤足儿孙扶杖行。白蚁损棺三子败，九流目疾病多侵。

四个星辰五墓龙，山头虽吉莫相逢。须知葬下人丁绝，财散人离事事空。

乾坤甲乙为权武，艮巽丙辛清贵人。甲乙丙辛为正马，乾坤艮巽禄为真。若见此宫山水应，读书一举便成名。山穴阴阳遇四神，富贵足平生。十干行龙主不祥，官灾及少亡。十二支神水不吉，下后灾殃出。辰戌丑未可有悔，牛羊公事至。死尽猪羊及马牛，小口一时休。辰戌逃移并自吊，换妻损年少。丑未牛羊及血光，盗贼起官方。子午卯酉水不好，官事常常扰。贼盗军徒主煞伤，刺面不风光。子午离乡并曲脚，卯酉风声恶。寅申巳亥有何说，田塘公事发。小主瘟火起官灾，财帛化成灰。寅申断定出花酒，巳亥为奴婢。甲庚丙壬正好求，下后旺田牛。乙辛丁癸富与贵，一举登科第。乾坤艮巽足金银，名誉满朝廷。代代比陶朱。三吉水来四神应，荣显于斯定。庚壬二向穴分明，朱紫满朝廷。

青囊海角权衡

祖昆仑，发元根。分支派，定龙形。乘运气，存亡分。焕五气，应五行。推四序，明德刑。克相治，继相生。未言甲，先言庚。五化显，万机灵。布大块，及黎民。得生气，受福臻。得死气，祸替零。知休咎，象攸遵。扶权衡，通神明。

果堂注天道成象，地道成形。圣人文之，发其机旨。观天之道，日月斗辰。察地之理，龙穴砂水。得之合用，并立三才。元旨元奥，斯诀经纬。

山之发根，脉从昆仑。昆仑之派，枝干分明。秉诸五气，合诸五形。天气下降，地气上升。阴阳相配，合乎德刑。四时合序，日月合明。相生相克，祸福攸分。存亡之道，究诸甲庚。天星凶吉，囊括虚盈。有替有作，虔诚搜神。

地理之奥，皆秉山川之秀气，龙穴砂水之真全。五气行乎地中，而有进有退。天星纬布四方，则有吉有凶。盈气生旺，丁以发福。散气退朽，骨而凶乖。皆阴阳消长之道也。阳变而阴动故生水，阴合而阳盛故生火。水阴根阳，火阳根阴。错综其变，而至理现。

头陀衲子论

夫葬者，乘其地之生炁也。生炁行乎其中，有聚有散，有顺有逆，有起有止，有强有弱，有浮有沉，有正有杂。乘风则散，界水则止，惟在审察、详辨、弃就、乘接之得宜。凡地理，先明其理气，察于阴阳，熟于山川，辨于脉息，然后以逆顺而推善恶之用。山水者，阴阳之气也。山有山之阴阳，水有水之阴阳。山则阴盛，水则阳盛。高山为阴，平地为阳。阳盛则喜乎阴，阴盛则欲乎阳。山水之静为阴，山水之动为阳。阳动则喜乎静，阴静则喜乎动。动静之道，山水而已。合而言之，总名曰气。分而言之，曰龙、曰穴、曰砂、曰水。有龙无水，则阴盛阳枯，而气无以资。有水无龙，则阳盛而阴弱。而气无以生。无水气何卫？无穴气何聚？必欲龙以来之，水以界之，砂以卫之，穴以聚之，然后可为地也。杨公云："有龙无水不堪扦，有穴无龙枉费然。龙穴若明砂水聚，自然主气得周全。"凡论龙、穴、砂、水，各有一辨。龙辨支垄，穴辨真伪，砂辨顺逆，水辨出入。以龙言之，龙即山

也。以山言之，山即土也。以土言之，土即气也、体也。有土斯有气，故气因土而行，土因气而盛。土者，有气则润而聚，无气则枯而散。土行而气亦行，土止而气亦止。寻龙者，必欲夺其所起，乘其所止。起之一字，结穴之所；寻其所起，勿脱其体；原其所止，勿脱其脉。古云："支龙形势，如人之状。"然其身一动，则手足自应；将主一出，则群兵必随。手足不应非其体，群兵不随非其将，所以雌雄并出，而有尊卑者，此也。苟或反之，乌足为美？观其始发，层峦叠嶂，如群妾下拜之容。探其始出，隐隐隆隆，若敛迹乘舆之状。来则维持护送，过则蜂腰鹤膝，非桡棹不知所行，非界水不知其所止。布列则为城为郭，体又居中；结局则左旋右桓，穴又藏内。或居云汉以潜踪，或落平洋而开展。断陇童山，何须著眼？独过石岭，切弗劳心。断则其气不接，童则其气不和，石则其气不生，独则其气不聚。及夫破碎过而不止者，又何取焉！从吾所好，无非逆水之龙，快人之心，必得掀天之主。远则堆仓积库，近则舞凤翔鸾，势如乘马而来，形似驰龙而入。结南结北，只取盘桓；任东任西，但求归聚。无护无卫，偏嫌西北之风；有体有支，同喜东南之美。见水山渴，展芦花三袅之形；过脉续连，露繁蚁穿珠之象。势若转时龙亦转，地随踪去接他宗。到头四望观融结，自有盘桓理在中。龙之正气，只若千里而来；水若合宜，只怕百步而止。高陇平夷，不可同断。高陇之气，自上而下，如水之倾，不能止也。非借石不能立，非远出不能结。结则聚会，会则归，归则万水而济其身。止则众聚，聚则合，合则万支而抱其体。陡仄倾斜，岂其所欲？左空右缺，亦非所安。行之而无顺逊，分之而无调理。或宾欺主，或弟强兄。若散蚁而无东西，或反弓而无次序。东歪西倒，何所取焉！前缺后空，岂可安插。必欲正而出，出而隐，隐而起，起而伏，伏而兴，兴而隆，隆而断，断而续，续而连，连而宽，宽而结，结而聚，聚而明。势虽大而有所容，支虽繁而有所归。穿云接汉，回头皆为我来；峙秀呈奇，入眼皆为我侍。展势杂如排兵，吐穴隐如密室。厅堂高正，廊庑拱卫，墙垣固密，门户牢坚，外患难入。圜中无去去之心，内气不出。坐下有生生之妙，凉飙永断。暖气如春震巽，荣华土中一定。外有坦然之气海，内有天然之枢机。若有此妙，可谓纳气之盛也。平夷之地，其气自下而升，如水之平，不欲行也。先看大势从何而来，次看大势从何而结。来必有应，结必有情。或止于坡湖之所，或止于溪涧之边。或以平湖为气海，或以大海为城郭。高一寸为山，低一寸为水，有左右气曜为成。左右要生气相资，正气之体不可脱，随身金鱼之水不可无，防风之护不可缺，截拦之水不可失。向则视其身之所仰，坐则视其山之所来。仰则趋附于我，来则依负于他。仰则贵乎逊顺，来则贵乎丰隆。欲求仰掌平坡，先看铺毡展席。或有十大一小之脉，或有十小一大之机。尊则求卑，细则求巨。马迹渡江河，岂是窝中之突。突里生窝，无心而来。有意而结，坦而有聚，平而有包，粗而有细，细而有脉。得其脉者，不可脱其气；得其气者，不可反其理。侵云有数点之青峰，必为官贵；包坐见一湾之吉水，定有财源。大要藏风聚气，最宜明净盘桓。有界水而无藏风，其气必散；有藏风而无界水，其气必行。来之必有势，布之必有情。聚之使不散，行之使不止。或湿或燥，生成一定无移；或巨或细，自有许多分限。卫身最喜重重包裹，结局贵乎纷纷拱极。露体则风寒，诚为飘散；身孤则患重，实乃枯零。生蔓定是虚花，为护为从则可。背臂不为真穴，为缠为卫则堪。立穴安坟，岂宜取用。

夫水，气之母。有气斯有水，气因水而生，水因气而化。水气升上得合乎天，而云是也；水气降下得合乎地，而雨是也。虽高山不能绝，虽石陇不能无。古云："土者石之肉，石者土之骨，水者石之血脉也。"惟缓为吉，惟柔为良，逢刚不畏，遇柔得朋。原夫就体而来，谓之随龙，墓之主也。左右从宾而至，谓之拱揖；前后循环而抱，谓之绕城；左右如弓而伏，谓之腰带；坐下而出，谓之元辰；入穴而聚，名为交合。随龙贵乎分支，前面贵有之元，抱城贵有情意，腰带贵有湾环，元辰不宜流，交合要取分明。枯润殊途，理当一断。枯则元辰合变，润则溪涧合流。左水为美，要详四喜。一喜环湾，二喜归聚，三喜明净，四喜和平。环湾则无分支之凶，归聚则无飞走之思，明净则暗煞不生，平和则倾折不及。喜其来而不欲见其去，来者贵无冲射，去者要不拽牵，临城不忍而去，绕城不忍而分。对面逞之元，千金难买；入怀若反跳，一文不直。古云："明堂净而碧波澄，去水密而城门紧，贵坐下而三折。喜门外而数湾悠悠，扬扬顾我欲留。撞城反背非吉气，淋头扫脚不为佳。小涧切忌冲腰，大江不宜射面。一潮一汐，决非久远之龙。一顺一逆，定遭凶变之患。左反长，男必败；右反小，男必亡。当面反中，男必绝。切忌坟前有此，凶祸难当。滔滔掀天之浪，地岂吉而魂岂安？潺潺悲泣之声，亡岂宁而存岂泰？箭射激跳，其凶有准。斜飞冲反，八煞俱全。

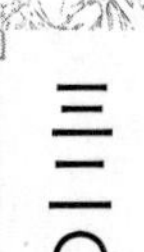

夫砂者，水之所会也。势会则形聚，聚则形见，见则气合，合则有穴矣。无砂则龙失应，无龙则砂无主。龙为君道，砂为臣道。君必位乎上，臣必伏乎下。垂头俯伏行，行无乖戾之心。布秀呈奇列，列有呈祥之象。远则为城为郭，近则为案为几。八风以之而卫，水口以之而关。就体分支，是谓同气。其包裹也，贵乎周密。隔江渡水必同宗，其来也，贵乎逊顺。就体怕断，隔岸怕反。隔江拱揖为妙，就体不断为奇。同气贵乎朝仰，彼此皆要盘桓。在前要来，在后要堆。左顺右归，叠叠如端妆美女，贵贱从夫。前拥后随，济济若精锐卒兵，出入从将。华表凌霄，捍门插汉。若要人丁千百口，面前叠叠起高峰。若如巨浪列门前，历代产英贤。善断砂者，除无八煞，先辨五星行度。如金则圆而秀，木则直而丽，火则尖而锐，水则动而和，土则方而厚。木逢金折，金遇火伤。水见土不利，土见木不良。若火遇金。得水无妨。子来救母，理之当然。五行仿此，有救不伤。所喜金水相生，木火通明，火土相济，水木相扶。木居东方必旺，火居南面多兴。金居兑位是权衡，水处坎方为得令。惟土一气，四隅皆宜。岩岩大石，岂为良善之星。焰焰尖砂，皆是凶危之煞。若走若窜，不用劳心。如反如飞，何须著眼。半顺半逆，终为奸诈之徒。无序无伦，定出凶顽之辈。不似蜿蜒，有何好处。不生草木，有甚来由。一怕锤胸插腹，二怕削竹拖枪，三怕反弓外走，四怕随水直流。如角如凹，生人碌碌；如碎如破，起祸绵绵。鹤顶鹅头，淫风飘荡；牛臂马腿，必不兴家。长男外窜，青龙摆首而行。小子离家，白虎反身而去。吉则随朝有意，凶则险仄无情。

葬法

盖气本乎下，借阳一嘘而物生。体本乎上，借阴一吸而物成。顺则取正，逆则取缓。强则取粘，弱则取撞。死则闪之，生则挨之。浮则倚之，沉则盖之。虚则斩之，实则倾之。急则缓之，缓则急之。厚则枕之，薄则接之。长必就其短，短必就其长。此一定之法也。至于浅深之法，随其地之所宜，由其龙之厚薄。当浅而深气从上过，当深而浅气从下过。第一合水为入气，第二合水为正气，第三合坐之水，即浅深也。浅深之法，绳平是也。既得乎此，十二要诀不可外也。一要藏风聚气，二要挨生闪死，三要明堂借水，四要交合分明，五要前后相应，六要左右相济，七要避凶躲煞，八要内外相乘，九要浅深得宜，十要不脱脉情，十一要别其枯润，十

二要土色鲜明。既得如此，自然如线穿针，如绳准木；若失乎此，则如水中取火，炭里寻冰。立穴若还裁不正，总令吉地也徒然。高低深浅如差错，变福为凶起祸愆。气不离棺，棺不离脉，自然通泽。其法如移花接木，何以异焉。既得如是，前后左右之理，不可不察也。前以朱雀，后以元武为主，左右龙虎为卫。龙虎者，即元武之手足也。本身之龙要长远，身体必要端正为上，手足必以相合为佳，长幼必以逊顺为贵，主宾必以迎接为奇。宾欺乎主则反乎常，手足盛身，必无是理。元武必欲垂头，朱雀必欲翔舞，青龙必欲蜿蜒，白虎必欲驯俯。却又详辨大势，浑合造化，纳诸形状，本诸理气，察乎精微。以先天推其体，以后天推其用，必合先盛后荣。所合之法，龙穴砂水为体，以八卦天星为用。苟无其体，其用何施？若有其体，非法难裁。得法遇体，如指掌矣。

觅　龙

龙为阳物变化神，妙合阴阳本无垠。或有大小旁正出，真行伪落伪行真。原其所起乘其止，龙有三成聚祖宗。五音起方识其地，山北水南横是官。向生背死五音取，地变二九寻真踪。四乘高低强弱里，四景情性态度中。十等之地固为美，格法远拜古人风。卦里龙神须要辨，阴阳休咎吉和凶。阴龙八贵互换行，四垣八宿应天星。行度结穴俱荣吉，起祖廉贞为最星。应廉转巨变武曲，贪狼到头名左局。紫微出面形局奇，富贵无双全五福。红旗赫赫贪狼路，兑入巽宫复贪狼。应穴右关砂水真，封国神仙并相辅。兑入紫微微入兑，玉堂清贵昭文位。兼应富贵馥芝兰，兼应刑禁鸣珮珂。艮兑或巽复震龙，位极人臣帝泽浓。艮亥巽艮变亥局，富贵兼美寿山崇。兑巽入艮局宜清，巽兑入艮富贵并。六秀变出紫微局，大贵青蛇为发福。廉路祖穴俱三吉，文武将相谁肩匹。三吉入路祖穴廉，名将藩臣为第一。少微转巽入少微，人才昌炽官位卑。太微转兑复太微，题柱归来金谷辉。三吉起祖临庚穴，阴应急发钟人杰。一阴祖穴一阳朝，寒谷春回泉道竭。阳龙仅有四龙奇，富贵公侯皆可期。形全局异巧扞立，奋发如雷人白眉。北三阳祖钟龙脉，或壬癸祖瑶光宅。富贵文武斗春花，赛羡门楣推巨擘。离山奇远骤富至，淫恶之嗣关兴替。坤离局应后荣昌，寡母闺中才富炽。阳四余龙俱怕冲，老亢乾坤仍可用。更识逶迤曲折来，试看万选青钱中。单亥中抽富禄昌，均壬兮均乾殃。壬癸左落巧扞贵，右落多壬产业

荒。乾亥右落那堪穴，若逢左落可裁量。天机奇异都巡贵，忤逆赌博败堪伤。虚劳疫病宗支绝，娄星并炤裕才粮。人财顿在冰山上，不免盲聋喑哑妨。高照瑶光孕六指，并壬懒缓生泉泓。水朝砂秀穴奇巧，龙虎抱卫公侯生。正艮高年富贵期，丑艮平分穴亦奇。产招绝户才鬼运，局吉应看爵禄縻。丑岭左落有半吉，艮多右落荣孙枝。寅艮中抽不宜穴，左落富旺右风眵。两个山头隔水路，羽流更有双生儿。寅甲穴奇家富足，局秀利名相洎凑。寅甲盲跛痼虎伤，穴奇仍享田园福。震生富贵兼文武，庚局亢峰声鼓盆。震甲嗽劳足风跛，素心犹是慕禅门。震乙螟蛉并赘继，真龙吉救福回春。乙辰衣禄神栖吉，外死瘟癀官讼迍。巽山真出青云客，离亢雷惊并水厄。山水合救上金街，武艺贵婚沾福泽。巽巳富局巧扦荣，巳利商贾牙侩得。巳丙富贵清浊分，丙午发财瞑火厄，丙奇富贵享遐龄。梦嫁阴人怕春寒，其文正炤寿富贵。午未相参衣替禄，丁未双行库开。羸利肥家儿女痣，丑未独行崇僧道。官灾色证更伤生，四金奇巧暂富足。少亡恶逆常争衡，坤山吉位富而昌。势嵬局险女军强，坤申寡母膺才福，未坤孤寡僧尼殇，庚山正绕富豪英。向东丁艮助威声，三金互行文武具。到头辛兑遇于庚，庚兑武参辛文职。庚申瘟寡离淫并，右落商星偏作主。财帛姻亲夜叩扃，兑山福寿旺田丁。兼丁宰牧显功名，远钟巨富文章士。州镇村原有庙灵，辛逢巽局方清贵。辛戌正落享秋成，天财饶气穴休凿。巫贼荒淫人秽腥，阳局不奇总凶恶。阴局不奇犹可作，降脉起顶测土圭。的究三叉无浑错，休囚墓死为福薄。生旺官临荣官爵，寿夭贤愚于此分。细认山头眼高著，四龙山星固上地，杂龙转吉仍转贵，但从换骨定兴衰，更观砂水分公位。

点穴

凡龙长远，水缠有情，大缠大护，无窝钳乳突头出可点者，天秘之穴。细认脉气穿缠，要全乎一气，故有奇峦拱秀，水收三吉，尊高照穴，五凶虽高，不许一星侵穴。吉水朝迎，便依三吉，水以收朝迎之外气，谓之隔山取气，福应甚速。天秘之穴，得法可以认取而裁用之也。

凡口内浮肉宜多裁，关门捉贼，三吉取内，小明堂攒开，去其客土，再取的穴。

凡龙真气秘深沉，难以捉穴，用功开辟，以三吉收真气，名劈菊拈香，真气

回中。

凡龙真锐，直只揪皮插骨，看真气唇口闪落，必不可当锐。

定穴之法，如人之有窍，当细审阴阳，熟辨形势，若差毫厘，谬诸千里。非惟无福荫祐，抑且酿祸立至，可不慎欤！

亥龙壬穴微加乾，四垣星照局周旋。迁都立穴俱宜此，墓兆民居福寿绵。乾穴挨西左气钟，仲宜先福坐宜空。癸穴挨乾气右耳，嗣续千秋名利崇。亥穴旁扦怕脑冲，气从耳入利途通。巍然形局登卿相，大地春回自震宫。庚卯二向腧气乘，凶强军贼堕家声。酉向旺丁惟不寿，艮辛二向利无名。离午向淫甲向蚁，乙虎雷伤唇缺嘴。未为僧道恶逆凶，坤申寡淫殇讼起。

艮龙穴癸气左耳，昼锦荣归耀闾里。甲穴挨丑气右乘，富贵文武谁肩侣。壬穴腧气配阴阳，局奇科甲显文章。乙穴气腧逢吉局，监司郡守与贤良。卯穴挨厨后嗣昌，阀阅门楣福未央。乾穴腧气婚姻贵，屋润家肥只夭殇。龙局纵美难觅贵，孤寡孀亡未向寻。乙辰臭水土灾临，午淫乾蚁申伤长，甲同午戌木根侵。

巽龙乙穴富奁钱，班值宸宫上德宣。巳穴挨辰先福长，大富小贵产英贤。坤穴腰乘古窖发，诗书富贵高门阀。甲穴贾商赢满金，局奇刑权司赏罚。兑向曜煞绝长房，子癸甲水凶无比。坤蚁败长主殇淫，寅木戌瘟戮乾蚁。

兑龙坤穴气左进，清贵文章典州郡。乾穴挨庚金气绕，局清年少功名振。阴阳正配兑山丁，人财并至贵偏轻。转亥结穴气从耳，公侯富贵乐耆英。金鸡啼向扶桑东，气冲脑散亏神功。庚辛受穴乃为吉，官职横霸资财丰。壬穴气自右腰乘，福寿先从小子膺。水放庚丁辛酉去，更期富贵旺人丁。巳各曜煞长儿当，乙辰回禄败堪伤。寅甲木根壬子水，午孤兔穴更淫亡。辛龙乾穴气冲右，中男及第纡紫绶。酉穴挨娄巡警官，定主英豪军贼富。坤穴右腧玉堂贤，儿孙俊雅进田园。壬穴右腧人财旺，局秀云程一著鞭。癸穴气充正腧加，人丁贵富锦生花。亥穴左埃气耳受，长嗣人财亦可夸。寅殇蛇虎甲奸淫，乙生白蚁丑穴临。坎癸壬辰俱水厄，壬看回禄祸来侵。

丙龙坤穴气钟右，舟车窖发局奇秀。巳穴石挨午半分，更遇水朝财禄骤。乙穴右腧产英才，局奇拜命黄金街。甲穴腧气人富豪，丙奇旺气合收裁。卯穴左腧长先发，旺财并许旺人丁。丙穴局奇偏有贵，庵观中人入泉扃。癸向风颠乾戌蚁，子水

寅甲木根伤。

丁龙坤穴微加午，富寿官奇还守土。巳穴挨未只富隆，局吉官小仍可数。乙穴左腧富寿荣，局奇清贵产人龙。兑向左腧阴阳配，面东亦主人财富。壬向绝淫并蚁土，甲寅戌向木根枯。乾水血光丑败亡，坎癸土蚁凶难数。

震龙丙穴宜挨乙，胆略英雄官武秩。乙穴挨甲气右乘，先文后武谁能匹。卯穴旁扦富冢孙，不然狐兔入罹迍。癸穴左腧人富寿，小可功名别有春。巳穴左腧福骤发，震生来去分生煞。丙艮二向气腰乘，俱主人财无贵阀。未穴朝来季财丰，午侵水土坎壬同。乾戌水蚁还妨长，坤申水肿寡淫风。

庚龙酉穴微加申，威武入财并出尘。坤穴右加崇左道，更有忠贞富足入。乾穴右腧局清贵，文武婚姻发财利。壬穴腰乘嗣续昌，或逢古藏兴家计。甲向孤劳跛而秃。丑穴寅痼离螟蛉。乙殇赘继子癸泉，辰瘟刑配夭年促。

巳龙乙穴通左气，局奇中贵及小贵。巳穴旁扦蚕畜丰，经商业进同宗契。坤穴右腰震巽砂，牙侩蚕牲利足夸。甲穴腰右先福长，因亲进产断无差。酉为对曜莫扦封，专向须知祸震宫。子癸甲泉乾白蚁，戌壬寅向木根凶。

离龙丙穴右加丁，阳朝阴应武文并。丁穴耸砂朝水至，富豪翰宛显功名。庚穴左腧气中乘，子癸乾砂水应荣。午穴挨丁怕恼冲，面朝砂水利方盈。亥曜蚁穴长灾殃，辛为八煞更瘟癀。艮卯木根泉兑蚁，丑单败绝又孤孀。

壬龙坎穴宜挨左，龙异局奇发如火。奎峰高照三阳尊，科甲文章非小可。艮穴右腰长富足，寅扦却主中儿福。甲乙穴向腧气乘，震宫忽觉春回速。丙巳木根伤长子，卯兼水木伤宅母。未孤淫绝臭水侵，巽丁庚酉辛蚁土。

坎龙挨壬扦午向，骤兴科甲文官样。更将艮穴挨壬扦，穴暖局富仍堪尚。辰曜败绝巽辛泉，丁未蚁水土相煎。卯酉丙寅俱蚁水，蛇伤虎咬长祸连。

癸龙子穴右挨丑，局备功名须唾手。午砂水秀坤申朝，富贵一番无出右。艮穴砂水并离乾，寅甲流午名利全。寅穴挨左局周密，庵观发达富田蚕。巽辛水淫丙瘟木，丁蚁木鬼偷钱谷。卯艮酉未俱水蚁，巳穴雷虎伤并狱。

坤龙丁穴右挨申，局吉荣华骤富殷。庚穴挨未财名振，星虚奎照作王臣。丑蚁木根凶贼族，艮木煞长孤淫欲。卯根亥水亦长凶，戌乾辰向俱无福。

乙龙巽坐穴左倚，军贼牙侩应随否。艮穴次因女讼兴，午戌壬向俱微取。庚酉兑丁防白蚁，庚殇酉狱更生殃，辛丑木根水蚁伤，辛酉二向休云好，家赘接脚少年郎。

甲龙艮穴右挨震，异道一番财禄进。巽穴猎讼一纪昌，跛痼瘟离生祸衅。庚酉巳丁未臭水，庚瘟火盗酉孤贫。辛劳刑痼伤风跛，丙泉亥木蚁成群。

乾龙巽向右挨皇，局吉天财发异常。庚酉局奇仍骤富，到头不免痼风伤。巽穴遭瘟寡孤淫，巳同巽祸长先临。卯丙木根穿椁内，丁官产厄害难禁。

寅龙坤向壬坎朝，乙流峰应财禄饶。申午乾戌仍堪向，一度春花妒百娇，巽庚酉未亥渊源，巽辛白蚁丙丁根。庚败贼军巳煞小，酉殇更生阵亡魂。

申龙庚穴砂水雄，长儿财禄可兼雄。乙向水朝仍福长，壬寅二向亦财丰。亥甲蛇蚁辰甲凶，卯军狱败一根同。艮商与贾应先劫，丑换妻伤狱寡穷。

丑龙金煞丁堪向，艮穴左道财兴旺。丙庚辛酉向中裁，砂水拱朝方可尚，坤申白蚁戌水土，午根乙蚁树雷伤。丁忌乾流丙忌未，辰为臭水土根伤。

未龙亦犯鬼金煞，艮向天然福禄达。丑艮仅主巫医财，亥卯向水福骤发，寅申出人多伶仃，癸贪花酒戌非应。乾位木根并白蚁，须知壬子蚁更生。戌龙墓煞本堪忌，乙向骤发人不义。辰向军贼癸随倾，寅午向凶随有利。巳官入穴观蛇蚁，未煞天官丁亦蚁。艮丑伶仃衅祸钟，卯巽丙兮凶莫比。

辰龙墓煞亦无妨，乾向兴衰先长房。戌向税粮终瘵火，壬坤二向福中殃，丁未庚酉丑白蚁，辛官臭水尸棺毁。艮地须知穿木根，亥水土侵颡有泚。

龙辨中抽左右落，局看性情砂水泊。活眼圆智巧扦裁，悔吝吉凶始无错，气从耳入福易期，气从腧入官应迟。耳腧分数有多寡，乘气慎弗差毫厘。

观　砂

砂布局法相真龙，前砂后落应旁通。穴花局假龙不歇，见砂见官气便钟。龙后行运为鬼劫，官居南坐印西东。方隅贵贱凭龙取，局中见者是真容。北高南下天地形，局只一格法其情。乾巽宜远坤艮近，丙庚高贵甲壬清。五行三曜并八局，阴阳各要不相凌。更主山音推卦例，若还合此是天星。四维屹立官爵强，低峰叠叠千斯仓。奇峰列秀有三角，黄金白璧增辉光。乌石斑驳家萧索，路破峰峦讼败伤。此是先天四生地，最宜高耸乃为良。世登要路耸巩峰，龙头独步气如虹。低圆正丽仍科

甲，乾峰低小富家翁。阴阳双起犹为贵，甲峰压冢却生凶。巽乾入汉生辅相，龙奇局备位三公。巽峰独透经略才，小峰参尉低盈财。一峰一子登科第，两峰兄弟上金台。远峰列秀天涯青，文与韩柳争驰名。山水揖朝甥婿贵，女貌美丽争宠荣。巽峰低伏辛峰耸，亦主亚榜魁明经。曜气文腾状元出，艮峰叠秀相神京。艮峰如笔列三台，以国养亲勋爵开。巍然独秀魁黄甲，小阜端圆金帛堆。被石点破官摧落，二枢配合岁荣偕。艮峰低伏丙峰耸，优游财禄莫猜疑。坤名地母嫌低敞，乙峰圭拱登天榜。奇形卓立似旗旄，男军女将兵权掌。如旗而侧巡警官，乾峰低小都牙仗。更有圆尖似钵盂，或出尼姑或和尚。掀裙抱花砂杂陈，桑间濮上期来往。乙峰圆秀应财星，切忌欺茔壤。太阳升殿犹难得，贵敌至尊富敌国。太阴入庙女皇妃，男婚国戚高年百。日月不峙太阳高，太阴得地似富豪。假饶缺陷并低伏，总有真龙福不牢。四水大木金水照，我克为财生官曜。通喜中才畏煞金，寻分度位觅真窍。天官地禄人爵星，翰林风月擅文明。并极三阳高秀丽，寿考富贵旺人丁。火星不起官不显，不握重权或间殿。火星小起日月明，家生贵子真堪羡。入云帝座耸屏星，天门地户两朝迎，人鬼峰峦高速应，龙奇南面佐王廷。离峰高秀侍君王，少年科第夸文章。瑶峰六煞恶屹子，怕压墓穴哑聋伤。兑宫叠峰号北军，兵刑官贵医瞳神。迍军尖射并低陷，定应变阵丧其身。丁峰特耸钟元老，双上添丁福寿殷。远秀山乔和革应，名录丹台漫出尘。若逢压冢滞初年，庚峰独耸减威名。云绕五湖驰驿马，高腾贵显田连野。云霄万丈烛星奎，为国栋梁储大厦。焕竖天禄要崔巍，革贵人星独占魁。贵禄马将龙向取，配合干支次第推。摧官禄贵山低陷，虽有文章不显荣。艮离朝峰俱失陷，官不食禄名虚称。卯分西南及东北，西煞南星文武格。东北只主杂流官，度位吉凶宜辨白。商革印绶分金银，和并三阳摇石臣。赤蛇绕印如圆正，斗印腰横才出伦。寅甲师巫左道贵，里巷蒲樗加厌频。离盲中子全家蹇，子癸丑未堕胎神。庚酉辛中属金袋，柱石朝廷和鼎鼐。瑶光泉上水鱼儿，鱼猎山川随处卖。甲乙宜作木鱼看，僧道拜持神佛力。坎癸四墓号横尸，大鱼绕殿岐黄术。巽辛文笔擢科名，寅甲画笔妙丹青。一挥判笔庚辛兑，生杀阳秋断案平。牙刀却有真刀位，造葬合规方为贵。元武象位威不施，寅甲乙上本工艺。

四金屠侩军贼儿，辰戌定主刀兵缢。兜鍪剑戟兑庚出，将军威武开边地。坤竖旗旄出女军，贼旗斜插魁罡位。翻棺覆郭更如何，四墓低亏风气多。寅甲坤申及癸

丑，总宜位上起崇坡。丙峰鹅头濮上流，艮坤丑未向山求。和龙抽出蛾眉样，四野桃花恣玩游。八局周旋四神起，山水叶吉福无比。五音生气官爵高，方位合卦为次美。只合阴阳又次之，大要又宜平墓鬼。高昂恶浊生凶祸，缺陷低亏风声启。局砂秀耸居上贵，端正高大为才器。低平四顾得中和，犹宜参合天星位。吉形吉位全福固，吉若低亏减分数。山形虽美位凶方，岁久恐非为吉助。形局伪文予不取，空谈祸福无根底。舜羽重瞳仁暴分，可见内外本末耳。假饶舍形气安求，形气性情原一理。因形察位分度求，笑谈指顾分臧否。

察　水

盖山之血脉乃为水，内助外泄行龙旨。自然好水相真龙，天星来去宜合规。三阴二合并四气，九曲三叉俱富贵。阳局朝迎发福多，惟有二辰并辅癸。三阳水朝砂耸翠，龙奇穴吉最为贵。三阳无砂水不荣，只主因亲发财利。丁丙巽流震入艮，太阳正格贵仙眷。太阳特朝城郭完，极贵极富尊南面。更有御街金鱼格，真龙巽丙丁源泽。转兑辛入亥流，贵极扶君富敌国。三阳水朝归鬼乡，义门寿考同休光。辛逢巽水神仙客，兑逢丁水寿龄长。三金流震入艮地，或震艮流三金位，或亥入南更入西，皆主大贵及小贵。巽宫砂水朝为贵，更有双峰联甲第。中男季子女花容，驸马妃嫔增富贵。巽巳双朝破阳局，那更太乙生峰堆。虽闺有女颜如玉，堕胎玷污春风客。巳朝兼巽丙为强，百倍田蚕入蛇艮。穴山慎弗当金马，摧折天年畜产荒。丙砂少主折臂卿，地旺田蚕炉冶兴。天财继获终均福，富贵女讼进金牲。午沙水秀近君贵，福荫继离因水去。坎龙离水入兑流，离坎破阴总淫戾。游魂阴枢水兼入，寅午戌岁烧天红。葬法多注兑亥气，回禄制杀应潜踪。丁水多痣人聪断，利名两遂增龟算。产添绝户旺牛羊，贾利囊金家蛊干。艮龙巽水为夭殇，宜注丙丁庚辛方。阴枢南极水兼入，四神八将砂积仓。微垣艮弼鳌头占，老莱戏彩芝兰芳。丙丁庚辛赦文水，祸刑洗净永无伤。未进田蚕生气畜，次主病讼伤骨肉。震山来水雷电交，未兴去财天年促。坤砂水秀魁科甲，正主孤寡悲沉疴。中正生离伤横讼，次看三五福偏多。天潢天关水兼入，总免祸刑遭纷纭。庚水权谋敦义睦，兴家进产却因亲。天潢天命水朝坟，敌国豪富真无伦。震庚有峰入云表，英雄将帅麾三军。有朝三阳艮应星，大进庄田八子荣。辛水不徒籯宝玉，清贞忠孝擅文名。戌水朝来财利通，外亡横祸至贫穷。乾朝骤富次风跛，鳏寡赘继无人踪。亥水降福自天官，寿考富贵总兴隆。戌女双朝因瘵火，戌朝喑哑并盲聋。壬朝贾利书香贵，离壬来去离乡位。子水特朝一度春，流归北极襟怀鄙。坎癸病肿忧忡忡，瘟火瘵疫并喉风。双生女子家渐退，缢亡落水灾殃重。癸朝贵富属鬚人，醵钱置产进牲银。丑朝亦主田蚕旺，刑伤骨肉疾生嗔。阴光牵牛入冢内，随母聘嫁忘姻宗。少亡毒药因女祸，兄弟屠戮交相攻。艮水粟陈金玉辉，巽山艮水官曜期。寅水生财清觅贵，凶并赌博兼淫离。甲水佛利贾财通，天机天棓主盲风。震水英豪家骤富，局奇宠命拜天官。乙朝富宜享龟年，凶事讼病迭相绵。辰朝暂享田蚕利，病痛伶仃祸踵旋。阳闽懒缓亢水辰也入，唇齿缺露含糊声。坎龙亢水忌来去，全家受禄无余丁。亢娄流注非吉地，少亡恶逆无忠贞。四金对射风门入，翻棺覆椁灾非轻。黄泉曜炁最凶煞，阴阳浑杂家零落。龙行关节带微淆，受穴朝流亦差错。龙真局备砂水环，攀龙附凤良非难。真龙迢迢势局奇，到头伪气非纯完。阳朝穴秀砂水助，博龙合向方为贵。正面特朝固为最，旁朝叶吉梯云端。抱城绕穴方为吉，直流合规朝天关。来似之元抱如带，流非吉地家贫寒。反似翻弓直如泻，六秀庚辰多旺官。穴高朝源要长远，富贵亦主人安康。朝源高低与穴等，骤发富贵非为难。谁云无朝发福迟，龙真穴正局犹奇。但合四龙天星者，无水仍将富贵催。休论诸害及五姓，何须更论几般形。此是天机真妙诀，非人弗示万金轻。如有轻视遭天戮，王刑国法亦来侵。若不贞戒受天谴，天地阴阳决不饶。

第四章　堪舆汇考四

《九天元女青囊海角经》四

穴　法

莫道无头无绪，横看其踪。休言是木是金，动中取穴。吾尝谓：一家骨肉，飞斜走闪，以无害本来面目，高低深浅之所，先三横四直。于四直者，背受两片三叉，会三叉之自然。囟门玉枕，至高之穴，至贵合襟，金坠最下之情最元。鱼脬横截，妙在金乳之动荡。茅叶侧坠，活似水珠之钩悬。俯焉端揖以至地，仰则平舒而面天。会窝打透肉，盘弦韧中取，脆软晻下寻，交骨起柔里。钻坚或者禽星兽曜，耳动目随，草蛇灰线，气界水止。要知英灵聚会，纵横不离正气。血脉贯通，动静当观大体。流精未活，荡硬甲之弓转。趋身太险，如球之抛而球起，过犹不及。道贵中处凉而杂热，妙谙柔理。嗟夫！千年灵骨之不朽，一点真阳之在此。顺受逆受，何拘对定于天心。傍求正求，犹在消详于龙尾。横担横落，无龙之葬有龙。直下直迁，有气而安无气。硬不斗软不饶，体元微三窍之至妙。阳宜减阴宜撞，接五星之真要。然此活法敛之，无过一理。所谓八大神仙穴，杨公决要寻。抛鞭须隐节，披刺要离根，反手粘高骨，冲天打囟门，侧裁如把伞，平示合提盆。摆出情难缓，横飞势合翻。有人通此意，便是吕才孙。穴是神仙穴，龙分厚薄身。脉来分左右，势落定君臣。匾大临弦出，雄粗带侧循。打尖休动骨，点额要粘唇。缓急随形使，高低著意亲。五直宜横下，三停妙影寻，挽篮迁鼠肉，侧耳定龙心。牛鼻防牵水，鱼腮要合襟。元微天意惜，举世绝知音。龙分两片，穴对三叉，灰中拖线，草里寻蛇。攒枪插竹，斩木生芽，虾鬚微抱，切藕披瓜，辨脉浮沉，放棺深浅，蝉翼盖风，迎接蟹眼，顺逆无差，天机自显。得钱放棺，气从耳入，财物不交，气从脑入。两突相向，真机不生，两利相协，其气自成。奇偶相会，阴阳相治，脉不离棺，棺不离脉，棺脉相就，移花接木，细认元微，罗文土宿，后倚前亲，眠乾坐温，高浅低深，粘缀来脉，闪死挨生，避风走煞，急则用饶，缓则用撞，节脉乳窝，真认影象，转跌走闪，盖粘倚撞。妙诀天机，沉思玩想。

诗　诀

凡看地，从何起，须识星辰横与企。
圆流尖侧要知踪，方辨龙身贫与贵。
如覆釜，是金星，行时屈曲喜相生。
不宜手足并斜侧，见此来伤必有刑。
如顿笏，是贪狼，不宜斜仄火来伤。
脚根水土其星贵，一举成名达外邦。
动是水，飞冉冉，下生金木真龙占。
不宜侧火势来侵，做贼兴瘟无处闪。
如卓笔，火神行，秀时一举便成名。
头斜身侧为军贼，带石敧斜神庙灵。
若是横，名曰土，金书玉轴真难遇。
更生一直起丁丁，庶人之子朝天去。
教君术，认元机，坦来取突最为奇。
直来取曲曲中直，饥处须寻饱处宜。
这一言，是真术，突到取窝窝取突。
垂珠气聚缩中裁，更有如流来曲屈。
教君葬，端有法，倚撞盖粘并挨插。
转跌垂钩斩截安，缓急须凭饶借折。
鹅公嘴，及龟肩，嘴来硬处不堪扦。
势来直急宜饶借，法点龟肩借靠安。
立笔下，直斗直，认他脉上微微脉。

饶中借字实为真，凑煞安坟人绝迹。
勾刀嘴，马蹄弦，此法分明有理扦。
勾取曲中葬用截，马蹄扦法撞为先。
火甲穴，及禾叉，葬之撞穴正为佳。
坐下流神无屈曲，圹中饶借一些斜。
剑脊鬃，同茅叶，草尾垂珠真气结。
流来势急穴宜饶，须认两边砂水贴。
猪腰口，搭腰裁，转皮乳气任君裁。
后有峰堆前水应，立名倚穴看龙来。
燕子口，及鸦钳，势来窄狭不宜扦。
若然有意湾环抱，水直教君寄两边。
燕子尾，实难言，穴如鱼尾一同扦。
势来直急宜斜剪，切忌流神坐下牵。
筲箕肚，不堪扦，箬笠茶槽水又牵。
元武不随龙虎直，时师下著退庄田。
犁壁面，无人下，此穴出身形丑恶。
势来斜仄穴为真，界水金鱼真不假。
禾锹口，穴内有，此穴出身形最丑。
娥眉月角一同情，侧穴是真正则谬。
犁头嘴，穴难扦，田塍簇簇水来缠。
后头如直葬须剪，坟内毫厘不可偏。
交刀口，平直叉，葬下撞穴正为佳。
横叉不横直不直，圹中略摆一些斜。
狗脑壳，人难捉，突额高窝好相度。
突金肤阔两边寻，左眼右眼真不错。
鳅篡笃，虎鼻同，龙真穴脉合雌雄。
流来势急宜挨剪，缓处教君穴枕巾。
竹篙流，形最丑，但看气脉何方走。

硬来软处实堪扦，切要金鱼来界就。
燕子窝，瓮唇穴，金盘荷叶真奇绝。
气脉流来仔细看，四畔周回正龙结。
教君术，看水城，来如展簟鸭头青。
横如带绕坟前抱，反火番弓地不成。
教君术，看随从，左右公孙齐拥奉。
天乙太乙两边迎，亦要拜龙来进贡。

大凡真龙，行度起伏，顿跌节节。光净高山之龙，一起一伏。平洋之龙，相牵相连。合五星者，谓之正龙。配九星者，谓之变曜。龙分三等，穴问三才。有上聚而下散，有下聚而上散，有上下皆散而中间聚者。左聚右散，左散右聚，左右皆结聚者。而或上中下皆有结聚。此皆天然的定之穴。凡星峰结穴，与众不同，自然秀丽。合穴法，有背面结顶降势，落头有情，开井放棺细认。生气或正侧，或尖圆，或浮沉，或粗细，要得的当住绝去处，迁穴无误。详来脉之急缓，开井放棺之顺逆。急者伤脉取饶，慢者缓脉取斗，谓之奇偶相会，阴阳相泊。披瓜切藕，斩木生芽。明暗蝉翼，结穴本身。开张翼臂盖穴为明，人手影翼护穴为暗，翼两边一样谓之双金。正穴穴居其中，一长一短谓之片金。凡星脉强弱，生死分鬃，鬐脊入首，须要气脉分明，雌雄界止，方为的实。大抵结穴，不过取砂水回抱，聚围拱揖，切认后龙来与不来，穴情住与不住，前砂抱与不抱，明堂血脉聚与不聚，取其灰中之线，草中之蛇，截荡开孤，挨金剪火，脉息窟突，饶减迎接，以定剪裁之法。如明堂之水，散直斜返，砂脚飞窜，入穴元气，断然不吉。天机妙诀尽矣。

水 法

穴虽在山，祸福在水，所以点穴之法，以水定之。山如妇，水如夫，妇从夫贵。如中原万里无山，英雄迭出，何故？其贵在水。故曰：有山取山断，无山取水断。夫石为山之骨，土为山之肉，水为山之血脉，草木为山之皮毛，皆血脉之贯通也。只用天干不用地支，水法皆然。乾坤艮巽大神，甲庚丙壬中神，乙辛丁癸小神，谓之内三神。寅申巳亥大神，子午卯酉中神，辰戌丑未小神。地支不问坐向，放水来去并凶。逢太岁冲动则见祸，依金木水火土定吉凶。或往来双行，干多支少半吉，支多干少大凶。干清流长，支浊流短。双行双去谓之驳杂，如法者，八干来四，维去为妙。若小神不入中神，中神不入大神，则不吉。有大神若八干，水不来只平稳，无福不发，谓之无禄马贵人，如水神不相克，纵为不大发，无祸。寅申巳亥乃亡神劫杀之地，子午卯酉乃桃花咸池之地，辰戌丑未乃墓库魁罡之地，水法皆忌之。甲乙艮兼丁丙巽，辛庚坤与癸壬乾。贵人三合连珠水，三合连珠烂了钱。辛入乾宫百万庄，癸归艮位发文章。乙向巽流清富贵，丁坤终是万斯箱。巽坐水流乾上去，金水相生富且贵。若流辛戌亥壬方，失火徒流几遭遇。乾山巽水山朝官，来水去水终一般。莫教巳辰来去见男孤女寡出贫寒。坤山艮水出富豪，为官分外更清高。切忌丑寅支上去，瘟癀虎咬几番遭。艮山坤水还主富，广置田地开质库。莫教申未两宫流，卖尽田园并绝户。甲乙艮格坤申龙，作甲向取乙水入。堂流艮千步为吉，艮木生乙火为奇。乙坤正马艮正禄，得丙水同归是艮正马，禄马同上御街，丁丙巽格亥龙，丙向丁水，入堂流巽千步吉。盖巽水生已木，已木生丙火，丙火克丁金，生入克出吉。辛甲二水流巽名，禄马步鸿门。辛巽正马甲巽，正禄辛庚，坤格艮巽龙，庚向取辛水入流，坤去大富，又乙水来入，坤去禄马上御街，壬癸乾格巽巳龙，壬向取甲癸，辛水入流乾千步吉。甲乾正马，辛乾正禄，乾金生甲水，癸土生乾金，乾金生辛水，合金马玉堂格，辛入乾宫格，巽巳龙辛，向辛水流乾千步吉。喜甲癸丁庚水佐之，癸归艮位格坤龙。癸向取壬水流艮，要丙乙两水佐之，乙向巽流格申龙，乙向甲水过堂流，巽长去吉。巽向乾借马上街，丁坤万箱，格寅艮龙，丁向取乙辛，丙水归坤去流千步吉。乙坤正马，丙坤正禄，禄马步鸿门，坤土生丁金，乙火生坤土，阴阳会合最吉。乾坤艮水不宜来，巽水可来亦可去，寅申巳亥，四生之水，宜来不宜去。生入克出吉，生出克入凶。要龙真穴的方验，此用洪范五行也。宗庙水法，专取净阴净阳，不识生克消息，所以祸福不明也。庚向癸水流巽贵，甲向丁水流乾贵，丙向辛水流艮富，壬向乙水流坤富，此四贪狼格也。巽庚癸兼乾甲丁，艮丙辛与坤壬乙，四贪狼格真奇异。丙向癸水流乾，甲向辛水流坤，庚向乙水流艮，壬向丁水流巽，此三奇过度格也。乾癸坤辛正是奇，艮乙巽丁过度时。若是相逢依逆顺，为官蚤折月中枝。已上不问阴阳，二宅左右前后，有沟渠、砖头、水墓、茔水、长河，水合格发福久远，不合此纵发易退。凡是甲水不可流辰，乙水不可流卯，丙水不可流未，丁水不可流巳，庚水不可流戌，辛水不可流申，壬水不可流亥，癸水不可流丑。犯此者，主贫寒。乾宫正马甲方求，借马原来丙上游。辛是乾宫之正禄，三方齐到福无休。巽辛正马甲正禄，艮丙马兮禄乙搜。坤是乙方为正马，丙为正禄更温柔。辛水流乾禄也，是乾于巽借马上街，盖辛乃巽马也。甲水流巽禄也，是巽于乾借马上街。乙水流艮禄也，是艮于坤借马上街。丙水流坤禄也，是坤于艮借马上街。盖甲乃乾马，乙乃坤马，丙乃艮马也。四大神水去要禄马水上街，正马不如借马快，六年后便发。凡人家放水，先取御街，次看禄马，先禄后马，先马后禄，合此主富贵久长。如乾水长流数百步，甲水来是乾正马，辛水来是乾正禄，又是借马禄马，同上御街。巽水长流百步，辛水来是正马，甲水来是正禄，禄马上街又得丁水来佐之，是巽于兑官借马，丁乃兑马也。又乙水来合，金马玉堂格。艮与坤之长去，仿此。巽艮六秀水大贵，乾坤只主大富。凡水流，小神长去，不流大神，中央隔断不发。若流大神，无八干来水，亦不发，谓无禄马也。一步四尺八寸，水漫三年行一步，水急一年行三步，不急不缓，一年一步，太岁冲动定吉凶。龙穴真验，乾坤艮巽，为水之宗，能纳八国水、八干水。禄马贵人之乡，多喜来折四维去，吉。如不折四维，凶。十二支放水，凶。杨筠松《青囊序》曰：生入克入为进神，生出克出是退神。退水宜流千百步，进水须教近户庭。进退得位出公卿，大旺人丁家业兴。甲庚丙壬水来朝，其家大富出官僚。水明消息少知音，尽去元空里内寻。截定生旺莫教流，库方来去定非祥。小神须要入中神，中神要入大神位。三折禄马上街去，一举登科名冠世。奇贵贪狼并禄马，三合连珠贵无价。小神流短大神长，富贵声名满天下。大神中神入小神，主灾乾坤艮巽号。御街来为黄泉，只宜长去。

骑龙斩关歌

三十六座骑龙穴，不是神仙不能别。水分八字两边流，且是穴前倾又跌。无龙无虎无明堂，水去迢迢数里长。真龙涌势难顿住，结穴定了气还去。就身作起案端严，四正八方俱会聚。前案不拘尖与圆，或横或直正无偏。但寻气脉归何处，看取天心十道全。外阳休问有和无，只看藩篱与夹辅。左右护龙并护水，回还交锁正龙居，或作龟肩与牛背，或作鹤嘴蜘蛛肚。凤凰衔印龙吐珠，天马昂头蛇过路。或在高峰半山上，或在平洋或溪畔。或然山绕千万重，或然水去千万丈。教君细认无怪奇，左右缠护不曾离。水虽前去三五里，之元屈曲合天机，更有异穴倒骑龙，前后妙在看形容。千变万化理归一，尽在高人心目中。要妙无过捉气脉，吉凶祸福分黑白。

凡骑龙穴法，只要包裹夹辅周密为主，但大发三十年，后即无应。骑龙之穴，有名穿尸煞者，如亥艮骑龙，余气变作乾壬丑寅而去者，则亥艮之气止，乃真骑龙也。若仍作亥艮而去，则其气不止，名穿尸煞也。吴天臣曰：骑龙以弱即可骑，雄粗则不可扦夺，总皆然。斩关不拘雄大，而官星亦有雄大者。

穴法赋

夫五行之气，行乎地中。堆阜有起伏，气亦随之。气凝而聚，则堆阜之气自异。或异于形势，或异于皮毛，或异于精神，或异于气质。外相既异而内相所蕴者，必异矣。非土石之所能异也，其气使之然也。若夫恶石壅肿，急水倾泻，土脉焦枯，飞峰斜垄，魔形鬼态，若此之气谓鬼劫气，必产妖孽，然又不可一概而论之也。必须详其真伪，定其虚实。形虽粗而有藏神之所，势虽恶而有受气之方。虽迫而气象雍容，虽急而意思和缓。其凝或俯或仰，或突或窟，或凸或凹，或钳或乳头，或垂珠，或正脑，自然若揽而有。其取穴之时，须要澄心静虑，使自家神气与之融会。所谓恍兮佛兮，其中有物；佛兮恍兮，其中有象。审覆裁度如是者，十回九度，然后了了。如云散雾收，见明月之当空，观青山之对户，确然不可移也。穴法一定，虽方寸之地不动，真所谓蚕口吐丝，蜂唇排彩，非明目妙观，未易得其要也。大抵捉穴之法，先认元武入路，气脉或浮或沉，或偏或正，或大或小，或高或低，或土或石，随其所受，有所泊之处，气道分明。就中详其明堂，坐下端正，或方或圆，或曲或直，或大或小，或深或浅，或长或短，随其所受，必以坦夷端正为上。看何边裹就，必于有力处凝结，其朝山，或远或近，或方或平，或尖或圆，或高或低，或连或峙，或成形象，或合星曜，尤为奇特，随其遇必以朝来趋揖为上，横过者次之。其落处坦夷，妙在托护尤切。乃证穴之坐向，宜加意焉。夫一边裹就者，流神环抱为上，其或自家成局，只将龙虎一边为案，尤为奇特。亦有朝山只在一边，不堪对的，不可拘其正对也。其法须要坐下局势，有力不在乎朝对之偏正也。更有奇形异穴，最难审察。或在高山之上，或在石壁之隈，虽是坐下悬泻，必有取穴之象。自见稳固，或在平洋，有丛石堆土以聚，其气或居江海之远，有异石奇峰，以照其局，但认来情，识破其藏神之处，依法裁之，皆能自福。其效尤速，不必拘其平地。穴法，先贤论之深矣。赋曰：天地一气，阴阳所根。赋万物以动植，禀五行而化成。气乃水以为母，物非土而不形。构阳精与阴魂，实同出而异名。况千形万态之难状，举一言半句而粗陈。苟得其机，管取多多益辨。如穷其趣，自然个个分明。盖闻龙之形势，在于山头；穴之元妙，不离坐下。端兮平兮，是固所宝；倾兮攲兮，有时可诧。旺龙势猛，穴前必有横栏；爻象钳开，坐下任交低泻。观其自来自做，独关独拦；但以一平受气，何须叠嶂重关。吐嘴高原，近取一边。有势飞丝落地，回看数里无山。不论流峙高下，但寻出处湾环。去水直兮，取逆流而横障。来势猛者，就弱处以偏安。亢雄横过，干将回后。有独峰之鬼，顺受逆流，关得住不愁。前应无官，抑尝有龟行龟住，肩有浮沉。月满月亏，影分偏正。犬眠牛眠者，当明脐乳之高低。星高月朗者，莫滞星峰之掩映。覆釜兮弦处堪安，悬钟兮声中可听。天财两头齐峙，托护高物居担。凹扳鞍前垄微高，朝应近穴居垂镫。若夫阳既凝而阴必结，龙不成兮穴难真。伏似兽而昂似人，俱要胸前有手。高为耳而低为眼，细详头上有真情。似手则曲池湾中可取，垂掌则中指倒处堪亲。点盐就动，中而寻讨，大指旁虎口以为荣。鬼若抬头，看在何边而证穴。托如得位。借外照以成形。三金之下有台星，穴随前后。七穴之中横土局，星在后随。尝闻论其局，取其关拦，喻以形，要其活动。鹤飞凤舞，看顶翼之藏露；牛眠龙蟠，辨尾稍之低耸。螃蟹之脐，近水动举时，力在两螯；蜘蛛之腹，吐丝环抱处，功居四拱。但见夫披廉斜下，平分摆处，瓜蒂垂囊，穴居乳头。元武微凸，则偏仄之文何取；虎口推开，则当胸之乳堪求。两爻石脉分明，垂凹有物；一平土气丰实，贴脊为优。蜉蝣露平地之踪，近取穴前环抱竖。掌掩上亭之穴，毗连脚下两重。台星足下带三星，个个有穴；天火顶门生两土，各各成龙。

试言夫斜抛旁闪，横石之下有真。扫荡飘流，曲折之中为据。势嵬峨者，取其平中；形偃仰者，穴其低处。一边独力，宜抱揖以斜趋；两股俱回，则兼收而并取。旁边不正者，气结垂珠；肥满不抱者，宜安侧乳。中心矗矗，竿头高而旗脚皆回；四顾团团，角弓满而箭头相住。岂不见单提之穴孤取，任左回而右缺；

夹襟之势宜低，忌水走而砂飞。对面之勾不长，与兜堂而何异；中心之势，平坦似毡席以何疑。虚一边者，功居四拱；用四正者，妙在毫厘。脉有浮沉，要识浅深之妙理；局分偏正，要明坐向之深机。叠叠峰峦坐下宽，须看前头急转。平平支垄水城归，乃观对照青奇。大抵回环而尽者，虚背而腰迎；趋流而去者，舍前而取后。护托得位者，不拘远近；返抽而拒者，何分左右。举罾下罾，物在坠中；撒网收网，游鱼动处。穴前垂泻，宜居后以深藏；坐下端方，莫滞前朝之秀巧。若夫高山之脉，尚谓难察；平地之踪，尤宜细详。或勾夹，或旋螺，地势只凭环抱；如蚰蜒，如龟肩，土色必异寻常。堆石从土者，必不孤而有应；绕流曲折者，迎其势而多情。

巧拙穴赋

龙有臧否首须知，穴无巧拙难整齐。好母偏生奇丑女，名郎不择俊骄妻。高人论德不论色，阀阅只问谁氏儿。天机好处从来秘，不教俗眼知奇异。寻得龙真没穴迁，地作茅丛容易弃。攲斜缺折不必问，但于局面低中寻。自是蒹葭成穗小，由来芍药结苞深。梧桐叶上生偏子，杨柳枝头出正心。杞梓槎牙难见实，要从变处识精金。芦花袅水东西点，未必条条著地寻。一点露华垂草尾，十分香味在花心。岸上楼台沉水影，山中木直堕田阴。龙头必向云中出，蛇颈难从山上擒。此义仙人不传授，高明通晓在中襟。若知始祖传家好，更有前砂识幸心。西岸月生东岸白，上方云起下方阴。若还只问好头面，假穴常常真乳见。开枝依旧有遮拦，过形只是无针线。说水谈山世俗多，用拙不能争奈何。误葬每因求正面，不迁浑是弃斜坡。岂识真元奇妙处，仙人多是下偏坡。好妇不须全俊美，福人何用大喽罗。只用源流来处好，起家须是好公婆。

二十四山五行各属水法
起长生诀

甲寅辰巽大江水，戌坎申辛水总同。

震艮巳山原属木，离壬丙乙火为宗。

兑丁乾亥金生处，丑癸坤庚未土中。

水土长生在申，木局长生在亥，火局长生在寅，金局长生在巳。

长生　沐浴　冠带　临官　帝旺　衰　病　死　墓　绝　胎养

养生贪狼位，冠带沐浴文。武曲临官旺，逢衰是巨门。廉贞多病死，大墓属破军。绝胎是禄存，七曜一齐分。

图生长起局土水

图生长起局火

图生长起局木

图生长起局金

杨筠松二十四山向诀

金　乾山冈，巽巳丙来长。庚酉旺方皆吉利，大江流入不寻常。流寅甲，出公郎，流破庚申定逃亡。辰巽若从当面去，其家长子切须防，抱养不风光。

金　亥山脑，贪狼巽巳好。申庚辛戌自南来，积玉堆金进横财。丁水去，锦衣归。马羊走入女怀胎。流破辛庚兼辰巽，三年两度哭声悲，家业化成灰。

火 壬山奇，寅甲贪狼是蛇马。湖来还更好，流归庚戌正相宜。家富足，出贤儿。巳丙去，长子受孤恓。但遇朝来为上相，流破寅甲定跷蹊，妻子两分离。

水 子山地，庚未及坤申。四位朝来多富贵，酉辛射入妇人淫。龙走入，定遭刑，流破生旺不须寻。文曲朝来动瘟火，如流丙巽出公卿，来去要分明。

土 癸山来，穴向未坤栽。更得申庚来拱入，须防辰巽反流回。丙官去，永无灾，酉辛水入定为乖。朝入风声并落水，三年二载哭哀哀，军贼损资财。

土 丑山高，未，坤水滔滔。万派朝来坐下水，亥壬拱入大坚牢。亡者安，紫线袍，丙巽水去出英豪。辰午逆行家退败，出入疾患主风痨，忤逆动枪刀。

水 艮山峰，龙虎兔来雄。乾位戌猪从左入，须寻卯乙觅仙踪。庚丁去，出三公，丙辛水破亦无凶。只怕丁官并酉位，这般来水若相冲，即便主贫穷。

水 寅山长，申庚水过堂。亥壬子癸横来吉，流归辛酉正相当。巳午丑，最无良，宜去不宜横箭射，朝来人口败其家，妇女守空房。

水 甲山庚壬，子及坤申。二水名为贪狼位，来朝入进昌荣家。宅好安宁，辛酉去，旺人丁，返过明堂人少死，安坟立宅主孤贫，灾祸起重重。

木 卯山强，金鸡最不良。朝官戌亥皆为吉，折归庚去出朝郎，税产不寻常。未坤水，实难当，穴前流入主瘟癀。不问人家并寺观，年年水厄动官方，家宅落空亡。

火 乙山辛，巳午两边迎。寅甲右边朝二水，迁合皆昌荣。此局流乾壬，赛过孟尝君。猴鼠两来君莫下，犬方来水定遭刑，室女被人凌。

水 辰山奇，鸡犬不相宜。但喜甲庚壬子癸，朝出最为奇。辛酉去，著绯衣，庚壬流破损头妻。若得龙真并穴正，千门万户足光辉。

水 巽山乾，坤坎要朝坟。此水入来为第一，庚辛申酉不堪闻，来水定遭瘟。申子去，命难存，人丁夭折绝家门。昔日颜回葬此地，至今世代尽传名，术者细推寻。

木 巳山亥，乾壬戌水来。寅卯引龙东折去，世家富贵永无灾。庚癸去，旺田财，不宜牛鼠逆行回。坤未寅甲皆不利，频频流去养尸骸，水泥浸棺材。

火 丙山壬，虎牛过堂流。戌去更兼马上起，峰峦位位旺田庄。彭祖寿，永不亡，内抱长吉昌。三五十年无破败，若还戌入定遭刑，缺陷配他乡。

火 午山子，沙水要相顾。艮丑寅甲向潺潺，决须流归乾壬路，世代家豪富。犬回顾，鼠赶虎，投军做贼败宗祖。请君仍向巽宫扦，儿孙拜相为宰辅，田地遍他府。

金 丁山头，庚酉要横流。但爱龙真并穴正，水流甲乙足堪求，田地万余丘。巽巳朝入旺田牛，丙宫富贵真歆羡，赛过小扬州。

土 未山龙，卯乙怕相逢。子水朝来真可下，坤申后入一般同，福禄永无穷。辰巽宫，此水量为凶。切忌回顾侵入坎，宜流甲乙主财丰，富胜石崇公。

土 坤山裁，亥壬子癸水。流来流归丙乙去，无灾安坟立宅足，钱财龙摆去。虎头回，家业尽成灰。连年灾祸起，不闻鼓乐只闻灾，室女定怀胎。

水 申山头，猪赶鼠牛走。三宫朝入水，女作官妃男作侯，富贵在他州。甲丙去，永无忧，宝马金鞍侍冕旒。不论三房并四户，人人起屋架高楼，钱旺主乡州。

土 庚山长，壬亥朝来皆大旺。但得三湾并五曲，一湾抱处得荣昌。龙安静兮虎伏藏，闺中室女淑贤良。最怕死兔并无虎，若还逆转退田庄，岁岁动瘟癀。

水 戌山辰，子癸及坤申。此水贪狼并武曲，两官扦穴旺人丁，金玉满堂新。东南去救，孤贫俗嫌。左右山砂无回顾，主人长寿亡者宁，谁识富豪坟。

金 酉山金，龙蛇大会总。朝迎四季流来添，进宝逆流艮土出，公卿世代任专城。庚辛立宅好安坟，四个禄存流尽处，儿孙跨马入朝门，个个尽超群。

水 辛山真，水宜未坤申。左右两边横在穴，宜流丙甲忌流辰，仔细认朝迎。旺方胜扦穴下未，庚龙赶马兔逆行，坤申流破定遭瘟，少死绝人丁。

收水诀

第一养生水到堂，贪狼星照显文章。长位儿孙多富贵，人丁昌炽性忠良。水曲大朝官职重，水小湾环福寿长。养生流破终须绝，少年妇女守空房。沐浴水来犯桃花，女人淫乱不由他。投河自缢随人走，血病官灾破败家。子午方来田业尽，卯酉流来好赌奢。若还流破生神位，堕产淫声带锁枷。

冠带水来人聪慧，也主风流好赌奢。七岁儿童能作赋，文章博士万人夸。水神流去诸房吉，髫发儿童死不差。更损深闺娇态女，此方定畜乃为佳。临官方位水趋坟，禄马朝元吉气新。少午早入青云路，贤相筹谋助圣君。最忌此方山水去，成材之子早归阴。家中少妇尝啼哭，财谷虚空彻骨贫。

帝旺来朝聚面前，一堂旺气发庄田。官高爵重威名显，金谷丰盈有剩钱。最怕休囚来激散，石崇富贵不多年。旺方流去根基薄，乏食贫寒怨上天。

衰方管局巨门星，学堂水到发聪明。少年及第文章富，长寿星高金谷盈。出入起居乘四马，宴游歌舞玉壶倾。旺极总宜来去吉，也须湾曲更留情。

墓库之方怕水临，破军流去反为祯。阵上扬名文武贵，池湖开蓄富春申。荡然直去家资薄，欠债终年不了人。水来充军千里外，三男二女绝凋零。

病死二方水莫来，天门地户不为乖。更有科名官爵重，水若斜飞起大灾。换妻毒药刀兵祸，软脚疯痰女堕胎。必主其家遭此害，瘦瘠痨蒸损形骸。

绝胎水到不生儿，孕死休囚绝后嗣。总使有生难收养，父子分情夫妇离。水大女人淫乱走，水小私情暗对期。此处只宜为水口，禄存流尽佩金鱼。贪巨武水宜朝来，注聚巨水宜倒右。武水宜倒左丙水，宜倒右乾水不拘。左右破水宜去倒，左禄水宜去倒右。

五星诀

金星圆如覆釜，遇火耸而为殃，
方出头而是美，剥换净兮高强。
木星直如顿笏，动则乃是恩星，
忌其圆而高起，惟取纯远为尊。
水星动是蛇游，其来长远堪求，
更取纯而不杂，龙中最上峦头。
火星尖而秀出，居于南面离宫，
喜直恶动本性，登山细认峦峰。
土星方而丰厚，形如覆盆相同，
忌木喜火为伴，登山须辨真宗。

青囊经传，首出天文，末言地理，造福人生。论盈虚之至理，配八卦于五行，以三合并诸纳甲。定二十四山之尊卑，观天星之善恶，明地理之不群，察理气之盛衰，知祸福之避迎。虽气钟山川之清浊，实乃主生民之存亡。

青囊秘旨，道契乾坤，天得之而清，地得之而宁，日月得之常明，国得之而泰平，人得之而掌造化之权衡。

论气正诀

形气篇

宇宙有大关会，炁运为主；山川有真情性，炁势为先。

地运有推移，而天炁从之；天运有转徙，而地气应之。

天炁动于上，而人方应之；人为动于下，而天气从之。

有聚讲行讲坐讲，则气聚于龙。有权星尊星雄星，则炁聚于势。有盖胎夹胎乘胎，则气聚于穴。有收襟收堂收关，则炁聚于局。阴胜逢阳则止，阳胜逢阴则住。雄龙须要雌龙御，雌龙须要雄龙簇。

大地无形看气概，小地无势看精神。

水成形山上止，山成形水中止。

认气于大，父母看尊星。认气于真，子息看主星。认气于方，交媾看胎伏星。认气于成，胎育看胎息星。认气于化，煞为权看解星。认气于逢，绝而生看恩星。

认龙之气以势，认穴之气以情。

龙备五行之全，故山之形体象龙。龙极变化之神，故山之变换象龙。龙之体纯乎阳，故山逢阳而化，遇阳而生。龙之性喜乎水，故山夹水为界，得水而住。龙之行御乎风，故山乘风则腾，藏风则歇。龙必得巢乃栖，故山以有关有局为聚，以无局无关为散。龙凡遇物则配，故山以有配有合而止，以无配无合而行。

辨龙生死，须分三阴三阳。辨穴生死，须识阳多阴少。

龙有变体，或时顿住勒住。穴有变格，或为坠宫纂宫。

星体有正有附，兼衬贴之当辨。穴情有显有晦，并气影之宜详。

盖帐不开龙不巢，轮晕不覆穴不住，束咽不细气不聚，泥丸不满气不充。

五星不离水土体，九星常要辅弼随。土星不作倚，五星皆有撞，水火不可盖，水土岂能粘。

坐宕坐旺坐煞，是为坐法。全胎保胎破胎，是为作法。

挨生傍炁，或为脱壳借胎，或为子投母腹。脱煞逢生，或为借母养子，或为以子救母。脱龙就局纳前朝，只为半伪半真；撩山劈硬处平基，只畏直来直受。

平洋之气，常舒常散，须要汤里浮酥。山陇之气，常急常敛，当看水面蟠蛇。没水之牛，气仰而吹，宜乘其气。出洞之龙，炁直而吐，宜乘其余。精华外露之气如华。宜葬其皮。精华内敛之气如果，宜葬其实。

龙穴有阴阳，砂水亦有阴阳；龙穴有生死，砂水亦有生死。

气有虚实，法当以实投虚，以虚乘实。气有先后，法当先到先收，后到后收。

傍城借主，须详审乎托落；就向拗龙，当消息于明堂。

有弦有棱则形真，若涌若凸则气到。认炁难于认脉，葬脉岂如葬气。

法葬之葬，法在形里；会意之葬，意在形表。

龙之贵贱以格辨，龙之支干以祖辨，龙之大小以干辨。故同龙论格，同格论祖，同祖论干。龙之去住以局辨，龙之正偏以堂辨，龙之真伪以座辨。故同龙论局，同局论堂，同堂论座。

凶星不无夹杂，只要有胎有化。吉曜总然雄耸，亦要有精有神。山谷变迁，山川变色，造物固自有时。控制山川，打动龙虎，作用各自有法。

理气篇

盖地无精气，以星光为精气；地无吉凶，以星气为吉凶。

用先天以统龙，若辨于四龙天星。用后天以布局，尤宜审乎三般卦例。

以龙定穴，须审入路阴阳；以水定向，须审归路阴阳。

入首入手，则龙与脉取由辨；分金分经，则来与坐取由分。

脉看左右，落则脉可辨真伪；炁审左右，加则炁可别淳漓。

龙脉有顺逆，乘炁自当有辨；五行有颠倒，作用各自有法。

炁有乘本脉而不容他杂者，气有借傍脉而可隔山取者，炁有合初分脉而不为遥远者，炁有串渡峡脉而不为邀截者。总之，龙气无尺寸之移，受气有腰耳之异；分金有转移之巧，炁线无毫发之差。

中炁当避乘气，故取三七放棺；旺气宜乘分金，亦取三七加向。

脉不直而气直，何畏直来直受；炁不斜而棺斜，乃为正贯正乘。

龙以脉为主，穴以向为尊，水以向而定，向以局而分。

来路看四生，坐下看四绝，局内看三合，向上看双金。

制煞莫如乘旺，脱煞正以扶生，从煞乃化为权，留煞正尔迎官。

客水客砂，尚可招邀取炁；真夫真妇，犹嫌半路相逢。阴用阳朝，阳用阴应，合之固眷属一家。山运收山，水运收水，分之亦互为生旺。

主有主炁，内宜秘乎五行；堂有堂气，外宜亲乎四势。

龙为地炁，当从骨脉实处窍其内而注之；水为天炁，当从向方虚处窍其外而引之。在天成象，在地成形，同乎一炁。故天象以太阳为尊，而地法以廉贞为祖，同以火星为万象之宗。象垂吉凶，形分祸福，同乎一域。

故星光以岁星为德，而地法以贪狼为贵，同以木星为万象之华。

先天以一阴一阳对配为主，故四龙天星，惟取相配，阴与阳合，阳与阴合。后天以分阴分阳致用为主，故八方坐向，可借为配，坐阳收阴，坐阴收阳。先后二天，先为体而后为用，贵通其体。阴阳二炁，阴非贵而阳非贱，在适其宜。

地以八方定位，正坤道之舆图，而以正子午为地盘，居内以应地之实。天以十二分野，正躔度之次舍，故以壬子丙午为天盘，居外以应天之虚。

锦囊篇

天星地形，上下相因。山不入相，形不入星。崎碎反摆，家业主凶。由本寻末，由干寻枝。山异枝，水异源，阴阳之理，存乎其间。阴阳交而天地泰，山水会而气脉和。雌雄相趁，牝牡相应。山不葬者，单雌单雄；水不用者，孤阴孤阳。山不离水，水不离山，子孙其昌，人鬼其安。不离之道，回曲关阑，山夹水行，水随山转。辰高如停，应天之星。十里之中，公侯所生。后气不随，前气不迎，二气不降，五逆囚兵。其住如禄，其行如马，其降如龙，其伏如虎。阴阳得位，而后成形。若也差殊，反招孤寡。万里之山，各起祖宗，而见父母，胎息孕育，然后成形。是以认形取穴，明其父之所生，母之所养。天门必开，山水其来，地户必闭，山水其回。天门水来处也，地户水去处也。开三之道不露风也，闭五之道以藏气也。反棺转尸，风之所吹；泥沃水积，气之所离。日月不照，龙神不依。山的者

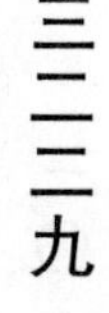

逆，水箭者绝。死魄不安，生人所害。正道之诀，道眼为上，法跟次之。揣摹臆度，灾祸必随。山脉十二，水脉随之。山狂则度，水狂则怒。欲识其子，先看其母；欲识其孙，先看其祖。兄弟二气，同归一路。此望山之要也。脉之不断，其连如线，大江大河，终不能界。故法有九变十二换，然后成龙。地势平夷，气脉所藏。穴居其中，不居其旁。中则福身，旁则祸家。隐隐隆隆，四方来同。突中有窟，高处低也；窟中有突，低处高也。状如仰掌，左宫左取，右宫右裁。至如山形曲屈，长短异属，方员大小，迎财就禄。迎财收迎，砂也。就禄对秀，案也。尺寸高低，随势变移。明堂正应，以次而知。福厚之地，人多富寿。秀颖之地，人多轻清。湿下之地，人多重浊。高亢之地，人多狂躁。散乱之地，人多游荡。尖恶之地，人多杀伤。顽浊之地，人多执拗。平夷之地，人多忠信。后山欲福，前山欲禄；左山欲曲，右山欲肉。坐穴如屋，明堂如局。三阳不促，六建俱足。三阳，明堂为内阳，案山为中阳，案外朝山外阳也。六建，水抱左为天建，抱右为地建，前为人建，禄建，马建，命建，照于前是也。故天乙太乙者，富贵之本原。天禄天马者，富贵之任用。文宫武库者，富贵之应验。左辅右弼者，富贵之维持。男仓女库者，富贵之设施。寻地之要，贵全不亏。若山厚则力胜，山长则力久，势远则难败，势近则易成，自然之应也。至于倾攲、斜仄，孤单、蓄缩、背戾，惊狂，反逆、尖射，如此之类，俱不成地。一不相粗顽丑石，二不相急水争流，三不相穷源绝境，四不相单独龙头，五不相神前佛后，六不相墓宅休囚，七不相山冈撩乱，八不相风水悲愁，九不相坐下低软，十不相龙虎尖头。

《道法双谈摘句》

胚胎

语曰：要为天下奇男子，须读人间未有书。甚哉！见之不可不广也。近世阴阳家，或泥一家言，或执一家局。见天星者，神影响以为幽。见峦头者，执形貌以为正。较砂水者，取凭于象应。耽柔脆者，戒险于巉顽。此见一成，胚胎已坏。虽十杨百廖，日与之处，不可与易。往往高明，在此错过，良可痛惜。

学步

地理之学，始与认星，中于炼格，终于达势。一峰两峰，可以论星。五星九曜，双兴叠出，可以论格。升沉吞吐，阖辟去来，可以论势。故曰：占山之法，以势为难，而形次之。形者，五星九曜之谓也。金木水火土无纤毫夹杂者，此谓正体。若五行化气，二炁含形，或相生而为天财金水，或相克而为天罡孤曜，此则九星九体之变也。以此五九因而重之，或火木三五而为华盖三台，或金水八九而为芙蓉帘幕，品格从此出矣。至于势则出没于金水之间，隐显于火木之界。五星混合，九曜交并。头是脚非，肩全背缺。神龙文凤舞，象旋蛇虎踞，牛奔奇奇怪怪。风云变态，神幻化于顷刻之中。符印连行，转祸福于呼吸之际。若此者，可以形相，不可以星名；可以意会，不可以格泥。此势之所以为天下奇观也。

一认星

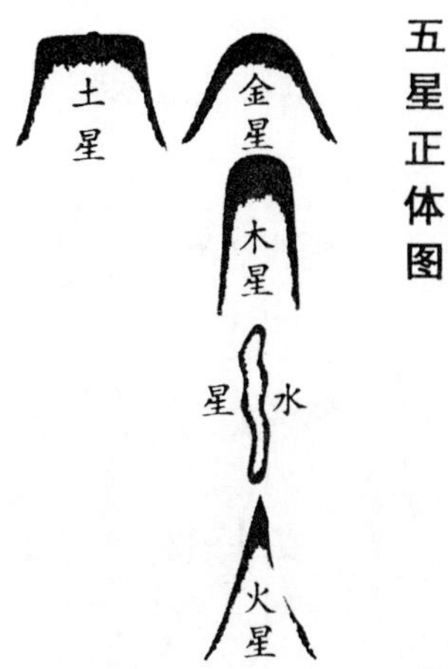

五星正体图

图说

此五星正体也，形神冲泰，体格均停，得精气之至粹者也。

五星者，金木水火土也。

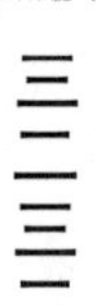

九星变体图

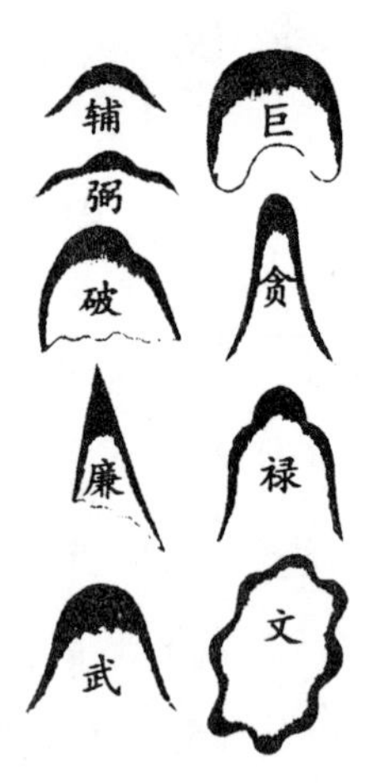

图说

此九星之变体也。九星者，贪、巨、禄、文、廉、武、破、辅、弼是也。天下之物，非生不成，非克不胜。不制则太过，不化则不新。人知有生之功为妙，不知化生之功为尤妙。有生有克，有制有化，而后可以神。造化之用，贪狼木脚，带水太阳，金身夹土，皆不离母气，是谓有根。金水金肩，吐水天财，土角流金，皆微露息机，是谓有化。太阴角锐，带火似若相伤，然金盛火微不以为克，金得火而器成，反为有用。惟扫荡不金，去而莫止，燥火不水，亢而莫制，此则出身既不裁根，禀恶不逢化气，凶曜之不足取者也。若孤曜金木为刑，天罡火金相战，虽金资火炼，木赖金裁，然身轻煞重，克制太过矣。

二炼格

九天飞白　蜈蚣节

芦花三象　王字格

图说

格亦不出星外，但星常而格异，山形融结，因物肖形以尽其妙耳。好格非一星所能为。木乘水荡，方成鸾凤之姿。金得火熔，乃作鼎彝之器。今之学者，星关尚跳不过，何敢望此。故认星易，认格难。论品格者，当论其祖。福气厚薄，力量大小，不在成格之后，即在起祖之时。其状有若垂天之云者，有若风雨骤至者，有若波涛汹涌者，有若万马行空者，有若列戟而出者，有若陈兵而止者，有若大剑长枪者，有若横攒武库者。屹然巉然，气象万千，或煞炁凌人，令人肃然而恐。或清气逼人，令人悠然而忘。此所谓得百格不若得一祖之为胜也。

有同祖异格者，有同格异祖者。然同格以祖为主，同祖以格为重，不可执同祖边见有失重轻。

三达势

势亦不出星格之外，只是行度中间，有高低大小远近之不同，飞腾摆折潜见之不一耳。破禄不得，三吉不成正龙，三吉不得破禄，不成大势。星格无势为之，运旋则为死魄。势无星格为之，附丽则为虚车。二者相为存亡。达势者，不但可以识龙，而亦可以得穴。

曾文遄曰：观来龙缓急之情，定入穴剪裁之术，如常山之蛇，击首尾应，击尾首应，真是一了百当。古人占山，以势为难，其谈虎色变者哉！

适千里者，赍粮自厚。巢一枝者，托迹自轻。故观其出而大小可知，观其变而远近可得。龙有常变，局正有奇。局大者，势堪飞舞，行看吐气扬眉。局小者，势难转武，早见息阴避彭。车驰马骤，定属分争，拜伏贡陈，蚤知混一。

贵　干

星以成格为尊，格以屏帐为重。屏帐非大势不成，大势非干龙莫有。故论格当论祖，又当论干之美者。如涨天之水，凑天之土，献天之金，冲天之木。他如华盖三台，尊极帝座，霞帔云锦，鹤驾鸾舆，其势多是侵云插汉，倚日依霞，惟干龙手

段绵氏，故能备诸美态。次则小干大枝，亦或有之。

神　气

神气云者，合内外主客而为言也。以形而观，则短不逾长，美不掩恶，所见每拘于形之内。以神气观，则似短而实长，似弱而实强，所见每超于形之外。大抵全倚罗城，有力为主。其力量大小，有不在一星一脉论也。所谓合众观以成其大，假外相以存其神也。其中星体又贵短而有格，乃能收摄外气，控驭群英以为我用。不然既短且弱，其形已坏，形既不豪，神将焉附？所谓不得个中真种子，犹将水火煮空铛，亦何济哉！

气　象

力量大小不同，而气象亦异。有一人之气象，有一家之气象，有一邑之气象，有一郡之气象，有一国之气象。大龙巨干，万仞千峰，倘然而来，幽然而止。其顿也，若降众山而臣之。其伏也，若怀万宝而藏。掀天揭地，襟江带海。幽奇远秀，依稀天汉之间。水口关拦，仿佛杳冥之际。水不可以阴阳论纯疵，砂不可以正侧辨好丑，穴不可以饶减观作用。见之而不敢言，有之而不敢取，此一国之气象也。人能于此料理，则临之至大而不惊，投之至小而不疑，方是屠龙手段。

嵯峨兀突，雨集云施，是威武气象。千官凛立，万卒森罗，是庙廊气象。笙歌影里，灯火光中，是富贵气象。出身壁立清峭，如烟云断续，星月流形，雁影排空，蜻蜓点水，是清高气象。若一灯兀坐，半户无扃，陋巷规模，夫何足道哉！

昔伏羲地在昆仑山顶，文王地在岐山上，其气上腾，四面围拱，正所谓“利见大人”之象也。

万山之巅，忽然开荡，众山磊落，水聚砂环，自成门户。下面视之，只见层崖叠壑，不可扳跻，及到其中，如履平地。此地未经开辟，或为茂林、深草掩蔽，或为神灵、仙佛所居。欲其规世，须是天开造化。雷霆惊折，风火变更，始得此天地之珍秘，鬼神之呵护。留待至人，不可轻泄。故曰：第一天清最异穴，不作尘寰泥水结。开门立户在云端，灵光直与星辰接。此龙为福不寻常，区区富贵何足说，状元宰相及神童，还许蓬莱贤圣列。

此龙多是石山起祖，火木行宫，顿跌数十里，挺然直上，前面既不开堂，两边又无抽作。法当收后龙之贵，以采精英，去前砂之毒，以为官曜。于过脉停息之中，驾驭为穴。水虽流出，不回到前，依旧归囊入橐，妙处全在收四方之奇，揽八方之胜，乘危据险，居重驭轻。此地力量，非常人能遇。第一骑龙最高穴，形势奔腾水倾跌。势如猛将跨青骢，又如将军踏弩节。此龙气象最堪夸，别自神仙一作家。独立楼台高绝处，闲看红粉与烟花。水流直去数十里，左纽右纽皆库地。不是朝贫暮富人，有钱只裹腰包里。

穴 信

金以砂蒙，玉以璞固，地之美者，必多重以变异之形。穴之变者有二，曰奇怪，曰隐拙。奇怪者有余，隐拙者不足。有余者，虽不离窝钳乳突，然入首多出入常态之外，如骈胁之胸，独骨之臂，无窦之齿，虽怪而实奇也。不足者，亦有窝钳乳突，但入首成形，或此全而彼缺，左有而右无，如半开之英，方成之孕，形虽未完，气无不足，故拙而隐也。造物之力有限，其秘藏若有所私。圆机之士不世出，而目力有所未周。故穴之常者，十存其一；穴之变者，十存其九也。

认 脉

辨捉穴者，不辨其穴，只辨其脉。故奇怪隐拙之不可信，而脉为可信。论不止入首一节，凡出身降势抽动处皆是其象。如啄木之飞空，如生蛇之渡水，如梭中之抽丝，如蛛丝之坠缕。故陶公有言曰：“但认蜂腰鹤膝，一任模糊不清。”故曰：有怪穴，无怪脉。此杨公以来授受之真传也。

结 穴

穴有内证外证，点穴须从此处讨真消息。有外证有余内证不足，有内证有余外证不足者，彼此出没，不能两全。化工如画工，丹青妙手，须是几处浓，几处淡，彼此掩映，方成佳景。山川融结，岂能处处尽著。精神真意，流注一点足矣。穴不

虚立，必有所倚，而后立脉。可以断穴之有无，不可以定穴之住止。官鬼朝乐，穴之四灵。四灵隐现，穴情乃见。穴之隐应，如影随身。龙从龙，虎从虎。四面雷同，浑然中处。左右高低，与时消息。其于穴也，思过半矣。

辨　穴

看脉固是捷径，又要变通。看化出脉处，有炁无炁，以定生死。若是生脉，自然周遮。若是死脉，必定透漏。山无脉不行，何山无脉？只是生死二字。牧堂曰："四水交则有脉，八风动则无气。"有脉无气，脉从气散，有气无脉，脉从气生。烛非不明，临风则灭。卵非不雄，无暖不生。此可以通脉气、生死之说矣。要之，取穴之法，亦不外是。《立锥赋》云："无脉穴居贴脊。"夫横龙，无脉未尝无气；贴脊深处，气来而脉亦来此。盖得脉从气生之意者也。

穴　土

破土之诀有三：有浮土，有实土，有穴土。实土在浮土之下，穴土在实土之下。如珠在渊，如玉在石，造化孕精，自然融结。体段虽不离乎实土而实不同，何也？实土虽有其色而其文不现，虽有其文而其象不应，形色相符，表里相称，此穴土之所以为妙。《经》云"雌雄内结"者是也。开穴直须打到是处，又不可打尽是处。不得其土，不足以尽蕴藉之灵；尽其土而无余，亦足以损胞胎之气。其间浅深须参酌。外水以为伸缩，不可任意穿凿，有失轻重。打破炉底，其中体段有若太极图者；有土去一层又一层，如螺靥然者；有方若钱眼，中去实土而棺匣现成者；有棱角峭厉，如八卦方胜文者；有石里土外，卵壳包卵黄者；如石在土中，去其石而穴现者；有石皮蒙蔽真穴者；有石脉如干直入者；神煞相随，须穿田渡水，穴在泥水中者。至于玉石龟鱼，青空石髓，变异百出，莫非穴土之灵，应不足为怪。

化　气

金须火液，雪待日熔，化气之妙，术家所谓改神功，夺天命也。龙有龙之化气，穴有穴之化气。龙无化气无论矣，穴无化气，术家有作用之法以化之。如顽土无金，本不可下，若龙局俱真，又不可舍。葬法凭四应，所到从孕穴处打开，墓头大作圆堆，为土腹藏金之象。兜堂为偃月形，中涵水窝，为金来生水之象。土之顽者，受气已饱，而中藏其毒，广茔而深取，则炁行而毒化。土者金之母，土盛则必生金。生金者，情所必至也，故为金堆。金必生水，故为水窝。金堆者，从土气也。浮金无根，水安从出？复偃月以聚之，使金水相映以助浮扬之气，此作用元奥也。是故气顽者，因情以化其气。神寂者，因位以化其神。术至于化神，地理无余蕴矣。而万有皆生于无，万形惧属于幻。凡物不可作实看，若牵泥执著，又是呆子面前说梦。

情　性

据星点穴是矣。有离星出脉者，何以知之？据脉点穴是矣。有离脉出气者，何以知之？若此者，非常法所能拟议，须于无中看有，去处求留，散中求聚，游神于牝牡骊黄之外，是为得之，术家所以有道眼法眼之说也。又曰：水底必须道眼，石中贵得明师。岂其真有一道神光下烛九垓，若是之异于人哉！盖其仰视后龙之势，俯察入首之情，旁观从佐，遍览朝迎，知其势之所趋，情之所至，不于此而必于彼也。此古人神解之妙，有独行独见，不可以示人者。今人见其所见，不见其所不见，遂目古人所为，如神如鬼而莫之及，亦可一笑矣。

圆　通

夏虫不可语冰，曲士不可以与道者，以其拘也。这个地理，须如水上葫芦，转碌碌地方，可窥其涯际。彼狐兔不乳马，燕雀不生凤，此种类之常。而老枫化人，思妇化石，人化为虎，雀化为蛤，又何常？由种类而成。至龙以角听，蝉以翼鸣，鹳以视孕，鱼以沫传思，女不夫而孕，金藤不根而生，以至沈芦浮石、火布泣珠，如此变化，莫可端倪。故术家要通方不执则为通术，执则为方术。吾尝谓“董不如廖，廖不如杨”者，此也。

待　缘

天地人鼎立而为三。天有这些能，地有这此能，人亦这些能。三者力量，皆足

以相当，未有天之所至而地或违之者，亦未有人之所为而天不从之者。可见地理之法，亦寰宇中匡扶大化，羽翼厄运所不可少。惜乎！机缘不偶，胜会难逢也。

品 级

圣贤之地，多土少石。仙佛之地，多石少土。圣贤之地，清奇秀雅。仙佛之地，清奇古怪。清秀者，不去土以为奇，不任石以为峭。祥如鸾凤，美若圭璋。重如鼎彝，古若图书。翰墨流香，富难敌国。清光太露，贵不当朝。道履端庄，名垂千古。慧多福少，庙食万年。清奇者，如寒梅瘦影，骨格仅在。野鹤羸形，神光独见。横如步剑，曲若之元。尖如万火烧丹，直如九天飞锡。岩空欲堕，峰缺疑倾。一尘不染，惟存江月之思。万劫皆空，不作风尘之客。清如带福，绮罗丛里播元风。应若逢空，清净门中持佛戒。龟蛇不出，终滞幽关。灵鹤不来，应难羽化。此造化启然之应也。

余 谭

看格最能长识。凡先圣扦立旧坟，不可不多览。作者固难，知者亦不易，须细心体认。当时龙何以取穴，何以裁水，何以收我。若遇此等龙穴，亦如此作用否，或前人迁立未工，我能摘疵取善，尤为精进。不能矮子观场，随人悲喜，亦无所得。

炁从虚则缓砌椁，悬棺四面皆虚，取其气不就其脉，则粗厉之气亦变为中和，此术家无边法力也。自悬棺之法不复，则震撼之势皆弃。术者须是自家精神，与天地相通。然后可叱咤鬼神，转旋造化。一有邪淫，天地鬼神不为我用。

地理之学，如出重关，一步紧一步。寻龙是有无关，点穴是得失关，作用是生死关。一关不透，终落空亡。点窝钳乳突易，点尖直平阔难，尖直易于犯煞，平阔易于失气。五行变化，只是这些生机。穴中点用，亦只是这些生意。所谓金寻泡，木寻芽，水详曲路，土取角襟之类，皆以生意为言。若顽金无水，重土无金，强木无火，此等皆无生意。然术家又有接命之法，法用开金取水，插术生芽。顽金虽无水，然金为水母，其中已涵水气。枯木无火，然钻之而能然者，气先具也。知此无不可取之气，无不可化之煞。不明图书，不知象数，不识躔度，不谙推步，不知命何以起运，不知卦何以推爻。谚曰："为人莫学半阴阳。"警戒之意深矣。

点　穴

点穴无他法，只是取得气出，收得气来，便是妙手。若悟得时，横裁直剪，直裁横剪，自是明眼。若仿效比拟，依样画葫芦，何时是了。

龙气轩昂，其势难降，多成奇怪。龙势悠长，其势敛藏，多成隐拙。惟正龙有此，若小枝力量轻微，奇怪恐为附赘悬疣，隐拙恐为形衰气弱，不可不审。

水法不一，大略分上中下三局。收裁合四大垣局。六秀卦气者，上局也。六秀中得一秀，阴阳和合生旺顺序者，中局也。若无卦气可收，又无吉秀可择，只取阴阳，不杂一山一水，亦作家计者，下局也。三局各因形势大小而取，如势微力弱，纵六秀呈祥，三奇竞巧，而体之不立，用将安施，加减乘除，随机而动，是为水法。水法本于河洛，河洛为千古理气之源，万化从此而出，万化从此而立，不可不潜心理会。历观诸经，可谓漏泄太过。自是学者不得入头处，如蚊子咬饿牛，非经之罪也。

山川之形，不外方圆曲直。山川之势，不外远近高低。山川之体，不外水泉土石。山川之变，不外阖辟往来。山川之情，不外生克制化。探其赜，虽万变莫穷，握其机，殆一笑可破。古人千言万语，皆为未悟者设法。若从头脑上见得，即所称方便，法亦属赘辞。卜子言卦例之非，亦是为偏执罗经者立论耳。今之论地者，不顾龙穴之有无，辄以罗经排格某龙向某穴，必定某向，某向要合某水，合则是，否则非，如此则三尺童子亦可按图为之。不知造化无全功，譬如吾人之生，五星偏枯，古人用之以改神功夺天命者在此；今人用之以至覆绝败亡者亦在此，不可不辨。

术之所得者浅，精之所入者深。凡学到至处，皆不可杂以俗务。学者必须谢去尘劳，奇迹名山，凭凌风景，笑傲烟霞。静观身世之浮沉，默察阴阳之变化。如此则法从道转，神逐机流，微妙元通，不可思议。区区形迹，夫复何言。

日月飞流，星辰错落，雷霆震惊，而人不以为怪者，习于见也。奇形异格，平素不曾经历，一旦见之，鲜不疑惧。龙有龙格，穴有穴格。龙格者，如金牛转车，飞燕带游丝之类。穴格者，如天清穴骑龙斩关，仰高凭高之类。他如天完地缩，天脆天潜种种等格，皆不可不觅，以资见闻。而世不知星焉知格，不知格焉知龙，不知龙焉知穴。造诣之后，先眼力之浅深，实取验于此。学者先从龙穴以探其机，后从诸家以核其博，斯可谓天下之全术矣。

昔有僧，看《西厢》，官人见而呵之曰："你若晓得一部《西厢》重在那一句，我便饶你。"僧对曰："只重在'临去秋波那一转'一句。"此言深中肯綮。地理千言万语，门例虽多，有情无情，亦难辨认。有身在千里，思忆不忘而有情者；有连袂同床，面合心离而无情者。山川性情，大率相似。人能透得此关，方不被他瞒过。

附道法双谭叙

祖道之说者，往往是主宰而以法为幻。其弊卒成理障，而摇于祸福成败之数。祖法之说者，往往神作用而以道为迂，其弊至欲以人力夺天工而适戕山川之真性情。其偏而用之者过也，由斯以谈，地理之难有六：不可无资，不可无目，不可无师，不可无考验，不可不圆通，不可不合法。谙此数者，而后论大成。否则纵有所得，终臆说也。

第五章 堪舆汇考五

《青乌先生葬经》

序

先生汉时人，精地理阴阳之术，而史失其名。晋郭氏《葬书》引“经曰”为证者，即此是也。先生之言简而严，约而当，诚后世阴阳之祖书也。郭氏引经，不全在此书。其文字面不全，岂经年代久远脱落遗佚与？亦未可得而知也。

经

盘古浑沦，气萌大朴。分阴分阳，为清为浊。生老病死，谁实主之。

气结昆仑，形像质朴。既分南北，则南龙阳而清，北龙阴而浊。有始必有终，有行必有止，始而复终，止而又行，实昆仑主之也。

无其始也，无其议焉。不能无也，吉凶形焉。曷如其无，何恶于有？藏于杳冥，实关休咎。以言谕之，似若非是。其于末也，若无外此。其若可忽，何假于予？辞之庞矣，理无越斯。

若言气不于所主之山而来，则此穴或成或否，亦不可得而议也。气必有所来而不能无此穴，吉凶之所形亦彼之贯也。方言其有，曷如入穴之止，求其有中之无也。有无藏在杳冥，微茫不可见，实关得穴与不得穴之休咎。若可以明言谕人，则又恐泄前定之机，而似若非是。于其终也，考验愚俗。不可与言，一无外此。若可以言，忽其世人则天之以此知惠我者，必将以觉后人。既不觉后人，何假于予哉！欲再言其所以重言，此术之不可轻泄也。

山川融结，峙流不绝。双眸若无，为乌乎其别。

出峙有天心。至于山川，流自交合；至于水口，皆融成穴。双眸附近之眉毛眼睫，为上面之印证。所以别其真穴也。

福厚之地，雍容不迫。四合周顾，辨其主客。

明堂宽大，气势不局促，四山皆合，如宾主揖逊，尊卑定序也。

山欲其凝，水欲其澄。山来水回，逼贵丰财，山止水流，虏王囚侯。

旧注：山本乎静欲其动，水本乎动欲其静。逼贵者，贵来速也。丰财者，财积之厚也。此山来水回之效也。势位之隆，无如王者，而为之所虏。爵位之高，无如公侯，而为之所囚。此山止水流之应也。

山顿水曲，子孙千亿。山走水直，从人寄食。水过东西，财宝无穷。三横四直，官职弥崇。九曲委蛇，准拟沙堤。重重交锁，极品官资。

旧注：从人寄食，言为人之佣奴也。沙堤者，言宰相出必筑沙为堤，冀无崎岖以碍车轮也。后人因之，以沙堤为宰相故事耳。

气乘风散，脉遇水止，藏隐蜿蜒，富贵之地。

知其所散，故官不出。就其所止，裁穴有定。回山藏隐，如蜿蜒然，乃富贵之地。璞引《经》云：界水则止其一也。

不畜之穴，是谓腐骨。不及之穴，主人绝灭。腾漏之穴，翻棺败椁。背囚之穴，寒泉滴沥。其为可畏，可不慎乎！

旧注：不畜者，言山之无包藏也。不及者，言山之无朝对也。腾漏者言其空缺，背囚言其幽阴。此等之穴，俱不可葬也。

百年幻化，离形归真。精神入门，骨骸反根。吉气感应，鬼神及人。

人死形脱离而化为土，真气归本，精神聚于坟墓中，受生气，荫枯骨则吉。人祥之气与穴气相感应，积祯祥以及子孙也。郭氏引《经》曰：鬼神及人，宗其类耳。

东山起焰，西山起云。穴吉而温，富贵绵延。其或反是，子孙孤贫。

阴阳配合，水火交构，二气郁蒸而成穴，故吉而温，子孙富贵长久也。不能如是，不可谓穴。

童断与石，过独逼侧。能生新凶，能消已福。

旧注：不生草木曰童，崩陷坑堑曰断。童山无衣，断山无气，石则土不滋，过则势不住，独山则无雌雄，逼山则无明堂，侧山则斜攲而不正。犯此七者，能生新凶，能消已受之福。郭氏引经，证而特言五者，亦是节文之义也。“逼侧”在五不葬之中。

贵气相资，本源不脱。前后区卫，有主有客。

旧注：本源不脱者，以气相连相接也。有主有客，以区穴之前后有卫护也。

水流不行，外狭内阔。大地平洋，杳茫莫测。沼沚池湖，真龙憩息。情当内求，慎勿外觅。形势弯趋，生享用福。

旧注：凡平洋大地，无左右龙虎者，但遇池湖，便可迁穴。情当内求者，以池湖为明堂，则水行不流而生享福也。

势止形昂，前涧后冈。位至侯王，形止势缩。前案回曲，金谷碧玉。

势止形昂，是龙来结穴，三五融结，将来所以为大也。前涧后冈，则止也。又曰：形昂，言气之盛也。形止势缩，是龙不来正结。特因形止，而就便包裹结倒，所以为次焉。又曰：言气象之局促也。前案回曲，宾主浅深，不过金谷之富而已。

山随水著，迢迢来路。挹而注之，穴须回顾。

山因水激而成穴，是来路之长回头，顾朝水而作穴也。

天光下临，百川同归。真龙所泊，孰辨元微。

天心平正，真龙真穴。万水同归，一源交合。此其所以有元微。

虾蟆老蚌，市井人烟。隐隐隆隆，孰探其源。

堆堆块块，如虾蟆老蚌，而市井平原之气脉，似有而无，显而隐，隐而显，此其为本原也。

若乃断而复续，去而复留。奇形异相，千金难求。折藕贯丝，真机莫落。临穴坦然，形难扪度。障空补缺，天造地设。留与至人，前贤难说。

旧注：谓富地利害轻重，人得而识之；贵地所系大造化，不令人识。唯众人所不喜，则为大贵之地。使人俱识之，则家家稷契，人人夔皋，无是理也。奇形异状，所以千金难求，留与至人先贤，所难说也。断续去留，折藕贯丝，是探本源。奇形异相，真机难摸，且看元微要口。障空补缺，是真穴到处，或有空缺。又外生一峰，以障蔽之，乃天地安排，至人先贤，所以难说也。

草木郁茂，吉气相随。内外表里，或然或为。

生气充备，亦一验也。或本来空缺通风，今有草木郁茂，遮其不足，不觉空缺，故生气自然，草木充塞，又自人为。

三冈全气，八方会势。前遮后拥，诸祥毕至。

旧注：气全则龙势不脱，势会则山水有情，前遮则有客情，后拥则有主情，所以诸福毕至也。

地贵平夷，土贵有支。穴取安止，水取迢递。

旧注：安止则穴无险巇，迢递则水有源流。

向定阴阳，切莫乖戾。差之毫厘，谬以千里。

旧注：阴阳多以左右取穴：左则为阳穴，右则为阴穴。

择术之善，建都立县。一或非宜，立主贫贱。

旧注：葬得其地利则吉，失其地利则贫贱随之。

公侯之地，龙马腾起。面对玉圭，小而首锐。更过本方，不学而至。

本方或正面或左右而匀停，或本皆有用之方。又曰：如马山要在南方。

宰相之地，绣襏伊迩。大水洋朝，无极之贵。空阔平夷，生气秀丽。

绣襏言前山员峰端正，又有大江洋朝，则贵无极也。

外台之地，捍门高峙。屯军排迎，周回数里。笔大横椽，足判生死。

旧注：捍门旗山，取其耸拔。屯军踏节，排衙迎送，贵其周遮。右畔有横山，列在低处，则为判生死笔。须是穴正，昂然独尊，不然则为暗刀山也。故曰难拟。

官贵之地，文章插耳。鱼袋双连，庚金之位。南火东木，北水鄙技。

两员峰相连，一大一小，谓之鱼袋。庚金取其员活，出贵也。若尖尾象火，主医巫。长瘦象木，轻薄象水，出淫荡杂技也。

地有佳气，随土所生。山有吉气，因方而止。

气之聚者，以土沃而佳。山之美者，以气止而吉。自王公而官贵，虽以前山取象，必有气之佳吉。如此，方可指山而言也。

文士之地，笔尖而细。诸水不随，虚驰名誉。

此笔不及外台，判生死之笔也。侍卫不随人爵，位之卑也。故气之佳吉不如前，虚驰名誉而已。

大富之地，圆峰金柜。贝宝沓来，如川之至。小秀清贵，圆重富厚。

旧注：如川之至，言庆之速也。

贫贱之地，乱如散钱。达人大观，如示诸指。

脉理散乱，无的定之穴。注云：山沙散乱，朝对不明。

幽阴之宫，神灵所主。

旧注：吉地有神主之，不轻与人。

葬不斩草，名曰盗葬。

斩草开地之日，以酒奠地神，然后以草斩三断，不然则为盗葬矣。

葬及祖坟，殃及子孙。

言不可于祖坟畔侵葬，福未及，祸先至矣。

一坟荣盛，十坟孤贫。

旧注：点穴如灼艾焉，一穴既真，诸穴虚闲。

穴吉葬凶，与弃尸同，阴阳合符，天地交通。

郭氏《葬经》引此以证，甚明。

内气萌生，外气成形。内外相乘，风水自成。察以眼界，会以情性。若能悟此，天下横行。

“内气萌生”，言穴暖而生万物也。“外气成形”，言山川融结而成形象也。生气萌于内，形象成于外，实相乘也。“察以眼界”，形之于外，今皆可见之。至于“会以情性”，非上智不能言也。眼界之所聚，情性之所止，势所大小，无穴不然。苟能通之，蛮貊之邦行矣。

《管氏地理指蒙》一

管氏本序

或问：立天之道曰阴与阳，立地之道曰柔与刚，立人之道曰仁与义。天地，阴阳之体。天者，刚之体，刚者，天之用；地者，柔之体，柔者，地之用。仁义者，天地之性。何三才之位分，而三才之道不同也？应之曰：其位分，其道一。分者分

其势，一者一其元。圣人教人，由近达远，固当以人事为先。沿流探源，则人事辽于天地，故通天地人曰儒。谓其不然，则伏羲何以画八卦，黄帝何以造甲子？何谓尧考中星而正四时？何谓舜察璿玑以齐七政？何大禹继舜以执中而历数在躬？何有扈怠弃三正而启恭行天罚？何羲和俶扰天纪而仲康命徂征？何成汤克享天心而受天明命？文王何以重卦而为六十四？武王何以访箕子而作洪范？何周公作爻辞、孔子作十翼？噫！煌煌乎，具载六籍，通济三才。亘古一理，靡或偏戾。虑天下后世，流于福祸，以役人事。是以谆谆乎三纲五常，而不敢屑屑乎五行三正。使人安之而无妄言，固圣人之本心也。虽然有所本，必有所流，彼蒙陋腐儒，不明圣人之本心。至使阴阳刚柔之道，茫然而不省；消长盈虚之数，懵然而不知。以谓五事无钟于五音，六律无感于六情。五福六极，不由于定数。猖狂冒昧，无所忌惮。反以左氏纪灾异为诬，太史公志天文为嗤。纵横十五之数，散于方技。送死之大事，听于駔奴。而祸福之说益肆。理义乖舛，不可稽考。茫茫荡荡，始流于无涯矣。故扬子云设"或人浑天"之问，而应之曰："洛下闳营之，鲜于妄人度之，耿中丞（寿昌）象之，几乎？"谈天者，莫之能违也。而吾圣人之训，已不录矣。问者觉而进曰：人由五土而生，气之用也。气息而死，必归藏于五土，返本还元之道也。贽于五祀，格于五配。五配命之，五祀司之，此子孙祸福之所由也。愿著所闻，以堤其流。庶统三才于一元，以祛天下之惑。遗于后世，不亦博乎。复应之曰：唯然。著之成篇，则何以为—名？曰：以"指蒙"命之。于是为《指蒙序》云。魏管辂公明序。

有无往来第一

五太之先，三才何有。

未见气曰太易，气之始曰太初，形之始曰太始，质之始曰太素，形质具曰混沌，具而未离曰太极。太初，气之始也，生于酉仲，清浊未分也。太始，形之始也，生于戌仲。八月酉仲为太初，属雄，九月戌仲号太始，属雌。清者为精，浊者为形也。太素，质之始也，生于亥仲，已有素朴而未散也。三气相接，至于子仲，剖判分离，轻清者上为天，重浊者下为地，中和为万物。《诗纬》曰：阳本为雄，阴本为雌，物本为魂。雄雌但行三节，而雄合物魂，号曰太素也。三未分别，号曰混沌。

一元已判，五气乘虚。虚变而运，五运交通。其气而神明已居。

元太初之中气，判谓始定其上下。盖乾坤未定之先，五气具在混沌之内。乾坤既判之后，五气遂各有其专墟。

一六为水居北，二七为火居南，三八为木居东，四九为金居西，五十为土居中，即位而变为运。甲本天三之木，化土而生乙金。乙本地八之木，化金而生丙水。丙本天七之火，化水而生丁木。丁本地二之火，化木而生戊火。戊本天五之土，化火而生己土。己本地十之土，不化而生庚金。庚本天九之金，不化而生辛水。己庚不化者，己十为阴之尽数，庚九为阳之尽数也。辛本地四之金，化水而生壬木。壬本天一之水，化木而生癸火。癸本地六之水，化火而生甲土。于是甲己土，乙庚金，丙辛水，丁壬木，戊癸火，是为五运。循环递生，无有终极。运与六气交感，而神明有以奠其位焉。

袁天纲曰：司木曰苍帝，灵，威仰之神。司火曰赤帝，赤，熛怒之神。司土曰黄帝，含，枢纽之神。司金曰白帝，白，招矩之神。司水曰黑帝，叶，光纪之神。皆五行之精，积有耀而不可掩者也。司犹居也。

《太始天元册文》曰：太虚寥廓，肇基化元。万物资始，五运终天。布气真灵，总统坤元。九星悬朗，七曜周旋。曰阴曰阳，曰柔曰刚。幽显既位，寒暑弛张。生生化化，品物咸章。

气著而神，神著而形。形而有者，皆始于无。无变而有，有穷而变。变之道，必复于其初，形复于神，神复于气。往来一气兮，理何殊于转车。

气可知，神不可测，形可见。可知者，二气之流行。可见者，人物之章著。然其所以为二气人物者，要皆不可测也。盖二气人物之可知可见者，得之于既有之后；而二气人物之不可知不可见者，默寓于未有之先。此无之为不可穷，而有之为有其尽也。

故曰：一气积而两仪分，一生三而五行具。吉凶悔吝，有机而可测；盛衰消长，有度而不渝。五祀命之奕奕，五宗之裔，五常性之昭昭，五秀之储。

"一气积"者，根上文"五太之先"。说"两仪分"者，根上文"一元已判"。说"一生三"者，根上文"气著而神，神著而形"。说"一"者气，"二"者阴阳，

“三”者万物。人为万物之灵，人得五行之全，物得五行之偏。五行具于一元已判之时，实居于未有人物之最始。人赋五行之秀而成形，原其自即有其不测之五神，以命之吉凶，悔吝生乎动者也，故曰“机”。盛衰消长，有其时者也，故曰“度”。

古者有大宗，有小宗。宗其为始祖，后者为大宗，此百世不迁者也。宗其为高祖，后者五世而迁者也。宗其为曾祖，后者为曾祖宗。宗其为祖，后者为祖宗。宗其为父，后者为父宗。皆为小宗。别子者，自与其子孙为祖。继别者，各自为宗。小宗四，大宗一，所谓五宗也。

象吉凶以垂天，示其文之不拘。天聪明而自我，原其道以相须。况吾身参于天地，灵于万物，经纶五常，操持五正，俾五福六极，以惨而以舒。

凡日月五星二十八宿之躔次，其象虽悬于天，吉凶初无一定。《易》曰：“天垂象，见吉凶，圣人则之。”其吉凶之故，要不能外垂象之候，而别有所见。吾则取法于天，以通其用于地。良田大块为天之根，即天之所自出。人处天地之中，合天地之神气以成形，最灵于万物。其能经纶五常，操持五正者，五福所由生也。其不能经纶五常，操持五正者，六极所由渐也。可不慎欤！

少皞氏有四叔，曰重，曰该，曰修，曰熙。实能金木及水，使重为勾芒木正，该为蓐收金正，修及熙为元冥水正。颛顼氏有子曰犁，为祝融火正。共工氏有子曰勾龙，为后土土正。是为五正。

洪范五福；一曰寿，二曰富，三曰康宁，四曰攸好德，五曰考终命。

六极：一曰凶短折，二曰疾，三曰忧，四曰贫，五曰恶，六曰弱。

挺然而生者，死之先。寂然而死者，生之息。理不终息，故息之之道，为生之之枢。生者，有也；死者，无也；无者，往也。有者，来也，往来无穷者，其为道乎？

此篇首揭“有无往来”，以“生死对待”之理终之，于以见道之无穷。

山岳配天第二

天尊地卑，其势甚悬。山岳乌乎而配天？盖日月星辰，光芒经纬之著，皆精积于黄壤，而象发于苍渊。

积气成天，积形成地。黄壤曰地，苍渊曰天。凡地之所载，皆天之所覆。其尊卑虽甚悬殊，脉络无不融贯。然后知，天者，地之精微；地者，天之渣滓；日者，地火之精；月者，地水之精；星者，地石之精；辰者，地土之精。合日月星辰而为天，犹合火水石土而为地也。

向日取火，向月取水，此水火之明验。星之陨为石，天雨土者为辰之变。天之无星处皆辰也，地之无石处皆壤也。石附于壤之内，星列于辰之中。石虽附于壤而实根于地，星虽附于辰而实根于天。

袁天纲曰；苍渊者，天鉴也。天色苍苍，而星辰之列象，澄彻昭映也。

荧荧煌煌，棋列躔度。

荧煌，七曜列星也。

简简临临，井画分野。

简简，大也；临临，大而又大也。

五运相交，二仪清浊。

甲必与已交，乙必与庚交，丙必与辛交，丁必与壬交，戊必与癸交者，五运之自然也。二仪，阴阳之异名，阳清阴浊。浊为清之根，清为浊之华也。

旧萧吉注曰：山泽通于一气。天地交而为泰，不交则为否。天地交泰，万物咸亨。死葬于阜，地官主之，天宿照之，则子孙宅兆之卜，获福获戾之所系也。

是以上下必统于一元，彼卜兆乘黄钟之始，营室正阳明之方，于以分轻重之权。

此承上文而言，天地势位虽殊，要皆不能出于一元之外。夫听谓一元者，岁之运也。但生者南向，死者北首。卜兆乘黄钟之始，其用在山，而取天气。营室正阳明之方，其用在向，而取地气。干维得天气之轻，地支得地气之重，故曰分轻重之权。

卜兆、营室二事，一论山，一论向，为堪舆家第一关键。读者每易忽过，特为拈出。

配祀第三

或曰：有无往来之道，其说旧矣。敢问生育之先，胎腹之日，父母之志，子孙之性，已不能相沿而相同。有生之后，鞠养之情，疾痛之事，已不能相及而相通。

岂腐化之久，之子之孙，始资荫庇，当锡之福，曷贻其咎？爱恶之私，其初不守。此《蒙》所未亮乎？

或者之一问，第举生者之情不知，既死之后，五事俱泯无知而有神，神不能自显，其神必藉山泽之气以成。其吉凶之应，由山泽主之，非亡者所得而私之。

袁天纲曰：在生之日，或爱长而薄少；死葬之后，却旺少而衰长。

卜兆曰：托土以生，故还元于五土。即神以死，必配祀于五神。昔者周公郊祀后稷以配天，宗祀文王以配帝。祷尼丘之山而污顶，以鉴其类。矧还元于五土，同体而相契。是故与元黄同体，欲享春秋之尝禘。事父孝，故事天明。事母孝，故事地察。天地明察，神明彰矣。此子孙小往大来之所系。

万物不能越土而生，人亦万物中一物，故既死而葬，曰还元。自无而有则气著而神，神著而形；自有而无则形复于神，神复于气。故死曰即神。盖人死葬之后，骨肉毙于下阴，为野土一体，于青山五神配而祀焉。冬至祀天南郊，夏至祀地北郊。阴不忘，阳亦即不忘。所自出周公，以后稷配天，以文王配帝。圣母祷于尼山，尚克肖其类，谓精诚所格。且然矧还元五土，有同体之契乎。夫亦谓人之身，即天地之身，故资事父以事天，而事天明资事母以事地，而事地察。天明地察，神明即在对越之中。小往者，阻也，子孙之心。大来者，阳也，祖宗父母之荫。

以十二律稽之，人鬼之乐，与天地神祇之叙礼义，何尝或戾？

周乐：十二律九变享人鬼，六变祀天神，八变祭地。示理义曾未有异，孰谓舍天地而可以言人哉！

子黄钟，丑大吕，寅太簇，卯夹钟，辰姑洗，巳仲吕，午蕤宾，未林钟，申夷则，酉南吕，戌亡射，亥应钟。

黄钟至仲吕皆属阳，蕤宾至应钟皆属阴，此是一个大阴阳。黄钟为阳，大吕为阴，太簇为阳，夹钟为阴，每一阳间一阴，又是一个小阴阳。

阴阳五音皆始于宫，宫数八十一，商数七十二，负数六十四，徽数五十四，羽数四十八，以数之多少为尊卑。故曰：宫，商，角，徵，羽。

五声最浊者为宫，稍浊者为商，微浊微清者为角。稍清者为徽，最清者为羽。十二管长者声浊，短者声清。

隋萧吉曰：天之气始于子，故黄钟为宫。天工毕于三月，故以姑洗为羽。地之气见于正月，故以太簇为角。地工毕于八月，故以南吕为羽。人之终殁于鬼，必归于北方幽阴所钟之地，故以大吕为角，应钟为羽，此三乐之终始也。必尽十二律，然后得事亲追远之道。人鬼之乐，以宫商角徵羽为序；天地之乐，以金木水火土为序。今三乐不齐，岂先人之不祀耶？盖人和则天地之气和，应坟以祀之，则孝子心乐不能忘。李淳风曰：角者，万物之始生也。羽者，万物之终也。天之气始于十一月，至正月万物萌动，地功见而天功成，故天以太簇为徵，成也。地以太簇为角，至三月万物始达，天功毕而地功成。故天以姑洗为羽，地以姑洗为徵。至八月万物尽成，地功终焉。故南吕为羽，此天地相与之序也。人鬼始于正北，成于东北，终于西北，萃于幽阴之地，终于十一月，成于正月。则幽阴之魄，稍出于东方，而与人接。然人鬼之乐，非岁事之有卒者，必尽于十二月，律乃得孝子之心。

凡乐六者，一变而致羽物及川泽之示，再变而致裸物及山林之示，三变而致鳞物及丘陵之示，四变而致毛物及坟衍之示，五变而致介物以及土示，六变而致象物以及天神。凡乐圜钟为宫，黄钟为角，太簇为徵，姑洗为羽。雷鼓，雷鼗，孤竹之管，云和之琴瑟，云门之舞，冬日至于地上圜丘奏之，若乐六变，是天神皆降，可得而礼之矣。凡乐函钟为宫，太簇为角，姑洗为徵，南吕为羽。灵鼓，灵鼗，孙竹之管，空桑之琴瑟，咸池之舞，夏日至于泽中之方丘奏之，若乐八变，则地示皆出，可得而礼之矣。凡乐黄钟为宫，大吕为角，太簇为徵，应钟为羽。路鼓，路鼗，阴竹之管，龙门之琴瑟，九德之歌，九磬之舞，于宗庙之中奏之，若乐九变，则人鬼可得而礼之矣。

天神最尊黄钟，为律之首，大吕为之合。地示亚于天神，而太簇为律之次，应钟为之合。四望为岳渎，姑洗为阳声第三，而南吕为之合。蕤宾为阳声第四，而林钟为之合，以祭山川。夷则为阳声第五，而仲吕为之合，以享先妣。无射为阳声第六，而夹钟为之合，以享先祖。

封以树之，坟以识之，春秋享之，则孝子慈孙在心之乐，何时而或废。

上古不封不树，殷周以来，墓而不坟，春禴秋尝，子孙之心与父母祖宗相接处。先儒谓有其诚则有其神，无其诚则无其神者也。

孔子既得合葬于防，曰：吾闻之古也，墓而不坟。今丘也，东西南北之人也，不可以弗识。于是封之，崇四尺。

问者觉而袚曰：五土融结，有形而有势；五气运动，有祥而有沴。此嗣续盛衰之所系。孔子曰：丘之祷久矣。则子孙之心，亦何时而不祭。

五土融结言地，五气运动言天，地当其天之时则祥，天非其地之候则沴。然而祭者，察也；察者，至也。言人事至于神也。孔子曰：吾不与祭。如不祭，则凡为人子者，不能致诚奉享于先人，虽曰能盗天地之和，而于孝思，犹有一间。故先王立祭统、祭义。

相土度地第四

相土之法。曰："周原膴膴，堇荼如饴。陟则在巘，复降在原。"《公刘》此章，实在相土度地之仪，相之度之于以复形势，而区别丰浅之凝。曰："原隰既平，泉流既清。"亦以著山水之奇，皆声《诗》之至训。与《地官·司徒》"体国经野"辨山林、川泽、丘陵、坟衍之名物者，其齐矩以同规。

周原，岐山之南。广平曰原。膴膴，土地腴美貌。堇，乌头。荼，苦菜。饴，饧也。谓土丰而苦，草亦甘也。巘，山顶也。上平曰原，下平曰隰。平者，山之不险；清者，水之不淫。先言土地之宜，次举相度之法，再论其泉流之利，而体国经野之法备矣。

陟则在巘，复降其原。何以舟之，维玉及瑶，鞞琫容刀。《诗》注：舟，带也。言公刘至豳，欲相土以居，而带此剑，佩以上下于山原也。愚谓非是。舟之者，是欲以舟而通之。玉瑶当是水口二山之名。鞞琫容刀，言水口之窄，如鞞琫之仅足容刀耳，即水口不容。舟之说，甚言之词也。故下文即接"逝彼百泉"，可想见水口之义。

以土会之法，辨五地之物生。一曰山林，其动物宜毛物，其植物宜皂物，其民毛而方。二曰川泽，其动物宜鳞物，其植物宜膏物，其民黑而津。三曰丘陵，其动物宜羽物，其植物宜核物，其民专而长。四曰坟衍，其动物宜介物，其植物宜荚物，其民晰而瘠。五曰原隰，其动物宜裸物，其植物宜丛物，其民丰肉而痹。本注曰：会，计也，计五土所宜动植之物也。动物，天产也；植物，地产也。毛物，狐貉之属。鳞，鱼鳖之属。羽物，翟雉之属。介，龟属。裸，蛙螾之属。皆天产也。皂物，柞栗之属。膏物，桐漆之类。核物，李梅之类。荚物，荠荚之类。丛物，萑苇之类。皆地产也。山林之民，得木之气多，故毛而方。毛者，木之气；方者，曲直之义。川泽之民，得水之气多，故黑而津。黑者，水之色。津者，润下之义。丘陵之民，得火之气多，故专而长。专者，团聚也，火之象也。长者，炎上之义。得金之气者，为坟衍之民，故晰而瘠。晰，白也，金之色也；瘠者，坚瘦之义。得土之气者，为原隰之土，故丰肉而痹。丰者，土之体；痹者，下之义。盖五行运于天，而其气寓于上，人物皆禀是以生也。

是以晋人谋去故绛，诸大夫皆曰："必居郇瑕氏之地，沃饶而近盬，国利君乐，不可失也。"韩献子将新中军，且为仆大夫，公揖而入，献子从公立于寝庭，谓献子曰："何如？"对曰："不可，郇瑕氏土薄水浅，其恶易构，易构则民愁，民愁则垫隘。于是乎有沉溺重膇之疾。"

郇瑕氏，古国名，今之河东解县有郇城是。盬，盐池也。煮海为咸，煮池为盬。今猗氏县有盐池。恶疾。疢构成也，言疾易成也。垫，溺困水灾，隘羸困也。沉溺，湿疾。重膇，足疾下肿病也。土薄则湿气胜，故有沉溺之疾。水浅则湿从下生，故有重膇之疾。

"不如新田土厚水深，居之不疾。有汾浍以流其恶。且民从教，十世之利也。夫山泽林盬，国之宝也。国饶，则民骄佚近宝，公室乃贫。不可谓乐。"公从之。夏四月丁丑，晋人迁于新田。至哉！韩献子之论，亶明土地之宜与不宜。

新田，今平阳绛邑县，是汾水出太原，经绛北，西南入河。浍水出平阳绛县南，西入汾。据二水合流西南为新田，一大水口。流其恶者，所以泄秽也。

邾文公卜迁于绎。史曰："利于民不利于君。"邾子曰："苟利于民，孤之利也。天生民而树之，君以利之也。民既利矣，孤必与焉。"左右曰："命可长也，君何弗为？"邾子曰："命在养民。死之长短时也，民苟利矣迁也，吉莫如之。"遂迁于绎。五月，邾文公卒。君子曰知命。

绎，邾邑。鲁国邹县，北有绎山。左右以一人之命为言，文公以百姓之命为主。一人之命各有短长，无可如何。百姓之命乃传世无穷。故君子曰知命。

皦皦乎左氏之传，以著从违之证，其鉴于斯。懵懂乎迂陋蠢腐，骋谲强以讥非。不几乎悖戾于观，流泉相阴阳之诗。

公明在当日，似亦与国家谋及都邑之故，无奈迂陋蠢腐一流，以是为非，以非为是，故其词未免有激切恺挚之意。

三奇第五

龙之元微，先式三奇：曰赴，曰卧，曰蟠。形势低昂，相其潜飞，以指其要，为寻龙之机。

三奇者，三者各自为式，非一体可得而概之。迢遥远到曰赴，横倒曰卧，首尾相顾曰蟠。

其赴者，正履端操，一起一伏，肢腕翼辅，如经丝摆练，直缕边幅，趋长江而垂垂。其卧者，横亘磅礴，迂徐偃息，不枝不挺，如长虹隐雾，连城接垒，枕溪渚而迟迟。其蟠者，蜿蜒蝹蜦，首尾交顾，周回关镇，如鞶带缠绕，旋根错节，临湖涧而规规。

龙之变化无穷，不能外赴、卧、蟠三式。而三式之结，一趋于长江，一枕于溪渚，一临于河涧。其远近正侧虽不侔，所以契于水者一也。

水之元微，亦式三奇：曰横，曰朝，曰绕。精神气概，相其委蛇，以乘其止，为跃渊之宜。

面前经过曰横，当面推来曰朝，抱于左右者曰绕。水无不去之水，乘其止者，是水之至静而不动处。横似龙之卧，朝似龙之赴，绕似龙之蟠。

其横者，悠扬宽闲，欲趋而澄，无反无侧。如横琴卧笏，限地脉之披离。

凡水之横者，皆竟过去。若悠扬，便有顾盼之意。宽闲，乃得停蓄之情。疾行则势急，恐其浊而有声。故欲静而澄，反则外气背，侧则堂气偏。如横琴者端正，如卧笏者内弓。余脉之不齐者，惟横水有以限之。

其朝者，委蛇萦迂，抑畏谦让，如之如元。如卷帘铺箔，无冲割而鸣悲。

凡水之朝者，最嫌直射委蛇曲折貌。萦迂乃曲折之大者，抑畏谦让，以见其穴之尊之元。水之曲而细者帘箔，阔水中具有屈荡之文。冲则震心，割则扫脚。若鸣悲者，神不能守其墓，均非朝之吉者。

其绕者，欲进而却，欲纳而临。如城郭之环卫，如鞶带之盘旋。

凡水之绕者，非在左即在右。若绕于左而不之右，则不见其进而却之情。却者，进之机也。若绕于右而不之左，则不见其纳而临之意。临者，纳之渐也。如城郭鞶带，尽乎绕之形矣。

故曰：赴卧蟠兮，三奇之山；横朝绕兮，三奇之水。养生沐冠官旺兮，表六相之潴泽。衰病死墓绝胎兮，象六替之所归。八干兮，钟天气之清。二气兮，分真纯驳杂之始。四隅四正兮，取八卦之变通。四墓四绝兮，择五气之指而不理。

长生五行，原以论山水之休旺。八干者，甲庚丙壬乙辛丁癸之天干，故曰天气。二气者，乾甲、坤乙、坎癸、申辰、离壬、寅戌属阳，艮丙、巽辛、震庚、亥未、兑丁，巳丑属阴。净阴净阳曰纯，阴阳交互曰杂。四隅者，乾坤艮巽。四正者，子午卯酉。四正虽属支，以其得坎离震兑四卦之气，亦偶之以立向，取变通也。四墓，辰戌丑未；四绝，寅申巳亥，为地浊之气，均在所摈。此一节论消纳各用。

在古之先，曰茅裹尸弃之中野，而三奇六仪则未之闻。近代以还，易之以棺椁，而三奇六仪又蒙于谬诡。惟虢惟嬴，始为蒙而鉴指。

山水之三奇，以形势言。近代有以方位言者，虽其说根于奇门遁甲，然于地之道静，非若天之道，随时运动，未可牵合矣。

袁天纲曰：近代有天三奇、地六仪之说，全无理致。故虢嬴二公，实为明指之。虢有《极心论》，嬴有《樗里遗书》。

樗里子，秦惠王弟，名疾，与惠王异母，秦人号曰智囊。

四镇十坐第六

自粗而精，自简而详，此古人之心法，炼之而至刚。自精而拙，自详而荒，此后人之心术，玩之而不良。

古人由粗而精，得精之理；由简而详，得详之自。后人不能承袭前哲之精详，遂至于拙。至于荒矣，心术之不良，罪在贻误天下后世。

闻之曰：镇龙头，避龙尾，坐龙颡，坐龙耳，避龙角，避龙齿，避龙目，悬壁水。坐龙鼻，坳污里。坐龙鬣，亦可以。

镇者按其前，坐者居其上，避者违而弃之也。曰颡，曰耳，曰角，曰齿，曰目，曰鼻，曰鬣，皆属头部位，故递举而言。尾与头相反，头崇隆而尾尖削也。颡广而平，耳停以蓄，角攲危，齿琐屑。目露而湿流，鼻隆而污峥。鬣龙颔旁之小

鬐，其厚者可坐，薄者不可坐，故断以未定之辞。

镇龙鬐，避龙背。坐龙肩，堪负载。坐龙项，当曲会。避龙颈，如伸臂。

曰背，曰肩，曰项，曰颈，皆与鬐相近，故递举而言。鬐者，龙背之矗。矗，萧吉曰皋陶之背如植鬐，谓其丰隆而可镇也。若背则平荡无倚，否则壁立难容，故当避肩，有肩井可停。颈后曰项，项有去者，回头为卫，故皆可坐。颈直无收，若伸臂者然也。

镇龙腹，避龙腰。坐龙脐，自然坳。坐龙乳，如垂髫。避龙肋，不坚牢。

曰腰，曰脐，曰乳，曰肋，皆与腹相近，故递举而言。腹宽博而有容，腰孱弱而无气，脐坳小而圆净自然，乳面平而不饱。若垂髫者，有下敲之情也。肋居龙体一边，正气不至。

镇龙脚，坐龙腕。避龙肘，势反散。坐龙胯，聚内气。避龙爪，前尖利。

曰腕，曰肘，曰胯，曰爪，皆与脚相似，故递举而言。脚必远至，故当镇。腕，掌后节中也。以其可腕屈，故曰腕。肘，臂节也，虽曲而其势反背。散者，其面既已反，势不聚也。胯，两股间也。胯恐内寒而脱气，故须外气，以聚内气。爪者，尖利而犯，刑伤之象，故须避之。

是以四镇十坐，穴龙之法，备后达申之。则四镇改度而其坐十二，或取诸龙，或拟诸身，其归一揆。

四镇者，头鬐腹脚也。十坐者，颡耳鼻鬣肩项脐乳腕胯也。其改度十二坐，见下。

来龙奔赴，宗其颐息，曰宗龙之咤。来龙横卧，攀其肩井，曰攀龙之胛。来龙蟠环，骑其源护，曰骑龙之洿。来龙磅礴，承其顾矠，曰承龙之势。

颐，顿也。咤，喷也。胛，背胛也。洿，窊下也。顾，眷也。矠，凝积也。奔赴，龙之踊跃而来。颐息，龙之静定而不越，是宗龙当中正受嘘之地，横卧之龙最怕脱气。曰攀者，寓贴脊之义也，然非有肩井可安，攀终不易。蟠环，首尾相顾，穴于源所护处。曰骑者，亦恐其脱气而骑之，乘其洿也。磅礴广被而充塞，顾矠眷注而凝积，凡龙之广被充塞者，气既宏肆，极难骤止，须求其眷注止积之，所为其势之所趣集，盖失其承即失其势也。古诀云，虚檐雨过声犹滴，古鼎烟销气尚浮者，即此。凡曰宗，曰攀，曰骑，曰承，皆穴龙之法；曰咤，曰胛，曰湾，曰势，

皆穴龙之地。

后又云：宗龙之形，如花之的。骑龙之形，如宇之堂。的承跌萼之正，堂居门仞之防。攀龙之形，如人卧之肩井，如鱼奋之腮鬣，皆随其趣向，而横应偏旁。承龙之形，如心目之顾瞻，如日月之精光，皆引其来历，而宽接窊藏。曹叔曰：绝顶骑龙而钳浏直悬，当头宗龙而鼻吹双穿，半腰攀龙而八字披泻，没脚承龙而失势单寒。

四龙已式，则四镇可择。曰镇龙头，曰镇龙项，曰镇龙背，曰镇龙腹。四镇已定，则十二坐可以当。其正镇头之坐曰额碗，曰鼻崦，曰准的；镇项之坐曰肩井，曰耳停；镇背之坐曰植髻，曰枕鬏。至于镇腹，其势有二端：坐之腹，则曰坐乳房，坐脐窟，坐脬元，坐胯腟，坐翘踝；横卧之腹，则又未焉，曰坐龙头。于以长前人之式而造其优。

不能式四龙之趣向，不可以言镇。故宗龙则镇头，攀龙则镇项，骑龙则镇背，承龙则镇腹。不能定四镇之所在，不可以言坐，故额碗坐眉目之间，崦坐鼻之左右，准坐鼻之正中，皆镇头之坐，所以宗龙也。肩井当项之偏耳。停当头之偏，而与项不甚相远，皆镇项之坐，所以攀龙也。植髻，枕鬏，皆喻其背之的，以背不可镇。得髻与鬏，而背可得坐，龙可得骑也。乳房居腹之上，脐窟居腹之中，脬元居腹之下，胯腟居腹之后，翘踝居腹之前，虽曰镇腹，其实居腹之上下前后，所以承龙之势也。横卧之腹曰坐龙头，一如镇背而坐，于植髻、枕鬏之义，皆前人之所未及也。

辨正朔第七

天元地元人元也，历穷天道；天正地正人正也，敬授人时。

天元起甲子，地元起甲寅，人元起甲辰。周用天正建子，商用地正建丑，夏用人正建寅。

天正阳气始至，地正万物始萌，人正万物始甲。

天道冬畅，人事春祈。冬，终也。阴终而阳始。春，蠢也，万物蠢动而熙熙。人而不天，则曷象以资始？时而不人，则攸作以愆期。

畅，充也，仲冬命之曰畅月，言万物皆充实于内也。命有司曰土事，毋作慎，

毋发盖藏，毋发屋室，及起大众，以固而闭。地气沮泄，是谓发天地之房，诸蛰则死，民必疾疫，又随以丧。祈，祷也。天子乃以元日祈谷于上帝。元日，上辛也。郊祭天而配以后稷，为祈谷也。夏正之建，重在人事，人事之资始，不能不法象乎天。

果时方于行夏，徒景农祥，而仍背乎七月流火之诗。

天驷房星，寅月辰中，见于南为，农祥之候，即三之日，于耜之时。农祥即房星也。火，大火心星也。房与心，并以六月之昏，加于地之南方，至七月之昏，则下而西流矣。

是安知绝笔书王之法，日南长至之传，皆一日栗冽，七日来复之微。

僖公五年春，王正月，辛亥朔，日南至。七日来复，一阴生于午。自一阴数至建子之月，居第七月，一阳复生。谓月为日者，言其阳也。凡言三之日，四之日，皆阳微之候。

是以天官享三灵之乐，必六变、八变、九变，为之等衰。

圜钟为宫，于以降天神。函钟为宫，于以降地祇。黄钟为宫，大吕为商，于以祇人鬼之依。

圜钟天，运夹钟，卯也。函钟地，运林钟，未也。黄钟，子也。大吕，丑也。

李淳风曰：神依人而行。

亶先王之制作，惟由义以通之。《周礼》止岁十二月令。斩冰者，虽冬官授人时之正，而正月之吉始和者，实由天道而推之。乃《泰誓》之一月戊午，武成之一月壬寅，皆中黄钟而不移。始三才之道，同一元而出。竟三才之用，析之而莫齐。或者块然而执，懵然而疑。曰：由尔之说，则《春秋》书元年王正月其已审矣，又何必加春之为徐徐然。释之曰：《春秋》因鲁史行夏之文，非周家天正之规，圣人笔削之所不及者，抑存其旧，以讥其非。是以七月壬午朔日有食之，而梓慎谓之相过之亏。

昭公二十一年秋七月朔日，有食之。公问于梓慎曰：是何物也？祸福何为？二至二分日，有食之，不为灾。日月之行也，分同道也，至相过也。其他月为灾，旧不克也。故常为水。于是叔辄哭日食。昭子曰：子叔将死，非所哭也。八月叔辄卒。注云：二分日夜等，故言同道。二至长短极，故言相过。

疑者晓而伏曰：容成造历，以甲配子。以仲先季，以季先孟者，其旨不在斯，何昧昧蒙蒙。固而亡变者，致天神之胥违。

应世衡曰：历家建正，必推月将。月将者，或谓之合神。以正月建寅，寅与亥合之类。或谓之太阳，过宫于亥，以正月太阳月将躔娵訾之类。二者皆援颛帝历言之。然太阳随黄道，岁差一辰。以《周髀家藏》之法考之，正月建寅，雨水后一日，太阳方躔娵訾，以中气为用。若合神则用节气，逐年逐月逐日逐时，五星十二时次，舍二十八宿，皆不应天行。缘时王授正取三阳，俱兆农事于耜，以定历法，通而用之，贯乎一理。昧者即时王之正以释颛帝历，冬至日宿斗初，今至日宿斗六度，正月杓建寅，今斗杓建丑。《尧典》日短星昴，今日短东壁。以天道之差，证之四时十二辰次舍，但春为寅卯辰，夏为巳午未，秋为申酉戌，冬为亥子丑。不必言正月建寅，四月建巳，七月建申，十月建亥。东方青龙七宿，当亢氐房心尾箕斗。南方七宿，当鬼柳星张翼轸角。西方七宿，当娄胃昴毕觜参井。北方七宿，当牛女虚危室壁奎。此正朔之明辨也。

李淳风曰，阳声六律，顺以黄钟起子；阴声六吕，逆以大吕起丑，类可见矣。

又曰：自容成造历六十甲子，故有甲巳以丙为首，非甲遁也。

大挠作甲子，以寅申巳亥为孟，子午卯酉为仲，辰戌丑未为季。

以甲配子则仲先季，以乙配丑则季先孟，以丙配寅而建，正是以孟为孟也。

按：《尧典》冬至日在虚昏中昴，今冬至日在斗昏中壁。中星不同者，盖天有三百六十五度四分度之一，岁有三百六十五日四分日之一，天度四分之一而有余，岁日四分之一而不足。故天度常平运而舒，日道常内转而缩，天渐差而西，岁渐差而东。唐一行所谓“岁差者”是也。古历简易，未立差法，但随时占候修改，以与天合。至东晋始以天为天，以岁为岁，乃立差以追其变，约以五十年退一度。何承天以为太过，乃倍其年，而反不及。至隋刘焯取二家中数七十五年为近之，然亦未为精密也。元郭守敬差法颇近。

释中第八

星纪四时次舍，观章于尧典；墟分五帝分野，申法于麟笺。

日中星鸟，以殷仲春。日永星火，以正仲夏。宵中星虚。以殷仲秋。日短星

昴，以正仲冬。殷，正也。此《尧典》中星也。降娄为少皞氏之墟，营室为颛顼氏之墟，亢角为太昊氏之墟，鹑尾为烈山氏之墟，鹑火为有熊氏之墟。

仲春之月，星火在东，星鸟在南，星昴在西，星虚在北。至仲夏，则鸟转而西，火转而南，虚转而东，昴转而北。仲秋，则火转而西，虚转而南，昴转而东，鸟转而北。至仲冬，则虚转而西，昴转而南，鸟转而东，火转而北。来岁仲春，鸟复转而南矣。

附今时中星			
冬至	日在箕昏室中旦轸中	小寒	日在斗昏奎中旦角中
大寒	日在牛昏娄中旦亢中	立春	日在女昏胃中旦氐中
雨水	日在危昏毕中旦房中	惊蛰	日在室昏参中旦尾中
春分	日在室昏井中旦尾中	清明	日在奎昏井中旦箕中
谷雨	日在娄昏柳中旦斗中	立夏	日在胃昏张中旦斗中
小满	日在昴昏翼中旦牛中	芒种	日在毕昏轸中旦虚中
夏至	日在参昏角中旦危中	小暑	日在井昏氐中旦室中
大暑	日在井昏氐中旦壁中	立秋	日在柳昏心中旦娄中
处暑	日在张昏尾中旦胃中	白露	日在翼昏箕中旦昴中
秋分	日在翼昏斗中旦毕中	寒露	日在轸昏斗中旦井中
霜降	日在角昏斗中旦井中	立冬	日在氐昏女中旦柳中
小雪	日在房昏虚中旦张中	大雪	日在尾昏危中旦翼中

八卦兆形于八节，二十四气。分布而成一年。

八卦，后天之八卦。八节，分至启闭也。立春艮，春分震，立夏巽，夏至离，立秋坤，秋分兑，立冬乾，冬至坎，此八卦之所兆形也。八卦既兆，二十四气即由八卦而生。则立春艮，雨水寅，惊蛰甲，春分卯，清明乙，谷雨辰；立夏巽，小满巳，芒种丙，夏至午，小暑丁，大暑未；立秋坤，处暑申，白露庚，秋分酉，寒露辛，霜降戌；立秋乾，小雪亥，大雪壬，冬至子，小寒癸，大寒丑。此二十四气之所分布也。克择家之时令五行，皆准诸此。一本三百六旬，酌八卦而兆，形于八节。二十四气，分八方而成，务于一年。

四维张而枝干错列，四正奠而分至推迁。

中列而四维支干，皆错列有序。分至启闭，乃因得而推测之。

积闰余于二道，故二十八宿分纬而经周天。

张子曰：闰生于朔，不尽周天之气。朱子曰：合气盈朔虚而闰生。盖一岁有二十四气。假如一月约计三十日，则宜十五日交一节矣。然期三百六十五日零二十五刻，分配二十四气，则不止于三百六十日，故必十五日零二时五刻为一节，三十日五时二刻为两节，所谓气盈也。月之合朔二十九日半，则月不能满三十日之数，积十二月三百六十日计之，内虚五日零六时三刻，是为朔虚。故每岁常六个月小，止得三百五十四日。气盈于三百六十日之外，有五日零三时。朔虚于三百六十日之内，有五日零六时三刻。则一岁之间，大约多出十日零八时。三岁则多出三十二日有奇，所以置闰也。三岁而一闰，即以闰月计之，亦不须三十二日有奇。故置闰之法，其先则三年一闰者三，继以两年一闰者一。续又三年一闰者二，继以两年一闰者一，如是经七闰，然后气朔分齐，是为一章。所谓两年一闰，即五岁再闰之说也。二道，赤黄二道。天形，北高而南下。赤道分南北极之中。黄道半在赤道内，半在赤道外。半在赤道内，自奎娄至翼轸是也。半在赤道外，自角亢至室壁是也。日行黄道，月五星循黄道左右而行。冬至之日，背道去北极最远者，一百一十五度半弱。夏至之日，黄道去北极最近，六十七度半弱。春秋二分日，在黄赤道之交分天之半，去北极九十一度半弱。此自然之数也。苟中之不分，则黄赤二道无从而考。二十八宿之为经，亦莫可得而识矣。

知夫历者之法乎？闰无特气，节必加双，而分中始焉。盖始气胚腪而未成兆，中气著象而有常躔。阳生于子，而起日于子半。阴生于午，而起夜于三刻之末。全闰无中气之正位，而斗杓斜指于两辰之间。是则八干四维之至正，乃寂然未动、微然未著之前。惟壬与丙，未形未观。天地之中，必于危张之度。阴阳所生之元，无非干辰初刻之所。推十二支辰，是乃各辰正刻之所移。

二十四气之有节气、有中气者，何也？气常盈而朔，每不及，必置闰以为之补，非两气以限之。亦乌知其气之盈而朔，每不及也。然气一也，有天气焉，有地

气焉。天气恒先至，所谓胚腪之气也。地气恒后至，所谓著象之气也。阳生于子，必当于子之中。阴生于午，必极于午之正。闰无中气者，何也？岁止有十二月，以应十二支，因气盈朔虚，不得不置闰，以完其二十四宫之全气。故上半月作前月用，下半月作后月用。斗杓斜指于两辰之间，是闰之不得当十二支之位也明矣。王赵卿曰：虚危之间针路明，南方张度上三乘。坎离正位人难识，差却毫厘断不灵。则危张之度属子午之正宫，从可识矣。元，始也。每一时分八刻，初二刻属干维，正四刻属支辰，则胚腪之始在于维，而著象则在于支辰也。

惟壬与丙，阴始终而阳始穷；惟子与午，阳始肇而阴始生。探阴阳自始自终之蕴，察天地南离北坎之原。

阴尽阳生，阴尽于壬之中。阳尽则阴复生，阳尽于丙之内。阳虽生于壬，而必形于子；阴虽生于丙，而必肇于午。子午者，阴阳之交界，姤复之往来。《易》曰："复，其见天地之心乎？"

磁者，母之道。针者，铁之戕。母子之性，以是感，以是通。受戕之性，以是复，以是完。体轻而径，所指必，端应一。气之所召，土曷中而方曷偏。较轩辕之纪，尚在星虚丁癸之躔。惟岁差之法，随黄道而占之，见成象之昭然。

磁石受太阳之气而成，磁石孕二百年而成铁。铁虽成于磁，然非太阳之气不生，则火实为石之母。南离属太阳真火，针之指南北，顾母而恋其子也。《土宿本草》云："铁受太阳之气，始生之初，卤石产焉，一百五十年而成磁石，二百年孕而成铁。"又云："铁禀太阳之气而阴气不交，故燥而不洁。"日有中道。中道者，黄道也。非天之有是道，乃因日行而名之。其道北至东井，去极近；南至牵牛，去极远；东至角，西至娄，去极中。此二至二分之所在也。

阳生子中，阴生午中。金水为天地之始气，金得火而阴阳始分。故阴从南而阳从北，天定不移。磁石为铁之母，亦有阴阳之向背。以阴而置南，则北阳从之；以阳而置北，则南阴从之。此颠倒阴阳之妙，感应必然之机。

历之有岁差者，何也？曰：天行之度有余，日月所行之度不足，故天运常外平而舒，日道常内转而缩，由是天渐差而西，岁渐差而东，而岁差之法立焉。晋虞喜以五十年日退一度，失之太过。何承天、刘焯、一行辈互有损益，而又失之不及。惟郭守敬以周天周岁强弱相减，差一分五十秒，积六十六年八个月而差一度。算已往减一算，算将来加一算，而岁差始为精密。

岁差者，岁岁有差。假令今岁冬至日在箕三度，至明年冬至日仍在箕三度，其间已差秒忽矣。所以然者，天体三百六十五度二十五分七十五秒，太阳每日又躔一度，一岁积三百六十五日二时七刻有奇。太阳与天会于原次，而太阳不及天一分五十秒，积六十六年二百四十三日六时而差一度，积二千三十余年而差一宫，积二万四千五百年弱而太阳与天复会于子宫之虚宿，是之谓一大周天。

大哉，中之道也。天地以立极，寒暑以顺时。阴阳以致和，日月以重辉。范之以矩，模之以规。节之而声不淫，表之而影不欹。以南以北，以东以西。以横以植，以简以夷。权之以平，量之以齐。赏之以劝，罚之以威。居之莫不安，用之莫不宜。亶乎，中之不可不及也！亦不可过而失之噫。不及者可以进，过者不可追。是以磁针之所指者，其旨在斯。何京房之臆凿，舍四正之深悲。

极言得中之道。天地得中而四极以立，四时得中而寒暑以顺，阴阳得中而无愆伏之灾，日月得中而当交会之候，矩得中为天下之至正，规得中为天下之至圆，声得中而不乱，影得中而不斜。南北以经，东西以纬。横者以直，易者以平。轻重得之以为衡，长短得之以为准。赏不偏而下斯劝，罚不过而上乃威。居中则有一定之宁，用中则无两端之失。不肖者，不及贤者，又恐其过之，唯勉其不及以抑其过，斯针指之谓乎？京房以臬影较偏于丙壬，谬矣。

乾流过脉第九

山曷为龙，得水有跃渊之义。城何以水限，龙无走脚之踪，山或行而未住，气亦随而未钟。

乾流过脉，虽属二义，其实是一串。因跌断处可以过流而水退，即乾脉从此过。故曰乾流过脉，所谓跃渊者是也。城者，以上而筑成，故曰城。水以城名，是取其限龙之义，盖水不界脚气过前行也。

乔山界大江而衍，苍梧间大河而殇。是知河以聚山脉，而江以断山脉。疆域地理，而应乎穹苍。

黄帝葬于乔山，在大河之南脉，自积石逾河，衍者丰饶而广被也。舜葬于苍梧，在大江之南脉，自荆汉逾江，殇者短折而不成也。河浊而江清，浊者能聚，而清者能断，水能界列国之疆宇，而即泒为分野之躔次，故曰“应乎穹苍”。

乔山，史作桥山，在陕西延安府四部县北。苍梧，周南越之地，今为郡。

惟流地面而不源，泛平洋而不潢。

源，水之本也；潢，水之积也。不源不潢者，雨过即干，龙之过脉处也。

蜂腰鹤膝，结咽过关之要害。蛙背鸡胸，偏锵瓴溜之分锵。

蜂腰极细，鹤膝至圆，言过脉之精妙。蛙背脊直而两削，鸡胸腹饱而臃肿，言过脉之顽拙。蛙背与偏锵同意，鸡胸与缶溜同形。

故曰：虽涉田濠，尚是乾流之水。未淘沙石，当知过脉之冈。

田濠虽有水流，若无沙石界断，终是穿田之峡。

以天下之大势论之，自昆仑发而为三危、为积石，逾河而为终南、为太华、为底柱，复逾河而为雷首、为王屋、为太行，北抵常山塞垣，循东而尽于辽海。自终南而南为上洛，逾汉而结夔州为荆山，复逾江而结长沙宝庆为衡山，徽岭循东而尽于闽浙，是可以会跃渊之义矣。

象物第十

指山为龙兮，象形势之腾伏。犹易之乾兮，比刚健之阳德。虽潜见之有常，亦飞跃之可测。有脐有腹兮，以蟠以旋；有首有尾兮，以顺以逆。顺兮指其所钟，逆兮原其发迹，蟠兮指其回环，旋兮指其污蹠。耸肩伸项兮，有结咽过关之想。布爪扬鬣兮，有夹辅维持之力。左抱右偃兮，若其角之卫腾。峰挺秀兮，若其髻之植。三形就兮，若饮颔之含。含四势集兮，若敷鳞之翼。翼神而隐迹兮，不易于露脉。潜以保身兮，不容于风刺。嘘为雨兮，所以欲界于横流。蜕乃骨兮，所以不利于顽石。势延而蟥兮，断独为悲形。蟠而媪兮，镵直为戚威。彩光晰兮，忌其秃童真。天化毓兮，忌其变易。是皆模造化以权言，非有可经之成式。

此一节借龙之全体，以喻夫山之形。真龙落脉多在低藏处所，即或有高处落，亦必在帐幕潜护之中，此神而隐迹，潜以保身之谓也。凡祖龙发迹，直至结穴之所，不知几经曲折，而其化毓之真者，断然不异。祖气所谓生子生孙巧相似也。若到头一有变易，即非造化之真。

至于定穴法之难真，不若取象于身而可得。例虽贵于镇头，义亦求其住蹠。颡广平兮，以角为防。角倾危兮，以额为的。准隆兮，鼻崦污藏。目露兮，泪流倾滴。耳停兮，取势稍宽。唇浅兮，成形太逼。卧而腰环兮，蕴乎其腹。乳坐而膝踞兮，怀乎其股趍。脐抱于臂兮，足无与于倒屣。胯附于股兮，手何烦于凭轼。腰边背偃兮，气之散行。尾掉背后兮，山之陇脊。肠附于尻兮，泄之必伤。足绝于下兮，囚之已寂。肩井髆翼兮，堪负载之劳。握口掌心兮，任操持之力。

此一节借人身以喻穴，穴法俱在包藏之中。头无住蹠则露额，额无角则露准。无崦则露，唇浅则露。环卧则以腹乳为藏，踞坐则以股趍为藏。以臂为抱者曰脐，足在脐之下无益也。以股为护者曰胯，手在胯之上无益也。斡尻则侵肠，喻上则伤龙。针足侧犯脱，喻下则伤穴。肩井虽上，而有负载之劳。握口虽下，而有操持之力。

唯能参之禽兽虫鱼，斯可备之于奇形怪格。凤翔兮，背崦乃安。驼载兮，肉鞍尤特。蟹伏螯强兮，眼目非露。龟圆头伸兮，肩足难易。蜈蚣钳抱兮，口乃分明。驯象准长兮，鼻乃端的。鱼额脱兮，尾鬣扬波。马耳峭兮，唇口受勒。项舒嘴锐兮，鹤何拘于耳顶。腹满准露兮，牛不堪于鼻息。

此一节借物类喻穴之情，穴皆在物类所顾处。凤背以首翼为顾，驼鞍以前后肉为顾，蟹眼以螯为顾，龟肩足以头为顾，蜈蚣以钳为顾，象鼻以准为顾，鱼以尾鬣为顾，马以唇口为顾，鹤左右顾则在耳，不顾则在顶，牛以角为顾。腹饱鼻露，无顾之者，不可穴也。

或伦类之未分，观堂宇而作则。有帘陛兮，以等级其前。有寝奥兮，以深邃其北。有廊庑兮，以周回其左右。有门屏兮，以趋进其宾客。有障扆兮，以限其窥觇。有墙仞兮，以闲其奸慝。有明堂兮，以祀以祭。有园井兮，以饮以食。潜形兮，贵其缩藏。隐势兮，忌其露迹。有栋梁兮，广天盖之功。有趾柱兮，全地载之德。

此一节借宫室喻穴之理，帘陛穴下之毡唇，寝奥穴上之窝口，廊庑左右之盘旋，门屏拦堂之案应。障扆墙仞，外卫之严密。明堂园井内，蓄之澄凝。栋梁所以昭龙体之崇，趾柱所以形土水之厚。

故曰：利欲翳心，则如目之于睫。唯正心圜机，则眼力洞察乎隐赜。前后巍巍，左右翼翼，彻志之悖，核心之惑，去俗之累，通道之塞，观山之法，于是乎

可得。

此一节伤世术之迷。《象物》一篇，全在引伸触类，以尽物之精微。若五鬼惟为利欲所翳，山水尚不能了了，安能触物比类，以洞察夫隐赜之情？贻误天下后世，匪浅鲜也。故管公特举以警之。

曹叔曰：藏珠之颔，拿云之爪，奔水之肩坳，卷水之尾节，皆有力之处，狞活之冈也。

第六章　堪舆汇考六

《管氏地理指蒙》二

开明堂第十一

夫冢宅，所谓明堂者，固非王者迎五帝聚祭之重屋。

重屋，明堂之异名。夏曰世室，商曰重屋，周曰明堂。

抑还元于五土，配祀于五神，随性应运，积气应星，当归格帝之元，冢宅照临之象，居中处正之名。

卜兆曰：托土以生，必还元于五土。即神以死，必配祀于五神。是五土以言其地，五神以言其天。性者，明堂所生之性。随则随其宫位，以为运气者。明堂所有之气，积则积其外气以应星。明堂为祭祀之所，感通于上而应乎其下也。明则取义于照临忌塞，堂则取义于中正忌偏。

发日月之精华，虚而聚气。限江山之支脉，积以施生。

上二句说内堂，下二句说外堂。面前无虚厂之气，则外朝不集。脚下无拦截之水，则内气不凝。

其形欲舒，其势欲迎。寂尔五事，炳然五行。黄帝作历，乾鹊推灵。巢开八干，太岁必扃。惟王建国，重离向明。窀穸之择，亦无出朱鹑之横。

朱鹑，午也。南北曰横。形指内堂，势指外堂，舒则不逼，迎则逆水。五事，貌、言、视、听、思。以貌为水，以言为火，以视为木，以听为金，以思为土。人始生而形色具，既生而声音发，既义而后能视，而后能听，而后能思，皆五行之所为也。人还元于五土，则五事俱无，然五行有不可泯灭者。黄帝作历，命大挠占斗柄初昏，所指月建，而以甲乙丙丁戊己庚辛壬癸十干，配子丑寅卯辰巳午未申酉戌亥十二支，成六十甲子，于是乎有岁。岁有其干，有其支。乾鹊得气之先知，天气主生，地气主杀。故巢开八干，趋天气也。岁支必扃，避地气也。王者向明而治，重明以丽乎政。窀穸之择，亦无如南向之为善也。

庚辛白虎，甲乙青龙。亶乎壬癸，重阴之元默。悖乎丙丁，阳宅之朗清。六相六替，或潴或萦。息道漏道，出入斯凭。流地重浊，流天轻清。驳杂则惫，真纯则荣。

此承上文南向而言，故庚辛为白虎，甲乙为青龙也。亶乎壬癸，是以壬癸为山，而葬则以山为重。悖乎丙丁，是不向于丙，亦不向于丁。是以午为向阳明，造作以支为用。故云"阳宅之朗请"。六相贵潴，六替宜去。息道内口，漏道外口，出入贵乎顺相替之理。葬以山论其相替，造作以向论其生旺，故皆以为凭也。地支重浊有杀，天干轻清有神，去驳杂而择真纯，得净阴净阳者，为理气之大纲。

乘金相水，木之所废。用木精金，土以雕弊。托土荫木，水之壅滞。导水沃土，火罹其害。得火雠金，水其既济。

金水到堂曰乘金，水龙得之以为相，而木龙废矣。木水到堂日用木，金龙得之以为才，而土龙弊矣。土水到堂曰托土，木藉土生，木龙得之以为荫，而水龙滞矣。水水到堂曰导水，土龙得之以为沃，而火龙灭矣。火水到堂曰得火，木龙得之以为济，而金龙坏矣。

樗里遗书，虢公著议。阳明黄钟，二用稍异。少阳少阴，黄钟始气。老阳老阴，阳明始著。区别阴阳，参错天地。二十四宫，以何为二十四气之所莅？坎离为阴阳之母，震兑为阴阳之至。二道流之，亦为权贵。元女之法，精积纯粹。不淫不妒，不蛊不沴。

阳明谓造作，黄钟谓茔域，阴阳之始萌曰少阴少阳，阴阳之既著曰老阴老阳。萌于八干四维，著于一十二支八干四维，黄钟之用也，一十二支，阳明之用也。黄钟用干，是阴以阳为德。阳明用支，是阳以阴为昌。故云区别，云参错，不专向论。壬宫为大雪之气，子宫为冬至之气。冬至一阳初生，故为阳之母。丙宫为芒种之气，午宫为夏至之气。夏至一阴初生，故为阴之母。甲宫为惊蛰之气，卯宫为春分之气。春分四阳方长，故为阳之至。庚宫为白露之气，酉宫为秋分之气。秋分四阴方长，故为阴之至。息漏二道，若流于四正之官内，有旗枪雷门二神，亦主有威权之贵。然在阳明得之，为更奇耳。在元女，惟取净阴净阳，无淫妒蛊沴者斯已耳。

故曰：二气五行，明堂无弊。三阳六建，分守四势。主束披裾，不割衿袂。应防冲突，肃其顾诣。左限奔欹，右防镵锐。前级唇蚋，旁拦肘掣。潴泄依囚，消长祥沴。生旺库墓，无伤无滞。其广如槃，其环如带。其横如舟，其圆如锅。轮乎其弓，急乎其弦。此所以分向背也。摆练之元，交牙石礲。不倾不露，二宅不二。

三阳，巽、丙，丁也。六建，艮，丙、巽，辛、兑，丁之六秀。《天玉经》曰：“六建分明号六龙，名姓达天聪。”六龙即六建。二气得阴阳之纯，五行合生旺之吉。又得三阳六建来朝，为明堂之最贵。

主山非明堂限之，则有披裾之嫌。应山非明堂限之，则有冲突之患。左右前三面俱欲圆净低回，流于囚谢。生旺不可有伤，库墓不可有滞。滞者，水积而不流，终是有流之迹。杨公云“库方来去，定非祥”也。如縏如带，如舟如锅，如弓如弦，皆欲其内弓而防其反背。至于屈曲交牙、不倾不露者，漏道之严密，冢宅无二致也。

是以五行兆，造合五土，以应五星，五祀至灵，降五福以及五世。盖明堂者，居龙之荡，应家之仪。二道者，阴阳之门户，祸福之根基。沃六相以反六替，破六相以反不利。虽然目观心觉，明白理仪，八干八卦，澄象作瑞，福善祸淫，各分司隶。如人之生，调摄荣卫，吐故纳新，饱甘泄秽。泄秽不秽，此节宣方药之备。表里清畅，曷常有阴厥、阳厥之憔悴。

五行具在五土之内，五福寓于五祀之中。而五土之荫，上应列星。五祀之灵君子之泽也。盖明堂水口，实家道祸福之枢机，要不外六相朝堂，六替出口，固心目可得而知焉者。然于八干八卦，湛然澄清，非无作瑞之象。第人之善者福之，不善者祸之。天又各有其司，人不得而私之也。然则人之为善去恶，如调摄荣卫者。然吐故泄秽，所以去恶也。纳新饱甘，所以从善也。水法之得，宜亦犹是也。又安有所谓不顺者耶！

噫！驻远势以环形，聚巧形而展势，藏苍墅以凋零，葬桥山而昌炽。浔阳之兴，兴于铺湖。江夏之败，败于倾逝。族党俱戮，破旺相之双宫。身名俱荣，转轻

清之六替。是特概举纲维，时调经卫。漏道天成，成龙所系。息道任术，尚在明堂之内。生旺涵养，轻清协利。横弯曲折，率由愚智。碛道泉行，远观心视。善其可昭，福不可恃。惟天惟善，萌于吾心，具于吾身。完于冥漠之表，著于先人之坟。

曰驻、曰环、曰聚、曰展，皆指明堂之妙。大舜南巡，崩于苍梧之野，葬于江南九疑，是为零陵。子商均封于虞，至陈而国除。黄帝葬于桥山，唐虞夏商皆其后裔。浔阳水分九派，水势铺江夏。江汉合流，水势急生旺。重在内口，为生旺，为轻清，为曲折，存乎人之智愚而为之。碛道即漏道，非人力可为，切不宜凭福恃势，漫加斧凿。而要为积善，足以补造化于不逮也。

支分谊台第十二

大块流行，明五行而性五常；元天尽变，藏六魄以示六宗。永没骨肉有情之徇，惟由春秋配祀而通。是以支分谊合之冢，乃不殽不羞之神。无所归宿，归五土以配五祀，认五正而通五神。五帝秉运，应五星或沴或祥。五福用威，转六极以舒以惨。送终追远，圣人之教化，与造化亦一理之中。

地维五气，天维六宗。人禀五行之气而生，死则魂气归天，体魄降地，无知而有徇。《钩命诀》曰："情生阴，欲以时念也。"故人鬼之接，亦惟春雨秋霜之祀而通。支分者，谓非其子孙。谊合者，昭穆之次序。其无子孙者，为不淆不羞之神，然其骨肉亦既归于五土，通于五神矣。则五方之秉运，莫不有其星而运之，或沴或祥，为舒为惨。论昭穆之序，必依其人而应之也。

舜禋于六宗。《祭法》曰：埋少牢。泰昭，祭时也。相近于坎坛，祭寒暑也。王宫，祭日也。夜明，祭月也。幽宗，祭星也。雩宗，祭水旱也。

是以支党兮，有三昭三穆亲疏之属。义合兮，无不传不嗣之宗。胶漆异产兮，且相因以济接。木异本兮，亦同脉理而荣春风。矧阳明九宫，尚缘黑白而证，螟蛉祝子，犹因类我而通。

三昭三穆，《礼记·王制》可考。九宫者：一白坎，二黑坤，三碧震，四绿巽，五黄中，六白乾，七赤兑，八白艮，九紫离，一定之位也。若上元甲子，则一白入中宫，二黑在乾六。中元甲子，则四绿入中宫，五黄在乾六。下元甲子，则七赤入中宫，八白在乾六。此在阳明造化而论，谓黑者可以使之白，白者可以使之黑也。

螟蛉，桑上小青虫。《小雅》云："螟蛉有子，果蠃负之。"此一节申明不淆不羞之神，必有其归宿。

呜呼！黄钟真宅，孝敬不忘。如伯有、良霄之魂魄，强死而精爽，至于神明。矧窀穸配五土以应五星，所以洞鉴于五星两曜者，抑象其衰旺朏朒而致吉凶，其六物，岂不及于六亲。故曰：造化者教化之本，教化者造化之因。

黄钟真宅，茔兆也。茔兆必乘黄钟之始气，故以名宅。朏，月三日明生之名。朒，朔而月见东方之称。六物，岁、时、日，月、星、辰也。六亲，父、母、兄、弟，妻、子也。五星，中镇星、东岁星、南荧惑、西太白，北辰星也。谓五土既应五星，则六物自及六亲。

圣人法天地阴阳以制礼乐，故造化为教化之本。天地阴阳不能越圣人尽性之中，故教化为造化之因。

《昭公七年·传》曰：郑人相惊以伯有，曰伯有至矣，则皆走不知所往。铸刑书之岁二月，或梦伯有介而行，曰：壬子，余将杀带也。明年壬寅，余又将杀段也。及壬子，驷带卒，国人益惧。齐燕平之月，壬寅，公孙段卒，国人愈惧。其明月，子产立公孙泄及良止以抚之，乃止。子太叔问其故，子产曰："鬼有所归，乃不为厉，吾为之归也。"太叔曰："公孙泄何为？"子产曰："说也。为身无义而图说，从政有所反之，以取媚也。不媚不信。不信，民不从也。"及子产适晋，赵景子问焉，曰："伯有犹能为鬼乎？"子产曰："能。人生始化曰魄，既生魄，阳曰魂，用物精多，则魂魄强，是以有精爽，至于神明。匹夫匹妇强死，其魂魄犹能冯依于人，以为淫厉，况良霄，我先君穆之胄，子良之孙，子耳之子，敝邑之卿，从政三世矣。郑虽无腆，抑谚曰"蕞尔国"，而三世执其政柄，其用物也弘矣。其取精也多矣。其族又大，所冯厚矣，而强死，能为鬼，不亦宜乎！"

释子位第十三

历在舜躬，尚不荣于再叶；妄加杨子，遽启争于三支。

大舜一子名商均，封于虞，东汉清杨子，始分子位。乾坤六子，三男三女，清杨子只论三男位，而三女何依。

商衢九男，而六男无位；黄帝五子，而二子何之。

二义申杨子之妄。

是以覆箕左而长庆偕老，倾斗右而少喜齐眉。未有阳倡而阴不和，男行而女不随。四体不能以相济，三形不足以相资。发将住，将不必论其根本。息道漏，道不复辨其兴衰。又岂知赫赫金乌，朔不忘于朒会；娟娟玉兔，望必照于扬辉。

覆箕倾斗，其形皆极圆净。左属长，右属少，偕老齐眉，皆根妇说。四体不全，三形不备，根本既亏，其他概可勿论。金乌合朔在一宫，玉兔相望在对宫，谓男女同在于一路也。

孔子居次而生东岳，文王在长而出西夷。连山渤海之先，乾水破生之长。紫微诸葛之祖，震流入庙之奇。

以天下之大势计之，东岳在左，属长，孔子居次。西岐在右，属小，文王居长。谓左右宫位之不足凭也。连山，艮也。渤海，吴也。紫微，亥也。诸葛之祖，武侯之祖也。连山属木，长生于亥。水流出乾，冲破生方，长子不利。三国吴长孙战蜀而死。亥，山震。水，木局。谓之入庙。武侯相蜀，称王佐之才。

历历考之而可验，一一稽之而不违。坎瘗乙行而并戮，辛竁丙注以咸禧，坤山坎水而中季皆夭，壬山丙水而长少皆嫠。曾无左右之区别，惟推相替之依稀。

坎山以乙为墓，行者言其来。辛山以丙为绝，注者言其去。坤以子为旺，坎为中男旺，又属季，故主中季皆夭。壬以丙为旺，丙属长男旺，又属季，丙在女宫，故主长少皆嫠。二山皆言其去，是专以相替论其菀枯，未尝以左右占其荣谢也。

彼有日角珠亭，四葬而满堂金玉。龙吟虎啸，双宫而夹道旌旗。鼠兔寒酸，虽艮丁而何益。日时孤寡，纵辛丙以奚为。

李淳风曰：八分相，八分命，八分坟宅，共凑二十四分乃为全吉。

余以为相者，人也；命者，天也；坟宅者，地也。二十四分之说，实兼三才。《果老五星》曰：命好星亦好，不发官者风水。果老则以命为人，星为天，风水为地。

日角者，左右日角为华阳，头为六阳魁首，此其一也。亭分天人地，三停珠亭者，圆亮光明也。声音在人为雷霆，宜清而长，响而润，和而韵。凡富贵之人，声出自丹田，故清长而响。小人之声，出自喉，故低而破。龙吟者，声清而长。虎啸者，声响而越。扶桑国有四葬法，投水流之曰水葬，投火焚之曰火葬，埋之竁穴曰土葬，弃之山野曰鸟葬。双宫谓癸丑艮寅甲卯辰巽丙午，午丁未坤申庚辛戌乾亥。亥，壬也。孤神寡宿，亥子丑命以寅戌为孤寡，寅卯辰命以巳丑为孤寡，巳午未命以申辰为孤寡，申酉戌命以亥未为孤寡。管氏重在人与命上。然相之与命皆由地生，其后日之富贵贫贱，不得于此而占之。

余尝论三才之道，地道为独重。盖凡在天之丽，莫不由于地。而人则有以相论者。有以心论者，有以命论者。然相生于心，心复生于命。命虽在天，其本则根于地。

此篇释子位而忽及于相，忽及于命者，何也？管氏之意，谓富贵贫贱尚有得之于天人者，未可以官位拘之也。

离窠入路第十四

待哺之雏，伏栖何鸣？起微之吠，党巷何声？发将之巅，块然何圜？结喉之关，混然何平？廪然何高，堵然何横？二气何仪，五兆何行？奇幻倏忽，易步分程。联镳附辔，并足争衡。向背无常，竞媚取荣。枝干相错，主客不明。降高就卑，怀私诡情。交横杂遝，似群羊之狠躅。纷纭退赴，若惊乌之翻翎。丑不堪于罗绮，暴不容于典刑。石刃㕒㕒，潦浏瓴瓴。列冈成川，围谭如图。势偾形僵，原隰窳砦。目选心观，勇退啬登。

此一节序其未离窠、未入路之状。待哺之雏，喻未离窠也；起微之犬，喻未入路也。山之起祖处，大都纵横奔放，若野马之不可控。盖其赋质粗暴，禀气刚烈。一任其颠蹶狂荡之性，大者奔数百里，小者亦或百里，然后得渐收其驰骤，观者难焉。

及其过将入路，则绦然远到，颖然自成。如绅如练，不伍不朋。一伏斯关，一起斯京。来绵亘而若委去，将降而复腾。天虽浑之已凿水，犹摅而未凭。

此一节序离窠之状。颖，百谷硕而垂末也。摅，舒也。过将，言其断而复起也。绦然则有欲敛之意，颖然则有欲聚之形。如绅如练，言其摆荡不迫。不伍不朋，言其主从分明。一起一伏，降而复腾，亦有似乎落矣。但去水未交，其脉不止，须俟之结咽之后耳。

至于住将结咽，后欲绝而复连。乘宗继体，前若去而不扬。隙忌内损，荡防外伤。八屯峨峨，一弦洋洋。禽飞轩轩，兽走趯趯。辚轺耳鼻以为象，蜿蜒蝹蜦以为龙。尸其不走，洿其有容。夹左右以拱辅，固门户以关防。宾端崇而特立，仪至止以深藏。

此一节序其入路结作之状。咽之细极处，似乎欲绝；体之欲止处，去而不扬。隒内损则气库漏泄，荡外伤则客气侵凌。八屯言八方，若有屯兵立垒之势。水城既限，则有若一弦之平也。禽飞轩轩，羽翼之轻举。兽走趯趯，爪牙之威布。敦庞环顾，有似象之形。曲折委蛇，纯乎龙之体，不走脉之息也，有容穴之场也。左右门户关防，宾主威仪顿肃矣。

阴造流清于西隅，阳灵经曜于东方。辨宫位而五精斯允，涓时序而十日孔藏。故曰：隐隐一丝，而崇冈远到；堂堂临幅，而星拱辰居。重关袭固，冲刺是虞。应成象于上元，校五运而害除。是则住将过将之昭昭，吾思得而忽诸。

阴造，龙之右旋，结者水必西流。阳灵，龙之左旋，结者水必东去。五精，五行之精，无驳杂而纯粹者。十日，十干也。龙要合其时序，时序要在十日之内为最吉。盖宫位二十四字，一宫恒占三候。五日为一候，三候得一十五日，则十日在十五日之中，乃得其气之至正，故曰“孔藏”。

隐隐一丝，非崇冈远到者不可得，盖必由发将而后有过将，有过将而后有住将，有住将而后有隐隐之一丝，有隐隐之一丝然后有堂堂然之临幅，而星拱辰居不特此也。外必欲其层叠以为固，尤必防其冲刺以为虞。五气无不应于苍穹，更以五运较其生克，而表里之法始备。此住将之必由于过将也。可忽乎哉！

形势异相第十五

至哉！形势之异相也。远近行止之不同，心目之大观也。瞻明元妙之潜通，虽流于方者之术，必求乎儒者之宗。相形势之融结，致星辰于渺茫。

通世但占形势，不识星辰。抑知星辰，即潜在形势之内。故通天地人曰儒，庶于理兼有贯焉。

势必欲行，行则远远而腾踪。形不欲行，行则或西而或东。势不欲止，止则来无所从。形必欲止，止则洿而有容。形不欲露，露则气散于飘风。势必欲露，露则气寂而不钟。形必欲洿，洿则气聚而有融。盖形者势之积，势者形之崇。彼有左右之势，以从中而卫穴；面前之势，以朝穴而应龙。

势言其大者，形言其小者。势欲其来，形欲其止。势不畏其露，形惟贵于洿。盖左右前后皆势也，而形居势之中。故曰“势之积”。犹积气成天，积形成势也。

外势欲圜，内形欲方。

外圜则无不顺，内方则无不正。

宗龙之形，如花之的。骑龙之形，如宇之堂。的承跌萼之正，堂居门仞之防。攀龙之形，如人卧之肩井，如鱼奋之囟鬣，皆随其趋向，而横应偏旁。承龙之形，如心目之顾礵，如日月之精光，皆引其来历，而宽接窊藏。

凡穴惟宗龙者为最正，故以花萼之的为喻。骑龙有三十六座，如宇之堂，概言其藏蓄之深，均以去者为案，故取其门仞为防。攀龙即横龙，贴脊穴，其砂水在于两旁。承龙一穴，非潜心远到，往往易于忽过。盖其势落平洋，无踪可寻。到穴场上，惟有一段不可移易之意。但来历易于走失，须循根引去，接于洿荡之间，乃不失真气所在。宽字对承龙说，大有理会。

如世族之居兮，门仞之高者，莫睹其堂奥。如大席之设兮，宾主之交际，以尽其温恭。如荒园败圃兮，藩篱圮坏者，来往之冲蒙。如巨翁权勋兮，必森翼卫而环左右。如藏宝积粟兮，必厚蕴藉而峻敖仓。故曰：蟠根固本者，枝必茂乎乔木。夹辅礦流者，形必就于真龙。惟知形势之异相，然后可以辨形势之吉凶。

极言形穴之妙，门仞喻其内案之深邃，宾主喻其应对之尊严。如荒园败圃，喻其窝窟之有弦棱。如巨翁权勋，喻其拥护之成行成队。如藏宝积粟，断不居空虚广漠之场也。凡此者，皆由于根本远大，故其枝叶蕃茂而具。此结构之形外有龙，无枝脚而众水夹辅，独就于一龙者，又不可谓其根本非厚。此形势之各异，其相有如此。

朝从异相第十六

《易》曰：“安其身而后动，易其心而后语，定其交而后求。”此宾主交情之道也。绵其势而后形，真其气而后乘，得其应而后迎，此山冈应气之说也。山冈以宾主为相应，气取交情之合仪，则朝龙之义，已无违矣。

此一节言朝山与主山，原是共祖同宗。故未作穴，先作朝。大都朝山左旋，主山必右转。主山左转，朝山必右旋。为阴阳相见之义。而此以宾主为相应，谓非其主即不得有是宾也。

《易》曰："云从龙，风从虎，圣人作而万物睹。"夫教化之行，如云之敷，龙从而升；如风之动，虎从而鼓。四势三形，必应其主。故曰：主山降势，众山必辅。相从之义，莫之能御。

此一节论朝从山，即如云龙风虎，皆是不期然而然。故王者之兴，其间名世之臣，亦是一气生成，非可强致而后知。众山之辅，原自主山分布，将来其孰能御之也。

山必欲特，特则不群。出类拔萃，稠众难伦。山不欲独，独则必孤。流落踦旅，宗党无徒。山不欲多，多则无凭。乱臣贼子，朋伍纵横。山必欲众，众中有尊。罗列左右，扈从元勋。山不欲交，交则必斗。山必欲锁，锁则不漏。斗漏之辨，相击相须之候。山不欲垂，垂则尖利。山必欲降，降则势止。垂降之辨，得气脱气之谓。

此一节论主山特与独异。特者，众大以小为特，众小以大为特之类。独则四面一无伴侣，徒受风吹。多与众异，多者山在未分之时，众则其间已有。独尊者，存交锁垂降，言主山左右之二臂。交者相为抗拒，锁者相为纽会，垂者峻削而直硬，降者坦夷而有容也。

穴必欲正，正则当峰。穴不欲偏，偏则半空。正偏之辨，旁肩宗的之功。辨其巧拙，审其轻重。在心目之自得，非口耳之所能。

此一节论穴法正者，其脉方贯。偏者，其气不注。此云当峰，曰半空，则又论其势之正与不正也。盖峰有与的相应者，有与的不相应者，必以的之正为至正，若旁肩则非的之谓矣。故巧拙轻重之辨，存乎其人之心目耳。

故曰：日者目，主者福。主当坏，凶术会。主当侯，吉术投。主祸生，日者盲。惟家积善，寻龙龙显。不善之家，得龙穴差。

此一节承上文而言之。穴法巧拙轻重之妙，不可以言传，则日者之有其吉者，必有其凶者，谓人不能并臻精妙也。惟在我以安其身，易其心，定其交，而天下之吉术至矣。天下之凶术远矣，又安有寻龙而龙不显，得龙而复穴差也耶。

精神端秀，乃朱扉画栋之阡。气概雍容，必金马玉堂之兆。烟云聚散，而一水盘澄。日月升沉，而列冈城绕。

此一节统言其主从穴法之气象。精神端秀，谓地之小者。气概雍容，谓地之大者。烟云聚散，不言在山。日月升沉，不言在水。见天地之相，为弥纶也。

吉凶虽系于神持，善恶必由于人造。固无克应之方期，亦或相符于微渺。况慎终之大事，何惮择理义之术，以全天巧。

此一节归结于人之为善。言人果能积德累行，自然有吉无凶，神亦不得而持之也，盲术能会之乎？天巧，穴也，与上文巧拙字相应。则知理义之术，心目自是双清，非庸人得窥其涯岸矣。

三径释微第十七

世之寻龙，惟知辨形，不知原势。辨形则万端而不足，原势则三径而可殚。辨之则易，原之则难。矧三径之出乎三奇之原，有全躯之统，有分支之应，有隐伏气脉于连臂之间。

前三奇曰赴、曰卧、曰蟠，此三径曰全躯，曰分支、曰隐伏。三奇言其来，三径言其止。

故，远奋天边，踪迹已形于过脉；近藏道左，户门不暴于行人。此全统之势，必住形于结咽之悭。群羊入牧，顾狼逸于败群；一马鞁鞍，审阽危于切辔。此断续之势，必住形于结咽之宽。舟逐晨潮，目注来迎之楫；鱼游春水，钓连不断之丝。此晦迹微踪之势，则不待于结咽之完。

远奋天边，言其来历之崇峻；近藏道左，言其结作之深邃。踪迹之见于过脉者，即中过穴结于中，左过穴结于左，右过穴结于右，回过穴结于顾祖也。户门不暴于行人者，以内则有堂，左右有垣，前有屏，后有障也。顾狼之羊，其首皆顾于狼，而狼为受成之地。切辔之马，首左回者，穴必居右；首右回者，穴必居左。情注一旁，当头不可下也。舟逐晨湖，则舟为潮之特，楫为来历之迹；鱼游春水，则水为鱼之地，丝为接引之踪也。三者一结于咽之悭，一结于咽之宽，一不待于咽之完，盖全躯之统，其势既磅礴奔放，非极细之咽不能括尽其气之大。至于分支之应，其正者出为全躯之统。因其气为极盛，故又分出一队为梅花，为串珠，为走马金星之类，结于咽之宽者，其极细之咽已统于全躯也。至于隐伏之脉，其气收敛潜伏，若龙蛇蛰藏，气无他泄，则不待于咽之完，而气自全也。

如飘云出洞，如驱鹿下山。其翩翩片叶，必趣于一阵。群队千百，必随于一

奔。如蚓沿壤陌，如蛛丝画檐。如帛之纹，如水之痕。若起而伏，若断而连。惟心天晓辨，目力瞻明，势不累形，形不累茔，是以日者得其法程。

此一节统言三势之来。累，罣也，增也，叠也。如飘云出洞，言全统之势，其将落处，悠扬不迫，惟见一片阳气冲和。如驱鹿下山，言断续之势，即分支之应也。如蚓陌、蛛丝、帛纹、水痕，言晦迹微踪之势，即隐伏之脉也。势降处成形，形止处成穴。势不降则形不成，而势累形。形不止则穴不成，而形累穴。势累形者，不见其脱落。形累茔者，窟突之无分也。

然住形之相，惟贵容穴之安。如珠之贯，如璧之联，如龟伸颈，如鳖伏圜。或傍于足，或安于肩。是以崇雄之冈，其住欲巧。稠众之冈，其住欲专。隐隐微微，其降既弱，其住欲端。蜿蜿蜒蜒，其势既横，其住必旋。

此一节统言三势之止，安字有自然之妙。珠璧皆圆物。龟鳖，圆而扁者。如珠贯璧联，则安于足。如龟如鳖，则安于肩。崇雄者，其势拙，故欲巧。稠众者，其势乱，故欲专。质既隐微而弱偏，则有注不注。体既蜿蜒而抱住，必其势周旋。崇雄之冈，言全躯之统。稠众之冈，言分支之应。隐隐微微，言隐伏之脉。蜿蜿蜒蜒，言伏其气于连臂之间。

故曰：祖强宗强，立已善良，子孙其昌。

此全躯之统。

宗虽分派，祖德未艾，子孙必大。

此分支之应。

发迹虽凉，承世延长，声闻远扬。

此隐伏之脉。

祖没宗茂，一代之富。祖荣宗煜，富贵奕叶。子孙迎迎，宗祖绳绳。宗派降势，祖本山沴。一代小康，宗派降势。祖本山顾，光大之葬。亡祖失宗，望人门户。背祖弃宗，南北西东。

此一节合三势以言其异。山行益后，穴为己身。穴之后为宗，宗之后为祖。故宗主一代，祖主两代。穴之前为子孙，应案明堂是也。子孙迎迎，由于宗祖之绳绳也。其亡祖失宗者，大约与山不甚相远，特祖宗不与之相应耳。若平原不见有山，不可以亡失其祖宗论。其背祖弃宗者，皆处于山水之违。

四势三形第十八

左数奇兮右数耦，前属牝兮后属牡。奇牡兮男子之象，牝耦兮女子之道。胜于一偏兮，鳏寡之所由。完其四面兮，男女之偕老。不集不应兮，五气散于八风。或逼或沉兮，三光囚于五造。惟三方稠密，以舒以容；一水平蓄，以关以防。发越精神，融结气概。故能居尊于后龙，吉凶尽属于前对。

天定男女，以乾坎艮震属男，巽离坤兑属女。此云左奇右耦，前牝后牡，惟南面者为然。盖南面则左震右兑，前离后坎也。若面北者则左兑右震，前坎后离矣。而男女皆非其位。此云左胜则伤妇，右胜则伤男，前倾则为鳏，后脱则为寡者，惟在人以消息之耳。四面喜其集应，然忌沉逼。以舒以容，见其不囚。以关以防，见其不散。

是以蚁蚁绳绳，以属其的，低结盘窝。蜂蜂旅旅，以罗其旁，高藏壶荡。进前势以若斗，退却立以惟恭。集左右以为辅，峻门户以藏风。故曰：三形卫其元室，四势卫其明堂。如展屏，如列城，如覆釜，如悬钟。惟驻立顾中，而无驰逐离去之意，则为佳城之藏。又何必如旗如纛，如笋如锵？

蚁蚁绳绳，言似蚁之相续，不断以来。蜂蜂旅旅，言似蜂之行列，成陈于外。盘窝结得浅，壶荡结得深。进退指朝龙欲进而却之意，左右为门户之根，水口严风无从入之理。元室，穴也。元室在三形之中，明堂在四势之内。方者如屏如城，圆者如釜如钟，皆列于三形之外者。情贵顾中，不必定求其如旗纛笋锵之尖锐也。

又况四势不同于远势，在明堂四势之间。三形岂具于成形？系元室三方之内。内而三形，应水以精神；外而四势，得水以气概。

千尺为势，非数里以外之势。百尺为形，非昆虫草木之形。精神气概，以见其远近大小之不同。然非得水，未易臻于妙也。

日者之目，不可以色。主者之心，拘而致害。主者之心，拘于利害之中，而目已自蔽。日者之目，则习熟达观，而利害之不系。即文钱以贯之，则吾之方寸晓然而开，释然而快。贯之之方，则安之而不摇。文之之圜，则流之而不碍。是四势三形，与文钱而义契。

文钱孔方而外圆。内方喻我之方寸，不可以利摇；外圆喻我之涉世，不因以物

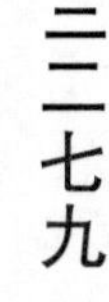

滞。四势欲其外圆，三形欲其内方，是又与文钱之义无二致也。

相之曰周，其圜外巡。浮鳖以如盘，即之方中审，弹虾而拱笏。

鼓爪曰弹，此释外圆内方之象。

旧注曰：肘之外曰浮鳖，腕之内曰弹虾。

又曰：外如龟，内如月；外如壁，内如窟；外如墙，内如室；外如趋，内如列；此内外之辨，寻龙之大率。

户内之方者为房。内外之辨，当是外环而内房也。

后如至，前如趋；左如勒马，右如游鱼。后如蜈蚣，前如凤龙。左如虹，右如弓。此四势之城，三形之墉。

先言其后者，以来龙为主，次论其朝，又次论其抱也。

后来前斗，左右宽揍。此四势三形，发力之候。

宽揍见其内之有堂。

后卧前耸，左回右拱。此三形四势，居龙之荡。

来龙平伏，而四面环耸拱揖，亦即正龙，身上不生蜂也，非常贵格。

已上四势三形之吉。

后来前去，后住前渡；左屈右伸，左集右分。此三形四势，脱水之因。

众山止，则水无不止。有一山之不止，水便因之去矣。

后瘦如丁，前乱如星；肘反如弓，腕直如筒。此三形四势，脱源之穷。

上言脱水，此言脱源，源在山谷之穷。

背后分枝，面前分蹊；左如梳脑，右如篦眉。此三形四势，失水而脚不齐。

水能限山脚之披离。水一失，便莫得而禁山之往矣。

背后如伞裥，面前如牊板；左去如出军，右去如奔群。此三形四势，逐水而脚分。

伞裥牊板，其水路分析丛杂，如出军者不止也，如奔群者不顾也。上言失水，此云逐水。失者自不能守，逐者自为之驱。已上言三形四势之凶。

故曰：丫叉双胖，目迷争主之乾流。曲尽交头，心著抱身之澄绿。

此一节归结于穴上说丫叉者，脚直而不交。曲尽交头，左右得阴阳之会。一是争主，一是抱身。争主者砂，抱身者水。然水非砂之曲尽，亦无从著其抱身之澄绿也。

盖，前凶已秽，后吉难濯；前吉已薄，后凶易剥。故曰：襟江带湖而意不投，町疃鹿场而意自乐。

前面砂水既凶，后龙虽吉，亦难以洗涤其污秽。前面砂水虽吉，而吉者不能敌后龙之凶，其凶更为易致。故襟江带湖者，非不吉也。设后龙之意有不投，反不若町疃鹿场为可乐也。盖町疃鹿场虽不能若襟江带湖之美，而后龙之根本则吉，又不当以鹿场之乾流而弃之。

远势近形第十九

近相住形，虽百端而未已；远求来势，得九条而可殚。必限发源之水，始匡入路之山枝节一寻，取八尺则侵本干。阴阳五运，穷六气以及黄泉。参五行二气之法，何九宫八卦之翻。将格五灾之鬼，当明一理之元。

近者言穴，远者言龙，九条详见下文。发源之水，由祖宗处分来，至结穴之所为之一限，而四山始得，皆正一寻八尺也。穴在枝节，八尺以下扦，八尺之上则伤。龙侵干五运，阳年太过，阴年不及。葬必论五运之盛衰，更推其司天在泉之气，而生者得勿杀，长者得勿罚，化者得勿制，收者得勿害，藏者得勿抑，而五气以平。行灾五鬼，不知五行二气之法，惟以九宫八卦为翻，今欲起而正之，当溯源于其理之最始。犹之论近形者，必先之远势，庶乎得其要焉。

指之曰：来势为本，住形为末。知本知末者，则可以知龙之发将。发将如飞潜之队，如奔走之群；如水通脉，如火得薪；如织之幅，如植之根。植不根则枯，织不幅则棼；火不薪则灭，水不脉则干。禽不队则散而不续，兽不群则乱而不驯。

此示五鬼以一理之元，势为形之元，形为势之理。理虽散于万殊，元则统于一致，而后知发将为龙之元。龙非发将，无以见其来。发将非形，无以会其止。则凡形之止也，非形之自为止也。而元实先得乎止之理焉。

通显一邦，延衮一邦之仰止；丰饶一邑，彰扬一邑之观瞻。

一邦有一邦之仰止，一邑有一邑之观瞻。此即一万之发将，而即为一邑一邦之元也。又谓之镇星。

势强宗祖，形繁子孙。潇湘断九疑之脉，而苍梧末代。涧瀍瀯中岳之源，而洛阳少年。势如云叶随风，翩翩尽至。形如浪花触石，折折俱还。

子孙者，应案明堂也。应案明堂不能自生。由形而生，形又不能自生，由祖宗而生。则潇湘断九疑之脉，祖宗之力至此绝矣。安得如中岳之渊源，有自出为成周之都会乎。云叶、浪花二义，言理所必至。潇者，水清深也。《湘中记》曰："湘川清照五六丈，下见底石如樗蒲。"

苍梧之野，峰秀数郡之间。罗宕九举，各导一溪。岫壑负岨，异岭同势，游者疑焉。故曰九疑山。大舜窆其阳，商均葬其阴，山南有舜庙，前有碑文，字缺落不可复识。自庙仰山极高，直上可百余里，古老相传，未有登其峰者。

涧水出新安县白石山。《山海经》曰：白石之山，惠水出于其阳，东南注于洛。涧水出于其阴，北流注于谷。《地理志》曰：涧水出新安县东南，东入洛，是为密矣。《周书》所谓"卜涧水东"者，此也。

瀍水出河南谷城县北山，东与千金渠合。《周书》曰"我卜瀍水西"，谓斯水也。又东过洛阳县南，又东过偃师县，又东入于洛。

中岳嵩山，居洛阳东南巽地，秀气相望。

是特探索其迢迢来历，熟习乎清浊盛衰之端，固不及乎混沌初起之鳌屋，亦不论其成花著实之甘酸。即一龙如生之，想而证之。镇头坐穴者，必无斩颈之坟。

已上不过言其势之所自来，以观其阴阳强弱之自始，不言其势之至远者，亦不言其形之至近者。大概即如一龙之卧，断不至于斩颈之坟。其取八尺而侵本干者，可以悟矣。

曰降龙者来迢迢兮，垂云际而襟沧海。

降龙穴在云际，以沧海为襟，期高处无水，自必以远者为应。赖氏曰"穴高朝流要长远，富贵易致人安康"者，此也。

曰腾龙者来迢迢兮，耸端秀而起江干。

腾者自下而升，故曰耸。

曰蟠龙者来迢迢兮，环首尾而枕澄渚。

首尾交顾曰蟠。

曰出洋龙者来迢迢兮，脱云雾而奔清渊。

出洋者，离山既远，如过海之船，出林之兽。

曰卧龙者来迢迢兮，面环净而绕长湾。

形卧者，攀其肩井，一日攀龙。

曰生龙者来迢迢兮，奋鬐鬣而跃横川。

鬐、鬣，龙身之墩阜也。

曰飞龙者来迢迢兮，展羽翼而鼓波澜。

开瀞展翅曰飞。

曰领群龙者来迢迢兮，统行队而饮清泉。

群龙，众支中之一龙。

曰隐龙者来迢迢兮，伸臂掌而仰金盘。

隐龙穴在水分水聚之中。金盘仰掌，其水聚之中也。然须辨阳会阴流。

已上九龙，均不能无水以为止。

小水夹左右，大水横其前。是以山者龙之骨肉，水者龙之气血。气血调宁而荣卫敷畅，骨肉强壮而精神发越。寻龙至此，而能事已毕。

骨肉非血气则枯，龙非水则精神无以发越。

三形已具，而四势未列。盖明堂之水，横而间截。或发东而归西，或西源而东没。水内三形，水外四势。此应案元室，有宾主之别。

上言远势皆自后至者，此言其势之在前者。

或蟠龙顾尾，则内壶井而外海府。明堂大小，而分两节。

壶井言内堂之小，海府言外堂之大。

或案外隔绝，水之朝宾，气已前脱。是则气血不通于龙骨，而寻龙之所不悦。

案外隔绝，是内水不能与外水相通，发源之水不能与龙骨相呼吸，在所不顾也。

又况华盖之顶，谓之盖穴。虞其气散，欲其咽结。结咽过关，系道不绝。何五行辨其相替，何二气忌其悖逆。

前言四势之见于远者，中言三形之见于近者，复言四势之见于后者，恐人徒贪明堂案应可观，而不明后龙盖穴之旨，故复提华盖之顶。后欲其咽结以为真龙止穴之要害，夫而后可以辨五行之生旺，分二气之纯驳矣。盖龙穴不真则五行二气皆所不论。此一理之元，又在五行二气之先，非五鬼所得知也。

盖葬者脈黄钟之妙造，故防其淫防其蠹，于血气未定，而阴厥阳厥。行灾五

鬼，急先营主之赃。诞立九宫，创立变宫之诀。

黄钟不生于子，而生于壬之中，则阴阳之始气，在八干四维之内，取黄钟以概其余也。阳明论向，黄钟论山，防其淫蠹，在结咽过关一节。盖结咽过关，穴之受胎处也，胎纯则无不纯，胎驳则无不驳，而黄钟之阴阳，又随结咽过关之阴阳以定，而五行之生旺亦于此得之矣。

应案第二十

应案之势，其实则一；应案之形，其说有二。如主客逢迎，情意酬酢，一降一趋，以周以致。如男女配耦，阴阳倡和。一刚一柔，以伉以俪。方诸日月，水火既济。

一本作“玞璲明鉴，应日月而水火交孚。璞玉丹砂，出岩石而红霞既济。”

此应案之势，其实一致。如主客设席，对席敌礼，情意欢洽，既醉且饱。如男女威仪，巾栉内外，合卺齐眉，以淑以懿。案外之应，应内之案，小大之水皆和应。案而至此，应案之情，其何以异。

应者，外应也。案者，内案也。穴之与应，如主之与客。穴之与案，如男之与女。其外内远近虽二，其于情意欲欢洽则一也。盖真应真案，必有两水夹送。将来特水，有小大之辨。故《古诀》云：若是真时特来也。特来，则两水相夹之义自可见矣。

又况东南险隰，西北夷易。在险隰则应案端巧，在夷易则应案真贵。故目之曰应龙者，客气欲宗于主气，客势亦宗于主势。贵应则不常，而应在案外。然大地无形，小地无势。大势之地，如万乘之尊，向明而治，执圭秉璧以论道。经邦者，则不异其设筵之意。惟正履端操，死节守义，朝拱主心，无他心异意也。故樗里目之曰朝龙者，不无所谓。

险隰中不难于案应，而难于端巧。夷易中不易有案应，有案应者便为真贵之应。盖大地无形，在夷易处多，其夷易中得连城倚廓者，尚且贵不可言，况夫执圭秉璧者之无他心异意乎？故樗里命之曰朝龙者，与应龙当又有进应，取呼应而集之朝，则有束带立于朝之义，不易遘也。

李淳风曰：古人以向首为斗龙，至樗里子，谓斗字虽取相对之义，然有斗敌相拒不和之意，故易之曰朝。

第七章 堪舆汇考七

《管氏地理指蒙》三

拟穴第二十一

藏穴配神，返始五行之造；封坟积气，发挥列宿之临。乘其势之至止，拟其穴之浅深。浅不浅于太阳，深不深于太阴。浅不浅于露，深不深于沉。惟观其至止而搜寻。

方葬之期，为五行始立之日。既坟之后，即列星昭应之年。李淳风曰：太阳，顶也。太阴，足也。高为太阳，低为太阴。太阳气浮故宜浅，太阴气沉故宜深。郭氏曰：藏于涸燥者，宜浅；藏于坦夷者，宜深。涸燥，高处也，即太阳。坦夷，平处也，即太阴。郭氏又曰：地有吉气，土随而起，其起处即露处，宜浅。平原龙伏地中，其伏处即沉处，宜深。管氏恐人徒究浅深，不明穴法，特揭出“至止搜寻”，庶于穴法既真，而浅深不致无据。

窊洿之止，止于握口。降伏之止，止于掌心。掌心之深，深于捧璧。握口之浅，浅于攫金。金藏木，舌含无浅唇之露；玉蕴龟，纹洿无伸臂之侵。浅于跗武，深于肩坳者，形必指于走兽。浅于膊翼，深于背崦者，形必指于飞禽。浅于股者，钗脑之不的。浅于钥者，柜角之不擒。深于柁者，船首之不载。深于弝者，弓臂之不禁。吾方举一隅以示古，子期反三隅以通今。

握口较掌心稍高，窊洿而扦于掌心，便脱真气。握口之义，缩杖类也。掌心较握口稍卑，降伏而扦于握口，便犯真气，掌心之义，缀杖类也。掌心属阳，宜深，捧璧得四尺以上。握口属阴，宜浅，攫金得二尺以上。金玉皆指骨言，藏蕴犹言葬也。木舌龟纹，一言其属阴，一言其属阳。兼言其含者不得有唇之露，洿者不得有臂之侵。跗，足背也，跗武，为足所蹈之迹，迹之浅者。肩坳则深于跗矣。髆翼处薄，背崦处厚。薄者宜浅，厚者宜深。钗股当深于钗脑，今浅于股则深于脑，而脑反觉其不的。柜钥当深于柜锁，今浅于钥则深于锁，而柜反为之不擒。柁与船首适得其平，弝与弓臂，其力有定。触类而长之，存乎其人耳。

是知既有浅而有深，必有正而有辅。曰顙曰鼻，则镇头而正坐；曰耳曰颐，则辅穴而宽取。如驼则镇肉鞍而坐肩顶，如人则坐脐腹而案膝股。然万变不足以尽其形，一窍岂可以窥其髓，难乎！穴法之不可以执一也。

辅者，旁穴也。顙鼻，处人之至中耳。颐皆在一旁，故日辅。宽，缓也。穴法有宽有紧，曰宽取者，不欲其急受也。辅穴当紧，取此云宽取者，误。肉鞍曰镇，在坐之后；膝股曰案，在坐之前。

端巧之精神，容受之气概，求之不得，不习于目，目之不得，不灼于心。目熟其形，心研其极，目会于心，心顺于目。相通不间于一丝，相应不留于一息。故曰：拟穴之道，心目之巧。拟穴之要，心穴之妙。

精神气概能会于心者，穴自不逃于目。其不得于目者，由于不得乎心，然心不自阅历中来，心无由得明，目无由得清也。

是以或结于阜，或结于洿。形接于目，而浅深之法已灼于心。或结于冲。或结于闪。形接于目，而逊避之法已灼于心。或结于纵，或结于衡。形接于目，而乘倚之法已灼于心。或结于正，或结于辅。形接于目，而宽紧之法已灼于心。或结于枝梢，或结于丫蒂。丫蒂以枝梢为左右，枝梢以蒂丫为的额。或结于盘胯，或结于胸乳。胸乳以盘胯为应案，盘胯以胸乳为扆盖。故凡隐显之形而著于目，则元妙之法已灼于心。心目著灼，利欲不淫，则一区之穴，活龙之针，或心逃于目，目昧于心，心目俱丧，利欲相淫，则一区之穴，屠龙之针。

阜不宜深，洿不宜浅。不结于冲而结于闪，则冲处宜逊。不结于闪而结于冲，则闪处宜避。南北曰纵，纵者宜乘。东西曰衡，衡者宜倚。正宜缓受，辅宜急取。正如鼻顙来气无偏，故欲缓。《寸金赋》曰：直送直，奔有气。要安无，气辅如。耳颌来，气旁注。故欲紧。《寸金赋》曰：横担横，落无龙。要葬有，龙冲闪。与正辅相似，但冲则气猛，正则停蓄，闪乃侧落，辅乃边收。穴结众多处，始有枝梢

丫蒂之类，盘胯胸乳之形。见于上下者，彼以此为用，此以彼为主也。凡形皆隐者多而显者少。显者，即中人皆得见。隐者，非上智不能知。况天下之庸术多而吉术少，显者尚不能察，矧隐者乎？龙之不为，其所屠者寡矣。

吉术规模，想英门之丰采；赃奴举止，伤败叶以呻吟。又况一龙成形，故多穴法。一穴得气，余脉不穿。故曰：住势成形，结穴难探于一脉。乘宗得气，孕和忌脱于八元。拆字详贫于分贝，屯兵失律于争权。惟忌兔唇之直裂，不关蟹眼之横联。

吉术能活龙者，赃奴能屠龙者，穴法虽多，正穴止一。一穴得气，余脉不穿。杨公以一瓶为喻，一瓶分众小口喷水，而水从众小口出，若放一大口出水，而众小口皆不出，余脉不穿之谓也。一脉者，即八元之一脉，而八元又各有其一脉，是元出其脉而脉统于元。但脉则甚微，而元为最著。分贝为贫，屯兵失律者，是分散其一元之气，然惟兔唇之争主者为然，若蟹眼内顾，而左右、脚横联绕抱，虽曰分劈，实为我卫，不得谓分贝争权也。

李淳风曰，元者，头也。百骸四体，气血所会，有元首之义。凡住形结穴，必取来历，远到落头端的。若分派，如钗股，如材扛，如丫叉，如厎板，皆气之散处，不可穴。

又曰：东南峭秀，龙成一穴，而气脉无余。西北宽平，穴在比肩，而风水皆集。经常之说，虽口口之能夸；机变之微，岂蠢蠢之可及。

峭秀故多文章誉髦，宽平故产圣贤豪杰。惟峭秀则气单，遂无余穴可袝，惟宽平则气博，其比肩皆得有气。机变之微，穴法之变幻靡常也。

搏如俞公，而不免坤突。智如石氏，而不免淹湿。

萧吉曰：昔白马寺俞公卜基为水所坏，石涓卜陈留仓基为水所没。然二人者，皆博学，世代之术，而俱不免有此。

伤于妊者，未明于腹乳。迂于项者，尚辨于咽喉。穴不结者，如当檐之堵。情不住者，如出港之舟。案外见洋，高既危于激脚。钳前逼案，低又蔽于埋头。

妊居腹之中，腹之刚饱处是妊，乳则柔软如垂髻。乳可安，腹不可剖。项当曲会，以首为顾。咽喉如杵握无情。当檐之堵，脚下一无兜收。出港之舟，全身尚在游动。案外见洋，尸同暴露。钳进逼案，坐若井中。

李淳风曰：内案低伏，穴场高露，隔沙见外洋流水。故曰“激脚”。案外通透，冲心散气，风吹不融结。

然势分则形不住，形分则穴不居。并头之住谓之争主，岐头之住谓之分途。形既不住，穴不可寻。左不结于拓弓，右不结于刺枪。左不结于断蛇，右不结于劈畚。前不结于直胖，后不结于横琴。结不结，鹅头牛鼻；结不结，鱼尾鸡心。

并头岐头，皆谓其形之分。拓弓左手必直，刺枪两手一顺。情或在左，而左如断蛇者，委靡而死缩。情或在右，而右如劈畚者，懒坦无兜收。前之直胖，穴不可容。后似横琴，脉无从至。鹅头细饱高危，牛鼻风吹水劫，鱼尾两宫砂反，鸡心突小难藏。

穴之不结，形之不才，窟不可造，的不可培。骑龙分水，秖因势而并；钳口吐舌，秖因形而裁。

穴生于形之中，形不成穴，自不可得，后世遂有造其窟培其的者。然骑龙分水，去山掉转为案，窟居于势之中。钳口吐舌，重复结顶成形，的出乎钳之外，不可谓其不才而弃之。

山岳配天，高下已基或开辟。精光应象，星辰常发于昭回。清浊先著，吉凶有媒。惟记坟而列树。按小往而大来。势就形全，寓軀宫于执福。穴逃水脱，得分野于司灾。然则坟不必封，坎不必掩，安安恬恬，以基六极之胎。盖古有寻龙之伎术，而无造龙之匠工。功高大禹，导洪水必因山川。罪重蒙恬，筑长城而断地脉。夷险可篑，法何取于寻龙。真积自天，气徒伤于凭力。嗟丧家之荒冢，役何限于论千。仰昌族之先茔，工尚悭于计百。

山岳之高下，原自天成，故其精光，上应列星，得于清者吉，得于浊者凶，所固然也。既坟之后为，阴往阳来之候，而执其福，司其灾者，即寓于某龙某水之中。若以为灾福无关于宅兆，则坟亦可不修而任其六极之遭矣。第古有寻龙者，而无造龙者，惟因其自然之性，损者益之。如禹之治水，行其所无事，若生生培的造窟，亦何异蒙恬之筑长城，断地脉也。盖高下既可以篑而成，则不必有寻龙之术，而抑知其基于开辟者，天不可得而为之也。往往见丧家之冢，侈役客土，奚啻千万。而昌族之茔，小有未全者，百工曾不及焉。

得穴第二十二

善恶之机兆于明，祥沴之应由于默。在昔五帝配于五行，以成天地之功，以齐天地之德。分之五行，帝之五墟，以享天地之祀，以配天地之职。是以五行攸属，司福司灾，在冥冥之中，常啬于授而严于择。虽龙蟠虎踞，冲阳和阴，不可得而推，不可得而识。巧术由之而目眩，妙算由之而智塞。冀其吉者，固凶之所闭，相其吉者，何凶之所白。求其故而不洞则颓然，而委分定而任赃厮。

福善祸淫，是冥冥中一事，而不知得穴与不得穴之故，权默寓于善恶之间。啬于授者，五神之攸惜。严于择者，人事之当先。至巧术之目眩，妙算之智塞，则又视其人之为善去恶为何如，昧者不知也。以为当日所望而吉者，何今日反见其凶，谓祸福之不足凭也。于是听赃厮所为，而莫可解耳。

指三股以为钗，诳横棒而作笏；势一端而难尽，形万变而易惑。惟知七星之建十二辰，不知六运之调帝侧。

此以下皆赃厮所诳，钗二股，笏侧立内朝。三股为钗，是涔有其伸者。横棒作笏，是两头瘦直无情。七星，斗也。斗杓正月，指寅一岁，历十二辰，是为月建，通世所共知者。

旧注曰：帝侧六星，均调六运，况无形而言之乎？

经常之三形四势，虽在目而不见。隐伏之精神气概，徒闭心而不得。断口仰夸而主适投，衢目俯指而遭遏塈。势若是而形非，形若全而势阙，势若住而形奔，形若到而势绝，势若顺而形背，形若连而势泄，势若续而形孤，形若居而势越，势若聚而形分，形若安而势兀，势若蕴而形暴，形若潜而势突，形势僭差而不相得者，皆山水之背。

塈冶土为砖，四周于棺也。三形四势，一举目可得见者，精神气概在隐伏之中，非潜心体认，未易明也。赃厮一流在显明者，尚不能察，又何能索之隐伏之内耶？所以形势似是而非，一类皆出其指顾之中。

山若薄而水囚，水若临而山竭，山若驻而水倾，水若潴而山发，山若顺而水冲，水若绕而山割。阳若正而阴淫，阴若粹而阳厥。金若阜而庚巽潺潺，木若巘而乾甲汩汩，火若秀而艮丙湍流，水土冈而坤壬流没。双宫散气，固非一祖行龙；漏

腋分尸，徒有三阳元室。

薄，终止也。囚，幽暗而不流也。山虽似止水，幽暗而不流者，在源之穷。水虽似朝山，一往而无余者，在水之尾。山虽若驻，而外气不停。水虽若潴，而后龙尚去。山顺则水缠，水冲者，其情皆伪。水绕则山圆，山割者，其意非是。阳正阴淫者，阳山而得阴水。阴粹阳厥者，阴山而遇阳流。金之庚巽，木之乾甲，火之艮丙，水土之坤壬，皆生旺也。两宫俱破，谓非其正派行龙。盖有从生趋旺之龙，必有自旺朝生之水，理势之自然者。若漏腋之水，谓之分尸，与双宫散气无以异也。虽有三阳元室，亦何益耶！

洪溜览流于夹胁，肢体未成；直槽杓覆于崩唇，本元俱脱；猪溷孤遗漫蚓陌，失祖亡宗；姜芽侪杂飞蜂房，有钳无的。

洪溜，大水从上溜下之谓。以竹通水曰笕流。凡龙成形者，必分牙布爪，若胁为洪溜笕流，以限之肢体，无自而成直槽水之冲处杓覆气之蛊者，见于崩唇之上，则龙与水俱脱也。袁天纲曰：如猪遗秽，独山也；如姜丛芽，乱山也。

夷兮旷荡而无垠，险兮偏倾而不蹠。裙披肘外，犹若踞蹲。刃透拳头，无非仇敌。众方虩虩而不安，尔独扬扬而自得。

夷取其突，险取其窟。今夷者茫无涯际，险者兀侧难安。裙披肘外，虽云不顾，尚有蹲踞之意。刃透拳头，尖杀当前，宁非仇敌之情。凡此者众，无不惊悸难安，而五鬼乃视为自得，何耶？

是以目乱心盲，祟迷聪塞。水嘈精杀，不闻滩濑之惊天；腕绕林祃，岂觉坳风之刺腋。

目之乱由于心无定见，心之盲由于目无定识，祟之迷由于其神不守，聪之塞由于其智不逮。故嘈嘈之水，则精为杀矣，而五鬼如不闻。腕外风穿，则腋为刺矣，而五鬼若不见。祃，蔽也。林祃，是腕徒得林绕以为蔽，而风实有所不能遏。

故葬龟者，肩曷延龄，蛰始惊于依岸；背何伤寿，曳已离于藏沙。凡此元微，曾未之得；每为之兴，嗟而叹息。

龟肩藏蓄，故延龄；龟背孤露，故夭折。

得穴一篇，先言得穴之故，在乎积善；中言不得穴之理，任乎赃厮；末言龟肩，以示其穴之地。

择向第二十三

择向之法，乘其应也。取日月照临之象，得方渚致感之神，虽形势之不续，亦表里之相因。后来兮为主，前来兮为宾。取宾主之喻者，欲如宾主之情亲。主降元室，若虚怀而有待。宾进阶庑，类却立而前陈。情意相投而无间，形势相驻而不踆。如尚义之烈女，如死节之忠臣。奇峰特发，固可直中而取的。耦峦联秀，则当坳里以平分。内奇外耦，犹茵蓐之藉足。外奇内耦，忌筧溜以冲身。

《择向》一篇，与前《案应篇》相似。形势不续，形止于内。势来曲折，不能一向。其形既止外之朝案，自必与形应。内之立向，不能舍朝应，而别有所之，即表里之相因也。然后篇有云"直圹正钳，山与水纯。正钳横圹，山水之淫"者，单峰取其中，两峰取其坳。内案奇，外应耦，是两层案，应有藉足之势。外应奇，内案耦，耦峰中必有水，故忌筑溜冲身。若朝阳者，则为善矣。然正龙真穴与应案相合者，十之七八，其不相合者，二三而已。盖真龙正穴，未作穴先作朝，宁有不合者。

旧注曰：内重单案，要知茵蓐，或双山并立，忌筧溜之冲穴内。

如顿纛植圭，如禅坛神岛，如联珠列岳，如九鼎七星，夹辅不论其驳杂。如华表双旌，如驷马高车，如六驭鸣銮，如十臣八佾，并肩以辨其真纯。庶免乎乘偏相胜，孤遗失伦。

如顿纛植圭等，皆端方特异之峰，其左右之相辅者，不必论其阴阳之驳杂。如华表双旌等，皆和同比类之峰，众山之中，又在择其阴阳之纯粹。乘偏言不能得中，孤遗言不获其队。乘偏而得其纯粹者，不得谓之相胜。孤遗而得其纯粹者，不得谓之失伦。

纛，军中大皂旗名。上圆下方曰圭，封土曰坛，海中有山可依者曰岛，三足两耳曰鼎。禹收九牧之金，铸之荆山之下，故曰"九鼎"。旗者，析鸟羽为之，其竿头缀以旄牛之尾。驷者，一乘四马，两服两骖也。马在车中为服，在车外为骖。佾，舞列也。人数行数纵横皆同，故曰佾。

惟阳朝阳而粹，阴朝阴而纯。诜诜兮，振振兮，骄英叠萼以齐芬。彼有穴身而顾尾，穴踝而宗身，类是之穴，皆连向而未分，须小水关其内，大水在外而周巡。

诜诜，和集貌。振振，蕃盛貌。阴阳既得纯粹，又有诜诜振振之峰峦相为和集，而蕃盛必非一人之荣贵矣。故曰骈英，曰叠萼。穴身顾尾，蟠龙穴也。穴果宗身，回龙穴也。彼此相顾作向，曰连，是无其外朝者。须小水关其内，堂气斯固。大水巡其外，内气乃凝。

山际水而势钟，形固内就；水限山而气聚，势以旁真。默默之观，观其流泉。如虹如带，罗绕城门。穴不欲露水，水不欲露坟。深居潭潭之相府，乃为堂堂之贵人。其为不露，是以为珍。抱龙则贵，反龙为屯。抱龙为龙荡，反龙为龙奔。凡厥流水，其归一端。然水城形势，与息道漏道，其又别焉。

此一节，以水为朱雀者而言。山际水者，是龙之穴结于内，而外势边于水际。水限山者，是大水直探穴场，势必以左右为区穴。盖当面水冲，中难立穴，故穴必居旁者，势也。默默之观，以水非穴上所宜见，流泉其出于内堂者也。恐穴上见水，则内不藏水，外见坟则前不塞，须潭潭之深，堂堂之邃，乃得为穴之真的。然水虽曰不见，若反而抱外，又为山龙之屯，水龙之奔也。郭氏曰：朱雀不舞者，腾去，亦即是反之义。此特举面水之一端言耳。若息道之内口，与漏道之外口，又当有别焉。

旧注曰：所论相胜，意在言子位不均。孤遗言孤寡，失伦言淫乱。公明微言吉凶，而吉凶多证。景纯多谈祸福，而祸福罕验。读景纯书，当以重取轻。读公明书，当以轻取重。

又曰：景纯谓若踞而候，若揽而有，若进而却，若坐而受，固则甚巧，但踞候失虚，受意思拒，傲不若屈也。

复向定穴第二十四

立穴之法，复向以决，复向之目，见穴始出，古人习之，必有可传之决。顺势逆形，随形探骨。拟穴指向，复向定窟。

复，返也，往返行故道曰“复”。复向是往其穴之所向，而始决其穴之真的也。盖穴之地，初不易见，惟至于向，而穴无不出之形。此古人所以有南山，有地北。山观之诀，逆者未至而迎之。凡顺龙之结穴，必逆。顺势者，顺其势之所往而逆其形。随形者，即其形之所在而探其势。拟穴者，从其穴之所止以端夫向。复向者，又即其向之所在以验夫窟，而穴在其中也。

窟必有的，的则不突。

窟无的，则窟为无气之窟。的者隆然而起，突则无窟矣。

窟必有容，容则不兀。

容者，容身于其中也。兀则不可容受，惟高而上平，无捍脚之街耳。

窟必应水，水则不脱。

窟之应水，若夫之与妇，脱则遗而弃之。

窟必应向，向则不越。

窟之应向，若主之遇宾，越则情不相接矣。

窟必应于四辅，四辅成列。窟必应于三形，三形众结。

四辅即四势。三形由四势而成，窟又因三形而成，故曰众结，宁有不应者？

窟必有唇，唇不吐舌。

窟之唇若鹅毛，敲起之唇，不似舌之吐也。

窟必有额，额不散阔。

额与的相似，但的则隆起，额则广平，若广平而至于散阔，额非其额矣。

窟必有颔，颔非喙茕。

颔者两颐丰满，喙则瘦削而不容也。

窟必有脐，脐非腹拙。

脐者其凹虽小而圆，腹则饱不可犯。

窟如仰掌，掌心盛物。

仰掌穴在低坪，阳水聚于其中。

窟如覆握，握口携搤。

覆握结在垂坡。

窟如献掌，献掌非犁镲之峭立。

献掌穴结最高，如犁镲者必尖，如峭立者必危，若献掌者，虽高而不危也。

窟如虎蹠，虎蹠非羊蹄之奔逸。

虎印者宽，羊蹑者窄。

如花之跌蒂，如弩之机括。括偏则弩不中，蒂枯则荣不实。

蒂者，实所结处。括者，矢所发处。

欲其高而不危，欲其低而不没，欲其显而不彰，扬暴露，欲其静而不幽，囚哑噎。

高者易危，低者易没，显者似高而实不高，静者似幽而实明快。欲其奇而不怪，欲其巧而不劣。

奇者，正之异。

欲其正而不冲不兀，欲其辅而不倚不孛。

正畏当冲而突兀，辅防倾侧以欹斜。

欲其横卧，有怀而不挺。欲其蟠抱，有蕴而不噎。

横卧有怀，则首尾交顾，挺则直矣。蟠抱有蕴，则虚而有待，噎，则中有以塞之也。

欲其收拾而不隘不舒，欲其专一而不竞不泄。

太隘则不可容，太舒又虑气散，在收拾之得宜。竞则左右相争，泄则前无阻塞，惟专一者能固，但有他顾之情，即非专一之义也。

欲其骑而不卸，欲其怀而不别。

骑而卸者，谓无其窟怀，而别者谓无其宾。

左右荒落而精神表著，高下寂寞而气概轩豁。

旧注曰：左右高下皆无可观，独穴当守则变相见矣。左右之精神，高下之气概，无一不凝注于窟中。

堂堂然厦屋之潇洒，潭潭然奥室之明洁。人不可施，天不可夺。是以骊山之场未乾，而嬴秦之祚已绝。惟汉文以恭俭安神，仰社稷光辉之日。

堂堂言其正，潭潭言其邃。凡此者，皆天造地设，非人力可施，观于骊山之凭力恃势，霸陵之无所增损，可见矣。

承祖宗光第二十五

出祖盖祈于显祖，岂迢迢挺直之长；承宗必贵于兴宗，爱节节颙昂之至。

此篇言祖宗贵乎高大，若到头卑弱，虽自祖宗迢迢发来，而不能再一奋兴为祖宗光，虽远无益也。

召其所相，反其所替，由阴阳清浊之分，严剥复往来之意。道正乎天行，用通乎人事。

水法要召祖山发源之水，归之相地而流于囚谢之位，然相替之理未易骤明，须辨其阴阳清浊之界，以逆顺之理推之，阳尽于午中而一阴生，阴尽于子中而一阳生，此天道之流行也。人事于此取则焉。

藏于脐腹，须近住而回头；巧在心眸，虑横形而偃背。

藏于脐腹，是近祖山一穴。廖氏曰：初落由来近祖，山局势必须完者，此也。故要近住回头，若横形则头不顾，偃背则内难藏，皆不可穴也。

旧注曰：此专论卧龙穴也，须得背后饱满圆净，乃为吉穴。

既得龙形，须认水势。北环于河汾，东横于江海，西平于川洛，南散于闽浙。此水之大纲，不可谓之无别。

龙探其祖，水溯其源。探其祖，固贵其入首之兴宗。溯其源，尤严夫出口之归替。北以河汾为宗，东以江海为宗，西以川洛为宗，南以闽浙为宗，谓山不独贵承其宗，水亦各有其祖宗也。

河水出昆仑山，汾水出太原晋阳山，江水出岷山，洛水出冢岭，浙水出歙县玉山。

纲盆侧上无储，直虑其无生；摆练宽平先揖，必虞于先背。

盆侧止则水外倾。储，积也。水外倾不但家无所积，更患其后嗣之不续。摆练，水之曲折而广平者。然弓于此必反于彼，必若长虹鞶带之绕，庶无先背之虞。

又况，送终之道，根于至性；阴阳者流，流于不令；执方之术，犹或守正；售术五鬼，色主以佞。不辨奇袤之明名，岂知山水之明命。祸福司之，惟谁聪听。故曰：标题形势，瞻明著吉凶之机。局例星辰，魍魉弄贪迷之柄。

此一节责五鬼不知山水之名。奇，三奇也。袤延，长也。山之三奇，曰赴、曰卧、曰蟠。水之三奇，曰横、曰朝、曰绕。然必得祖宗之延长而后可以言奇，此奇袤之名，即山水吉凶所由令也。然天之明命，祯祥妖孽，卒未常告于人，孰能具是之聪而听之，维在用我明，而形势之吉凶自不逃于目也。若局例星辰，岂吾儒所习耶！

又况，明堂惨翳，不洁不净；山不住脚，水不入迎。故曰：隔面山而分面水，

面面无情。出头虎而叛头龙，头头有病。

凡自祖宗正派发来者，其内必有堂，堂必晓畅明快，其外必有山之住脚以迎夫水。以是知明堂之惨翳者，为有障面之山以塞之，而分面之水即在障面山之背。山不住脚者，则虎为出奔而龙为不掉矣，水何由逆乎。

曰蛙尸，曰囚圃，曰铺荐，曰双盲，此皆突蒲隔面，鸡胸散水，侧面而背窒。曰抬头，曰掉尾，曰戏珠，曰翘足，是虽连身锁穴，犹虑其干流于踞脚，脱源而反转。此亡宗背主之山水，明目观之而心颤。

蛙死其腩必突。囚圃，图圄也。铺荐有似铺毡，但不洁净而散水。双盲，两突无情之状。凡此之类，一非山之正面，或在山之背，而俱具此凶象也。曰抬头者，其尽处忽昂。曰掉尾者，其拖脚兜转。戏珠在掉尾之内，或当水出之门。翘足短于掉尾。四者虽于身有情，然必得活流而后符其命名之意。若干流则恐其踞脚外驰，非祖宗之正派，达者见之而怖矣。

旧注曰：背主抱宾。

五方旗第二十六

归宗之水，贵缓于之元；息道之源，忌流于川八。故，没宗之水，口曰归宗；钳口之元，辰曰息道。目力之巧，心机之活。如展幅兮，住左而住右；如卷帘兮，或出而或入。入近兮防其内冲，出远兮防其外脱。冲兮急于蟪伤，脱兮频于鼠窃。顺天造兮，外寻大势之关锁；助人力兮，内潴小涧而拦截。

之元、川八，俱象形而言之。小水归大水曰归宗，天下之水皆朝宗于海。凡山以上为宗，水所下为宗也。其展幅者，左右朝来之水。“住左住右”之“住”，当作“注”。卷帘宽于展幅，其入者，由外朝而入，入近无拦则为冲刺。其出者，由明堂而出，出远无关则为脱遗。蟪，蟪，蛄也。蟪蛄不知春秋，以喻殇子。鼠善窃，以喻盗贼。外有关不畏冲，内有拦自不脱。关须求之，天拦可得之人，然内穴不真，人力未可以妄施也。《五方旗》一篇，先论及水，以水出五方旗之内，而五方旗非水，亦无以相附也。

四势正兮而中荡易评，五方峙兮而内私难决。然则应内之案，案外之应，其形多端，其势易乱，心乎难识，目乎难看。吾其未知，当即先知。而问曰：四势之中，戊己莅之，在五脏谓之脾，在五行谓之土。土气实则阴阳摩荡而成。胎孕，曰摩孕之府。元墟，真宅之象，受生于心。火，离明之气，嗣不忘宗。故钳龙之前，皆同应龙之论。然火以虚明，凡蔽塞其心者，可知其疾病。形必如琴，必如笏，犹虑其横梂。必如星，必如月，犹虑其昏晕。

四势之中，自必有荡，易观者也。五方之峙，形有万变，不易观者也。然其要在"无蔽塞其明堂"之一语。穴譬之心，心属火，火非虚不生，故明堂取火之虚明以生土，土之结实而成孕，穴具生气于无穷也。凡穴之后皆曰宗，穴之前皆曰嗣。嗣不忘宗，故穴既真，则案应未有敢悖其宗者。如琴如笏，取清峭而内宽。若横梂，便臃肿而内塞矣。如星如月，取圆净而内洁。若昏晕，便幽囚而外蔽矣。

故曰：四方悖义，五方不仁。不仁不义，侈其下坟。突中有丑，其流必分。分则必离，离则绝亲。绝亲则绝气、绝生之门。四方依旗，五方守信。表旗之高，贽信以印。高取远明，印取中镇。高明在身，镇其不磷。

悖义，言四势乱。其所宜仁如果，核中之实。不仁者，谓其中之不结也。然世之昧于此道者，多良由不识突中之丑，其病在流之分，分则离，离则背井忘亲，气无由续生，从此绝矣。突者，中央之的，的之仁者，其流合，合则聚而亲，聚则有生生不穷之理焉。如四方无不依乎旗，则五方自得守其信。旗者，表其高也。印者，贽以信也。高则无不见以为尊，中则无不趣以为应。既高且明，历千百世不可磨灭矣。

乌乎而槃；如槃之中。乌乎而槃，如槃之盛；乌乎而带，如带之经；乌乎而城，如城之凭。四势屏列，五黄中澄，山水相应，应乎上清。故曰：山奋柄而水崇纲，刚柔相济；水向方而山入路，真粹惟灵。

槃之中，言穴地之圆。槃之盛，言穴地之能载。如带如城，皆言其水之抱。中央之数五，其色黄。中澄者，言明堂之洁净，而水聚澄澈也。上清，天也。天一生水，山之与水应，即山之与天应也。故山为柄，失其咽则将何以奋其柄。水之纲在乎崇其口，失其口则将何以敛其纲？此刚柔相济之道，又各贵乎纯粹也。

又况，五方之为丑，丑而难防；左右之为丑，丑亦可畏。寻龙之目，连观熟视。胸前隔洌，固知脱气之源；肘后分离，谁识过关之臂。

丑，如上文不仁不义等，皆所谓丑也。洌，水清洁也。龙与水相遇，如夫之与妇相遘。若胸前与水隔绝，其源在彼而不在此，故为脱气之源。龙之住者，其肘后之流，必随肘而一转，谓之山来水回。若肘后之水不转而竟去，此特护关之一臂耳，不可穴也。

又况，左右之臂，或直或反，或分或刺，或如墙瓴，而外筦不归，或如鞍桥而坳风吹急。唇前深涴，定知夹胁之形拶；肘后乾流，可见来龙之势背。

直反分刺，皆言其臂之为丑，墙瓴言臂水两落而一边不归。鞍桥言臂中凹而内透风穿。凡两胁开睁，则唇前之水自是悠扬，若两胁逼直，便为深篁矣。凡龙来则水随而肘后无水，是势与龙背真气所不在也。

左右释名第二十七

夫以左右为龙虎者，犹坐北向南而言也。或穴西面东，则北名青龙之木，南名白虎之金。品目谬戾姓音，乱紊而不伦。况五声以宫为纲，而商角羽徵以类举。中央以土为正，而金木水火之位分。惟取吾身之前后左右，而言四势者，乃得其真。彼木色青德象龙，金色白德象虎，水色黑德象元武，火色赤德象朱雀。此四象之方与隅，与四势而不相因。

四势不面南者，其兽之色与德均非其位。

是以左右之形谓之夹室，左右之势谓之辅门。险隰之辅，罗列峰嶂；易野之辅，界水之垠。夹室之形，欲深而蓄蕴；辅门之势，欲圜而周巡。深于内者，而无突胸之倾侧；圜于外者，而无散脚之纷纭。和山和水合崇来，结污结的；掩左掩右均体卫，临荡寻盘。乾流欲镇于长流，堂前不脱；小畜相逢于大畜，腕内宜湾。

室在门之内，门在室之外，是室以门为辅，门以室为藏也。险隰以峰嶂为辅，易野以界水为门。然门之内不深则露，室之外不圜则披。内虽深而又畏其突胸，外虽圜而又嫌其散脚。惟山之与水，得其所谓宗，则污也、的也，无不顺之情。惟山之与水，无空缺之势，则临其荡，临其盘。有自然之辅，乾流内堂水也。长流外堂水也，堂前不脱者，门外有横水截之。小畜即乾流，大畜即长流。腕内宜湾者，恐内堂之直泻也。

旧注曰：夹室为小畜，辅门为大畜。凡池塘为小畜，陂泽为大畜也。

或三山夹辅，则尊卑甚晓；或两龙相遇，则宾主当明。或臂腕之控，或掌心之的，或花蕊之趺卫，或窊污之岸凭，或肩井之卧牛，或长鲸之耳停，或胸房之两乳，或鼻崦之双晴，如云节义之臣，赤心一主。不见廉贞之女，晕脸多情。返肘悖逆，掣肘奔腾。左断而男不寿，右裂而女伤龄。如枕腕中，多困柳慵花之孽。按弦指上，必移宫换羽之伶。苟或如龙如蛇，盘身顾尾，则左右形足，四势成全。是以一端之象，又乌得而擅名。

三山以中为尊，两龙相遇，以水抱一边为主。臂腕之控，是单提一穴。掌心之的，是窟中一突。花蕊趺卫，在含而不露。窊污岸凭，谓窊污落于厓岸之下，即以岸为依也。卧牛肩井，长鲸耳停，言其形之横。胸房两乳、鼻眼双晴，言其形之并。节义之臣、廉贞之女，言前朝之专一。反肘掣肘，左右之不义。左男右女，阴阳之所分。如枕腕中，或左右之横卧。按弦指上，特手指之纷纭。凡此者，微得其意而已。至如龙蛇之蟠，顾其左右，不分四兽，固不足以尽左右之名也。

五鬼克应第二十八

八卦象吉凶，九畴陈福极。《春秋》纪灾异，而不书其应。赤伏谶符证，而反致其惑。故自汉以来，吾党执方之术，不几乎流于诡慝。调七星于一掌，分三子于八国。谈不谈于理致，心不心于暗墨，相不相于形势，意不意于蒙塞。学不达于师资，业不通于典则。投不投于众知，中不中于衢识。奇独奇于色主，羞止羞于作贼。近代讹舛，及于奴厮，立志急先于鬼域，爻象专门于卜命，星辰创端于道释。六相六替，皆叛之而不闻。一阴一阳，皆蛊之而作忒。听歌诀之嘈嘈，腾笔札之寂寂。

公明叹我道之不行，以通世皆五鬼，学少师资，业非典则，徒色主贼人而已。至爻象，专于卜命，星辰创于道释，益复可慨，而相替阴阳之理，不可问矣。

前堂散派，乌知胸脱而气不钟；后腋逆流，岂辨肩行而势不特。巧谲愈骋，真方愈失。丁文脚下，后过横横；八字胖开，前倾直直。符凶作吉，指四季以应乾流；失势命形，就三方而寻诡结。三年一步，以何数而推；一步三年，以何数而见。惟曰：形以达类，类以通数，数以体事，事以应物。而五鬼之言一何诡忒。

此一节申五鬼之妄，堂以蓄气，不知散派之不钟。势以特藏，安辨肩行而腋去。丁文脚下，前似乎有情而后脉不至。八字胖开，后似乎有落而前堂不转。四

季，辰戌丑未也，指以为吉库之水口。三方，艮巽兑也，失势与形复何益耶。至如三年一步，一步三年，皆不可凭者。惟因形以及其类，因类以推其数，因数以断其事，因事以见诸物，如下文是也。五鬼所言，适足以惑人耳。

形如拖旗，脱水忘归。卷脚回头，发迹他州。

拖旗之形，顺去也，其数主离乡不归。若卷脚回头，则非拖旗之类，而寓若返之形，但返在外而不返在内。故其数主发迹他州。盖非其形，即非其类；非其类，即非其数；非其数，即非其事矣。

形如弯月，徒刑鞫决。两角不锐，进财难退。

凡物之尖者似刃，弯月两角似之，故主徒刑。若弯而不锐，则为财山所主，遂异。

形如缩龟，寡妇孤儿。曳尾不攒，谁云势短。

缩龟，孤独之形，故主孤寡。若曳尾而足露者，其势伸不得以势短目之，形迁而其应异矣。

形如石篁，长眠不起。抱如瓜瓠，钱财无数。

石篁，竹也。一名凤尾竹，横卧不能起立，主长病在床之象。若能弯抱于我，便主钱财之应。盖抱者为瓜瓠，不抱者为石篁也。

形如曲尺，手艺衣食。横控如弓，一生不穷。

曲尺，匠之具也，故主手艺，若横控，下手带圆则为财山矣。

形如刀枪，生事强梁。外拦水下，红旗引马。

刀枪，凶暴之器，故主强梁，若在外拦，水而穴上不见，又主红旗引马之贵。

形如指覆，一长两缩。未卖其田，先卖其屋。

形之顺水而不伦也。

形如栲栳，东控西抱。中馈不廉，不惧人嫌。

栲栳，柳器也。栲栳而为东所控，西所抱，其中馈不洁可知也。

形如开丫，立身不嘉。重婚两姓，归宗可定。

丫，木之岐头者，其形秽。两岐主两姓，一丨主归宗。

形如牵行，斜倚双盲。端秀不附，双旌呵路。

牵行，两阜牵连而攲倚者。若端秀开列，则为双旌呵路矣。

形如耳语，斗头相鼓。指背私峰，皆云不公。

耳语者，头必并。故曰斗。指背者，其旁有斜峰触之。

形如槛豚，乱石连根。横眠直坐，连年枷锁。

槛豚，狱囚之象也。

形如鹦鹉，鱼尾相似。少年风景，如何可永。

鹦鹉山主殇死。若长生之位高起，不可概论。

形如画眉，头起头垂。虽非明月，分明死尸。

画眉山主客死。

形如羊蹄，钗短股齐。一联藕断，骂母怜妻。

羊蹄短，钗长。若钗短股齐，则有似羊蹄之并，此形之直者。若一联藕断，为之横，不孝之山也。

形如合掌，祝咒魍魉。两山中径，初疑直胖。

合掌者，两山中有一小路，远观似乎直胖，而不知其为合掌也。

形如扑钱，钳口右边。若居左手，夹指卖田。

扑钱必右手，若扑钱之形在左，便为夹纸卖田之应。

形如覆船，尸验伤痕。不因赌博，必葬溪滩。

覆船，暴尸之象，故有验尸之应。金水主赌博，又覆舟主溺水，故尸葬溪滩也。

形如鹅头，定好风流。

鹅头，秽形也。若冠带之位高崇，可免其应。

形如鸡嘴，自割咽喉。

鸡受割。

形如芒刺，铜针刺字。

芒刺，尖细之形也，其应为刺面。

形如横枪，子孙凶强。

枪体硬直，故为凶强之应。

形如蟹距，盗贼群伍。

蟹距尖而夥，故与盗为群。

形如灵床，长病瘟瘽。

灵床，死具也。

形如侧壶，分明酒徒。国诏宾才，曳白空回。

侧壶，倾倒之形。

形如人醉，垂头觑地。立己不端，赃污之器。

人醉亦是攲斜之状，与侧壶意似同，但有大小之别。

形如投算，忧愁紊乱。

算子形小而繁，故乱。

形如乱衣，上下通非。

通非，乱伦也。

形如覆棕，淫妻妒妾。

棕叶，满面皆纹路。如覆棕者，言其水路之多。

形如覆瓯，定丧明眸。

患眼山最小，故曰瓯。

形如覆碗，孤眠无伴。

碗大于瓯，为孤辰寡宿之象。

形如覆釜，位至公辅。

釜端而员，故为贵。

是皆类形，谶符之意。

已上三十一形，形有其类，类有其谶，然皆得之于言外耳。

然则歆知刘秀为天子，而不知天子为光武，欲以国师公更名而应之，非徒无益于事，而几致身于一死。

少公学图谶，言刘秀当为天子。或曰："国师公刘秀乎？"秀曰："何由知非仆耶？"时刘歆改名曰秀，事莽，为国师。

故寻龙之术，惟贵识五行之盛衰，辨二气之清浊。有何理以推孟仲季之三子，又况历家之法，以仲先季，以季先孟，而长中少，则乱历者之法。此虢氏嬴氏之所不语而行灾，五鬼抽岐而言以荧其主。

盛衰，相替也。清浊，阴阳之纯驳也。寅申巳亥为四孟，子午卯酉为四仲，辰戌丑未为四季。历家以申配子，则仲先季。以乙配丑，则季先孟。而五鬼克应，曰甲庚丙壬长子位，乙辛丁癸次枝头，乾坤艮巽当三子，第四回寻长位求，此不足凭信者也。

又况天其可凭力，不可致善，其可昭福，不可恃惟。天惟善，萌于吾心，具于吾身，虽兆于冥漠之表，亦显于日久之见。闻同气而生，如掌之指，三长而两短，不可加减其寸分。惟不替先人之祀，是亦昌炽之坟。

天之可凭者，在乘其时。力之不可为者，在凿山浚池之类。善其可昭，勿以善小而弗为；福不可恃，勿以恶小而为之。冥冥之中，自有司灾福者在也。指况有其长短，孟仲季乌能起而齐之？不替先人之祀者，是公明又以孝教天下也。

次吉祥沴第二十九

夫相龙者，即五土以配五行，即五行以应五星，在天则为五帝，在地则为五正。

五土，中央之土也。《洪范》："初一曰五行。"师古曰："谓之行者，言顺天行气。"班固曰："言行者，欲言为天行气之义也。"地之承天，犹妻之事夫，臣之事君也。

袁天纲曰：东方之德木，木色青，青帝曰太昊。南方之德火，火色赤，赤帝曰炎帝。西方之德金，金色白，白帝曰少昊。北方之德水，水色黑，黑帝曰颛顼。中央之德土，土色黄，黄帝曰有熊。圣神继天立极，生有功德于民，故后王配而祀之。

木正曰勾芒，火正曰祝融，金正曰蓐收，水正曰元冥，土正曰后土。

周天之星，其舍二十有八。列星之辰，其次一十有二。

袁天纲曰：角、亢、氐、房、心、尾、箕，东方七舍也。斗、牛，女、虚、危、室、壁，北方七舍也。奎、娄、胃、昴、毕、觜、参，西方七舍也。井、鬼、柳、星、张、翼、轸，南方七舍也。其曰析木、大火、寿星，东方之辰也。鹑尾、鹑火、鹑首，南方之辰也。实沈、大梁、降娄，西方之辰也。娵訾、元枵、星纪，北方之辰也。

每辰一度，三十有奇，合十二辰之度，三百六十五度四分度之一。星辰顺天左

旋，日月溯天右转。日舒以迟，一岁一周天。月蹙以速，一月一周天。日月会于辰，则为月。至于十二会，则为岁。

子起于危十五度，终于女六度。

丑起于女五度，终于斗五度。

寅起于斗四度，终于尾二度。

卯起于尾一度，终于亢九度。

辰起于亢八度，终于轸十一度。

巳起于轸十度，终于张十七度。

午起于张十七度，终于柳八度。

未起于柳七度，终于井十一度。

申起于井十度，终于毕七度。

酉起于毕六度，终于胃二度。

戌起于胃一度，终于奎二度。

亥起于奎一度，终于危十六度。

天度以二十八宿为经，以五星为纬。经星左旋，纬星右转。此汉唐以来造历四十余家未有能易者。王应电云：天左旋。日月星辰皆西坠，夫人而见之，故谓七政，皆从天左旋，因为昔人推步，咸以七政。右转者，止以退度数少，易于推算之故。然细观之，天地之化，一顺一逆，以成化工。故律左旋，而吕右转；河图主顺，而洛书主逆。故七政逆天而行，若皆左旋之，有顺无逆，何以示吉凶而成化工乎？且天下物理，金水之行为最疾。水一日千里；五金在世，无顷刻之停，故命钱曰泉。火次之，四时而改。木又次之，一岁而凋。惟土为不动，故金水附。日岁一周天，火二岁一周天，木岁居一辰，十二岁而一周，故谓之岁。土岁居一宿，二十八岁而一周，故曰填。一音震，取其镇静为体。一音田，取其填塞为用也。或曰：皆从天左旋，是金水一岁而不及天之一周，木星十二岁而不及天之一周，火星二岁而不及天之一周，土星二十八岁而不及天之一周，是应速者反迟，而应迟者反速矣。且右旋则以所进而名，为日、为月、为岁、为填。左旋则以所退而名，为日、月、岁、填。其义与名，何乃不经若是耶？

天一日一周而犹过一度。日行一度，月行十三度十九分度之七，日舒月速。当其同度，谓之合朔。

斗柄逐月，顺天而左旋。如正月建寅，二月建卯是也。日躔逐月，逆天右退。如正月太阳过亥，二月太阳过戌是也。盖日月合朔，每在合宫。如十一月日月会于丑，斗柄建于子，子与丑合，寅与亥合，卯与戌合，辰与酉合，巳与申合，午与未合也。故曰：日月会于上，则阴阳合于下。盖上者，日躔所次，下者，斗柄所指也。古人观斗柄所建以占天，盖以此。

袁天纲曰：东方三辰生于亥，故春至析木，次于亥，春旺则析木见于东。南方三辰生于寅，故夏至鹑尾，次于寅，夏旺则鹑尾见于南。西方三辰生于巳，故秋至实沉，次于巳，秋旺则实沉见于西。北方三辰生于申，故冬至娵訾，次于申，冬旺则娵訾见于北。是以角亢舍于寿星，则季春日月会于大梁。氐房心舍于大火，则仲春日月会于降娄。尾箕舍于析木，则孟春日月会于娵訾。斗牛舍于星纪，则季冬日月会于元枵。女虚危舍于元枵，则仲冬日月会于星纪。室壁舍于娵訾，则孟冬日月会于析木。奎娄舍于降娄，则季秋日月会于大火。胃昴毕舍于大梁，则仲秋日月会于寿星。觜参舍于实沈，则孟秋日月会于鹑尾。井鬼舍于鹑首，则季夏日月会于鹑火。柳星张舍于鹑火，则仲夏日月会于鹑首。翼轸舍于鹑尾，则孟夏日月会于实沈。

故配祀于青帝勾芒者，水流室壁则娵訾为沴应，仓廪耗而市沽亏；水流于氐房心则大火为沴应，魃疫相仍而资积风驰。

木生于亥，旺于卯，室为军粮府。又娄六星曰天仓，米谷所藏也。南三星曰天庾，储粟之所也。氐为天根，主疫，冲破旺地，故资积风驰。

配祀于赤帝祝融者，水流尾箕则析木为沴应，牝鸡司晨而遁溺扛尸；水流柳星张则鹑火为沴应，赌博狗盗而妻子奔驰。

火生于寅，旺于午，尾九星为后宫后妃之府，故有牝鸡司晨之应。尾为析木之津，又有天江四星，故主溺。箕四星，一名天汉，主津梁。妇主箕帚。

配祀白帝蓐牧者，水流翼轸则鹑尾为沴应，强梁法死而阳抑阴垂；水流胃昴毕则大梁为沴应，聋瞽而啼饥。

金生于巳，旺于酉，兑丁以巳为八曜，故主法死。胃为天仓，其南众星曰庈积，其方破，故主啼饥。昴七星为天之耳目，故为聋瞽。

又附耳一星，在毕口大星之下。

配祀黑帝元冥黄帝后土者，水流觜参则实沈为沴应，慵奴而病婢；水流女虚危则元枵为沴应，淫醉而家道隳。

水土生申旺壬子，实沈为传送，主奴婢，以其方冲破，故主慵而病。柳为酒旗星，与女宿对，故主淫醉。

是虽以星辰参错五行，测度其动静，因其类以貌相，其几微又岂能兼三家之法以齐之。

三家之法、相貌、命分、宅兆也。

若曰，相貌不由于命分，命分不出于坟宅。坟宅则先人之造，非后人之基。后人之享，非前人之资。安然养其相貌，颓然委其命分。优优游游，观其坟宅而富贵。可期如是，则公侯将相皆出于五鬼之门，孤奇偃蹇不临于五鬼之栖。积善降祥，不善降殃，教世之典为脱空之非。易曰："不鼓缶而歌，则大耋之嗟，凶。"是虽"神以知来，智以藏往"，断吉凶而言，亦存于两岐。老氏曰："择福莫若轻，择祸莫若重。"亶斯言之可规。

相貌命分虽并重要，皆出于坟宅之中，而坟宅为尤重。若以为坟宅无关于后人，一听之于相貌命分则公侯将相，安从而致孤奇偃蹇，谓非五鬼之所造欤！善者降祥，不善者降殃，不善亦可为欤！《易》曰："不鼓缶而歌。"谓重离之间，前明将尽，须自处有以乐之，否则其凶将至矣。老氏谓"择福莫若轻，择祸莫若重"，夫亦谓坟宅之择，祸福所攸系欤！

故邓氏之葬，曹叔观而叹曰：池塘小畜，源脉浅者亦是乾流。区穴多方历经，蹙者皆为诡结。

池塘虽曰有水，其来源短促者，仍谓之乾流。一龙似有结数穴者，必深邃而有容，乃为真结。

李淳风曰："邓艾祖葬"。

张氏之葬，曹叔观而题曰："劝君莫下低山突，四面水皆脱。劝君好下高山壶，四面水皆趣。"是皆以贪狼廉贞之说也。盖五鬼不行于正，而从邪伪，骋奇理致。既蔑天文，地理曾不可推。送终之道，良其可悲。

低山其势下，趣非颙息，不止其突，真气不存其水脱也。若高山壶，其势深邃藏蓄，而四水无有不归聚于荡者。然不曰低山壶者，何也？低山势漫无壶，非若高山之有城壁。又不曰高山突者，何也？高山阴处求阳突，自不必言也。总之，高山低山之优劣，在水之聚散以明之，而水为最重。

克人成天第三十

配祀五神，即五行之返本；识坟五土，符五气以还元。随五运之动静，应星辰之景躔。化能事以体质，寓真造之江山。达二仪之清浊，兆五福之几先。探其理之可议，索其迹之可观。

五神者，五行之主。五土者，五气之身。而要得之返本还元之一日。五运者，阳年为动，阴年为静，阳年太过，阴年不及，均所当避。而星辰之景，躔则存乎。承“金相水、穴土、印木”之一诀，其变化之见于事物，莫不由于江山真造之一气也。

岐伯曰：壬年岁木太过，上应岁星，甚则草木摇落，金则胜之，上应太白星。戊年岁火太过，上应荧惑星，甚则金气退避，水气折之，上应辰星。甲年岁土太过，上应镇星，甚则藏气伏，化气独治之，上应岁星。庚年金气太过，上应太白星，甚则木气内畏，上应荧惑星。丙年岁水太过，上应辰星，甚则水盛不已，上应镇星。丁年岁木不及，燥乃大行，上应太白星。癸年岁火不及，寒乃大行，上应辰星。已年岁土不及，风乃大行，上应岁星。乙年岁金不及，炎乃大行，上应荧惑星。辛年岁水不及，湿乃大行，上应镇星。

《太始天元册文》曰：丹天之气，经于牛女戊分。黅天之气，经于心尾已分。苍天之气，经于危室柳鬼。素天之气，经于亢氐昴毕。元天之气，经于张翼娄胃。

诡结非形，类蚁迢迢之脊；枵蕭失势，方蚰各各之唇。水界山住，住山之尽；水从山来，来山之真。水者山之准，山者水之仪。仪准之道，山水之因。山者水之防，水者山之引。防引之道，山水之遂。引之欲远，防之欲近。引之如辔，防之如轸。如阴阳之应，如刚柔之济。是以坟宅之所允。

蚁队行长山势延细不起，蚰行以唇为趣，唇凹如仰瓦，山之边高而中凹者似之。山无水界则不止，水不自本山来，则其来不真，故水为山之准则，而山为水之从来。水以山为防，山以水为引。引之近不能容悠扬屈曲之体，故欲远。防之远则与本体之门户不严密，故欲近。辔取其回顾，轸取其坚牢。阴阳刚柔之喻，言山水之交错也。

踞脚不同于走脚，抬身有类于连身。踞脚虽伸，只伸于水内；抬身虽走，只走于水滨。如鳖裙螺唇兮，气殄而不立；如龟肩虎迹兮，气钟而有文。文者光芒经纬之著，而发挥于积气之坟。钳脱袖垂之臂，刺刺风寒；埏攀壁级之唇，泠泠乾流。去水枪斜，横风直透。势既无脉，形难捉候。

山脚既止而复起者曰踞脚，山峰既落而复立者曰抬身，皆指其势之止。走脚连身，去而不定之体，故踞脚曰水内，抬身曰水滨。水界山住，示不去也。鳖裙螺唇，其肉薄而气所不到。龟肩虎迹，其势有力而其气盘旋。文者，天之章也。地势既结而上无不应于列星。钳，夹室也。脱袖，谓无其辅门。埏，茔冢之神道。攀壁，谓无其捍脚，一为两臂受风，一为当面水去。樗里子曰："水来则风去，水去则风来。"故去水枪斜，横风直透也。脉者地脉，候者大候。形生于势，脉生于形。脉之应候，若谷之应声，影之随形。今势既无脉，故候不可捉。候能应形，而不能应势也。

左右交叉，胜负不同于蟠尾；枝柯散派，凋零必至于枯根。

左右交叉，得两宫之襟抱。蟠尾直是一宫，自回左右。虽贵乎襟抱，然枝柯太多，又泄本根之气，况其散派而无襟抱之情乎？

来势未住，去势已奔，脉其已断，气其未还。固异凤翼搏风，尾必连于云阵。蟹螯逻道，迹亦曳于沙痕。来得远而住得深，始是得仪之主。奇不正而耦不等，是皆不令之宾。又岂知根本枯而枝叶繁，不是长荣之木。门径华而堂室陋，都非久享之居。向首当锋，原祖宗之准的；槊心续势，承气脉之停储。

凡势既住者，不奔脉已止，而余气犹未已者，其情在回头之顾我。若凤翼搏风，尾必卫体，蟹螯逻道，势必横行。一为下砂关锁，一为案应周回。然来远者，离祖既遥。恐居浅露，欲其住之深。又恐其无侣，欲其迎之特。然住既深者，枝叶太繁，根为枯槁。必干大根深，而后无室陋之诮。向首言朝，槊心说穴。朝恐贪峰失脉，须要后坐端崇。穴恐坐干不止，须求窊会冲和。

又况寻龙之法，始于三奇：曰赴、曰卧、曰蟠。此概而言之，以觉其无遗。详而言之，其势有九：曰回、曰卧、曰腾、曰降、曰隐、曰飞、曰象生、曰出洋、曰领群，其审如斯。坐穴之法有四：曰宗龙、曰骑龙、曰攀龙、曰承龙，又易之曰四镇：镇头、镇项、镇腹、镇足。点穴之法有十：曰坐額醃、鼻崦、准的、肩井、耳停、枕鬣、植髻、乳房、脐窟、脬元。又广之曰十二：坐胯陛、翘足。于是乎得术之精微。故曰：顾瞻得气，势迟只可迟魁；鼻額端崇，形的宜于的埌。凡指穴之得失，则精神显晦；气概之变易，若天地辽邈。嗟心目之不明，故不省而不觉。

三奇、九龙、四镇、十坐，俱见前。醃，面柔也。魁，藏也。埌，冢也。势迟则迟葬，形的则正安。一为承龙，一为宗龙。承龙之势磅礴，故欲迟魁。鼻額之形坚确，故须宗的。然穴之显晦靡常，变易多，故比于天地之辽邈，岂心目不明者，得窥其涯际耶。

攀堺不几乎依附，审过等之墙腰。骑项必贵于回旋，惧分流之杵握。行龙散坦，将星钟端的之峰；入路分明，穴法拟归藏之窟。抬头水下，辅门虽拱亦非龙。献掌堂中，夹室微窊而有穴。当头突住，横污象卷之奇。透脚偏长，旁荡猿伸之结。狂鱼露顶，可知无窟之容。枯木新稊，当审逢春之发。

攀堺，附葬也。墙腰，穴圹之腰也。过等之墙，恐其旧穴太深，气截不至，须细审问以定其浅深。骑项之可穴者，特为其回旋之一掬，若头直不顾其流，既分不可穴也。坦散之龙，蔓延不结穴，钟有峰之所。入路分明者，自有窟之可藏，不必虑其无穴也。抬头水下，有窟无龙，徒设其门户。若堂如献掌，真气既融聚于内，纵夹室虽微，而穴已在其中。象有卷鼻之奇，猿有伸臂之结，一视横污，一观旁荡，若狂鱼露顶，是饱面突胸，无窊之可下也。枯木生稊，是老龙剥嫩，有脉之可乘也。

是以寻龙之缘，不其偶然。主虽难于择术，术亦难于择贤。况贪狼之心已炽，而廉贞之心已捐。故曰：夷天险，洞天赃；泰天宇，发天光；陟天巘，径天冈；降天隰，息天堂；宗天脉，拟天藏；逊天悖，缓天狂；环天卫，醅天黄；全天体，著天章；配天祀，达天常；通天运，流天昌。是以人拟而天显，天胜而人亡。无胜无亡，天道彰彰。

公明叹斯道之难。其贤，天必赖人而成。难其贤，则天之不获全者多矣。故著克人成天期，以人之思以克副。夫天之造在人，务无失其天，而天斯有以全于人。夷，平也。洞，空也。泰，宽也。光，不暗也。巘，山峰也。冈，山脊也。下平曰隰。山之宽坦处曰堂，派之所出曰宗，揣度曰拟。藏，葬也。逊，避也。悖，乖戾也。狂，猛也。环，周回也。卫，防护也。醑，聚气也。黄，中央土色也。体，龙之身也。章，文也。祀，祭也。常，奉常也。运，五运也。昌，克昌厥后也。天险不可升也。贵乎夷之，是以阴求阳也。天赃不可怀也，贵乎空之，庶无利欲翳心也。天宇欲其宽大，天光欲其发新。陟天巘者，问祖宗之自来。径天冈者，考穿落之变化。降天隰以观其结作，息天堂以察其源流。夫而后宗天脉之自然，拟天藏之窶折。天悖则逊之，天狂则缓之。环天卫于外，聚天黄于中。完其固有之体，以应乎天上之文。其子若孙，即位以配祀，即祀以达春秋奉常之思，上与天运相流通，未有不克昌厥后者也。然其始，惟在乎以人之心，参天之心。人之心有不及则天胜，人之心无不及，则天赖人而全而天显。天胜则天还自天，天显则人之心即天之心。天胜而人亡，天道茫不可问。天无其胜，人无其亡，天道彰彰也。

第八章　堪舆汇考八

《管氏地理指蒙》四

二道释微第三十一

天不人不成，人不天不因，此息道、漏道所以分。于以嘘五气于钳口，于以通五气于风门。

息道，内口；漏道，外口。天非人不因者，有导引之力；人不天不成者，非有内口、外口，人无由以知之也。钳口，即息道；风门，即漏道。漏道出于天成，息道可以人为。然息道之为，亦不过因其自然，略为转动而已。樗里子曰："水去则风来。"故外口谓之风门。贵有捍门华表罗星禽兽等者，所以塞其风之入也。李淳风曰："息者，气息之息；漏者，便漏之漏。"以人身取象也。

平不平而横不横，分涂八字；倾不倾而直不直，锁节丁文。故息道之道，其巧拙以由人。驳杂交宫，纵清流而蹈浊跃；真纯人路，凝绿鉴以照苍渊。漏道之道，其形势以天然。如虎口之交牙，金关石瀇；如牺牲之露角，罗列侵云；如天门之外屏，龟印虹津。如之如元，各司于宫分；如带如练，必应于天文。

内水贵平，有不平者，以人力平之，故曰平不平。内水贵横，有不横者，以人力横之，故曰横不横。分涂者，分其两路，如八字之绕于左右也。内水倾，务令其不倾；内水直，务令其不直。其法在做兜堂，度其长短，锁为几节，令其上水入下水如丁，虽倾而不倾、虽直而不直也。其内水之犯驳杂者，纵有清流，终以浊论；其真纯得天清之气者，谓之苍渊也。漏道，非人所能为。虎口交牙，言其卧；牺牲露角，言其竖；龟印虹津，则当于水口之中。三者俱在之、元、带、练之内，其宫分折处，各有星野应于三合四冲之方，不得一视之也。

罗城列壁以扞吹，重峰叠嶂以朝身。当中谓数，格以定其分野；坐穴直指，法诳以纷纭。

罗城列壁，重峰叠嶂，皆在水口之外。

古历云：据山格水，到水已差；据水格山，到山已讹。沿山格山，沿水格水。水入宫分，山入骨髓。

矧有飞禽背崦，走兽肩坳。必骑龙之案，以就高窟；须卷臂之腕，以并流分。岂特三形之壮自然、四势之朝溪渚？长流隐隐，而外匝壶井；乾流平平，而内遭四顾。亦防而特耸方中，岂见其崇高？果缺栏槛而临阽危，或乏嶂蔽而当缺陷。堪伤坠檐之蛛结，当嗟牛鼻之风飘。外水隐然而长绕，远山屹尔以空高。是以显设于堂门，且严于抑塞；深藏如室榻，尤耻于衝嘈。

背崦、肩坳，皆指高山之窟。惟骑龙穴为然。然去龙须要回头，如臂腕之抱，不见其流之分，斯三形壮而四势朝也。再得溪渚绕于外，壶井畜于内，四顾防护，不显其崇高，亦得谓倾而不倾、直而不直也。若外无栏槛而当绝壁悬崖，何异坠檐之蛛结、风吹之牛鼻也。是天既无可因，虽有外水远山，亦无益矣，故水口为第一要紧。所以，虽有堂门，可谓畅矣，尤恐其门之不塞；藏如室榻，可谓邃矣，尤虑其水口直衝。

旧注曰：骑龙著穴，须爱卷珠为案，以并八字流水。明堂却居于外，三形四势，由一身而具。

虽然六相清英，朝集为贵；六替干维，漏道之利；二十四山，潴泽无忌。

生旺真纯，固所云吉，若反背斜流，亦非所贵。囚谢宜去，若当十二支宫，又谁曰宜？至于潴泽，则不论干维矣。

易脉崇势第三十二

险隈之脉欲其降，易野之脉欲其崇。崇不崇于巘，崇必崇于钟。崇如蛇蚹，蜿蜿螾螾，则举头微起莎草之中；崇如螺踪，隐隐隆隆，经脉络以肤通。

螾与蚓同。肤，大也。险隈属阴降，则为阳；易野属阳崇，则为阴。巘者，山峰也。钟者，釜之属也。平原之崇，非谓其崇之如巘，得其崇如釜钟之类，便为有力矣。蛇蚓、螺踪，言其祟之微；蜿蟺，言其曲折而隐。若曲折而到头不起者，谓之游魂。《撼龙经》云“但得一星龙便吉”者，亦欲其祟之谓也。

祟则不披不散，祟则有穴有容。祟则聚气，祟则藏风。祟如伏龟兮，曳尾留痕于来历；祟如覆拳兮，宗身伸缩如臂蓬。如蚓陌贝隧，如帛理屏匡。如秋霄幅列之汉，如晴空缕抹之虹。如蛛过檐，引游丝而不断；如狼猎食，踵遗踪而必逢。

披，分也。臂，所以卫身之具。蓬，一本，叶散生，遇风辄拔而旋。贝，海介虫。隧，道也。蚓陌，蚓穴口外之土。平原一祟，如振裘挈领，枝脚自然，归聚落穴，自然有容。气无不聚，风无不藏。如伏龟者，索其来于曳尾；如覆拳者，求其卫于宗身。如蚓穴外之土，如贝所行之道。如帛上之纹，如屏间之格，如河汉之亘天，如长虹之匝地。若蛛引游丝、狼追兽迹，皆喻其来历之微。非久历平原者，未易知也。

始者尚思于雄杰，要知特美于平洋。昏睡之息，若吼若暴；和畅之气，不声不扬。自昔东南艰苦，暂时之业；至今西北优游，累世之功。故曰锐不如圜，圜不如方，方不如平，平不如浩渺之沧浪。虽然逐鹿亡卢，扬鹰背鹊，旷荡何宗，断独不续，则是火葬津埋之不若。

卢，狗之黑者。地固有幅列之平，所谓和畅之气也。东南高，西北平。高者，彰扬暴露，易发还易衰。平者博厚，深藏难发，而退亦不易。直锐者属木火，圜者属金，方者属土。平得土之纯，而近于水，浩渺则纯乎水矣。火性烈而易灭，木遇冬必凋，此锐之不如圜也。金可从革，圜之不如方也。土之高者必崩，此方之不如平也。平之极者，阳气发而为水，此平之不如浩渺之沧浪也。昔杨筠松立纂宫法，凡有诸山辐辏，气聚平洋，有大湖池隐注之处，名为天池大会。格诸龙气聚于中，深广难下，须用人工采运茆竹，投于湖心。待其稍满，却于吉方运五色土，实筑其上，取朝对立向，开圹成穴，约高低深浅，须与诸山环护登对，谓之纂宫法，即卜氏之《水底穴怪穴赋》之“捉月须云在水中，还要土来封”也。设大势无可宗，登对无可应，漫欲于广漠无垠之地而穴之，亦何异逐鹿者之失其卢，而鹿不可得；扬鹰者于鹊背之所，鹊安从致哉？反不若投之水火中矣。

旧注曰：凡地势祟起，则暴露风吹。谓之藏风者，岂不以冈脉之地祟，其穴的则容穴深邃不浅，浅当风。若行龙插地，面则当风矣。

袁天纲曰：平洋如幅布，无纹无绪，是无冈脉。鹰之逐鹊，指前直射，如矢拨机上，势无所差。若鹰鹊背，则是断独孤遗之形。

日者如流第三十三

马迁博物，班固稽古。志地理则贵识风俗，书天文则耻穷骨髓。仲翔三梦，臂不成于川流；梓慎九程，钳失思于丁锁。

秦末李仲翔祖葬城纪，三梦至人告曰："其山形如川字，法当战死。"仲翔不信。汉初果战于狄道而死。子柏考复梦如初，遂葬仲翔于素昌，因家焉。复梦至人告之曰："吉，但城纪之余殃未衰耳。"曾孙广又战死，广孙陵复又没敌。晋梁武昭王李暠，乃仲翔十九世孙。

城纪，《史记》作成纪。其先曰李信，秦时为将，逐得燕太子丹者。

广年六十，以与卫青不得，引刀自刭。广子三人，曰当户、椒、敢。当户早死，椒为代郡太守，皆先广死。当户有遗腹子，名陵，以五千人出居延北。单于以八万围击，陵军兵矢既尽，食乏而救兵不至，遂降匈奴。单于以其女妻陵而贵之，汉闻，族陵母妻子。

李淳风曰：鲁史梓慎爱泥冈之远，随程九日到窟，嫌水去倾直，弃之。后钟山真人吕大同喜其大江横流，锁小水如丁字，葬之大吉。

况五鬼叨赃，七星诡谲。符鸟语以冀童欢，剽花言而要妇悦。差宾失主，既失律于观山；背势寻形，何果尝于拟穴？展屏面上，高高附凤之危；排扛背间，直直骑龙之兀。定贵贱不关于相貌，推寿夭罔兼于诞节。五行、二气，不宗于理致；八卦、九宫，恣翻于歌诀。蔽丑恶于众观，矜奇特于他夺。投主意于千门，见客情之百出。扬眉伸目，玩山水于京夷；仰面抬胸，诳星辰于翼逸。或若秘而罕言，或若习而肆说。贪狼徒逞于当时，破军果应于今日。何贵耳而贱目，必信讹而弃实。塞儒者之廉贞，肆异端之汨没。

旧注曰：凡五鬼图山形以投献者，必不肯轻容众知，以他人争夺惊其主。京夷、翼逸，皆东汉之鬼。展屏匡上，全凭捍脚之阶。今面前壁削，诳为附凤、龙背之案，须卷臂之腕。今后直前驱，诈曰骑龙。至于己所不知者，故作秘之之状，不肯轻言人。所不齿者，反肆其词锋，矜为异说，遂流毒于无穷。

噫，送终之道，人之至情。礼、义、廉、耻，国之四维。合著儒者之业，胡为贾者之资？故曰：儒之流，赃之机；祸之兆，福之隳。是安得真儒大儒，返其流而为正之归？

曰儒之流，貌儒而非儒。假儒以为叨赃之具，而抑知祸端既肇，福泽遂消。安得所谓真儒大儒若马迁、班固其人者，一起而正之也。

五行五兽第三十四

五行之五位，五方之五色，五性之五神，五正之五德，五象之五兽，此皆不可差而不可易。

五行，耑主《洪范》，惟四正不变，余各从其音之所属。东方之色为苍，南方之色为赤，中央之色为黄，西方之色为白，北方之色为黑。木为肝之性，暄而仁；火为心之性，热而礼；土为脾之性，静而信；金为肺之性，凉而义；水为肾之性，凛而智。木曰灵，威仰之神；火曰赤，熛怒之神；土曰含，枢纽之神；金曰白，招矩之神；水曰叶，光纪之神。木正曰勾芒，火正曰祝融，金正曰蓐收，水正曰元冥，土正曰后土。勾芒之德为和，祝融之德为显，后土之德为濡，蓐收之德为清，元冥之德为寒。五象见下文。

青龙为鳞虫，朱雀为羽虫，白虎为毛虫，元武为介虫。中央居人而形倮，黄庭贵之，比凤凰而衣锦，元丘归藏，而明堂有离隐之义。

四兽之属与《内经》有异。岐伯曰：东方生气，气生木。其在天为元，在地为化，在人为道。其色为苍，其化为荣，其虫毛，谓万物发生，如毛在皮也。南方生热，热生火。其在天为热，在地为火，在人为脉。其色为赤，其化为茂，其虫羽，谓参差长短，象火之形也。西方生燥，燥生金。其在天为燥，在地为金，在人为皮毛。其色为白，其化为敛，其虫介，谓外被介甲，金坚之象也。北方生寒，寒生水。其在天为寒，在地为水，在人为骨。其色为黑，其化为肃，其虫鳞，谓鱼蛇之族类也。中央生湿，湿生土。其在天为湿，在地为土，在人为肉。其色为黄，其化为盈，其虫倮，谓倮露皮革，无毛介也。六壬以甲寅为青龙，为鳞虫，丙午为朱雀、为羽虫，庚申为白虎、为毛虫，壬子为元武、为介虫。中央得五气之全，凤凰色备五彩，故以拟之。明堂最忌充塞，充塞则不明，谓无火以生之，而土气不实也。离者，日月丽乎明也；隐者，如堂之虚厂足以隐其身也。此离隐之义，非若众水聚处之说，只言其外不及于内也。五方旗曰四势之中，戊己莅之。在五脏谓之脾，在五行谓之土。土气实则阴阳摩荡而成胎孕，曰摩孕之府，元墟真宅之象，受生于心火离明之气，嗣不忘宗。故钳龙之前，皆同应龙之论。然火以虚明，凡蔽塞其心者，可知其疾病，亦离隐义也。

故四兽止取四势于东南西北，五鬼窃之而未真，诳其名而鼓惑曰麒麟、曰凤凰、章光、玉堂兮，乘何义而可释？况凤凰既比居中之倮，曷又出占四方而谬？则特指摘，以证其非，于以验五鬼欺迷天下为无识。

附五鬼量山步四兽卦

甲为麒麟，丙为凤凰。庚上章光，壬上玉堂。

乾山起戊戌，坎山起戊子，艮山起戊寅，震山起己卯，巽山起戊辰，坤山起己未，离山起戊午，兑山起己酉。

假如乾山结顶，落脉到穴，即于山顶，不问远近，只于水分处量起，一步戊戌，二步己亥，直指落穴处，遇甲、庚、丙、壬即住，可以形势高低取之。

穴之高下，自有一定不易之所，而此以四兽步之穴，若不可测矣，宜乎公明辟之。

方圆相胜第三十五

方者斯兴，尚守五行，以参二气；圜者欲胜，已翻八卦，而饰九星。方者执而多忤，圜者顺而有情。忤者众所咈，情者众所倾。然富贵贫贱常并肩，而处世术者一正一伪，每角立而抗衡。又况贫贱者众、富贵者寡，以妄传妄，故达术必灭于妄术之声名；以伪传伪，伪者纵横散布，而正者于是乎不胜。

公明之聪明才辩，可谓神矣，而卒有不能胜伪之叹。可见五鬼一辈，自古流传天下皆是也。方者凝道自处，既不能倾情当世，又不能屑屑苟容，自然世不易逢，人不易识，良可惜哉。

是以，虢氏出而章子渊，时号仙药；嬴氏作而卓思明，时号真灵。惟嬴惟虢，

固无心于衒术；而章而卓，亦岂遁于天刑。噫，圆术方术，固非不习者之所能晓；是稽是度，莫若审其传授以何经。

章、卓一辈，特是造物所遣而虐人者。人能修德以俟，自然不与之遭逢矣。夫后知嬴、虢虽明，亦不能私有所畀。

旧注曰：圆术但以心机求售，不能传子。果传于其子，则全不侔于父。

盖五行、二气，尚有经之可考；而文曲、武曲，必无文之可凭。惟心机口诀，罩俗以笼众，岂容绳墨以传承？故曰：今之轻，后之重；今之重，后之轻。

五行、二气，见于《河》《洛》。文曲、武曲，经史不载，凭何考证？若圆术者，不过窥伺人之颜色，以投合其机而已。正者虽为今所摈，后至于破家灭亡，思之而为后之重矣。圜者虽为今所用，后至于破家灭亡，思之而为后之轻矣。

诡结第三十六

诡结之说，不胜其异。为虢氏之说，则曰：有山而无水，有形而无势。内停而外驰，前趣而后背。

有山无水者血枯，有形无势者脉寒；内停外驰者气不畜，前趣后背者龙不来。

为嬴氏之说，则曰：町疃乾流而冈骨不住，枝叶来山而气脉分布。内平而外不圆，后来而前不顾。

町疃，禽兽所践处。虽有乾流而冈骨不止者，龙之伏而从此过也。到头之山，贵乎专一，若枝叶太繁，本气为其所夺矣。内平者，堂气已可观；外不圆者，左右皆不顾。《四势三形篇》曰：外如龟，内如月；外如壁，内如窟；外如墙，内如室；外如趣，内如列。夫亦欲其外之圆也。未作穴，先作朝，穴止而朝与之会，若宾主之相逢，外气自无不备。若前不相顾，则外气荡然，虽有后之来，而前不相迎也，诡结而已矣。

二者之说，皆同轨而异度。

虢氏曰"有山而无水"，嬴氏曰"町疃乾流而冈骨不住"。一言其止之诡，一言其似止而实未尝止也。虢氏曰"有形而无势"，嬴氏曰"枝叶来山而气脉分布"。一言其势之不足，一言其形之太繁。虢氏曰"内停而外驰，前趣而后背"，嬴氏曰"内平而外不圆，后来而前不顾"。内停即内平，外驰即外不圆也。一言其前虽至而

后不见其来，一言其后虽来而前不见其至也。

曹叔之说则又不然：绝顶骑龙而钳浏直悬，当头宗龙而鼻吹双穿，半腰攀龙而八字披泻，没脚承龙而失势单寒。

已上四者，虽皆有其形，而前则均缺其一面。若有龙而无形无水者，益不足言也。

是皆有形之可穴，而无应之可完。若无形无水，则不为结之诡，为流之乾。

骑龙贵卷尾为案，以屏八字流水，若钳浏直悬，外无以塞，气随之而丧矣。宗龙之结曰镇龙头，鼻吹双穿是前无门户，气为风所荡耳。来龙横卧，攀其肩井而八字披泻者，是无肩井可攀。更下砂不转，不能关内室之水，外无以聚之也。来龙磅礴，承其顾嬔曰承龙之势，而失势单寒者，是势有所不及而前空旷无垠也。

心目圆机第三十七

葬者，承黄钟之真气也。取少阴少阳于未奇未偶之先，以顺五行相替之理。

天地之始气曰黄钟，奇偶当十二支正位，未奇、未偶当八干四维之零位，五行相替之理寓焉。葬者贵坐向干维，即黄钟之真气也，盖十二支有煞，八干四维无煞。范越凤云：古人为向只有八长，欲逢生不逢煞者即此也。

一个天参之为三，一个地两之为二。三三为九，三二为六。两其二一，其三为七，两其三一，其二为八。九为老阳，六为老阴，七为少阳，八为少阴；二老为阴阳，二少为刚柔。

其正以山，其辅以水，由正而行，得辅而止。其行也由势而来，其止也以形而委。势向方而形入路，水以为防；山奋搮挟而水崇纲，穴如其蕊。

山行必有水辅，其辅于势者俱在外，山止而辅者亦止；其辅于形者俱在内。山奋搮者，一本而散为万殊；水崇纲者，万殊而归于一本也。以山而形，穴之蕊则其蒂在上；以水而形，穴之蕊则其蒂在下。在上者山之搮也，在下者水之纲也。

是以，势远形深者，气之府也，五帝五祀以之命慈孙而锡孝子；势促形散者，气之衰也，五神五祀之所不居，而猖孙荡子之所喜。

得势远者其形自深，其势促者其形自散。慈孙、孝子，天必佑之；猖孙、荡子，天必覆之。然则五帝五神所居，其宅于气之府，不宅于气之衰也。

故营营于择福而祸益媒，茫茫于择术而赃益诡。惟颓然委顺，循然尽已。择福必正其心田，择术必参其经旨。居之而不矜不奇，扣之而不竭不匮。冀道释之虚无祸福，审卜命之同途殊轨。

福不可择而在于择术，术不易择而在乎积德以俟之，所以择福也。五鬼辈一味矜奇，及扣之经旨，茫无以应。有道君子惟以理义是谈，断不徒以祸福惑人也。

推星必由于五行，言天必由于五土。仰佑善之五音，格行灾之五鬼。故曰：探天造，索天揆；明天目，聪天耳。洞山水之关节，得坟兆之表里。

星者，岁星、荧惑、镇星、太白、辰星也。甲年上应镇星，丑癸坤庚未山在下应之，甚则上应太白星。兑，丁乾亥之山应之。星在天者也，五行在地者也，此推星必由于五行，言天必由于五土也。《洪范》五行之属，根于宫商角徵羽之五音。其通于五行者，佑善之五音也；其昧于五行者，行灾之五鬼也。天造天之始气，天揆天之度数。天之始气生于八干四维之中，天之度数见于二十八宿之位。其度之所至而地应之，或气之所始而地承之，皆吉福所由生也。然非极耳目之聪明于闻见，不能洞山水之关节。虽得五行之运气，亦无所施其用耳。

无分面，过肩之不聚；无穿鼻，崩唇之不理；无藏头，散背之不端；无当腰，附肋之不蔽；无肘后，逆流而势不钟；无目前，顺流而形不峙。无分尸之案首，无覆尸之水尾。

此一节释山水关节之所忌。分面者，当面水分八字。过肩者，由肩后过去而不绕入堂。穿鼻者，两水掺合而直出。崩唇者，内堂水泻而无拦。藏头者，贯顶无星峰。散背者，懒坦无收拾。当腰不蔽者，过峡受风。附肋不蔽者，两肱凹缺。肘后逆流，势居于背。目前顺泄，形为之倾。案：山崩破曰分尸，水口山如覆舟曰覆尸，皆大凶之象也。

是以，水未经于方镇，止为金粟之区；山必界于江河，斯结王侯之垒。是水以聚为凭，山以远为主。腾骧如冀北之马，必横水府而可容；蜿蜒似常山之蛇，不崇气库而何取。

龙之修短，一准于水之远近。龙有千里，则有千里之水；龙有百里，则有百里之水。水未经于方镇者，龙之短促，可知不过为金粟之区而已。必也以江为界或以河为界，其龙远者数百里，近者或百里，势若远大，王侯之垒斯在焉。《金壁元文》

曰：干龙住处分远近，千里为大郡，二三百里可为州，过此即封侯亦远之谓也。盖水远则所入者愈宽，山远则所脱者愈嫩；山必以水为防，水必以山为主。山虽如冀北之马，无水府以止之，不可驭也；水虽似常山之蛇，无气库以收之，亦何益耶？常山之蛇指龙说，亦妙。

释名第三十八

积气应星，相江山而择吉；晓人有法，因形势而命名。指山之磅礴兮，则有山龙之号；指水之罗绕兮，则有水城之称。来历则曰祖曰宗，原其本始；居中则曰宅曰兆，可以归藏。曰夹室者，则邃区穴而不露；曰辅门者，则保明堂而若防。曰之元窍者，息道之碛决；曰之元隧者，漏道之岩行。

山川之情性不一，龙穴之位置各殊。因形以立名，顾名以思义。不在标奇，贵夫近理。故山曰龙，谓能变化也；水曰城，谓能防护也；来历曰祖、宗，不忘其所自出也；居中曰宅、兆，如仁者之安宅也；内砂曰夹室，外卫曰辅门，内室而外门也；内水口曰息道，外水口曰漏道，内微而外著也。

旧注曰：世俗多以炭引钳口水，则火气炎盛，谓之一气侵凌、五行绝灭，惟碛石则善行水矣。岩流者，水口得岩，关锁则无变迁，时俗谓之交牙石也。邃者，乃流痕小狭而不露者也。

曰海眼者，望之而广博；曰天壶者，登之而宽平；曰腾巅者，结顶而未住；曰吐舌者，含唇而未盛；曰反肘者，欲叛而弃主；曰偏胸者，欲脱而绝缨；曰乱衣裼者，山无领袖；曰横刀陇者，山带锋芒。

海眼系垂坡圆窟，天壶系仰天之峻而平者，皆结高处。腾巅，山之将起而为顶。吐舌，山之既止而外伸。皆非结穴之所。反肘者，其势背。偏胸者，其落斜。绝缨，谓其无顶也。振裘挈领则衣不乱，无其领谓无其主也。刀刃皆尖利凶器，山之锋茫似之。

李淳风曰：凡入穴如笏、出穴如枪，乃宣威执柄之形。惟露在穴前者，则为锋芒，犯主，始合凶应。

曰含羞者，对蛾眉之陇；曰挟私者，抱鸡卵之冈；曰槎牙者，非端正之干；曰藤蔓者，非坚固之茎；曰蜿蜒者，形势之怒拱；曰悬瀑者，山水之直倾；曰朝宗

者，乘合川归海之势；曰入庙者，推配神造运之灵。

蛾眉半露其顶，寓有含羞之意。挟私，在龙虎内又为患眼，抱养堕胎之山。槎牙，枝自旁出而不正。藤蔓，较枝愈细而力轻。蜿蜒者，屈曲而拥卫。悬瀑者，倾逝而不情。朝宗，不必定在滨海，得汪洋滂湃之水，皆谓之朝宗也。庙者，貌也，所以仿佛先人之容貌也。曰入庙者，取其一家之义，如木以乾甲丁为入庙，金以巽庚癸为入庙也。造，至也。造运者，造其运之内，如入其庙之中也。

《拨砂》云：脱妻之山槎牙生，藤蔓之山怕秋旱。

是皆以意逆意，以情度情。何况杳冥之迹，曾无规矩之凭。非公心者不能清其翳，非明目者不能见其形。得其道者，必由于至妙；通其数者，必由于至精。虽然，寻龙虽难，择术有要。惟理义之是稽，则真伪之可较。如治家之纲维，在容心于门灶。门者，家之仪；灶者，家之耗。耗虞奴婢之媚，仪虞宾客之暴。媚不顺则内外无关，暴不顺则子孙失教。主以是而择术，术当求其要妙。于以见其精习，于以见其体貌。是以虢公见香笥而辞，樗里因博局而告。《易》鼎烹以养贤，岂养误人之赃盗？

以人之意逆山水之意，以人之情逆山水之情。初非有绳墨之可据者，要非心目双清，未易臻其妙矣。

《樗里遗书》曰：昔虢公客于刘门，见仆隶皆带兰麝，心已怪之。居无何，知其在庖厨内食，意与其姬妮杂处，遂辞去。后刘氏家固不振。

山水会遇第三十九

水随山而行，山界水而止。界其分域，止其逾越，聚其气而施耳。水无山则气散而不附，山无水则气塞而不理。山如兵，水如城，驻兵之地，非城不营；山如堂，水如墙，高堂之居，非墙不防；山如君，水如臣，君臣都俞，风化斯淳；山如主，水如宾，宾主雍容，情味相亲。

山为实气，水为虚气。土逾高，其气逾厚；水逾深，其气逾大。土薄则气微，水浅则气弱。然水不能自为浅深，气急而不凝者，实山为之也；山不能自为开拓，使堂气畅而不塞者，是又水以充之也。总之，二者相须而不相离。舍山以言水，而水何附；舍水以言山，而山何止也。郭氏则以山为内气，水为外气，故如丘、如

堂、如君、如主，皆内也；如城、如墙、如臣、如宾，皆外也。

故寻龙之术者，称之曰山水之士；贼术之奴厮，目之曰行灾五鬼。故曰“蠢尔五鬼，沿谬成徒”。说青龙白虎而不正其色，夸天蓬天任而曷辨其墟。忘尧舜在躬之历，而心窒于理义；诬帝王传心之道，而眼昧于元微。

龙在东，虎在西，故有青白之异，惟面南者为然。天蓬即一白，天任即八白。一白属坎，水也；八白属艮，土也。二者虽皆属白，一为颛顼氏之墟，一为太皞氏之墟。而五行则异。尧曰：咨尔舜天之历数，在尔躬允执厥中。舜亦以命禹。帝王传心之道，惟此一“中”。喻穴虽有千态万状，而其结作之所，必有其至中。然心窒于理义，眼昧于元微者，未易得也。

鬼则未离于一物，赃叨若辈。况五鬼之奴，曰能龃富贵，能瘦膏腴，能废祖先之祀，能孽子孙之愚，惟设诳人之巧，亦由鬼力之余。曰维善不积，自投于籭，问以理义，对必嗫嚅，孤儿寡妇犹或未信，信之者必白面之儒。

“赃叨若辈”下疑有阙文。富贵者龃之，膏腴者瘦之，废人之先，愚人之后，皆人所不能者，而五鬼能之。亦由于人之不德，自投于罗网，若束于籭而不可解也。

旧注曰：孤儿寡妇，犹或知葬祖祀先之义。惟白面书生，口诵经史，心暗礼义，盲头哑尾，颊舌腾傍，谓无阴阳。及至父母暴露，不得不埋，即用赃鬼奴贼，夷冈破阜，妆造形势。一罹凶应，便始迁移。亦有掘出安，留寄寺院者。

呜呼，彼实一奴之陋，委为众智之愚。安得积善累德之门，翱翔徜徉，与之登青山、玩绿水，论六相六替，以尽我之欢愉？

众智之愚谓众皆智，而反为一奴所愚也。

此篇首言山之与水相会遇，末言主之与术相会遇。其不能与山水之士会，而与行灾之五鬼遇者，不可谓非其积也。

盛衰改度第四十

当初窭坎，遽夸今日之元墟；况此佳城，宁保千年之荒殡。

元墟，穴也。一言其昔衰而今盛，一言其今盛而后衰。昔衰者，当初葬时其家贫窭，至今日而富贵，遽夸其葬之得穴矣；今盛者，今日虽富贵，其葬之不善，能

保其不为丧家之荒冢欤？大意如此，旧注谬不录。

江山形势已俱非，气概精神都一变。岂惟土复以洲移，何特山崩而地震？东南多丛祔之伤，西北屡堤坍之衅。路穿青嶂以成蹊，水垦黄泥而易埻。散气脉于沟渠，尽条枝于斧刃。既地形之改度，应天象之转运。

祔，合葬也。坍，水打岸坏也。埻，堤岸也。精神随形势发见，形势既已改移，精神亦因之变易矣，不但土复洲移、山崩地震。其丛祔者，气残；堤坍者，形坏。路久能断龙，水急能冲岸。沟渠之于气脉，若斧刃之于枝条，况天道无一不因于地，地形改度，天象转移，理势之必然也。

况变数之有穷，如昼之必夜，如少之必老，其理昭昭，则何烦而致问。《斯干》之诗曰：“如竹苞矣，如松茂矣。”此宣王考室之作，亦赖衣毛之庇润。《孟子》所谓故国者，非谓有乔木之谓也，有世臣之谓也。矧松埏赖蓬颗得良嗣。守之之法，虽千年而一旦。

埏茔，冢之神道也。颗，土块也。蓬颗，蒿里之义也。《斯干》，毛诗篇名。考，成也。盛衰，天地循环之数。盛极必衰，如昼之必夜、少之必老；衰极复盛，如霜雪之后继以阳春。数原不可穷也。《斯干》之诗以竹松为宫室之荫庇，《孟子》则以世臣为故国之瞻依，公明以松埏、蓬颗比松竹之庇宫室、得良嗣守之，此故国之有世臣泽流无穷也。

第九章　堪舆汇考九

《管氏地理指蒙》五

择术第四十一

《易》曰："方以类聚，物以群分，吉凶生矣。"方者，八卦所居之方，有方者昌焉；物者，八卦所为之物，有物者象焉。方以类则有术，物以群则有事。天下以方为为术者，皆方之类；以物为事者，皆物之群。类非诚感则不至，群非理制则不分。阴阳之理，各以正胜，吉凶生矣。

朱子曰：方，谓事情所向，言事物善恶各以类分。八卦所居之方，是吉凶寓于八卦之内；八卦所为之物，是吉凶见于物类之中。此篇论择术方对术者作为之法。说有方者昌，是得其作为之善者；有物者象，是近取诸身、远取诸物之义。胡云峰曰：《易》未有爻位，则未有吉凶之辞也。天地间事物，吉凶各以类而分。善者可知其为吉，恶者可知其为凶矣。类之中有吉者，非诚感之则不至；群之中有凶者，非理格之则不分。阴阳之理，自有一定之见。偏者自能致其凶，正者自能召其吉，何容辨耶？

又曰：在天成象，在地成形，变化见矣。积气为天，其成象者日月星辰也；积块为地，其成形者金木水火土也。形象之成，神实使之，故变化见矣。

惟神为能变化，然亦须积之久而后成。

又曰：刚柔相摩，八卦相荡。乾道成男，坤道成女。以至于天下之理，得而成位乎其中矣。刚者，乾事也；柔者，坤事也。震、坎、艮，索于乾而得男；巽、离、兑，索于坤而得女。如摩砺使之渐消，荡涤使之亟去。刚摩柔则柔消，而为昼；柔摩刚则刚去，而为夜。震荡艮则为春，离荡巽则为夏，兑荡坤则为秋，坎荡乾则为冬。故万物之方生方死，五行之相生相克，盈虚消长，相代乎前，而莫知其所自者，必有真宰存焉，特未得其朕尔。

乾坤之道，至易至简，无不可知，无不可能，一有矫揉，便非自然易简之理。故可久可大，亦惟易简之德业为然。至于天下之理，得可以与天地参矣。《庄子》曰：日夜相代乎前，而莫知其所萌。已乎，已乎，旦暮得此其所由以生乎。非彼无我，非我无所，是亦近矣，而不知其所使。若有真宰，而特不得其朕。真宰在人身中一气耳，本来无形，有何朕兆？

临川吴氏曰：画卦之初，以一刚一柔，与第二画之刚柔相摩，而为四象；又以二刚二柔，与第三画之刚柔相摩，而为八卦。八卦既成，则又各悔卦荡于一贞卦之上，而一卦为八卦，八卦为六十四卦也。刚柔摩荡而为昼夜寒暑，虽消长往复，自有其机，而为其所以者，皆神也。

又曰："原始反终，故知死生之说。""精气为物，游魂为变。"生死以物，言原生之始以知死之终，反始之终以知生之始。知生死之说，则知变化矣。精气为物，言化而生也。游魂为变，言变而死也。形本于精气，构而为物，生而有形。原其始也，自稚而至于壮，自壮而至于老，无时而不化也，此所谓精气为物也。及其终也，体魄降于地，魂气归于天，如云之游而无所不之，此所谓游魂为变也。生死以物言，变化以鬼神言，幽明虽殊，其情状一也。散一为二，故精在气之先；合二为一，故气与精同体者。死，魂气归天，体魄降地。魄，白也，西方之成色也，如金之白不能变也；魂，云也，如云之敷无所不之也。著于幽阴，则魂载于魄；丽于阳明，则违魄从魂。魂有所归，则能入神，以魂从神，如智人圣，自然相通矣。

始终生死，是以循环言；精气鬼神，是以聚散言。精，魄也，耳目之精为魄；气，魂也，口鼻之嘘吸为魂。二者合而成物。精虚魄降，则气散魂游，而无不之矣。《杂书》曰：魂，人之阳神也；魄，人之阴神也。

或问精气为物、游魂为变。朱子曰：此是两个合、一个离。精气合则魂魄合，而凝结为物；离则阳已散而阴无所归，故为变。余谓"无所归"三字于理不顺，精气合而为物，精气散而为魂，其变处即其所归处。又曰：变是魂魄相离，虽独说游魂而不言魄，然离魄之意自可见矣。如言殂落，升也。殂是魂之游，落即魄之降。

古之祭祀，求诸阳，所以求其魂；求诸阴，所以求其魄。又曰：魂气升于天，体魄归于土；神气上升，鬼气下降，不特人也。凡物之枯败，其香气腾于上，物则腐于下，推此可见。又曰：死则谓之魂魄，生则谓之精气。然则精气合则为人，魂魄离则为鬼。

张子曰：精气者，自无而有；游魂者，自有而无。自无而有，神之情也；自有而无，鬼之情也。自无而有，故显而为物神之状也；自有而无，故隐而为变鬼之状也。

著于幽阴，魄之附于土也；丽于阳明，魂之应于星也。魂能应于星，即魂之有所归。而要非魄之附于山川之正气，不能其能；附于山川之正气，便所谓如智入圣，与生者相通矣。

呜呼，圣人观象作《易》，几微事物，其道甚大，其旨甚悉。吉凶亨否之说，偏所以派于日者之术。故葬者，体魄藏于地，以配五土；魂气游于天，以配五星。此子孙之心也。骨肉归复于土，命也。魂气无所不之，是也。

道之派于术，虽甚繁，而有关于造化者，惟葬一术为最大。盖下得藏于五土，上可以配于五星，孝子慈孙所当尽其心也。

延陵季子适齐，于其反也，其长子死，葬于嬴博之间。孔子曰："延陵季子，吴之习于礼者也。"往而观其葬焉。其坎深不至于泉，其殓以时服。既葬而封，广轮掩坎，其高可隐也。既封，左袒右还，其封且号者三。曰骨肉归复于土，命也。若魂气则无不之也，无不之也而遂行。左袒，以示阳之变；右还，以示阴之归。骨肉归土，阴之降也；魂气无不之，阳气升也。阴阳，气也；命者，气之所钟也。季子以骨肉归复于土为命者，此精气为物之有尽；谓魂气则无不之者，此游魂为变之无方也。寿夭得于有生之初，可以言命；魂气散于既死之后，不可以言命也。再言无不之者，憋伤离诀之至情，而冀其魂之随己以归也。

命，生也。赋于人为性，出于天为命。未有人之先，其原皆出于土。既葬而封，故曰复。复而后有生之之理，故曰命也。《有无往来篇》曰："挺然而生者，死之先；寂然而死者，生之息。"理不终息，故息之之道为生之之枢，即归复于土之义。

《青囊内传注》曰：葬埋得吉气，亡魂负阳而升，而子孙逸乐、富贵、蕃衍矣；

葬埋得凶气，亡魂抱阴而堕，而子孙贫贱、杀戮、零替矣。然则魂之所之，亦卜于既葬之后欤！

三五释微第四十二

一气未分，五土胚胖于鳌极；五墟既正，列星分野于龙楼。数有祥而有沴，应有喜而有忧。因夷险之方寸，得形气于茔丘。纵命偶三奇貌全，五岳果配祀于五沴；花暂荣而暂落，惟五祀配于五祥。则五灵钟秀于造命之初，故子孙奕叶享富贵而延长。

胚，妇孕一月也。鳌极，金精。鳌极，如子年作乾山，得苍天木炁司山方，书可考。龙楼，祖山有数尖并列者。浑沌之先，惟有一气。土者气之体，故土为胚胖于鳌极之最始。五墟既正之后，始有星野而吉凶生。方寸，穴地也。穴之或夷或险，高下虽曰不同，要不离乎形气之内。盖气非形不寓，形非气不全，故形气叠说。命者，天也；貌者，人也。但人徒恃其天而于地有未善，终是暂荣暂落而已。惟配祀得五土之祥，其钟秀不独得于天与人，其子孙奕叶富贵自不可量。此节见天人之三五不足恃，重在地之三形五气。

虽然，身集三吉，心潜五凶，若和而戾，若廉而贼，若慈而忍，若容而抗，若遇而并，若何而防。巧者拙之佐，才者德之亡。德亡心亡，五土不容。是以三吉没，五凶彰。此古人论心之道，非惟地理之章。

此节言人心之三五。身集三吉者，得命、得貌、得地也；心潜五凶者，戾、贼、忍、抗、并也。若和者，于理似无舛逆，而其心则违；若廉者，于取似近耿介，而其心则贪；若慈者，于物似具恺恻，而其心不仁；若容者，于人之过似能有容，而其心则拒；若遇者，于境遇似无所争，而其心则竞。凡此者皆貌是而心非，人何能以防之也。巧者徒为拙之佐，才者徒为德之亡。人心即天心，亡其德即亡其心，因以亡其天，故为五土所不容。古人求地，必以积德为本，夫亦欲不失其天焉耳。

若曰一、二、六、八之叶吉，三、四、五、七之不良，是则阳明之用，兼中央之五黄。若曰游魂之变，则五正中于太阳言其数，乃四吉而四不藏。道本轩黄之道，流于嬴虢之荒。

一、二之二当作九，五、七之五当作二，此《洛书》三白法也。

《年家白星起例》云：上元甲子起一白，中元四绿却为头。下元七赤兑方是，逆寻年分顺宫游。

《月家白星起例》云：子午卯酉年正月起八白，辰戌丑未年正月起五黄，寅申巳亥年正月起二黑。

《日家白星起例》云：日家白法不难求，二十四炁六宫周。冬至雨水及谷雨，阳顺一七四中游。夏至处暑霜降后，九三六星逆行求。

《时家白星起例》云：时家白法更精微，须知二至与三时。冬至三元一七四，子酉官中顺布之。夏至九三六星逆，九星挨巽震排之。

阳明之用，在营造上说。

游魂卦变：一生炁，二天医，三绝体，四游魂，五五鬼，六福德，七绝命，八辅星。如乾，一变上爻，为兑；二变中爻，为震；三变下爻，为坤；四变中爻，为坎；五变上爻，为巽；六变中爻，为艮；七变下爻，为离；八变中爻，为乾，此祖卦也。余并以本卦上爻变起，仍还变本卦而止。以贪巨武辅为吉，破禄文廉为凶，一变即生炁，二变即天医，三变即绝体，四变即游魂，五变即五鬼，六变即福德，七变即绝命，八变即辅星。凡第五变即属廉贞。第五廉贞为火星，故云“太阳”。

尚乘地险以应天险，必辨阴阳；先气钟而后福钟，皆由山水。山水者，阳明之著；阴阳者，黄钟之始。以相体用，以相表里。山来水横，水来山界。水性应山，山性应水。是则黄钟阳明，相融而相理。

地险，山川丘陵也。天险，日月星辰也。日月星辰之过宫，皆在八干四维之正位。天险不可独恃，必先求形气所在。而后运以日月星辰之会集，是为福泽所钟。形气所在者，山水是也。山水之见于十二支者，谓之阳明。以十二支之山水配合于八干四维，谓之黄钟。其实则以阳明为体，黄钟为用，阳明其运于内者也，黄钟其见于外者也。若再分而析之，则山为阳明，水为黄钟，水不应山，则黄钟为不和；山不应水，则阳明为不顺。是山水又各自为阳明、黄钟，而不容以相离也。所谓“万水尽从天上去，一条龙向地中行”者，盖本诸此。

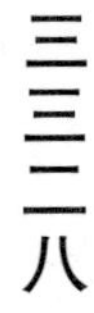

《开明堂篇》云：“阳明黄钟，二用稍异。少阳少阴，黄钟始气；老阳老阴，阳明始著。区别阴阳，参错天地。”当与此处互看。

故曰：山欲出祖，水欲立己。出祖盖期于显祖，岂栖栖奔逐之伦？承宗心贵于兴宗，有冀翼周遮之辅。立己既强于根本，流庆必延于续嗣。是故山寻住脚，连延则未绝他情；水爱环城，反背则不钟内气。

山欲出祖，是山欲得祖宗之正，而后来历远；水欲立己，是水不欲有附于人，而后源头真。立与行对，立者定而不迁；己与人对，有情于人则无意于我，便非立己处也。故曰“反背则不钟内气”，皆应立己说。

又有，来山远而去山平，弯中作荡；发山奔而住山缓，洿里堪茔。

上文言出祖期于显祖，此言其来历虽远，去山却平，其卷尾回顾之中，亦有结作，不可谓其不能显祖而弃之。上文言承宗必贵于兴宗，此言其发将虽奔，住山缓而不起，其缓处若能开辟洿会，亦有结作，不可谓其不能兴宗而弃之。

拱似抱婴手，有惰勤之辨；平如仰掌臂，分伸缩之情。

拱抱有力者，其手勤；拱抱无力者，其手惰。平如仰掌，言其穴地之美；其臂之伸者居外，臂之缩者居内也。

又有，穴骑肩项、钳防杵握之流；案卷拳头、臂藉弓弯之绊。是则合势全形，连身转腕。崇高特取其宽平，左右不论其紧慢。彼有势方行而形未住，巧作虚钳；身直去而脚横伸，诡成端准。大往小来，气之不从；本背枝披，葬之不允。

上文言“山寻住脚，连延则未绝他情”，然亦有穴骑于肩项者。但肩欲堪负，项要曲会，若杵握之流不可骑也。至于案卷拳头，即是穴骑肩项之案，使两臂无弓弯之绊以卫之，与杵握无异矣。设左右之抱者既全，而前亦既以去山为卷尾之案，是则合势以为形，即体以为腕。其穴地虽高，却有宽平之所；左右但欲包藏，其紧慢非所计也。盖内堂之水，有卷尾以收之。左右虽慢，自无漏泻之患。然龙亦有大势尚行、虚为钳伪为准者，特去者大而来者小。根本既非枝，焉能荣实耶？

或问：变通之数不过于五。曰：非止五也。五数其主，以三配之，《河图》之用八也；以四配之，《洛书》之用九也；以五配之，《太元》之数十也。文王重之，则六十四也；老氏重之，则八十一也；谁将重之，则百百而不可御。曰：俗之所谓三凶、五吉则因于吉，三吉五凶则因于凶。然山水之形势、吉凶之态度，变动不常，安可执数而语？此亦声言之复熟，在条理而不龃龉。

齿一前一却曰龃龉，言不相值也。《太元》疑《大衍》。管氏之意，谓吉凶不

一，不可以三五拘之。以三而配五得八数，《河图》之用也；以四而配五得九数，《洛书》之用也；以五而配五得十数，《大衍》之数也。文王以八数重之，得六十四；老氏以九数重之，得八十一；谁将以大衍之数重之，则百百而不可御也。朱子曰：《河图》、《洛书》皆圣人所取以为八卦者，而九畴亦并出焉。今以其象观之，则虚其中者，所以为《易》也，实其中者，所以为《洪范》也。又曰：太阳数九，少阴数八，少阳数七，太阴数六。初不知其数如何恁地，原来只是十数。太阳居一，除一便九；少阴居二，除二便八；少阳居三，除三便七；太阴居四，除四便六。老阳、少阴、少阳、老阴除本身一、二、三、四，便是九、八、七、六之数。

樗里不云乎：短、杂、散、逆、乱，网不纲，本不干；远、深、真、活，顺，有堂宇，有门仞；镵、楞、偏、仄、兀，非风窠，非龙窟；盘、伏、踞、端、容，应星列，辅云从；枯、丑、卑、囚、侧，源之穷，谷之极；丰、巧、秀、驯、安，幅无类，玉无痕。

短，促而不长也。杂，参错也。郭氏云：参形杂势，主客同情所不葬也。散，分离而不聚也。逆，情不相顺也，与逆水之逆不同。乱，不理也。凡网得其纲、本得其干者，其来自然长远，其止必有住将，其左右不分散，其随者皆顺从。明堂案应，自有条理。远者，其来遥也。深者，其往邃也。真者，萝伪之反、神之聚。活者，生动而曲屈。顺者，奔赴于一群也。其来既遥，其止既邃，自有若堂宇之藏者。然其真者、活者、顺者，不求于门仞之内未可得也。镵，锐刺也。楞，如屋上瓦棱也。偏者，不中也。仄者，左右之倾欹也。兀者，高而不安也。五者皆指窝窟之形说。窝窟左右，不宜有刺当心，不宜有棱，不宜与脉不对。而欹侧突兀，一或犯之，非风案、非龙窟也。盘，曲也。伏，潜匿也。踞，兽直前足而坐端正也。容，受也。郭璞曰：容，如今之小曲屏风唱射者，所以自防隐也。五者指应案辅从说。其辅者，或龙盘虎伏，或龙盘虎踞。其应者，如执圭秉璧。其容者，如列屏列翰也。枯，水竭而不润。丑，石粗恶而巉岩。卑，下也。囚，幽暗而不明也。侧，水倒而不能蓄也。五者指穷源深谷说。泉脉既枯，山形必恶，其地卑下幽囚，边高而边削者也。丰，厚也。巧，人所不能为也。秀，其色粹也。驯，其意善也。安，宁静而止息也。五者指穴情处说。凡龙脱卸既净，刚戾之脉全无，纯是一段蔼吉和平之气，若帛之无颣、玉之无瑕也。

曰执方而理义未丧，何期五鬼而尔汝相仇。谲强谤真，岂达远来之理？贪迷信伪，遂求奴厮之投。况吉则三吉，以何止凶？岂五凶之不同拘乎数者？虽因剽窃之误，审其说者，则为纰缪之尤。

纰缪，舛戾也。方术惟理义是执，五鬼不达，一拂其意，遂尔汝相仇矣。于是起而谤之。抑知其理渊深，岂庸术所可测识者。

若曰地险于山，土石斯兼。土以石载，石以土函。载斯不陷，则不愆而不颓；函斯不露，则不丑而不巉。古人以石为山骨者，必有理脉以通天运、以达天暹。故曰惟石岩岩，其辩有三：似石非石，似土非土，割肪截玉。日不可烈而雨不可淹，此又窾折之所堪。彼有顽不通气，坚不可凿，葬之如掷潭；崎岖突兀，立尸植符，棱棱陑陑，葬之如塞堋。此石山之葬，衢所不谈。

运，天造也。暹，日光升也。肪，脂也。窾，穿圹也。折，葬时所用之物，以木为之，其形如床无足，直者三、横者五，窆事毕加之圹上，以承抗席者。堋，壅水灌溉也。衢，众也。地之险者莫过于山，而要非石不能成其险，亦犹人之非骨无以立也。石之有理有纹，而天运可通、天暹可达者，以天日之精气皆积于土，故草木间有生于石缝之中。曾见割肪截玉之石，五彩焕发，日熯之不裂，雨润之不泥，未可多得。其顽不通气、坚不可凿、崎岖突兀、棱棱陑陑者，必有水出其中，何异以棺而壅之水也。

霜风剥裂而屑铁飞灰，草木黄落而涂朱散垩，春融融而脉不膏，雨淋淋而气不蕴，此童山之葬，衢之不允。

山无草木曰童，是山无皮毛，风可吹土成尘、雨得穿脉浸渍者。

发将无踪，过将无引。三形失势，孤遗独起以何依；五气施生，四水一时而流尽。此独山之葬，衢之所短。

五气始生，由于四水环集；四水环集，由于形势交缠。今失势无形，四水一时流尽，五气安得施生乎？

洪伤界水，段藕而丝不留；崩破枯山，锄瓜而藤尽卷。金不隔于坑路，火即截于灶窑。截然人行之径，垦自积年之畚。此断山之葬，衢之不稳。

畚，盛土器，以草索为之。坑，堑沟也。金矿铜阬之属。段藕、锄瓜，二者丧之于水；坑路、灶窑、人行、畚锸，四者丧之于人。

来未辨于东西，横腰伸脚；去各趣于南北，臂脉虚钳。蜈蚣习习之丹趾，高栋牙牙之画檐。此过山之葬衢之所嫌。

习习，重复也。趾，足指也。譬蜈蚣东西为龙，则南北所伸之脚皆丹趾也；譬高栋南北为龙，则东西所落之臂皆画檐也。与乾流过脉有异，乾流过脉在身底下伏过，此则在背后横过。然亦有峡左右结地而大势回旋者，不得视为过脉而弃之。

山之不吉，其说固然；五数拘执，似亦未然。安得真儒大儒，迪以理义，开释心志，吉凶山水，斯其信然。

旧注曰：鳌屋发将，祖山也。龙楼行龙，发将之本。

山水释微第四十三

凸、阔、粗、蠢、暴，形不住，气不到。

凸、突兀也；阔，广大也，粗，不细也；蠢，动扰貌；暴，猛急也。求形之住，当观其气之到与不到，必坦夷含蓄者而后可以有容，若太阔，大难于收拾；必秀嫩者而后可亲，若蠢动刚急，皆非形之住、气之到也。

雄、尊、高、特、显，峻而平，隘而展。

雄者，气概之轩昂；尊者，星体之尊重；高者，不危；特者，不群；显者，显著而光明。五者皆见诸高处，故曰虽峻而平，高处之穴自是不宽，而又见其不隘者。当想见其优容不迫之义。

冲、枪、直、倾、脱，更崩唇，更夹胁。

水左右贵乎环绕，当面贵乎停蓄。若面前直流到堂曰冲，斜过曰枪，不曲曰直，一步低一步曰倾，径去而无关曰脱。凡此者，由水不能截于外，故其唇崩；亦由两水俱直奔到前，故其胁夹也。

急、反、分、枯、割，源之渗、流之背。

水随山走，山急水亦急；山反水亦反；山分水亦分；枯者为其无源，割者为其扫脚。

横、长、弯、锁、绕，皆溪涧，皆池沼。

横者，与穴有十字之义；长者，源头远来；弯者，卫于左右；锁者，锁断山之去路；绕者，如带之绕于前也。皆指活流而言之。

平、宽、朝、泽、抱，山之限，气之造。

平者，水停而不流；宽者，汪洋无际之状；朝者，屈曲远来而到堂；泽者，众水所钟聚；抱者，拥抱于襟怀也。与上文弯义有别，要皆为山之限、气之造也。

曰：是则句读之五字，岂五数以尽吉凶之道？曰：儒者之术，亦当如是而稽考。

此言五吉、五凶因句读以成文，非谓五数以尽吉凶之道也。

或问朝水、行水之辨。曰：朝如潮涨，博观海眼之临；行似衡平，横展虹襟之蕴。来虞冲突之镖伤，去忌枪斜之岐引。

博，广大也。镖，手镖枪也。岐引，分流也。朝是当面推来，行是面前横过。其朝之来，贵乎宽衍，庶无冲突之患；其行之去，贵乎内顾，庶无枪斜之病。

或问相土之法。曰：风霜剥裂似灰苏，水潦淋漓而沙汰。天和忤运，地淫作瘵。泽不容于膏脉，气不钟于荫荟。惟五色之元墟，茂千亿之丹桂。

风霜所剥之土，似灰之苏散而不成；水潦所淋之土，似沙之既汰而不合。穴内有一于此，非天之和乃地之淫矣。郭璞曰："土欲润而坚，细而不泽。"即不容膏脉之义。荫荟，草深而多也。凡真穴未动之土，其性遒紧，草不甚深，叶必细而蒙茸。《葬经》谓之郁草是也。求之于耕凿之所，了不可得。

或问隔案之水与隔砂之峰。曰：水抱案而案则真，水隔山而山不从。连身失顾于气脉，隔沙徒贪于观望。逐一证之，虽未至于相悖；再三思之，亦不几于无用。亦有钳蔽明堂，应朝元圹，虽经隔沙，自相和倡。

隔案之水，案外暗朝之水；隔砂之峰，砂外旁朝之峰。有案则自有水抱于案外，不特案真，而水亦非无用也。隔砂之峰恐不我顾，虽尖圆可观，毋贪峰而失我真穴之近应。倘其与本主不甚相悖，可以朝迎，亦未可谓其无用。外有钳蔽明堂，穴上不见朝应，而朝应适当于元圹者，即明朝不如暗拱，尤所难得，虽隔沙而自相和倡也。古诀有云："隔水唤山山不应，隔山唤水水来朝。"案外贵人斜侧，见状元出在过房家，亦可以为隔沙和倡之一证。

或问枉住与诡结。曰：有势无形曰枉住，有形无势曰诡结。枉住则前散，诡结则后绝。

枉住非正龙，故前散；诡结为水口用者多，故后绝。虢氏曰：有山而无水，有

形而无势；内停而外驰，前趣而后背。嬴氏曰：町疃乾流而冈骨不住，枝叶来山而气脉分布；内平而外不圆，后来而前不顾。曹叔曰：绝顶骑龙而钳浏直悬，当头宗龙而鼻吹双穿，半腰攀龙而八字披泻，没脚承龙而失势单寒。观此则知真龙、正穴自有其一定之应。凡无水、无应者，皆枉住、皆诡结也。

或问客土不仁。曰：陟巘著心，福有可期之数；司冥夺魄，灾兴不计之门。执方见鄙之所始，伺辞投合之相因。未必成形之改度，当悲伤脉之夷冥。篑可进而气难櫜，元一惫而寿非椿。赃贼沉机，巧谬固贤于精卫。然移山塞海，其愚不可以毫分。故曰：葬之自然，五福之阡；葬之人伪，六极之隧。是以窍混沌而聋天聪，砭胚腪而创天疾。修其凶而益凶，造其吉而岂吉。

凡司事于外者曰司冥，日入于地也，又昏蔽也。《淮南子》曰：天气曰魂，地气曰魄。地为客土所蔽，地中之气不得与天气上亲，谓之夺地之魄。盖来山之动静著于我心，福有一定之数。若培以客土，地魄既为所夺，灾祸之来不可以数计矣。方术必欲合山水之自然，不肯徇人造作，此见鄙之始也。圆术不过伺人之意向，务为投合而已。当知形虽可成，其在天之度断不能改。至于掘凿伤脉、犯明夷之象，更为可惧。譬鸟之精卫，然衔石填海无以异此。故葬而不假人力者，因其自然之妙；葬而培之、凿之者，所谓窍混沌、砭胚腪，徒损于先天，何益耶？

或问大地小地之间，曰：大地无形，融结气概；小地无势，精神聚会。此则险夷之不同，不论高低之宽隘。高山宽水，如凤翥龙蟠；低山隘应，如蛇蚹鱼队。或层层叠叠，象楼阁以连城；或隐隐微微，蜒江汉于一带。贵贱但分于清浊，聚散以商其成败。延促固观于长短，巧拙不论于小大。

大地不必在大山险处，即夷处亦有大地；小地不定在平原夷处，即险处亦有小地。大地非谓其明堂之宽，亦有大地明堂隘者；小地非谓其明堂之隘，亦有小地明堂宽者。总之，大地在气概处见，小地在精神处见。凤翥龙蟠，摹写其气概。蛇蚹鱼队，摹写其精神。楼阁连城，喻险而隘。江汉一带，示夷而宽。至于清者贵浊者贱、聚者成散者败，延者长促者短，无二致也。

或问左右偏枯。曰：左形全而右势就，左势就而右形全，是则刚柔相得、牝牡相成之道，未为一胜而一偏。惟左抱而右反，右住而左奔，左举而右掣，左抚而右刓，左停而右陷，左胜而右翻，左连而右断，右宽而左痕，左顾而右背，右去而左蹲，左防而右脱，右泽而左干。故曰：左势就而左形全，右偏休卜；右形全而右势就，左控难安。

左为刚，右为柔。左属牡，右属牝，即杨公之所谓雌、雄也。掣，曳也；刓，削也；翻，反也；控，其手空也。一边缺者，总谓之雌雄不顾。然有一边缺者，一边有水绕之，以当其一边之缺，亦结大地。但其邻水一边，必有小砂内顾，特无其大者耳。

倒栋悬檐，不知其绝顶；崩唇溜泮，不知其脱元。带剑斜倾，去不知其漏腋；云奔雷吼，来不知其激湍。漱齿泣泪，不知其悲嗌；田塘开垦，不知其乏源。心不任于目而任于耳，术不择于方而择于圆。罪莫大于夷天倪，贼莫大于投机先。岂知云势翩翻，散漫总收于咽结；珠形断续，元因发露于丝连。

栋如后山之依，无其栋，则绝顶倾陡如檐。泮，散破也。面前崩破无拦，则元为之脱。凡带剑者皆在左右腋下，其两水之斜出者似之。云奔雷吼其声洪，漱齿泣泪其声细。田塘开垦，其水易干。任于目者，有形势之可观；任于耳者，惟言词之倾听。术之方者难合，术之圆者易投。天然之形胜而夷之，伺主人之意向而迎之。其罪莫大，其贼莫甚焉。岂知势虽散漫，而有咽结之收，咽结而形无不成，形虽似断而有丝连之续，丝连而势无不至。

此篇释山水之微，总结之以“罪莫大于夷天倪”一语。盖天然之山水，五鬼不能合于法者，由于主人之无福或造化有待于人，未可知也。而强为之掘凿，丧其天真，不但有害于人，并失造化生成之意，故其罪为莫大。

《庄子》曰：何谓和之以天倪？是不是，然不然，是若果是也，则是之异乎不是也，亦无辨；然若果然也，则然之异乎不然也，亦无辨。化声之相待，若其不相待，和之以天倪，因之以曼衍，所以穷年也。

降势住形第四十四

来山为势，结的成形。势如根本，形如蕊英。英华则实固，根远则干荣。形曰住者，盖来远而住近；势曰降者，盖从高而降平。势止形就，形结势薄；势欲其伸，形欲其缩。势如将军戒道，有旌旗辎重之随；形如刺史临藩，见仓宇城郛之郭。

的，实也。辎，载衣物车，前后皆闭，所谓库车也。的在来山之下，而穴以此为的实。势则如根，形则如蕊，须放倒看，其理甚近。英之华者，见其实之固；根之远者，见其干之荣。住曰近穴，在平易处者多；降曰平结，在险隆处者少也。势非伸无以见外之备，形非缩无以显内之凝。势似将军戒道，盖谓其威。形如刺史临藩，有类乎肃。旌旗辎重，见其后来之层叠；仓宇城郛，见其侍卫之森罗。

远以观势，虽略而真；近以认形，虽约而博。降之真，则一气敛集而不分；住之博，则四应咸庇于一萼。降则后降而来，住则前住而回。山来水来，气钟一魁；山回水回，元魁之才。形承势降，惟虑其纵；势随形住，惟虑其去。降则气聚，聚则众所辅；住则气停，停则众所凭。

魁，首也。才，用也。言势不过其大者远者，似略也，而必求其真；言形不过其小者近者，似约也，而理为最博。势之真者，其降无一之或岐；形之博者，其住无一之不附。势欲其来，形欲其回。山来水来，其大者远者也；山回水回，其小者近者也。一言气之魁，其气钟而才降。再言元之才，气至于元墟之魁，而山水皆效用矣。形虽承势之降，又恐其势之过肆；势虽随形之住，又虑其形之或迁。惟降则无不住矣，惟住则无不止矣。

是则原其起伏，察其关节，审其逆顺，防其逾越。若住则降，若降则住。其降如赴，其住如遇。如主遇宾，如亲遇故。如鸾通凤而必鸣，如虎遇牛而必顾。酌其容受，依其环护。看其精神，目其气度。寻仰掌之掌心，寻献掌之窠洿。

有起必有伏，以见其来之真；起不能伏、伏不能起者，非势也。有关必有节，以见其落之自；其结处脱关峡之气者，非形也。有逆必有顺，以见其自然之理。盖顺龙之结穴必逆，逆龙之结穴必顺也。逾官越分，恐犯阴阳，惟爱真纯，最嫌驳杂。《经》曰：占山之法，以势为难，而形次之，方又次之，故官分序在势与形之下。观势与形之妙，在其“住如遇之”一语。求其穴之形，在乎抑掌、献掌之内，盖诸如所遇之类非仰掌、献掌，个中皆不可以言其遇也。

故曰：旋天机，妙天目。助天工，修天禄。安天造，假天福。

假音格，至也。天机不转，山水有遁之形；天目不神，形穴有遁之迹。天工不赞，无以见人之代天；天禄不修，饬躬有愧天之德。惟安于天造之自然，无意于邀福，而天福无不至矣。

古人以发将为祖，以降势为宗，以住形为己身，以应案明堂为子孙。亶斯言之至确。

上而祖宗，下而子孙，总以己身为重。

离实亲伪第四十五

古人设棺椁，以代警鸢之弹；后世象形势，以术寻龙之决。

旧注曰：上古父母之丧，束帛茅弃之野，乌鸢啄之，于是孝子遂作弹以警之。

方术执之，犹未离于五形二气；圆术诞之，乃神于九星三吉。吉何吉而区区，星何星而屑屑。妄人自衒其聪明，叨心绝耻；凉嗣亶然其元妙，提耳不回。虢力驱之而不远，赢公释之而不开。

虢有《驱五鬼论》，赢有《释圆歌》。

搠脊占巨贪之门，脈胖翻辅弼之钗。天蓬镇五形之垄，天英钟三杰之魁。望隔涉之闲峰，指为气应；见抛踪之诡结，道是龙来。长槽直溜兮不知其惫元，云奔雷吼兮不知其伤臆。钳头开爪兮不知其分尸，腕里分流兮不知其溜腋。露绝不知其气凌，沉绝不知其气寂。形之四散，不知其五凶；势之四背，不知其六极。兔唇兔耳，不知其争主；马蹄马鬣，不知其无的。

此一节总言圆术之诞。搠脊，起不能伏。脈胖，臃肿板直也。天蓬，子也；天英，午也。古人立向，单取干维，以支为老阴、老阳，在所不取，而圆术用之，举子、午以概其余也。杰，特立也；三杰，贪、巨、武也。隔涉之峰，非吾一气；抛纵之结，失势孤遗。元，下元也；臆，胸臆也。水前脱则伤下元，水冲心则伤胸臆。钳头、腕里皆言其切近者。太露则气上凌，太沉则气卑寂。凌者其气升，寂者其气降，皆非生气之所。形散者无势，势散者无形。兔唇直裂，兔耳直长，无牝牡交媾之情；马蹄陡立，马鬣横披，非星辰凝结之地，皆不可穴也。

蒙主听之而耳耸，愚妇闻之而心悦。讳冲曰朝，不道明堂之破碎；嫌横为过，宁知海眼之宽博。虽由目之不习，亦在心之所作。有鬼神以夺君魂，妒君福；乘君信兮，秽君志，翳君目。高绝欢心于观望，低绝怡情于藏蓄。是以世世修德莫如周，果应食龟之洛。

上文言盲术之离实，此言蒙主之亲伪。术者之盲于目，由于主者之丧其心。故求地者莫如修德，观于周之食洛，其累积大可见矣。

寻龙经序第四十六

寻龙必有经，有经必有序。乘其宗，原其祖，据其荡，审其气。在险以明堂为限，在易以冈脉为主，次之以朝应几案，又次之以左右门户。以企以蹲，以仰以俯。陟其咽关，知其结聚；巡其肘臂，知其外御。御无他之，聚无他与。

序者，所以别内外也。荡者，窝会之所。子孙贵乎祖宗之嫡派，故寻龙须问祖寻宗。据其荡者，得外气之凝，但恐内气不至，亦是无用，故又须审其内气。此“气”字，根脉甚细，蔡氏曰：盖有脉无气者有矣，未有无脉而有气者。故葬脉不如葬气，脉有形、气无形，非细心体会，其不陷于脱气者寡矣。险，山谷也。山谷属阴，有明堂则阳气聚。易，平原也。平原属阳，有冈脉则阴气敛。阳以阴为德，阴以阳为德也。朝应几案，非无自而生；左右门户，非无故而设，此寻龙之经也。企者，举踵而望之。蹲者，踞也。企以望其远，蹲以觇其微，仰以观其星之形，俯以察其穴之理，四者皆看地之法。特咽关为第一紧要，何等咽关结何等穴法，故必先陟其咽关，次巡其肘臂。若咽关与穴法不相一，其肘臂不必寻，此寻龙之序也。

因首尾以辨肢足爪鬣，因臂腕以辨腰脐腋乳。因浅深以辨腹肠，因藏露以辨胸腑；因高下以辨额角，因低昂以辨唇辅；因盛脱以辨耳目，因盘伏以辨踝股；因左右以辨端侧，因污突以辨容拒。

因者，因此以辨彼。龙首当镇，龙尾当避。因首尾以推之，则肢为首、足为尾；爪为尾、鬣为首也。然肢足爪鬣又当有异于首尾，盖有坐龙腕、镇龙脚、避龙爪、坐龙鬣之辨。臂腕所以卫腰脐腋乳者，臂腕在外，腰脐腋乳在内。然非臂腕无以别其内外也，盖有避龙腰、坐龙脐、避龙腋、坐龙乳之异。腹为五脏之总，肠为水、谷二道之分。腑者，以其受盛也，胸露而腑藏。龙额可坐，龙角当避，额在高而平，角居下而危也。唇者，一级低一级。辅者，其止处复昂，亦有止处之昂。自左右至者坐龙耳、避龙目，耳盛而目脱也。踝盘于外，股伏于内；端居左右之中侧，当左右之不正。污则有容，突乃见拒也。

凡相山之行止，必以水为去取。水有内外，山有行伫。见其精神，见其气宇。门当丁下，固是倾而不倾；路人之元，虽然去而曷去。肩项分流，装臂可并；胁腋分流，抛踪欲举。源头分派，黄泉之脉归宗；水口开岐，苍造之原别谱。是以元土鉴于高章，清流转于洪造。悠扬钟庆之源，盘礴孕和之府。决一元之理者，人心巧契于天心。即五脏以观之，便道岂同于碛道。

此一节承上文而言。穴法既有所得，亦必观其水之符合以为去取。盖水不特有外之横截者，便以为真；内必有其停蓄者，方以为的。门当丁下，是外水横拦内堂，水直下，不可以其内直而弃之；路入之元，是外虽无水横拦，而内堂水曲折而出，不可以其无外而弃之。盖无内者有其外拦，无外者有其内折也。若肩项分流，得左右开静，其流尚可归并；若胁腋分流，其龙身方在奋发，势难骤止。源头之水分无不合谓之归宗，水口与外水相会曰开岐。别谱云者谓非其同源也。要知下土受上天照临，则凡在下之水无不上原于天，非悠扬盘礴无以见在下之情，非八干四维无以决在上之理。元者，始气也，始气在于维。脏者，藏也。水、谷二道在大小肠，水道从阳，谷道从阴也。

旧注曰：行水以砂碛渗流，自古之法式也。缘五鬼辈不知聚气之法，或决阳沟则裂破明堂，或以炭渗则火气太重，故嬴、虢有云“一气侵凌、五行灭绝”，正此谓也。

旧注谬。便道，内水口也；碛道，外水口也。误以外口作内口。

故曰：神明宅于心、含于目，俯仰由于正、见于独。矧经纬常宪，各有攸属。在野象物，在墟象岳。在心象事，在朝象爵。顺天而行，躔度靡错。

此一节根上文而言。山川变化不测，自非其心有定见，目无由以识之。然其理出于至当而不可易，亦非人人所共知者。经，二十八宿也；纬，日月五星也。在野、在墟，各有其象。在心则为事之向往，在朝则为爵之尊卑，随所遇则随所属。盖天无度，以二十八宿为度；地亦无度，以天之度为度而已矣。

八卦九章，数呈河洛。虚中建中，天文寥廓。变八卦，作九宫，皆五行之大统，反一心而归宿。惟公生明，惟明斯瞩，利欲翳心，五鬼倚伏。噫，有心而后有人，有地而后有天。道由近而致邈，理会约而至博。《孟子》曰：其心正则眸子了焉，其心不正则眸子眊焉。亶斯言之至确。

《河图》象数一与六、二与七、三与八、四与九、五与十者，上下之对待也；一与二、三与四、五与六、七与八、九与十者，反覆之对待也。于是交互变化，即

数立象。兼三才而成卦，以爻尽于三为法。以一、二、三、四、五，阳之用事也，故奇多而耦少；六、七、八、九、十，阴之用事也，故耦多而奇少。乾卦画起于天一，中于天三，成于天五，五、三、一成乾三；坤卦画起于地六，中于地八，成于地十，十、八、六成坤三。此乾坤卦为象之始，其初乘也。盖一、三、五阳之本数，四、二阳之合数；六、八、十阴之本数，七、九阴之合数。谓乘其本数、除其合数也。其六子之卦，则以天地乘数除画之二。法以中为乾坤之体，犹太极之中为本体也。故天三为阳之本体，以地二为初爻，地四为三爻，而成坎四三二☵；故地八为阴之本数，以天七为初爻，以天九为三爻，而成离九八七☲。天一，太阳也，故为震之初爻；地六，太阴也，故为巽之初爻。天五少阳，故为艮之三爻；地十少阴，故为兑之三爻。于是震、巽、艮、兑有朕兆矣。此其中乘也。再以天一为数之始，地十为数之终。阳无首，阴无足，变通者也。然后以地二为首而画于震之中、天三画于巽之中、地四画于艮之中、天五画于兑之中、地六画于震之三，天七画于巽之三、地八画于艮之初、天九画于兑之初，此上下反覆，一阖一辟之道。于是，六、二、一而震☳，七、三、六而巽☴，五、四、八而艮☶，十、五、九而兑☱，此三乘三除之道也。《洛书》：戴九履一，左三右七，二四为肩，六八为足，数终于九。故一、九、三、七奇数相对，居乎四正，而为乾、坤，坎、离之卦；二、四、六、八偶数相对，位乎四隅，而为震、艮、兑、巽之卦。圣人法阳法阴，纳干配支，因象会意，以入于用。是故皇极建中，背一面九而治。南面向明，左日右月，去阴趋阳，法乎四奇。于是导风雷以动荡，列山泽以生成，所以辟阖阴阳，法乎四耦也。故其入用之卦，以乾、坤老亢，居无用之地；坎、离交极，居中正之位；艮巽不杂，致代用之权；震、兑始交，禀生成之机。此一、九、三、七以为体，而二、四、六、八以为用也。

胡氏曰：五行质具于地，气行于天。以质言则曰水、火、木、金、土，取天地生成之序；以气言则曰木、火、土、金、水，取春夏秋冬运行之象也。

《河图》以五生数统五成数，而同处其方，盖揭其全以示人，而道其常数之体也；《洛书》以五奇数统四耦数，而各居其所，盖主于阳以统阴，而肇其变数之用也。故《河图》五行为数之体，《洛书》五行为数之用。《河图》，老五行也。《洛书》五行，《洪范》是也。不知《洪范》本于《洛书》，诋为灭蛮，误矣。

八卦由《河图》而生，九章由《洛书》而见。则《河图》者虚其中，则《洛书》者总其实。天文虽寥廓不可测，而虚中建中之法，天亦不能出于范围之外也。八卦本乾在南，当戴九金之成数，九章则变为六数；坤在北，当履一水之生数，九章则变为二数；离在东，当左三木之生数，九章则变为九数；坎在西，当右七火之成数，九章则变为一数；巽西南，当二火之生数，九章则变为四数；震东北，当八木之成数，九章则变为三数；兑东南，当四金之生数，九章则变为七数；艮西北，当六水之成数，九章则变为八数。《洪范》五行之理统焉，不可不知也。管氏恐人为利所翳，遗本逐末，特又从人心说起，言未有人先有心，未有天先有地，是人生于天而心生于地。地必先求龙穴真正，而后得论以八卦九章之法。若非地而漫以经纬之说加之，是道失其近而理未会于约也。故引孟氏之言以深警之。

第十章　堪舆汇考十

《管氏地理指蒙》六

望势寻形第四十七

穴以形造，形以势得。无形而势，势之突兀；无势而形，形之诡忒。夫指形必因势者，方术之廉贞；话形不指势者，圆术之荧惑。荧惑是主而沉，赃墨极弊之说，则曰：降势迢迢，起伏过关，有类于蜂腰；结穴隐隐，污藏夹室，何殊于凤翼？

贪以败，官为墨。贪则污暗不洁白也。势曰望，谓远者著而易见；形曰寻，谓近者隐而难知也。龙在势中，势无形者，非龙穴居形内；形无势者，非穴方术因势。求形圆术，不知势安知形，一味荧惑于人，纵其贪墨之说而已。过关，势所自潜；夹室，形所自卫。非蜂腰无以见起伏之奇，非凤翼无以见污藏之异。

四水不妨天地集，依归六替之流清；三形须发祖宗来，融结一区之真宅。

旧注曰：天地者，支干也。六替流清，必择八干八卦之宫吉者。杨王孙云：真宅，圹土也。

四水言四面之来水，不妨干支并至。其出口，当贵在干维耳。三形非一体者皆谬，如一花之瓣，必自本蒂生来者方是。若别枝之花相倚附，非其瓣也。

又况形乘势来，形完穴著。魁术有见而不见，魁才有才而不才。覆奎当门，后拥推车之势；画屏匡上，前凭捍脚之阶。

全重在势，故郭氏谓：占山之法，以势为难。非得夫势之真，形与穴茫不可问。然术有能见有不能见者，有有才有不才者，未可概论也。奎，两髀之间也。西

方十六星有象两髀，故曰奎。覆奎谓两股当前如覆之奎也，其后贵乎丰厚，真气乃融会于窝。画屏，言到头之壁。立匡上，言壁立间忽开窝窟即俗所谓壁上灯盏之类。若前无捍脚，穴前倾脱难收，故以阶为凭。二者非有见有才者，未易测识也。

山突住而水冲来，且道宽中有意；水直流而山夹去，犹云缓处堪裁。

此承上文覆奎、画屏二义说。覆奎一穴，其山非突然而住，漫开两股中有阳会水，故宽中有意。若山突住，则其性急而水自冲，宁得为宽中有意耶？画屏一穴，壁间开窝之后，其捍脚之阶两山夹住，其水必曲折而去。若水直流，由于其脚之不捍，尚可裁软？

角欹危而目悬空，当锋难立；额广平而鼻端的，正面何猜？

此承上文而言。覆奎一穴，其后拥如车若角之欹危者，不可穴也；画屏一穴，其匡前有脚若目之悬空者，不可穴也。必如额之广平而后奎可安，必如鼻之端的而后匡可藏也。

又况术有巧拙，形或不常；若术拘一律之目，则铁从九炼之钢。

术之巧拙不同，形有能辨不能辨者。若天下之目皆一，则凡铁皆钢，便无所谓铁矣。

驼背可以旁肩，谓弓身而头不拱；象鼻不如垂耳，绿环准而肘无防。

此一节言直来横受、横来直受之穴。然横结者每恐明堂不畅，故下文以阳曜阴华结之。

旧注曰：大率驼穴肉鞍之背，象穴卷草之鼻。然驼弓身而背露，象环鼻而外单，故穴于攀肩、穴于垂耳，横以取向则为得法。

开阳曜而廓阴华，明堂通运；振天维而衍地络，元室凝光。气积地而应天，光芒经纬；福司神而顾德，嗣续繁昌。

阳曜，日也。阴华，月也。振，收也。络，脉络也。明堂开扩，日月照临。若幽暗抑塞，与天运不能相通，故出口贵乎干维明堂之腹，贵乎广衍而平夷也。盖积气成天，积形成地，凡在天之气，皆地之升。故地之灾祥，一准之日月星辰，而鬼福及之，谓非神以司之乎？彼积不善者，未可以幸致也。

又况，顿格定针，而偏中何的；易节转宫，而分野多讹。圆术无拘于纵指，方术有持而敢差。风门及应案之形，可居堂而问音姓；水口与后龙之势，宜离穴而审

经过。水下重重脚手回，捍门拥节；荡畔环环头面顾，堡壁排衙。承祖脉之真纯，爪牙有意；遇孙枝而驳杂，肩项堪夸。

此一节辨形势、阴阳、宫位之法。格龙要在龙上，格水要到水中，非可漫然而指者。二十四位，应二十四节气，故曰易节。风门应案，应于穴者有定，故居堂可格；水口后龙，转于宫者靡常，故离穴乃针。捍门在水口外，堡壁在罗城内。譬祖脉属阳，遇爪牙亦属阳，虽微有用。孙枝，即爪牙也。遇孙枝而忽阴，当于肩项纯阳处求之，自有真结。

又况，坐卧异形，不可不察；横直异穴，不可不悉。横穴虑其过去，直穴虑其偏兀。弯弯腹上，顾垂乳以回头；宛宛脐间；保丹元于盘膝。

坐者其气浮，卧者其气沉。横穴须要贴脊，直穴偏则气脉不贯，兀则危而不安。乳在腹之上，其乳虽垂而头复昂起内顾；膝在脐下，其脐宛蓄而膝要环抱内收。

又况，降龙之势，贵于住穴；应龙之势，贵于有情。非端崇而顾主，虽层叠以何凭？应龙降势，似行龙爱其趣进；去水款城，如揖水要得宽平。

降者，自高而降，平也。应龙，非无故而起，有真龙必有真应，若无顾主之情，虽层叠非应也。

又况，高坎曰露，低坎曰藏。低而不沉者穴之显，高而不暴者气之钟。高冈融结于停储，洿中蓄气；迫案幽囚于卑隘，绝下亏阳。

坎，窝窟也。低而不沉者，面前明堂开畅，案应不塞；高而不暴者，左右从佐等齐，窝口内蓄。

又况，罗列千峰，应无端的；周回一水，气乃盘旋。异世俗之小见，宜神明之大观。群圆秀而耸烟云，丹青眼界；陳横流而经日月，涵养心源。

上文言应龙贵于有情，此言罗列千峰应无端的，即所谓“非端崇而顾主，虽层叠以何凭”也。然得一水周回于外，虽无真应之峰，而真气未尝不聚。即前案若乱杂，但求积水之池，不可因世俗之小见，而失此神明之大观也。盖千峰耸秀，见烟云出没之奇；一水周流，显日月升沉之异。此其大者远者，宜庸人所不识矣。

又况，五行造命，五气孕行，清浊寿夭，穷通贵贱，已定于始生之旦。何鬼术之圆机，敢托一偏而肆诞。仰不鬻之术，执方而宗儒贯史。必参三而论，故曰：有时命、有相貌，贵贱攸存；何形势，何阴阳，吉凶难断。

五气孕行之行当作形，相貌也。参三而论，谓时命天也，相貌人也，形势之阴阳地也。方术宗儒贯史，必兼三者以论，而贵贱不爽。圆术惟知一偏之见，亦何异于寻形之不原夫势耶？故其吉凶不可信尔。

水城第四十八

以容穴言之水者，山之佐；以应运言之山者，水之辅。山随水行，水界山住；水随山转，山防水聚。山水相得，如方圆之中规矩；山水相济，如堂室之有门户。徒知山之不可偏、不可颇，罕知水之不可淫、不可蛊。无佩剑之腋溜，无偏锵之面去，无隔胸之建瓴，无分臂之墙瓦，无蛙背之披淋，无鸡胸之两下。横琴卧笏，精神有类于环襟；新月长虹，气象不同于反弩。六相西朝而不空其右，六替东行而不虚其左。来如展席之平，去似铺帘之锁。

水城之内，所以容穴也，而水不过为我佐耳。然水之吉凶，上应五运，而山又为水之辅者，水出乎两山之内也。偏、颇，不正也。淫、蛊，阴阳杂也。佩剑者，两腋之直去。偏锵者，当面之斜流。建瓴者，当面冲来。墙瓦者，左右不并。蛙背，鸡胸，山之孤露无防，水散而不可收拾。琴者，横于前；笏者，拱于内。新月长虹，其意皆可想见。相、替者，生旺之理。其左右之无空、虚者，下手之关为重也。展席之平，言乎其宽漫；铺帘之锁，言乎其曲折也。

又况来不论于地浊，去必择于天清。曰朝宗者，取合川归海之义；曰入庙者，推配神通运之灵。入首寻龙，荡必分于内外；随形拟穴，应当复其污盛。

袁天纲曰：八支谓之地浊，八干、八卦谓之天清。万水以海为宗，明堂为众水朝集，故曰朝宗。入庙者，三合化气之类。曰配、曰通者，龙要与水为配，水要与向相通也。荡者，明堂也，有其内又欲有其外。应者，案应也，案应能见元室之污盛，污盛能见案应之朝集。

李淳风曰：复者，往复也。拟穴之法，先于落头认其洿窟，然后复推其向首望其落头窊窟，如所认处，乃其真耳。

阳明造作第四十九

配祀黄钟者，必达黄钟之气；经理阳明者，当正阳明之方。虽寻龙而一律，其在律则不同。揆日而作室，定中而作宫，乃声诗之至训，岂蛮经之可篾。詈天聋而地哑，诳玉犬以金乌。三吉、五凶，既无端而说数；九宫、八卦，遂翻变以为星。

配祀者，遗骨与青山相配，从而祀之。黄钟、阳明，见前律法也，谓阴阳两宅寻龙之法虽同，而其所以致于用者，一以始气，一以中气也。日，太阳也。环宫之房皆曰室。定，营室星也。宫，中宫也。揆日作室，揆太阳所在之方而作之。定中作宫，十月小雪后昏室中。《国语》云："营室之中，土工其始。"盖为冬官司空投民之时而言也。是亦不必楚宫，而皆可以兴作，重在揆之以日上。晦庵《诗传》曰："定，北方之宿，营室星也。此星昏而正中，夏正十月也。"《诗》云："定之方中，作于楚宫；揆之以日，作于楚室。"既言作室，又言作宫，取句读之叶声也。误矣。

旧注萧吉曰：定星乃天库星，即室星也。仲冬见于午，而丙午丁方利造作；季冬见于巳，而巽巳丙方利造作；孟春见于辰，而乙辰巽方利造作；仲春见于卯，而甲卯乙方利造作；季春见于寅，而艮寅甲方利造作；孟夏见于丑，而癸丑艮方利造作；仲夏见于子，而壬子癸方利造作；季夏见于亥，而乾亥壬方利造作。孟秋见于戌，而辛戌乾方利造作；仲秋见于兑，而庚兑辛方利造作；季秋见于申，而坤申庚方利造作；孟冬见于未，而丁未坤方利造作。萧吉因天道左旋，遂以定星所至之宫而推广之，不知失中星之义矣。

《国语》曰："营室之中，土工其始。"《诗》曰："定之方中，作于楚宫。"不闻定适他宫而亦有工作之兴也。

天聋日：丙寅、戊辰、丙子、丙申、庚子、壬子、丙辰，皆阳日。

地哑日：乙丑、丁卯、己卯、辛巳、辛亥、癸丑、辛酉、辛丑，皆阴日。金乌鸣、玉犬吠：庚午、壬申、癸酉、壬午、甲申、乙酉、庚寅、丙申、丁酉、壬寅、丙午、己酉、庚申、辛酉。

按尧时冬至日在虚，昏昴中；今冬至日在箕，昏室中。中星不同，由于岁差之异。

死生有命，富贵在天。则身黄身黑，年杀月杀，古人知之而不全；流财退财，蚕命蚕宫，古人推之而不失。诠太史之志天文，亦懵懵之尤然。心盲书史之源流，笑淳愚之易惑耳。

东汉张衡变九章为九宫，名一白、二黑、三碧、四绿、五黄、六白、七赤、八白、九紫；分三元六甲：上元甲子生人，一十起三碧，二十起四绿，三十为身黄；至九十为身黑；中元甲子生人，一十起九紫、二十起一白，三十为身黑，至六十为身黄，下元甲子生人，一十起六白，二十起七赤，六十为身黑，至九十为身黄。顺行，零年亦顺、紫、白值年为吉路，谓之“天元运身”。岁杀，子年未上起，逆行四墓之位，四年一周；月杀，正月丑上起，逆行四墓，四月一周。流财，子年在戌、乾，丑年在未、坤，寅、卯、辰年俱在丑，子、巳、午、未年俱在戌、乾，申年在子、丑、酉、戌，亥年俱在未、坤。造门九，《星经》以艮为进财、离为火殃、坎为横财、坤为退财、震为昌盛、巽为官鬼、中为禾谷、乾为典库、兑为金银，不问上中下三元，皆顺行。九宫遇行年，到坎、震、中、乾、兑、艮六位皆吉，到坤、巽、离三位皆凶。如角姓生人，木也，生亥属乾，就乾宫起甲子飞，到生年起一十零年，相继数去。蚕命，子年在未，丑年在午，寅年在亥，卯年在戌，辰年在巳，巳年在丑、午年在寅，未年在申，申年在卯，酉年在辰，戌年在子，亥年在酉。蚕宫，亥、子、丑年在未，寅、卯、辰年在戌，巳、午、未年在丑，申、酉、戌年在辰、巳，上八者，古人有知之详者，有知之未详者。至于太史之志天文，本于历代史书，其不识根源、谬为诠解者，亦无异痴人说梦矣。

剽媪嫠之谶忌，陷圆术之粗顽。孔子曰：“富与贵是人之所欲也，贫与贱是人之所恶也。”矧圆术张之，习俗移之，嫠妇恃之，慈母惧之。虽明理达义之刚介，亦将安守而不从。是以农星见而东作兴，犹诳田痕、地火；家道昌而群畜行，何为马井、牛黄？是以赵兴违妖禁，而三世为司隶；伯敬避归忌，而一旦坐连刑。信乎，章子渊、卓思明辈妄造星名，果不足以为凭。

农星，农祥房星也，立春之日晨中于午，农事之候也。田痕：大月初六、初八、廿二、廿三，小月初八、十一、十三、十七、十九日。地火：正月戌、二月酉、逆行十二辰。马井，马胎也，十月占井。牛黄，一十起坤，二十居震，顺行。

旧注曰：赵兴，章帝时人。陈伯敬，桓帝时人。出闻凶禁，则解鞍而止。还遇归忌，则寄宿客舍。后亦坐事连刑。

天象见于上，人事应于下。星之所至，尚得以应其事，况太阳所至之宫？有不宜于造作者乎？是揆日作室，为一篇之章旨。而定中作宫，不过言司空之候耳。

择日释微第五十

《礼》曰：内事用柔日，外事用刚日。冠婚丧祭，内事也。经营名利外事也。柔则静而安，刚则动而用。国家马政修武备，外事也，必禁螈蚕，虞其窃马气。亦以所属推之。《诗》云："吉日庚午，既差我马。"午，马属也。土庶之家，火舍爨灶，内事也，必用壬癸水日，以御灾也。亦以所事推之。蛮经所谓土龙者，果何义也？若夫东作西成，是则天时地利，又何择焉？官符之号，失理尤甚。国家设官命爵，所以养民也，官之符命，果何忌焉？

《曲礼》曰：甲、丙、戊、庚、壬为刚，乙、丁、巳、辛、亥为柔。内事用柔，外事用刚。圣人则天地以顺阴阳也。螈蚕，晚蚕也。司马政禁螈蚕，盖国家养马，与蚕同盛衰。《天文》："辰为马。"《蚕书》："蚕为龙精，月直大火，则浴其种，"是蚕与马同气。物莫能两大，禁螈蚕者，为伤马也。《诗》曰："吉日维戊，既伯既祷。"伯，马祖也。天驷，房星之辰也。此宣王田猎将用马力，故以吉日祭马祖而祷之。"吉日庚午，既差我马。"差，择也。按天文辰为马，故用戊日祀之，戊、辰同类也。"大火，则浴蚕种"，大火，天驷房星之次，与马同气也。辰用午，从其属日，用庚取马力之必克也。立灶用壬癸，井纳音水日，所以御火灾也。外有春为土公，正、二、三、八月为宅龙，八、十月为游龙，正、八月为伏龙之类，皆禁立灶，即蛮经之所谓土龙也，于义何居耶？东作乘天之时，西成收地之利，乘时就利固无忌耳，又何择焉？官符之说不一，有天官符，岁三合之临官也。有地官符，岁建之定官也。《六甲奇书》：散讼用天官符上修报。然则官符之说其来已久，管氏则以其义为未妥耳。他如十年一换官符、田官符等，未见古本，要皆未可尽信也。

况亲者子之先，子者亲之遗。子之奉亲，果内事耶？果外事耶？

凡葬用乙、丁、巳、辛、癸阴日，见于《春秋》。

谨按：《武成》曰："越一日戊午，师渡孟津。"是知外事用刚日也。

《泰誓》曰："惟戊午，王次于河朔。"以《武成》考之，是一月二十八日。

“时厥明，王乃大巡六师。”厥明，戊午之明日也。《牧誓》曰：“时甲子昧爽，王朝至于商郊。”今考定《武成》曰：“既戊午，师渡孟津。癸亥，陈于商郊，俟天休命。甲子昧爽，受率其旅若林，会于牧野。”“戊”字，《说文》曰：“戊在中极，钩陈之位，兵卫之象。”故用戊日伐商。

又按：《春秋·隐公三年》：癸未，葬宋穆公。

八月庚辰，宋公和卒。冬十有二月，齐侯、郑伯盟于石门。癸未，葬宋穆公。是癸未日，合十二月癸未也。诸侯五月而葬，八月公卒，十二月葬，合五个月。

《桓公十五年》：己巳，葬僖公。

在夏四月。

《十七年》：癸巳，葬蔡桓侯。

六月丁丑，蔡侯封人卒。秋八月，蔡季自陈归于蔡，则癸巳之葬疑十月也。

《十八年》：己丑，葬我君桓公。

冬十有二月。

《庄公四年》：六月乙丑，齐侯葬纪伯姬。

九年丁酉，葬齐襄公。

秋七月。

《二十一年》：秋七月戊戌，夫人文姜薨。

《二十二年》：正月癸丑，葬我小君文姜。

《三十年》：癸亥，葬纪叔姬。

八月。

《闵公元年》：辛酉，葬我君庄公。

在夏六月。

《僖公二年》：夏五月辛巳，葬我君小君哀姜。

《十七年》：冬十有二月乙亥，齐侯小白卒。

《十八年》：八月丁亥，葬齐桓公。

《二十七年》：乙未，葬齐孝公。

在秋八月夏六月庚寅，齐侯昭卒。

《三十三年》：癸巳，葬晋文公。

《三十二年》：冬，十有二月，己卯，晋侯重耳卒。是癸巳之葬，揆诸诸侯五月而葬，合是四月。

《文公元年》：丁巳，葬我君僖公。

书夏四月。

《五年》：三月辛亥，葬我小君成风。

《十七年》：癸亥，葬我小君声姜。

声姜，文公之母，书夏四月。

《十八年》：六月癸酉，葬我君文公。

《宣公八年》：己丑，葬我小君敬嬴。雨，不克葬，庚寅，日中而克葬。

宣公母也，敬讳嬴，姓也。书冬十月。

胡传曰：夫丧事即远，有进无退。浴于中霤，饭于牖下，小殓于户内，大殓于阼阶，殡于客位，迁于庙，祖于庭，堋于墓，以弔，宾则退。有节以虞事，则其祭有时不为，雨止，礼也。雨不克葬，丧不以制也。或曰：卜葬先远日，所以避不怀也。诸侯相朝与旅见天子，入门而雨霑服，失容则废。矧送终大事，人情所不忍遽者，反可冒雨不待成礼而葬乎？潦车载蓑笠，士丧礼也，有国家者乃不能为雨备，何也？且公庭之于墓次，其札意固不同矣。不得不可以为悦，无财不可以为悦，得之为有财。古之人皆用之，而不能为之备，是俭其亲也。故《谷梁子》曰："雨不克葬，丧不以制也。"厚葬，古人之所戒。而墨之治丧也以薄，又君子之所不与。故丧事以制，《春秋》之旨也。

《传》谓敬嬴逆天理，拂人心，其于终事而不克葬，著咎征焉，而谓无天道乎？

《成公元年》：辛酉，葬我君宣公。

宣十八年冬十月，公薨于路寝。书二月辛酉。

《三年》：辛亥，葬卫穆公。

在正月。

乙亥，葬宋文公。

在二月。按《左氏》：文公卒，始厚葬，益车马，重器备，君子谓华元乐举，于是乎不臣至于秦汉之间，穷极民力以事丘陇，其祸有不可胜言者。

《十五年》：六月，宋公固卒。八月庚辰，葬宋共公。

杜预曰：三月而葬，速不择日也。

《十八年》：丁未，葬我君成公。

成公八月薨，十有二月葬。

《襄公二年》：己丑，葬我小君齐姜。

夫人姜氏，襄公适母也。夏五月庚寅薨，葬在七月。

《四年》：辛亥，葬我小君定姒。

姒氏，成公妾，襄公母。定，谥也。杞姓。秋七月戊子，夫人姒氏薨，八月辛亥葬。

《九年》：秋八月癸未，葬我小君穆姜，成公母也。

《十五年》：十一月癸亥，晋侯周卒。十六年正月，葬晋悼公。

杜预曰：逾月而葬，速也。书春王正月，不书日。

《三十一年》：癸酉，葬我君襄公。

书冬十月。滕子来会葬，是十月癸酉也。

《昭公七年》：葬卫襄公。

书十有二月癸亥。

《十一年》：己亥，葬我小君齐归。

归氏，昭公母，胡女，归姓。书九月己亥。

《定公元年》：癸巳，葬我君昭公。

公名宋襄公，庶子。书秋七月。

《十五年》：丁巳，葬我君定公，雨不克葬。戊午日下昃，乃克葬。辛巳葬定姒。

夏五月壬申，公薨于高寝，九月滕子来会葬。

秋七月壬申，姒氏卒。定公夫人、哀公母也。

《公羊》曰：有子则庙，庙则书葬。曾子问：并有丧则如之何？葬，先轻而后重；其奠也，其虞也，先重而后轻。注曰：葬是夺情之事，故先轻；奠是奉养之事，故先重也。虞祭，亦奠之类，故亦先重。

是知内事用柔日也，则《礼经》所载，纪于《春秋》。及获麟之笔，亘古之道欤！然亦必以事类所属而推之，或以五行相替而参诸，何蛮经撰集妖名怪号而虚拘。

刚柔之日，著于《曲礼》。祭马伯用戊日，择马用午辰，从其类之所属。火舍用壬癸水日，师渡河用戊土日，午又生戊土，益得旺；取其事之所宜，参诸相替之理也。然唐、宋诸造命古格，葬不尽柔日，为其符于相也。杨公谓造命之妙莫切于乘旺，其妖名怪号可不驱而自却矣。

迷徒寡学第五十一

造蛮经之鬼，明明贪诈之呆；习蛮经之徒，恍恍元微之仰。恨京、卓之始诞，嗟田、虞之终罔。机关不传，形势失象。但数星辰之数，岂相江山之相。

旧注曰：京夷、卓思明，皆造蛮经之五鬼。田枢、虞崧，皆习蛮经之徒党。不传者，谓不得其传；失象者，谓失其所象；得其传便不失其象矣。星辰之数用之于江山，入相者始得有准。盖非其地，不可以言天也。

《内经》曰：七曜纬天，五行丽地。天有宿度，地有山水。是当审原巘之仪，以辨吉凶之轨。然天地运动，五行迁复，臾区犹不能偏明，亦止望候而已。

“七曜纬天”，《内经》作“纬虚”。地者，所以载生成之形类也。虚者，所以列应天之精气也。形精之动，犹根本之与枝叶，而后知天之宿度皆地之形气为之形气有美恶，宿度有吉凶。苟不审原巘所宜，亦安得其宿度之吉耶？岐伯曰：“天地动静，五行迁复。”虽鬼臾区其上候而已，犹不能遍明。

夫人托生于地，命悬于天。天地合气，命之曰人。阴精所降，其人寿；阳精所降，其人夭。谓阴方之地，阳不妄泄；阳方之地，阴散而毁；是皆以气而言，难达星辰之表里。

《内经注》曰：阴精所奉，高之地也；阳精所降，下之地也。阴方之地，阳不妄泄，寒气外持，邪不数中，而正气坚守，故寿延；阳方之地，阴气耗散，发泄无度，风湿数中，真气倾竭，故夭折。即事验之，今中原之境，西北方众人寿，东南方众人夭，其中犹有微验耳。此寿夭异也。

兼并改度，荣门早悟于钟山。

旧注曰：钟山富大士、吕大同，秦人。

兴造有期，夬墓先期乎樗里。

《史记》：樗里子，名疾，秦惠王之弟，居渭南阴乡里，故俗谓之樗里子。武王立以为相，及卒，葬渭南章台东。曰："后百岁，是当有天子之宫夹我墓。"至汉，兴长乐宫在其东，未央宫在其西。

《内经》曰：五运更治，上应天期；五运之政，犹权衡也。东方生风，风生木，其德敷和，其化生荣，其政舒启；南方生热，热生火，其德彰显，其化蕃茂，其政明耀；中央生湿，湿生土，其德溽蒸，其化丰备，其政安静；西方生燥，燥生金，其德皓洁，其化揫敛，其政劲切；北方生寒，寒生水，其德凄怆，其化清谧，其政凝肃。故物由之而人应之。故曰：善言天者，必验于人；善言气者，必验于物。微夫子，孰能言至道也？乃择良兆，而藏之虚室。

高者抑之，下者举之，权衡之理也。化者应之，变者复之，生长化成收藏之，理气之常也。失常，则天地四塞矣。敷，布也。和，和气也。荣，滋荣也。舒，展也。启，开也。彰，著也。显，明也。著，多也。溽，湿也。蒸，热也。备，具足也。安静，不扰也。揫，收束也，亦敛也；一本作紧敛。劲，锐也。切，急也。凄怆，一本作凄沧。薄，寒也。谧，静也。肃，中外严整也。东方其令风，其变振发，其灾散落；南方其令热，其变销烁，其灾燔焫；中央其令湿，其变骤注，其灾霖溃，又作淫溃；西方其令燥，其变肃杀，其灾苍陨；北方其令寒，其变溧冽，其灾冰雪霜雹。黄帝曰：善言天者，必应于人；善言古者，必验于今；善言气者，必彰于物；善言应者，同天地之化；善言化言变者，通神明之理。非夫子，孰能言至道欤？乃择良兆，而藏之灵室。

夫登松埏、披蓬颗，便能泄一时之隐密。稽义理以无垠，必机轴之探窃。习唯习于贪叨，传不传于智术。是以观山玩水，则不识其散乱，不识其融结，岂唯有欺于人，抑亦自欺于天。

埏，墓道也。蓬颗，蔽冢也。凡到人之墓所，便能言其休咎之所以然，由于义理图书之秘，非不习不学者所能知。世之庸术唯习于贪叨一途，无智术传授，焉识其所谓散乱、所谓融结？凡此者，不特欺人，实所以欺天。

凡发势住形，皆积气于融结之初。凶不可造，吉不可诬，因其自然，惟天道乎。起骊山而造天星，尚不明于客土；改五父而称神祀，尤必介于元庐。

山川形势，积于太始之初。窟不可造，的不可培。而谓可逆，其自然之道乎。

骊山在陕之临潼，左曰东绣岭，右曰西绣岭，下有温泉，其清澈底，不火而热，秦始皇陵在焉。《刘向传》曰："秦始皇葬于骊山之阿，下锢三泉，上崇山坟。石椁为游宫，人膏为灯烛，水银为江湖，黄金为凫雁。"孔子少孤，不知其墓。殡于五父之衢。问于聊曼父之母，然后得合葬于防。曰："吾闻之，古也墓而不坟，今丘也，东西南北之人也，不可以勿识也。"于是封之，崇四尺。介，助也。元庐，墓也。介于元庐，即封坟。积气之谓，其意谓骊山之墓，侈役客土，祸不旋踵，岂若防墓之少，助其元庐，至今称神祀乎？

又况形不逃于目，目不逃于心。目有神而有鬼，心有巧而有拙，有邪而有正，有智而有愚。

形不逃于目者，在一心之能得其理。然目复有鬼有神，心复有巧有拙，邪正智愚之不一形，非不可恃也。

山则贵于盘礴，水则贵于萦迂。萦迂则山与水而气聚，盘礴则水与山而气孚。孚不由于聚气，是亦疾而不徐。去激无城，必定明堂裂破；之污经滀，自然宗庙停储。

盘礴，广被也。不失其期曰孚。水聚山孚，山水之不期而会。若山虽似止而外气不交，则水急而不舒，明堂亦为之裂破。污者，恐闺壶有不洁也。盖无城之水，性恒奔放易竭；其有城者，必有关锁在外，骤然不得出口，故其去悠扬，生盘旋屈曲之状，而明堂必圆净停储，五行得其生旺也。

又况目力有所不及，心观未及无虞。重复登陟，顾盼踌躇，必得千山拱护。四水而归一途，固无见与不见之殊。

凡观山水以目，而此曰以心者，何也？盖心之所及而目始及之。若胸中本无此丘壑，虽视之亦未必得见；况目有所不及，能保其无虞乎？必重复顾盼，慎之再四，庶乎无失耳。

搀汇阑城，内不伤于圆荡；乾流隔案，前欲散于投据。

搀，枪也。汇，水回合也。圆荡，内明堂也。搀汇者，言外之大水横亘外阑，内堂无倾脱之患。据，衣后裾也。乾流隔案，是乾流隔在案内，其身后之水俱欲其入于乾流之内而气始全焉。

经曰：上合昭昭，下合冥冥。何贪狼之不令，其欲犯于廉贞。宜守方而博学，无自惑于蛮经。

昭昭，言五运；冥冥，言六气。昭昭在天，冥冥在地，其理具见《内经》，何贼墨之徒不察，而反欲诋夫廉正之士耶？方，犹定也，学无定在志所专，而学之则为守其方也。若迷徒者，惟惑于蛮经而已。近世又以宗庙五行为灭蛮经，弃而不用。不知灭蛮者，灭彼蛮经之谓，非灭所谓外国之蛮也，可以悟矣。

旧注曰：上古三皇之书，于《内经》书册中尤备。《玉册》本于太古，《内经》本于天师问答之语。《内经》七篇，实五运六气。《玉册》与《内经》，乃上古占候灵文。

《天元册》，所以记天真元气运行之纪也。自神农之世，鬼臾区十世祖始诵而行之，此太古占候灵文。洎乎伏羲之时，已镌诸玉版，命曰册文。

饰方售术第五十二

执方不圆，固不宜于求售；饰之以正，亦以见其知几。知几知微，果何是而何非？惟以理而起例，取经常之星以名之。虽则进身之伎，然最巧于规为。何谓名龙之号，爰称日火之奇。

《经》：星，二十八宿也。日为房、虚、星、昴，火为尾、翼、室、觜。

例曰：孰司天爵天？已定于生前，必合禽伎巧，必推于官上。用天道之左旋，布一星于一将。是以卜于木者，以奎而起寅；卜于金者，以角而起申。以井而起亥者，卜于元武；以斗而起巳者，卜于朱鹑。房、虚、星、昴之高冈，公侯诞节；尾、翼、室、觜之秀气，将相生辰。

显贵虽云人爵，然其命则无不定于天。既得地之后，则其人之得力于地，又于天四。虽命不由其地而生，然无不贵显者于以见得地之力，匪细故也。例云定于生前之说，微似有辨。盖有日、火之峰峦而适与其命符者，不得以生前之说例之。奎不起于寅而起于艮，角不起于申而起于坤，井不起于亥而起于乾，斗不起于巳而起于巽；盖起于寅，日月不会于四正；起于艮，于以见四正之重光。

又例曰："各于本山生旺墓，起星处布九宫去。再入中宫出四门，从今飞布步星辰。两局星辰相会宫，五行二气一时通。若得此星应山水，节钺公侯万里封。"

前例用奎、角、井、斗四木宿起，皆本山之官位，实本山之生位而移于官位。

故云公侯诞节、将相生辰也。奎近亥，木生也；角近巳，金生也；井近申，水土生也；斗近寅，火生也。虽四生，实四墓之地，盖奎为火墓、角为水墓、井为木墓、斗为金墓，若以四墓之地起，虽官位实旺位也。故曰："各于本山生旺墓，起星处布九宫去。"起星处，即木以奎宿起寅其处也。寅属艮八宫。

木生在乾六宫，旺在震三宫，墓在坤二宫。

水、土生在坤二宫，旺在坎一宫，墓在巽四宫。

火生在艮八宫，旺在离九宫，墓在乾六宫。

金生在巽四宫，旺在兑七宫，墓在艮八宫。

巽	巳	丙	午	丁	未	坤
辰						申
乙						庚
卯						酉
甲						辛
寅						戌
艮	丑	癸	子	壬	亥	乾

木从奎起艮，火在乙辛丁癸。木从奎起寅。不合，用天道左旋。

图宫九

巽四	中五	乾六
震三		兑七
坤二		艮八
坎一		离九

凡是局例，固非五行二气之法程，然来山去水，亦不淫而不杂。是为衒术之机缄，庶速人之见纳。异五鬼之蛮言，乃一时之魁甲。虽然荧惑颇精，售术之门。何以廉贞自宝，家传之业。虽不爽于投凶，或可期于吉叶。《记》曰：“居丧读丧礼。”亦圣人教人之捷。

《曲礼》曰：居丧读丧礼，既葬读祭礼，丧复读乐章。

局例起法，当合第八十七篇《会宿朝宗篇》看。

木生翼　奎柳尾　奎柳尾　奎柳尾
水土之生气巽庚癸　旺在乾甲丁　墓在艮丙辛
火生室
火之生气乾甲丁　旺在巽庚癸　墓在坤壬乙
鑫生毕　翼斗胃　斗翼胃　胃斗翼
金之生气艮丙辛　旺在坤壬乙　墓在乾甲丁
木生尾　室井房　井室房　房井室
木生之气坤壬乙　旺在艮丙辛　墓在巽庚癸

第十一章　堪舆汇考十一

《管氏地理指蒙》七

亨绝动静第五十三

《内经》曰：善言天者，必验于人；善言人者，必证于己。证于己者，知其己也。知己而后知人，知人而后知天矣。且以一己而言之，有左右以分清浊、以分动静；有头足以分上下，以分首尾。浊则动而凶，清则静而吉。首而上则奋，足而下则止。奋则亨，亨则无绝之理；止则绝，绝则无亨之理。

天道左旋，其气清；地道右转，其气浊。天动而地静，轻清者上为天，重浊者下为地，首尾之辨也。浊则动而凶，清则静而吉，山水贵清而喜静也。诸阳之气皆聚于上，故奋；群阴之气皆萃于下，故止。奋则亨，止则绝，皆自一己言之，可以通于天地也。

何为气库，江湄有浮鳖之融；不辨风城，水尾认行龙之起。

气库，喻首之奋；风城，喻尾之止。气库，亨处也；风城，绝处也。凡贮物府藏日库；曰气库者，气之所积聚也。城以盛民也；风城，所以蔽风之入其城。江湄，水尾，皆是滨水之地，浮鳖见乎近者，行龙见乎远者。浮鳖，俗谓之螺星。风城，捍门之类是也。

动则忌于持刀，静则嫌于杖匕。辨其内外，分其远近。辅门权杀，东西当辨其两端；夹室镵尖，左右亦同于一轨。虽天道之甚悬，即吾身之一唯。

动在右，静在左。刀、匕者，皆尖利之器。内者、近者，其害重，外者、远者，其害轻。然亦有外者、远者居穴见之甚明，不可谓其害之不重；有内者、近者居穴隈藏不见，不可谓其害之重也。唯，应也。以一身言之，故以右为动、左为静。

李淳风曰：辅门，左尖为权，右尖为杀。夹室，左右尖皆为杀。左右之形谓之夹室，左右之势谓之辅门。

师聪师明第五十四

假术叨赃，作聪明而贼主；任术无学，或谀顺以丧经。不熟于耳，听之而不聪；不习于目，视之而不明。非不明也，不明于三形、四势；非不聪也，不聪于二气、五行。盖听不聪则耳不熟，心无师传则五鬼易中；视不明则目不习，心无师传则五鬼易惑。五鬼之中人也，中以形；五鬼之惑人也，惑以星。星不志于天文，形常矜于自能。

此篇重在吾人之闻见。上闻见不广，未有不为庸术所误者。故须得师之聪明者而师之。师之而明，则三形、四势、二气、五行，五鬼不得而诬之。

水畔干流，泽不源于发脉；钳中诡结，肘失顾于沿藤。

随龙发脉之水为源头。水畔乾流，非祖宗之一气。内砂虽抱而外砂不顾者，沿藤之谓也，沿藤肘之分擘处。

《曲礼》曰：未葬读丧礼，此孝子事也。一物不知，君子所耻。不可不游于艺。惟见闻之熟，则五鬼安得而纵横？必守廉以济本，而术斯慎；习正以择术，而术斯诚。将慎将诚，亶是术之可凭。

守廉者不悭，习正者达道。

达五行之相替，乘二气之纯清，钟和发秀，凝神降灵。真宰攸司，以诞豪英。背少阴、少阳，构淫殒伤山水。不造五气，不成六相，流荡六替侵凌。猖孙劣子之所孽，离宗绝业而不承。是则反本归藏之大事，其旨何昧；而吉凶祸福之先期，其心曷轻。

达五行、二气之理，能钟和、能发秀、能凝神、能降灵。真神主宰，豪英由是而生也。其次必副少阴、少阳。而推阳生于子、阴生于午之法，如壬、癸、甲、乙，阳之位也；艮、巽则伏阴之微；丙、丁、庚、辛，阴之位也。乾、坤则慜阳之施，其背乎少阴、少阳之理，则顺逆不明，相替颠倒，其祸可胜言哉。

何必易名应秀，防胡筑城。申申然，淡淡然，修身慎行，慕声容于翼京。春秋洒扫，以配其常祀，真宰岂不简其精诚？

刘秀为天子，不知其为光武，国师公更名而应之，几致身于一死。亡秦者胡，不知其为胡亥。是皆极意于图福，而不知修身慎行之所当务也。翼京，汉之翼奉京房也。欲知真宰之简其精诚，读《祭礼》《祭义》自悟。

近代五鬼所学益伪，其夸益精。勇以贪资，任二兆五行之弃背；巧于词色，但九宫八卦以翻誊。

旧注曰：少阴、少阳，谓之二兆。五行则应于五星。

五行之应五星，见于《内经》之五运。

明如翼奉，聪似京房。即游魂而起变卦，由生气以择明堂。是特黄钟少质，不错不羝。虽有一偏之得，不虞六击之攘。琴鸣苍鹘之双翎，岂便奋击；锦籍骅骝之四足，恐误腾骧。

乾变坎则为游魂，变兑则为生气。即乾游福天，五命体生之诀，以乾、坎、艮、震为序，故以兑终之。琴鸣、锦籍四语，喻游魂之动则掣肘，不可为用也。

旧注"逐宫返吟"之说大谬，不录。

彼有气库，成龙九龙未该。如蛇怒项，如牛壮颏，如木之瘿，如鱼之腮。是皆气库之积聚，非人力之所可培，必也。势迢迢而入路，形单单而结魁，此乃运灵盘礴之大造。襟江枕涧而周回不有，学焉。虽耳虽目而闻见不开，故虢公论之以极前作，樗里著之以遗后来。予执其左手而咳。

气库结于水际，如江湄浮鳖之融也。九龙者，曰降龙、腾龙、蟠龙、出洋龙、卧龙、生龙、飞龙、领群龙、隐龙。第江湄浮鳖之类，恐人以打水孤遗等误为气库，故曰：必也以势迢迢言其远，以形单单言其众，非单独龙头之可比也。其曰：如蛇怒项，如牛壮颏，如木之瘿，如鱼之腮，摹写其坚凝有力之象，非天之运灵、地之盘礴，乌可得耶？然此势此形未易测识，不有师授，虽有耳目不可得而闻见也。故虢公著之于前，樗里遗之于后，予将执其手而命之。

贪奇失险第五十五

谨按：《春秋左传·僖公三十二年》：秦大夫杞子自郑使告于秦曰：郑人使我掌

其北门之管，若潜师以来，国可得也。穆公召孟明使出师于东门之外，蹇叔哭之曰：“孟子，吾见师之出而不见其人也。”公使谓之曰：“尔何知？中寿，尔墓之木拱矣。”蹇叔之子与师，哭而送之曰：“晋人御师必于殽。殽有二陵焉，其南陵，夏后皋之墓也；其北陵，文王之所辟风雨也。必死是间，余收尔骨焉。”

管，钥也。孟明，百里奚之子。合手曰拱，言其过老不可用。殽，在弘农渑池县西。自东殽山至西殽山，相去三十五里，地极险峻。大阜曰陵。皋，夏桀之祖父，孔甲之子，在位十一年。皋之子发在位十年。发之子帝履癸，是为桀，力能伸铁钩索，宠妹喜，为琼宫瑶台、肉山酒海，贪虐荒淫，天下怨恨，汤放于南巢而死，在位五十年。二陵之间南谷中谷深委曲，两山相嵚，故可以避风雨，古道由此。魏武帝西讨巴，汉恶其险，更开北山高道。必死是间，以其深险故。明年晋败秦于殽。

杜预曰：

不应有“杜预曰”三字。杜预，晋武帝时人；管公明，三国魏人，其先后不侔，当属后人所添，然其文义相接。

二殽谷深委曲，两山相嵚。嵚则岑，岑则险，险则危兀囚隘。不夷不荡，不容不居，夏桀由之，以丧天下；孟明登之，以丧师旅。坟冢类之，其证可数。矧送终之大事，非一时之篑聚。下应三泉，上通五祀。祸福所缘，真宰所主。清浊二气，相替五土。固非下学之所可能，亦非赃奴之所可语。

嵚者，攲仄不正之貌。若二殽之险，至于亡国丧师，可为趣险者之一鉴。所以穴必贵于平夷也。

篑，运土之器也。言坟冢，必待天地之真气而应，非一时篑聚可成。而谓不学者能之乎？其赃奴益未可与语矣。

《尔雅》云：滥泉正出。正出者，从下上出也。

沃泉垂出。垂出者，下出也。

沃泉穴出。穴出者，仄出也。

郭璞曰：正出，涌出也。下应三泉，指地德上载，说地之下莫非泉尔。

鬻术狡狯，有此胸臆，入之而不知其来，中之而不知其所。

牛鼻穿风，驼背泄水，方诡后龙之容而不可拒。骑龙杵握而三形虚设，攀龙檐

牙而四势不利。方夸明堂之容万户，是以轻重之心一摇，则迷神夺魄、倾耳注目，信任之而不可御。

卖术一流，既不知山水所从来，又安知山水所自止。故人之中之而皆在不可问。牛鼻，当风也；驼背，决脊也。而以为可容杵握，水分流也；檐牙，脚倾陡也。而以为有畜听之者，心既无主，目又无识，未有不因富贵之念而为其所惑者，故信任之而不可御也。

嗟乎，夏历偶穷，天禄永终。谋之臣邻，草偃随风。占之太史，龟筮叶从。或疑或二，罪延尔躬。匪天之力，乃人之工。

夏历之丧虽天，而恶德之积由于人也。

《书经·虞书·益稷篇》：帝舜曰："吁，臣哉邻哉，邻哉臣哉。"禹曰："俞。邻，左右辅弼也。臣以人言，邻以职言。"俞，然也。

草偃随风，皆顺从其德之义。

《虞书·大禹谟篇》：禹曰："枚卜功臣，惟吉之从。"帝曰：禹，"官占惟先蔽志，昆命于元龟。朕志先定，询谋佥同，鬼神其依，龟筮叶从。卜不习吉。"禹拜稽首固辞，帝曰："毋，惟汝谐。"

益告帝舜曰："任贤勿贰，去邪勿疑。疑谋勿成，百志惟熙。"

故曰：积之累之，攀悬立溺，以望闲峰。

拨沙有裸，婆立溺形。

积之累之，贪狼必会，而廉贞不逢；积之累之，左避右著，必受樊笼；积之累之，亲朋荐引，莫得明公。

夏历之丧非天也，人也。故曰积之累之，言积不善者所必至之数。

悬，处高而危者；溺，处卑而沉者。立身于不可穴之地，徒望其闲峰已耳。

贪狼，污浊之徒；廉贞，端洁之士。

左避者，惟恐蹈其凶；右著者，仍不免于难。樊笼，牢狱之象也。

端洁之士，非必不可逢吉，凶非不可趋避。亲朋荐引，或亦有明公。而均不可得者，由于积不善之故也。

通世之术第五十六

曹叔曰："通世之言术者有五：曰葬、曰医、曰卜、曰命、曰相。"夫医以疗病，葬以送终，理固不可得而免也。龟筮之意，亦慎重之事。而相、命之学，则无补于吉凶之机。虽有时而幸奇中，经俗之道，则无补于维持。况坟墓之法，非孝子之所习；吉凶之应，非仓卒之可期。故贪噬之豺狼，武健之曲断，诡诞欺迷，靡所不为。前伪既骋，后艺宗师。以伪传伪，而伪乃即真；以伪即真，而真无不遗。主方慕其有传，身惟咎于不基。故嬴虢悯之，因设矩以陈规。

通世之术，皆不能外五行，而别有其说。但就中颠倒纵横，非大解悟者未易臻其妙也。

相、命定于先天，而改天命、夺神功，非地之力莫能转也。特伪者驰骋既久，其相沿流毒之弊，反以真者为伪，反以伪者为真。嬴虢，于是乎悯之，因陈其说。

若曰：中央之土出于东南而生金，乙、巽、丙、丁、坤、庚莅之六相，辛、乾、壬、癸、艮、甲流六替以兴衰；金至西南而生水，坤、庚、辛、乾、壬、癸莅之六相，艮、甲、乙、巽、丙、丁流六替以依归；水至西北而生木，乾、壬、癸、艮、甲、乙莅之六相，巽、丙、丁、坤、庚、辛流六替以返之；木至东北而生火，艮、甲、乙、巽、丙、丁莅之六相，坤、庚、辛、乾、壬、癸流六替以相宜。火复中央而生土，土旺四季而寄理于坤。维则相替之道，与水而同仪。

万物以土为体，故从中起，五、十不用，故寄理于坤。水贵干维，故相替，不以支论。

土者气之体，气者水之母。水土相依，其实一气，故同生。

循环之理，金生于木之后，水生于火之后，木生于金之后，火生于水之后。一为我之所克，一为克我，而要非土则无以成之也。金生于木之后，是得父之力；水生于火之后，是得官之力；木生于金之后，是得财之力；火生于水之后，是得子之力。是父以生我、官以泄彼、财以助我、子以救我而生者，乃得其平。

虽然天地无全功，葬坟之法，必副少阴少阳而推。阳生于子，故壬、癸、甲、乙，阳之位也，艮、巽则伏阴之微；阴生于午，故丙、丁、庚、辛，阴之位也。乾、坤则愆阳之施。

八干、四维，分阴阳之位也。

窀、兆取黄钟之气，即血气未定之时，是亦未艾之时也。

又尝稽之于“降原陟巘”之诗，观流泉相阴阳，亦必以三形、四势而著其纲维。

少阴、少阳，所以佐造化之不逮。壬、癸、甲、乙居阳宫，艮、巽属阴而居阳位，故谓之伏阴。

庚、辛、丙、丁居阴宫，乾、坤属阳而居阴位，故谓之慾阳。

阳生于子者，壬、癸、甲、乙皆顺行，艮、巽为顺中之逆，其例如壬火生寅、癸土生申、甲水生申、乙火生寅、艮木生午、巽水生卯。

阴生于午者，丙、丁、庚、辛皆逆行，乾、坤为逆中之顺，其例如丙火生酉、丁金生子、庚土生酉、辛水生卯、乾金生巳、坤土生申也。

窀，穿圹也；兆，茔域也。黄钟之气在干维，如壬为亥末子初，未交子，亦未脱亥，故曰未定。未艾，论阴阳相替以此。若形势不备，虽合相替，取黄钟亦是无益，故引公刘“降原陟巘”之诗以明之。

如曰将星符德，虎啸龙吟，岂知曳紫腰金之士？苟非凤目龟纹，猿臂犀停，亦未鉴其将相之姿。

将星以天言，自有生而得于天者曰德。符德，是于天命相符合也。虎啸龙吟，言人之声。通世之术曰命、曰相，此言命虽贵、相不贵，亦未必贵。故目必如凤之目、手如龟背之纹、臂如猿臂之长、天庭如伏犀骨起，是命与相合而后见其为将相之姿也。

是以牛肋装钳，来历不承于正派；兔唇争主，结窊何取于分枝。案忌捶胸之袖，臂防理发之钗。当知散气之披，但在双钳之外，岂审绝元之的，徒贪一距之垂。

牛肋，似挠棹而小，一顺不顾。兔唇是两钳相斗，内水直倾，二者映上文“无主星、无龙虎”说。捶胸，案面山撞穴。理发之钗，左右尖垂也。凡大聚之地，必内钳而外卫。若外驰则内气已散，虽有双钳奚益耶？绝元之的，龙身所带之仓库耳。一距，言其细、其大者、远者胥失之矣。

故曰：青龙带刃，白虎衔尸。元武斩头，朱雀负蓑。

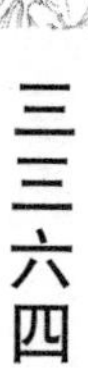

刃，尖利也。衔尸，头上开口。元武，欲垂头，斩是后断。朱雀欲翔舞，负蓑山背碎小而丛附也。

白虎带刃，青龙号饥，元武倒笔，朱雀乱衣。

号饥，亦是开口之意，但龙不衔尸，故云“倒笔”，直硬也。乱衣，无伦也。

左手垂钗，右手掷箸，背后不来，面前直去。

钗，妇人岐笄者，似钳而直长。垂钗、掷箸，左右皆不顾也。背后不来是空窝，面前直去是倾脱。

旧注曰：多是内案遮面前，了不知案外之去。

虎腕抱胾，龙肘连云，元武呕溺，朱雀抚纂。

腕，宛也，言可宛曲也。胾，大脔肉也。记左骰右胾，肉体曰骰，切肉曰胾。抱藏，言虎内有堆阜之属。连云，言其高。呕，伛也，将有所吐。脊曲，伛也。呕溺，气泄于水。抚纂，其指乱也。

元武出水，朱雀上山，青龙东去，白虎西奔。

元武止处，众山包藏，若走入水中，第为人之卫，人不能卫我。上山，言高压于本山也。东去西奔，皆反背之象。

元武垂尾，朱雀开骹，青龙掷笔，白虎抛刀。

元武贵乎垂头，尾尖而不可纳。刘熙曰：尾，微也。承脊之末稍微杀也。尾既微细，自不能有窊会之容。骹，胫骨近足而细于股者，于义不合，骹，当作脚，《说文》：“胫”也。刘氏曰：脚，却也，以其坐时却在后也。开骹，犹言其开两脚羞淫之象。掷笔，斜窜势；抛刀，刑伤势。

青龙管笛，白虎曲尺，元武抬头，朱雀折翼。

直者曰管，横者曰笛。曲尺乃为方之器，皆不圆之物。抬头，其意他去而不垂；折翼，不能翔舞也。

青龙叛头，白虎缩脚，元武吐舌，朱雀生角。

龙、虎俱在头、脚上辨其真伪。叛头，跛扈之象；缩脚，不适于用也。吐舌，前生尖嘴于外；生角，头生恶石于上，一云生角，岩峰石笋也。

青龙折腰，白虎破脑，元武胖开，朱雀尸倒。

折腰，便有风入；破脑，其位有伤。胖开，似剖腹。尸倒，横卧如尸也。

元武邋遢，朱雀啭嘈，青龙颂水，白虎戳刀。

元武欲端崇不侧，邋遢行不正貌，亦不洁净也。以水为朱雀者，贵乎澄静停凝，若啭嘈，便有声而急。颂，纳头水中也。戳，倒倚也。

前筑乾流，后培客土。有人无天，有今无古。

筑者、培者皆人也。人胜则亡其天，亡其天则失其古矣。

形不展腕，势难转肘。内看如住，外看如走。

形小而势大，腕运于肘。内势不顺者，其形自背。

脑如爬殿，臂如弗竦，明堂掊羲，来龙趑趄。

爬殿，其纹直裂；弗竦，其破纵横；掊羲，坑小而深；趑趄，气促不追也舒。

元武不仁，臂连朱鹑，内案前去，分水脱身。

仁，如果核中之实，不仁虚壳。"不仁"四句一串，盖元武仁，则左右臂环护朱鹑外，朝内案伏，而案内之水与后龙之水相会聚而出口。

主山不义，客山连臂，无水界脚，如何聚气？

《洪范》曰："无偏无陂，遵王之义。"不义者，主山偏陂而不正也。客山连臂，即臂连朱鹑也。无水界脚，与内案前去，亦是一义。

已上二义或居大龙之左腋，或居大龙之右腋。

右手拖椎，左手抱鼓，元武投矢，朱雀反弩。

右手欲其东来，拖椎则西向矣。抱鼓者，挟私之象。投矢，形直而锐；反弩，势背居阴也。

臂直拓弓，臂折捶胸，袖披拭泪，袖反鼓风。

拓弓以左臂，捶胸以右臂。或云：右亦可拓，左亦可捶，但非理之自然。旁持曰：披山一边高压曰拭泪。袖反则水去，水去则风来也。

雨打虾蟆背，风吹牛鼻头，来龙不住穴，无后归荒丘。

虾蟆背，小墩露处。牛鼻头，大山尽处。二者虽有来龙，并无包裹结作，后世沦作荒丘而已。

一本增有"龙拱则气停，龙流则气脱；伏犀风急，背负无屏；银海浪崩，脚前倾斗。"

四兽之法，三形应合。界水内横，宾主不杂。内案臂连，水无发源。江涧前抱，气势完全。水内认形，三方窊污；水外朝应，四兽以俱。凤盖中央，黄帝之墟。裸奉中藏，卜吉元墟。五章奠位，五造攸居。明堂运转，源派萦迂。或连内案，不其侈乎。钳里破相，抑亦防虞。忽然突起，八字分蒲。聋哑淫瞽，鳏寡嫠孤。贫贱夭绝，五福全无。

观四兽之法，惟在乎得三形之全。界水内横，而宾主自然皆序。上文云“臂连朱鹑”，又言“客山连臂”，此复言“内案臂连”，总言其水之无发源耳。若有江涧前抱，内源虽短，得与外水为呼吸，亦为气势之完。然内水发源既短，其内形须要认得真正，必求其窊而有容，仍要观水外朝集孚应、四兽咸会，是即凤凰翠葆之宅。中央黄帝之墟，拜扫灌祭之场也。盖五方之章采既奠，厥位五行之肇，造得其所居；且明堂水行转折，无倾脱之患，其臂虽与内案相连，不愈见其地之大乎。然明堂为第一紧要，设或钳口破相，是又所当虞者。否则忽然突起水或八字分散，是无外气之畜，其聋哑淫瞽等弊均所不能免也，安望其五福之臻耶？

耳通于肾，肾属水。明堂，水之藏也。突则塞，故聋。《洪范》：“二曰火。”火主扬，言明堂突则暗而不明，故哑。又戌主喑哑。戌，火之库也。明堂污会为牝之象，突则隳理，故淫。离为目，主明，突则失其明，故瞽。又曰：形如覆碗，孤眠无伴，故又主鳏寡嫠孤等，非臆说也。

三停释微第五十七

西北宽容，息道便当于鹑首；东南秀发，明堂自属于元墟。

鹑首，未次也。元墟，子也。子为元枵之次，故曰元墟。宽容、秀发皆指穴地说，言穴在西北而水从左倒右，由未丁出口，此乾甲丁局也；龙自东南来而水自左倒右，由子癸出口，此巽庚癸局也。此篇释三停穴法，先提其水口之大要。

亦有四势融结于一气，五方盘礴于一壶。是则穴法骑龙，内既乾流于池疃；水城限骥，外须拥抱于江河。尔或不学，则知一水之外，虽三阳之峰、五星之岳，皆不应运于黄区。盖前水断山骨而分地脉，则前案已间隔其方诸，徒知日月之照临，而水火之凭虚。

上文言案应在水外，此言案应在水内。由是而知骑龙穴皆一气而成。古诀云：凤凰衔印，龙吐珠天，马昂头，蛇过路，皆形容其尾之掉转而拦截内堂之水。地之大者，案外仍有水城，不然恐有若骥足之驰而不可御耳。故须得江河拥抱于外，而内气斯久远勿泄尔。或不学，是不识骑龙之法，则水外之峰峦不能为我用也。盖一水之外，于本龙之骨既不相续，而欲其气之与我相通，若方诸。然方诸在地，日月在天，毫厘有偏，水火之应，而谓此一区之穴，不学者能乎？

方诸见月则津，而为水注。方诸，阴燧，大蛤也。热磨拭向月下，则水生。又云：方石，诸珠也。又：方诸，鉴名，以取水于月。

矧其相穴之法，如相儿郎。祖功宗德，积累延长。三停丰满，宾从堂堂。

相山即如相人儿郎，喻穴之近祖宗；积德累仁，喻来历之远。三停分三才：额为天，欲阔而圆，名曰有天者贵；鼻为人，欲旺而齐，名曰有人者寿；颏为地，欲方而阔，名曰有地者富。又以身分三停：头为上停，自肩至腰为中停，自腰至足为下停。三停盖言穴之高下。宾从则言前后左右之拥簇。堂堂者，盛也。

天停之穴，发势自天，降势云垂，住势城完。横埏望之，危若莫攀。门户周密，应对不闲。精神气概，有仪有权。层叠四起，居之自安。俯而揖之，明堂养元。天停之败，来历何之。应对无权，出入无仪。浏无盛荡，扬无掩吹。肢脉俱散，肩背俱垂。登之愈高，俯之愈危。乾源流竭，明堂不归。

埏，地际也，扬眉目之间也。天穴上聚，城郭门户应对皆显于上，穴地安闲，明堂则仍聚于下。

“天停之败，来历何之”与“降势云垂”二句反，“应对无权”与上“应对不闲”反，“出入无仪，浏无盛荡”与上“有仪有权”反，“扬无掩吹”与上“门户周密”反，“肢脉俱散，肩背俱垂”与上“层叠四起”反，“登之愈高”二句与上“居之自安”反，“乾源流竭”二句与上“明堂养元”反。

中停之结，水山盘踞。内方外圆，内停外住。虎伏犀驯，龙骧凤翥。精神发秀于先天，气概兆基于太素。水北山南而三形卫主，水南山北而四势朝墓。应星斗之昭回，永子孙之福祚。或恃人为，欲夷天度，偏而不通，执而不悟；促不可延，去不可阻；流不可塞，源不可住。虽有朱亥之力、秦皇之势，山水可为而星躔如故，则皮毛可伪而骨脉不具，故曰：百金售山，愈险愈悭；千金顾篑，愈费愈欢。轻重不审，后人之缘。

中停结者，内停而面前恒豁、其下恒去而外住，其流不能骤止，其源未免过迅，势使之然也。而俗眼必欲延之、阻之、塞之、住之，其如上不应于星躔，而骨脉不可改也。

至于地停平洋，脉理经络；蚓陌贝隧，蛇蝌蛙跃；如蛛经丝，如蚊隐帛；藕断丝连，瓜采藤缠；仰掌金盘，水城亲切；宽兮而虹，近兮而月；惟忌其冲，惟忌其割，惟忌其枪，惟忌其脱；道其一贯，理其一诀；嗟五鬼之无传，徒纷纭乎谍说；主不稽于文书，卒然以大事任之，是其信人也何拙。

脉，血理之分衺，行体中者。理，纹也。经络，相连不绝之义。陌，东西道也。贝，紫贝，海介虫也。隧紫，贝所行之路。平洋，止有影可认，非躁妄者得窥其端倪。穴法在“仰掌金盘”一句，其真假视水城之亲切何如耳？如虹、如月，即天停之“住势城完”、中停之“内方外圆”也。冲、割、枪、脱，即天停之“明堂不归”、中停之“水北山南”，不能卫主，不能朝墓也。

企眽第五十八

元女一曰企眽二致。

旧注曰：企，以望远；眽，以察迩。

企其气于险隆，眽其脉于夷易。夷易之结水，限势而应就形；险隆之钟水，限形而应就势。

企，举踵而望之也。眽，斜视也。平夷之地，须旁观方见其起脊，故用眽，非若险隆者之可望而知也。应或就形或就势者，夷易非无势，险隆非无形，以其企之所见者恒在势，眽之所见者恒在形也。

如鞶带锁腰而扞鱼垂，如长虹轮颔而防云际。如珠贯璧联，如瓜藤鱼队。遁踪晦迹以难明，必两水夹辅而远至。

此一节申夷易之结。鞶，大带也。轮，回旋也。颔，两腮也。锁腰者，湾绕当前。轮颔者，环抱左右。珠贯璧联者，一系之接。瓜藤鱼队者，断续之奇，维察其水之所归，而知其气之所会。

如长城郭露而厦夏街旋，如万骑出关而旌旗翼曳，如鸾扬凤举而霞灿云敷，如虎屯象驻而林丰草翳。力强步骤以难羁，一水横流而环制。

此一节申险隆之结。长城郭露，谓长城之露于郭外也。夏，大屋也，如大厦之

旋绕于街也。万骑出关，鱼贯而不乱。旌旗翼曳，夹卫而不纷。鸾凤之翔，云霞掩映；虎象之伏，林草郁蓊。望一水之横流，以知其不可越焉。

是以五气积而有光，八风扦而不吹。长生之位雄踞，谁云鹦鹉之殇；冠带之位尊崇，休说鹅头之秽。既非池沼之乾流，何虑屠沽之速退。

此一节总结夷易、险隆，不能外五行生旺之理。凡五气之积，应七曜之流行。故云：有光夷易，则以水为风之捍；险易之止，均不能外水以为止。特夷易气沉、无大水、有冈阜者，亦发；险隆气浮、无大水、不开阳者，不发。池沼易竭，故易退，若池沼为真应，流泉便非乾流矣。

旧注曰：殇，未成人丧也；年十六至十九为长殇，十二至十五为中殇，八岁至十一为下殇，七岁以下为无服之殇，生未三月不为殇。少死之山如鹦鹉，淫秽之山如鹅头。

又况，地有险夷者，天之造穴；有洿隆者，水之配必也。分二少以顾愆，校五兆以审害。四势外周，三形内会。迁就其包容亲切，反覆其端圆尖锐。结虽寡特而周遮，荡虽缩陕而明快。水淘沙石以弯环，宾肃威仪而应对。委蛇入路，应轨格以端中；起伏过关，齐腾骧而沛艾。

险之穴恒在洿处，夷之穴恒在隆处。地非天不造，穴非水不配。水非二少，无以别其相替；地非五兆，无以论其生克。结虽寡特者，夷易之结；荡虽缩陕者，险隆之钟。委蛇入首言夷易之从来，起伏过关言险隆之入首。沛，仆也；艾，息也。

凭伪丧真第五十九

葬者，反本而归藏也。奉先以配五土，而一体于青山。

众生必死，死必归土。骨肉毙于下，阴为野土。其气发扬于上，而一体于青山。

山者，地崇而势，水限而形。五气精积，五运通灵。气概融而下符地络，辉光发而上普天星。

普，同也。青山非一概之山，其来有势，其止有形。五气，金精整、极之五气；五运，《洪范》变遁之五运。

甲、寅、辰、巽、戌、坎、申、辛属水。

丙年水气大过，大雨至埃雾朦郁，上应镇星。

辛年水气不及，为涸流之纪。是为反阳，藏令不举。

化气乃昌，长气宣布，蛰虫不藏。

艮、震、巳属木。

丁年木气不及，为委和之纪。生气不正，化气乃扬，长气自平。

收令乃早，上应太白星。

壬年为木气太过，甚则化气不政，生气独活，云物飞动，草木不宁；上应太白星。

离、壬、丙、乙属火。

戊年为火气太过，收气不行，长气独明，雨水霜寒，上应辰星。

癸年为火气不及，长气不宣，藏气反布，收气自政，化令乃冲，上应辰星。

兑、丁、乾、亥属金。

庚年为金气太过，上应荧惑星。

乙年为金气不及，收气乃后，生气乃扬，长化合德火政，乃宣庶类，燥烁以行，上应荧惑星。

丑、癸、坤、庚、未属土。

甲年为土气太过，变生得位，藏气伏，化气独治之。泉涌河衍，涸泽生鱼，风雨大，至土崩溃，鳞见于陆，上应岁星。

己年为土气不及，化气不令，生政独彰，长气整雨，乃愆收气平，上应岁星。气交变大论曰：岁土不及，风乃大行；化气不令，草木茂荣。飘扬而甚，秀而不实，上应岁星。

丘延翰曰：地法以二十八宿之经分度，分配八方，推之为二十四路。又以二十八宿分配日月五星，纬星之气，分而隶之。就分配分野，天禽、地兽，在人各有所主。

一清一浊，已昭回于经纬；一赏一罚，已司属于法程。清者干也，浊者支也。清者五运，浊者六气也。其见于经纬者，丹天之气经于牛、女，戊分，黅天之气经于心、尾，己分，苍天之气经于危、室，柳鬼，素天之气经于亢、氐、昴、毕，元天之气经于张、翼、娄、胃。戊、己分者，奎、壁、角、轸，天地之门户也。赏者

以德，罚者用刑。司者，司天在泉之气也。喻少阳司天，火气下临，白起金用；阳明司天，燥气下临，苍起木用；太阳司天，寒气下临，火明丹起；厥阴司天，风气下临，土隆黄起；少阴司天，热气下临，白起金用。用谓用行，刑罚也。其赏者可知矣。

岂人力之可伪，而篔进之可凭？虽盈亏乎地理，而高下乎天然。果有造龙之匠石，则当创端于夷坦之野、浑成之先，何交相于已胚已孽之京？形且难伪，势奚以营？恐乏修女转男之药、医耆再少之龄。

葬虽方寸之土，其气上通于天，不可以人力为之增益者。人第知日月星辰之为天，而不知山川夷险之形皆天也，故龙之不可造，犹药之不可转男为女、医耆再少。然则砂水之损益，亦因其自然可耳。匠石，古之工师也。丘之高大者为京，已胚已孽不可凿也。

是以，治霸陵而不伤，文帝兴汉；造骊山而具象，胡亥亡嬴。

汉文帝遗诏曰：霸陵山川因其故，毋有所改。霸陵在长安东南，乙巳葬霸陵。古者墓而不坟，聚土使之高大也。汉长陵高十三丈，阳陵高十四丈，安陵高三十余丈，则不度甚矣。

秦始皇葬骊山，下锢三泉，奇器珍怪，徙藏满之。令匠作机弩，有穿近者辄射之。以水银为百川江河大海，机相灌输，上具天文，下具地理。后宫无子者皆令从死。葬既已下，或言工匠为机，藏皆知之，藏重即泄大事，尽闭之墓中。

过脉散气第六十

三形未住，四势随去。住不界水，五气不库。三形融结，四势环顾。四势外驰，三形内吐。三形伸而未盘，五气散而多露。五气乱而未凭，三形指而何据。凫兮不栖，牛兮不污。

过脉之所，形所未住而四势随之。形住必界以水。过脉之所，水尚未停，是为散气之场也。形结者不内吐，势顾者不外驰。大都因脉之止以见其气之凝，亦犹夫势之归以见其形之宿。禽兽得气之先，观凫、牛之栖污，知其风所不及矣。

李淳风曰：凫栖临水不污者，被风所吹。

黄钟之道，阳明各步。火守金流，金刚木蠹；木荣土虚，土实水腐；水流火

灭，火以木富；木以水殖，水以金著；金以土积，土以火著。御气之悖，开心之悟。导其相替，由其交互。干维向首，经常宪度。真纯一气，无向背之春风；驳杂两逢，见凋零之寒露。

道，方道也。步二举足也。黄钟论葬，阳明论造作，一在乎山，一在乎向。黄钟在干维，阳明在地支，其用不同，故曰“各步”。火守者，赫曦之纪也。黄钟而葬于兑、丁、巳、丑之山，阳明而造作于兑、丁、巳、丑之向，则金流矣。他如木山向而乘坚成之纪，则木为蠹；土山向而乘发生之纪，则土为虚；水山向而乘敦阜之纪，则水为腐；火山向而乘流衍之纪，则火为灭。故火山向而当发生，则火富；木山向而当流衍，则木殖；水山向而当坚成，则水著；金山向而富敦阜，则金积；土山向而当赫曦，则土著。知气之悖我者，则知其气之益我矣。此得于天者然也。水则导其相替，必由于二少之往来；向则贵乎干维，务合于阴阳之纯粹，五气庶无散荡之虞尔。

此篇论过脉散气，而忽及于五行生克之理者，谓造、葬不得其时，即为散气之时；而初葬、初造之日，即为过脉之日也，其旨遐矣。

左右胜负第六十一

闻之曰：形止三奇，势全四应；宾主相登，左右相称；一应或偏，三形不令。余尝申之曰：宾主不登，礼固不恭而不情；左右不称，犹或未详而未证。一印一笏，岂不相宜？一钩一权，如何相胜？端坋何愧于长冈，小隋尤胜于曲径。扞其内而不吹，扞其外而不阱。天象开而天荡宽，地幅方而地心正。魏珠照乘，大阐邦光；赵璧偿城，永膺天命。佳邓侯之卧虎尾，周匝于虹轮；误苏茂之飞猿臂，偏垂于斗柄。或左抱而右水湾，或右拱而左水迎。古人著之，虽含意而甚该；后人诵之，何探源而不竟。此所以不识龙之奇、不识龙之病，惟以意逆意、以心逆心，则寻龙之目，夫谁与竞？

三奇者，山、水、案也。左右前后曰四应。案外之应，其一也。一有不全则三形俱漏矣。然左右有其胜者、有其负者。印可以配笏，钩可以配权，所勿论也。端坋小隋，为力甚微，能为我用，亦为有益。但形小者恐内逼，必求天荡之开而地心正大者，乃为的焉。譬珠璧之为物甚细也，一能阐其邦光，一能永膺天命，其小为

何如？又有左右之臂，如卧虎之尾绕于当前，尤为奇特。其或如猿臂之直长则懈而无力，又非所贵外有。无左砂而左水来左，不得谓胜；无右砂而右水揖右，不得为负。是为龙之奇也，而或以为病者，是不识古人之意矣。

魏惠王曰：寡人“有径寸之珠照车前后，各十二乘者十枚”。

赵得和氏璧，秦昭王愿以十五城易璧。相如视秦王无意偿赵城，完璧以归。

邓侯，光武名将禹也。

苏茂，光武时寇，后为张步斩。

星辰释微第六十二

望远势以认山，要得古人之训；审近形以指穴，当资廉者之为。凡弃势造形之举意，皆伤龙速咎之迷痴。主既强能，爰失色于无学；术欣速售，惟趁色以投机。岂有文书，死死星辰而自诳；曾无天理，生生局例以相縻。

凡造形者必开挖山垄作为洿窟，未有不立见其凶者。盖星辰局例非概不可用，但非势非形，星辰无处著落，故一曰死死，一日生生，惟知此而不知彼也。赵汸曰：形势其言相也，星辰其推命也。然言相者，因百物之异形而极其情状，以察造化之微；而知吉凶，必不以相人者相六畜也。推命者，以生年月日时论祸福吉凶；犹或失之者，由其为术之本，不足以范围大化也。移之以推六畜辄大谬者，六畜之生不同于人也。夫星辰是有一定之准，不得形势之真而概以其说加之，则亦何异以虚中子平之术而推六畜、以论牛马者而论人耶？庸术之例星辰，大率类此。

登朱门而即指黄祥，盛夸后裔；见白坟而便期苍碛，咸许先知。窃射卜之三传，笑谈自若；斗弟兄之二位，气义俱非。

九州惟青州之土白坟。射卜即六壬之射覆。不知形势者，惟窃气数以动人而已。

萧吉曰：坟土，坏土也。白埠之下必有青苍石，诳能先知也。

今也心仰虢公之极，志存樗里之遗。

李淳风曰：虢公著《极心论》，樗里之作号曰《遗书》。

山喜二少以育粹，水延六替以扶危。上则炳于天文，何假天文之奥，下则形于地络，当详地络之仪。可见土中之四兽，必由水内之三奇。

山喜坐八干四维，水要归衰病死绝。水出干维，即所谓炳于天文也。恐值生旺之方，非地络之宜，故须详之。土中四兽，青、朱、白、元也；水之三奇，横、朝、绕也。甲向青龙起亥，顺行；乙向背龙起未，逆行；丙向青龙起寅，顺行；丁向青龙起戌，逆行；庚向青龙起巳，顺行；辛向青龙起丑，逆行；壬向青龙起申，顺行；癸向青龙起辰，逆行。诀云：发福久长，定是水缠元武；为官福厚，必然水绕青龙。其例如甲向青龙起亥，则子属朱雀、丑属螣蛇、寅属勾陈、卯属白虎、辰属元武。他向仿此。金书八字秘本：甲向青龙，不起于亥而起于戌，丙向不起于寅而起于丑，庚向不起于巳而起于辰，壬向不起于申而起于未。合阴干共八向，皆起于四墓，故曰：土中四兽。然不合水之三奇，究无以用之也。

曰华盖者，魁钟天覆之象；曰明堂者，荡钟地载之规。至若元武之号，亦由垒土之为。水口固防于水散，风门切忌于风吹。内形之奇，斯因以告。外势之奇亦类而推。

魁，斗首四星也。凡为首者皆曰魁。华盖，首之所在，故曰象天。荡，水势广平也。明堂，足之所应，故曰象地。垒，斟垒也。元武出华盖之下，亦具有首之义。水口外有山拦截，水始不散；风门外有山障蔽，风始不入。此以其内之小者言也，其外之大者可类推矣。

左限苍龙之肘引，右防白虎之肩歧。松埏前束其过脉，蓬魁中积以盘基。五鬼不学，诞擎一掌以转璇玑，故曰：山不闲生，有形势以彰星象；术难遽晓，窃气数以卜兴衰。挺特有权，可见灵官之造；纵横失统，当悲散去之披。

引，开弓也。肘引者，其肘如引弓之形而抱也。物两为歧，歧肩者，其一枝他去不为我卫，故宜防之。埏，墓道也。蓬，蓬颗也。水界于墓道之前，无脉可过墓居于四兽之内气积以凝四者，皆本于形势之自然。五鬼不学，惟以一掌论星，不亦谬乎？故山不徒自而生，必得形势之真者而后星辰应。术者不知也，惟窃月将日时之气、一六二七之数以卜其兴衰而已，岂知挺特有权者，星辰之发露；纵横失统者，形势既不可得，星辰焉得而应之？

龙或双来，必统八方之中正；水宜远赴，宁论两腋之偏裨。瓜藤不附于蒲藤，味甘一实；萍稚难希于莲稚，香馥端彝。手揸马之四蹄，何当远迅？腋脱鸿之双翮，曷任高飞？妄指来龙，背后不知其水截；盲寻驻穴，面前岂识其纲维？

双来，是两宫并至，必取其中者、正者以为的，如壬子以子为中，丑艮以艮为正也；远赴，是一水当前，必取其大者、远者以为应。其双来者，如瓜藤与蒲藤，然瓜实甘而蒲实苦，瓜圆正而蒲偏直也；其远赴者，如萍稚与莲稚，然萍生水中，莲开水际，萍萼小而莲瓣大也。故龙之行，必分牙布爪而后能见其奋发，无若蒲藤然；必开障出峡而后能见其翱翔，无若萍稚然。倘本体不施、左右不展，如马揎其蹄、鸿脱其翮，冀其高远也难矣。

蒲藤，壶卢之藤。壶卢，一头有腹；长柄者为悬瓠，无柄而圆大形扁者为匏。匏之有短柄大腹者为壶，壶之细腰者蒲卢。

萍有三种：大者曰苹，中者曰荇，小者即水上浮萍。

谁谓抱养过房，非吾骨肉；当知戴天履地，尽尔宗枝。神岂妄于倚附，享必致其依归。虽形骸之已化，配江山之莫违。螟蛉祝子兮，必感音声而肖天质；接木遗本兮，亦合理脉而荣春熙。乔山虽葬其衣冠，随形衍姓；真宰必歆其拜扫，敦义延禧。

抱养过房，是集义所生之气。未有天地之先，亦无有人；既生人之后，众莫知其为天地之生。原其始则一本而万殊，会其终则万殊而一本。神者。非不榖不羞之神，而其抱养即有其倚附，况已配祀于青山者。观于螟蛉、接木，皆是异类，一以声感，一以脉续，要之声亦气也、脉亦气也。气至而理存，可无疑于抱养之非其类。乔山，黄帝所葬。黄帝乘龙上天，群臣以其所遗衣冠葬于乔山。姓以统系百世，乔山虽葬其衣冠，尚随山川之形以布演其姓于无穷。况形骸有在，能不敦义以延禧乎？

螟蛉，桑虫也。《小雅》："螟蛉有子，蜾蠃负之。"蜾蠃，细腰蜂，无雌。揑土作房，取桑虫负之于其中，教祝七日，化为己子。一名蠮螉。

此篇释星辰也。而及于抱养过房者，何也？盖星辰为天地之气，而吾人莫非天地之生。但山川非融结之所，星辰不应其位，世之生生局例者，可以返矣。

预定灾福第六十三

或曰：反虆梩掩之后，嬴虢未生之前。二少六替之未述，徒为棺椁而通阡埏。贵贱寿夭，古今而亦然。亦有百人不偶一人，遭之而庆；百人所竞一人，得之而冤。形势虽由于天创，向背皆生手气偏。小往大来，固异往来之数；轻清重浊，本同清浊之源。是以彭越功臣，窆戌辰而遭戮；留侯世相，堋辰戌以迷仙。失姓丰功，丙辛附茔于谁氏；真王重典，午丁双向于期年。信吉凶之在我，故祸福之由天。

或人之意谓灾福自有一定之数；若古无其说，而贵贱寿夭亦未尝有异于今。况形势天造，何向坐独在千维？不亦气之偏乎？小往大来者，固是其阳在内、其阴在外之数，然轻清者为天，重浊者为地，其始本于一原，何以独弃夫支也？若以支为凶，则彭越之窆戌辰而遭戮，宜矣；然留侯之先则崩辰戌矣。若以干为吉，卫青之母附葬后夫，而丙辛不居于郑墓；韩信之父附葬田茔，而午丁遂致于夷族。此其说甚不可知，而祸福之由，岂非天定耶？黄帝始造棺椁，有虞瓦棺，殷周易之以木。天子之棺四重，水兕革棺被之，其厚三寸；拖棺一；梓棺二。四者皆周。

彭越，昌邑人也。佐汉灭楚，封梁王。反，废为庶人，吕后诛之，夷三族。

留侯张良者，其先韩人也。大父开地相韩昭侯、宣惠王、襄哀王，父平相厘王、悼惠王，五世相韩。从高帝定天下，封万户，位列侯。常学辟谷、导引、轻身。后高帝八年卒，谥文成侯。子不疑代侯。文帝五年，坐不敬国除。

大将军卫青者，平阳人也。其父郑季为吏，给事平阳侯家，与侯妾卫媪通，生青。青同母兄卫长子，而姊卫子夫自平阳公主家得幸天子，故冒姓为卫氏，字仲卿。

太史公曰：吾如淮阴，淮阴人为余言：韩信虽布衣时，其志与众异。其母死，贫无以葬，然乃行营高敞地，令其旁可置万家。余视其母冢，良然。汉四年，信平齐，使人言于汉王曰：齐伪诈多变，愿为假王便。汉王曰：大丈夫定诸侯，即为真王耳，何以假为？汉五年徙齐王为楚王。都下邳人有告楚王反，遂械系信。至雒阳，赦信罪，以为淮阴侯。汉十一年，陈豨反，事泄，遂夷信三族。

旧注曰：卫青母野合得子，母附后夫葬辛山丙向。韩信以父棺附田墓，方得期年而信夷族。

按：信夷族在汉十一年。其汉四年在齐，若以为期年而信夷族，则是信为淮阴侯，在汉之九年、十年之间，而附葬田墓乎？未可知也。

曰：孝子之事，至情所根。草未眠于白鹿，弹已惊于乌鸢。诚岂专于邀福，义

合严于奉先。应之虽由于后召，积之亦本于前缘。见挑帨之白杨，无非鼠窃；闻列旌之苍柏，管是龙蟠。亦有因葬而得良嗣，亦有因嗣而得佳山。钳口浅深，须辨明堂聚散；穴场宽紧，但求一气真纯。

或人惟论灾福，管氏重在奉先。应之者虽曰在天，积之者实本于人也。白杨如挑帨，萧索之象。苍柏似列旌，郁茂之征。因葬而得良嗣，地灵而人杰；因嗣而得佳山，人谋之叶天。钳口无论浅深，惟以明堂之聚者为的；穴场有其宽紧，但以到头不杂者为奇。

后拥前呼，定是八干向冢；背驼肩负，元来四墓安坟。四维向坐则犯断例，四正坐向则犯支辰。坎壬离丙，则六替不顺；艮甲坤申，则二少不纯。茫乎其说之如此，恍乎其应之如神。

干者榦也。《禹谟》曰："舞干羽于两阶。"故主后拥前呼之应四墓藏、四金杀。有残疾之应，故有背驼肩负之形。

旧注曰：古人制字，必按阴阳物象。故《拆字林断例》谓乾、坤、巽、坎二字为一字，断双生合活；丑、辰字病；申字断扛尸；寅、庚、辛、亥字断点头之秃；艮字眼目不全；乙字曲脚；己字自经之类。《元黄数书》曰：丑申为破田杀；寅为白虎；卯为悬针；辰为厄之首；巳为厄之足；午阳极阴生；象冲逆也；未言万物皆有滋味而未成也；酉字配尊医；戌形象战伐。

坎山放壬水，离山放丙水；不论水之左旋右旋，皆破旺地，故云："六替不顺。"艮龙作甲山，以伏阴而作阳山；坤、申当作坤、庚，坤龙作庚山，以慭阳而作阴山，故云："二少不纯。"二少以子午为界，子之东属阳，子之西属阴。杨公云："宗庙本是阴阳元，得四失六难为全。"总之，立向消水，别有异书，非此本所尽也。

曰：惟嬴惟虢，谓山必应于星文；惟虢惟嬴，谓穴必推于气数。顾始说之甚夸，何后言之不副。噫，葬者，藏也。子孙之事，初无所与。星者山之发挥，山者地之积库。配天之遗，乘气而墓得气之清、锡天之祚。上下交通于一窍，子欲岐之于两路。是则生生之道塞，送葬复弃于中野，而祸福之心，肆然而无所惧。或者心开意悟，越席而起，欣欣而谢去。

曰惟嬴惟虢，至言之不副，又述或者之辞，管氏则以藏亲为本末。尝及于子孙

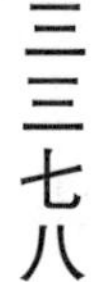

之事，而或者惟曰灾福自天，不涉于地，而不知星之在天，皆山之精积而成；山之在地，又为地之积库而起。其气皆上升，故曰“配天乘气”者，是乘其方与时之气。地之气浊，天之气清，故葬虽藏地，其实统天。或人岐天地而二之，公明统上下而一之。盖葬死一事，为反本还元之理，所以生之也。或者以为灾福无关于地势，愚夫愚妇必流至于不葬其亲矣。则生生之道塞，更何有所谓祸福耶？或者乃大悟而谢去。

五行象德第六十四

谨按《尔雅》：东方之象为青龙，西方之象为白虎，南方之象为朱雀，北方之象为元武，中央之象为凤凰，位正黄钟之区宇。

龙，鳞虫之长，能幽能明，能细能巨，能短能长。春分而登天，秋分而潜渊。八十一鳞，九九之数。有鳞曰蛟龙，有翼曰应龙，有角曰虬龙。

虎夜观，一目放光，一目著物。猎人射之，光堕于地，成白石，金象也。

朱雀，天文取象于鹑。南方七宿，有喙有嗉，有翼无尾，象鹑也。元武象龟。《大戴礼》曰：甲虫三百六十，龟为之长。上穹象天，下平法地。千载神龟，问无不知。广肩无雄，以蛇为雄。

风，神鸟，其象鸿。前麐后蛇，颈鱼尾鹳，颡鸳腮龙，文龟背燕，颔鸡喙孔。《演图》曰：风为火精，生于丹穴。非梧桐不栖，非竹实不食，非醴泉不饮。身备五色，鸣中五音。有道则见，飞则群鸟从之。雄曰风，雌曰凰。黄钟者，阳气踵黄泉而出也。五气莫盛于黄，故阳气钟于黄泉，孳萌万物，为六气之元。其在声为中，声在气为中。气在人，则喜怒哀乐未发与发而中节也。黄钟为首，其长九寸，各因而三分之。上生者益一分，下生者去一分。上生者为阳阳，主息，故三分益一；下生者为阴阴，主减，故三分去一。

又按《黄庭经》：东方为虫鳞，西方为虫毛，南方为虫羽，北方为虫介，中央为虫裸，象其德之在我。是皆以五行方位而寓言之，其说已亘于上古。

《内经》与此有异：东方其虫毛。万物发生如毛，木化宣行则毛虫生；南方其虫羽。参差长短象火之形；中央其虫裸。露皮革无毛介也。又曰无毛羽鳞甲，与土形同；西方其虫介。介，甲也。外被介甲，金坚之象也；北方其虫鳞。谓鱼蛇之族

类。《黄庭》以象言，《内经》以气言。

及考《月令》，则眷之三月，其帝太皞，其神勾芒，其虫鳞，其音角而属木；夏之三月，其帝炎帝，其神祝融，其虫羽，其音徵而属火；秋之三月，其帝少皞，其神蓐收，其虫毛，其音商而属金；冬之三月，其帝颛顼，其神元冥，其虫介，其音羽而属水。而四季所司，其帝黄帝，其神后土，其虫裸，其音宫，最灵于万物而经纶天地者，则不可以一方一气而语。

大皞，伏羲，木德之君。勾芒，少皞氏之子，曰重木，官之臣。鳞虫，木属。五声角为木，单出曰声，杂北曰音。角调而直也。炎帝，大庭氏，即神农也。赤精之君。祝融，颛顼氏之子，名黎，火官之臣，徵和而美也。少皞，白精之君，金天氏也。蓐收，金官之臣，少皞氏之子该也。商，和利而扬也。颛顼，黑精之君。元冥，水官之臣，少皞氏之子，曰修、曰熙，相代为水官。羽，深而知也。黄帝，黄精之君，轩辕氏也。后土，土官之臣，颛琐氏之子黎也。勾龙初为后土，后祀以为社。后土官阙，黎虽火官，实后土也。裸露见不隐藏也。宫，大而重也。五行惟土最尊，于四时之末而现，故其神称后，实兼四气焉。

兆宅之日者，惟指朝对。以宾以主，左右卫扞；以门以户，象德之兽。惟举其四以宗于五，是以山南之明堂、水北之元庐、凤凰翠葆之真宅，皆默统乎五行之数而不数。故择葬之事为阴阳之伎，而嬴虢之书与吕氏之令，皆齐规而并矩。

日者，汉司马季主一流。每兽得五气之一，偏凤凰得五气之全。盖居左之兽其气恒归右，居右之兽其气恒归左，山南之兽其气归明堂，水北之兽其气归元庐，而无不归于凤凰翠葆之真宅，故曰得五气之全。葆，文彩也。

又况五行之数，三才之枢。损之则不足，益之则有余。不幸沿臂过脉，吐舌抬蒲，或突明堂而内乱，或巇明堂而外驱。环抱横塍，分面高洋而散水；斜欹双堕，牵盲沃野以号孤。是则数之隘者，不亦道之伤乎？

五行之数为三才运用，增不得亦减不得。若沿臂者，真气循左右而去，过脉者，真气向脚下而行。吐舌气不能内缩，抬篇穴无有窊容。明堂、内室之象，突则其乱不在外，巇则其水直而奔走他乡。环塍二句是高处一块平地，有分无合，与穴场地面相平而水各四散。“斜堕”二句是旷野中双堕斜列，若牵盲然。为其茫无著落，故又有号孤之应。凡此者皆不得谓之有兽，无其兽则无其数矣。故若沿若过、若吐若抬、若突若巇、若高洋双堕，皆真气所塞而不通者，宁不为理之害乎？

必也如虎环视，如蛇坠珠，如龙显尾，如凤携雏。如卧虹之博带，如乘蛙之信符。外绝源于来脉，内乾流于仰壶。必得临江之都护，可知隔涉而成虚。如是而裁论之，则真龙融结一体，自全于五岳，而五数亦缩而不舒。庄子曰：骈拇枝指，出乎性哉，而侈于德；符赘悬疣，出乎形哉，而侈于性。亶斯言之不诬。

虎视，专一而不他，必也。六句形其左右顾盼之真、前后朝迎之的。来脉既止，其外必有水以界之，其内必有水以畜之。然一水之外，又恐峰峦不为我朝。要若都护之尊严，而一水之内乃可得为黄庭之真宅。然一水之内，又恐充塞而不明，必若临江之都护，在水外，斯得以成水内之虚明。以天下之大势揆之，嵩岳居天下之中，东泰、南衡、西华、北恒，四兽也。五数居天地之中，恒缩而不伸。一有其伸，即犯吐舌抬籥、明堂突巇等弊，而穴便不成矣。骈拇，足大指连第二指；枝指，手有六指，出乎性哉，生而有之而侈于德，比于人所同德则为剩矣。附赘，余肉也；悬疣，瘿瘤也，出乎形哉，生于有形之后而侈于性，比于初生则为剩矣。二者或有余于数，或不足于数，其余忧一也，是皆伸而不缩之病也。都护，汉武帝时内属者，三十六国直使者校尉领护，宣帝改曰都护。

第十二章　堪舆汇考十二

《管氏地理指蒙》八

阴阳释微第六十五

东南相得于深窊，避其形之峭急；西北所宜于高荡，缘其势之平夷。盖地不天则因于水渗，天不地则绝于风吹。必著人中之正，始居天下之奇。如人端坐之脐府，如龙远降之肩陴；虽深而不僻，虽高而不危。

东南方，阳也，阳者其精降于下。西北方，阴也，阴者其精奉于上。又崇高则阴气治之，洿下则阳气治之。今东南而避其峭急，是崇高也，而以阳乘之；西北而宜于高荡，是洿下也，而以阴受之。皆随其地之精而因之也。盖天之高，所以暴夫地；露则显烁而不幽囚，晓畅而无渗漏。地之厚，所以镇夫天；镇则中气有凭，而位乃宁静。六虚旋转而不至飘忽，天形之峭急也，地势之平夷也。东南而取深窊，则风不吹；西北而取高荡，则水不渗。是即人中之正，天下之奇也。然深而僻者囚于水渗，高而危者绝于风吹；如人之脐则深而不僻，如龙之肩则高而不危。陴城上之女墙，城处高有女墙以蔽之便不危，故曰“肩陴”。以其陴之，可及肩也。

衢目所见，主目所疑。何天停地停之分，何南北而分东西。故虹梁降于白杨，城东南斗岫；蚁脉临于青蒿，道西北临溪。

天停穴结在上，地停穴结在下。高贵藏风，故曰斗岫；低贵得水，故曰临溪。《险夷同异篇》曰：“东南兮不贵于案应，西北兮不贵于明堂。”东南之案应非不贵也，紧欲其宽，故以明堂为贵；西北之明堂非不尚也，宽欲其紧，故以应案为真。此云东南斗岫，是西北之夷易而得东南之案应；西北临溪，是东南之险隰而得西北之明堂，故一曰虹梁，一曰蚁脉也。白杨、蒿里俱指墓而言。古诗曰："驱车上东门，遥望郭北墓。白杨何萧萧，松柏夹广路。"

又况，东南之高，不高于绝。后降不住，前斗不杰。盛筧溯蒲，扬飙荡窟；西北之平，不平于囚。左水不绝，右水不周。面前直泻，背后分流。绝风囚水，五气不委；四兽不防，天章不指。谨重所疑，狂荡所喜。

天穴虽高，其住处平坦，风不得绝。前峰秀拱，去水和缓，犹若夷易，全以地为用也。地穴虽卑，其止处高燥，水不得囚。左水萦绕，右水周回，无异险隰，是以天为用也。绝风则高而不藏，囚水则卑而洿湿。凡此者，五气不随，四兽不守，日月星辰所不照。谨重者疑焉，而狂荡一流反以为高，可观望低能藏蓄也。

闻之曰：混沌开辟，江山延袤。融结阴阳，盘礴宇宙。冈骨既成，源脉已透。以钟形势，以通气候。以清以浊，以奇以耦。精积光芒，呈露星宿。以孽衰微，以孕福寿。

有天地即有江山，融而化者为水，凝而结者为山。充塞于天地之间，靡远勿届。冈，言骨肉有核也；源，言脉血有派也。形势与气候相通，非形势，气至而凶至；是形势，候临而吉临。清浊与奇耦相对，一、三、七、九配先天之卦而奇，二、四、六、八照洛书之位而耦。其精积为光芒，其呈露为星象。衰微、福寿，皆二气为之也。

客力徒伤，天工自旧。一割一痕，如肤如膝。铅华不可以掩丑，肉背不可以肥瘦。残耳鼻者，百药莫瘳；惫丹元者，一命难救。

阴阳之气出于天造，非人力所能成。一有增损，不但无益，且所以伤之也。肤、膝，割之小者。耳、鼻，伤之大者。伤至于丹元则无用矣。铅华、肉背，言增饰之无益耳。鼻穴，面要地；丹元，小明堂也。凡浚挖内堂者，多暴亡之患。戒之戒之。

龙体不真，穴法难就。虽分三停，必具四兽。一兽不完，三形俱漏。地犹界水，天则悬浏。内案不连，外应不斗。不连不斗，五气不构；不荡不润，葬之投柩。葬之不法，形如泛筏。居虽具兽，势无所发。夹水环锁，兴衰一歇。胜于投匮，相朝替没。

浏，风疾貌。龙真则穴正，龙不真则随往皆伪穴，无可就之法。四兽，所以卫

区穴，一有不完，非风之吹，即水之渗，故曰漏也。地不完，必受卑滥之侵，故犹界水。天不完，必受飙飔之害，故犹悬浏。若悬之于风也。内案与外应相一气，有请内必见诸外。内案之内又有荡，有荡则润而不枯。盖气者水之母，有气斯有水，若无荡者，穴内之无气，可知亦何异于弃掷其柩耶。然亦有龙真穴正，而葬非其法，东西上下茫无一定如泛筏然；亦有四兽俱备，第势无所从来，纵得夹水环锁以顺其相替之理，仅可暂兴，宁免速退，胜于弃掷其柩而已矣。

差山认主第六十六

谨按《戴记》："未葬读葬礼。"将卜葬，主人乘垩车，诣宅兆所。抑谨重其事，而未敢妄举。盖古人奉先之诚，务得所以归藏，而祸福之私，亦淡淡然任之。

垩，涂也。先泥之，次以白土涂之，素车也。淡淡，无欲之意。葬以宁亲为本，不求利达。而利达，实由亲之宁。

蘖似以积善而昌，不善而殃。缘在前而未露，应后时而孰拒。

蘖，萌也。积善之家，必有余庆。恶不积，不足以灭身。要其积之，皆在可知不可知之间。若以为善而必期，有以暴之，亦未必善矣。

何今世之衰，轻视先人，不啻于一物。伤风害教，莫甚于此。心果蔑于祸福耶？必驯三月、五月，逾月之制，营高燥之元宇。心果在于祸福耶？必寻访通术，稽其文书，以理义而许与。岂容豪戚强娅，举其赃徒；游朋交友，荐其贪伍？翻八卦以花言，讹九宫以鸟语。鄙售真龙，侈役客土。

蔑，无也。驯，从也。娅，两婿相谓也。今世重在祸福，不重在葬亲。然有贫不能葬者矣，有择地而不得者矣，有得地而泥于公位之说者矣，有弟兄多而贫富不等相为推委者矣。其始也，子不能葬父；其究也，孙不能葬祖。愈久愈忘，竟无异委之于壑。此伤风害教之甚者也。古者天子七日而殡，七月而葬；诸侯五日而殡，五月而葬；大夫士、庶人三日而殡，三月而葬。《左传》大夫三月、士逾月，俱以奇月为制。通术稽于文书，通于义理。赃徒贪伍不知形势，为何惟托之八卦九宫、侈役客土而已矣。

幸而抑壬崇坎，坎属正宫；凿丑益艮，艮为真主。至若移乾起亥，不亦侵凌；诛兑归庚，分明跋扈。并丁合午，阳火不喜于阴金；悖午依丁，阴金致仇于阳火。

不喜不福，致仇致祸。

此申言侈役客土之害抑按也。崇，聚高也。《星辰释微篇》云："龙或双来，必统八方之中正。"坎、壬俱阳，丑、艮俱阴，得二卦之体。若乾、亥，阴阳杂；兑、庚，虽俱属阴，起亥归庚，俱失本卦之正。故一曰侵凌，一曰跋扈，是忘其主也，并丁合午，虽曰正官，而阴阳杂。悖午依丁，不但阴阳杂，又非正官，祸较重。

旧注曰：不喜者不为福，亦不为灾；致仇者，则必为祸患。

是以八节各统于三候之数，亦有邻宫犯者之双辰。丑淫于癸，而坎、艮有缘。辰侵于乙，则震、巽相惹。

八节：立春、春分、立夏、夏至、立秋、秋分、立冬、冬至。每节有三气，三八二十四气。每气有三候，二十四气共七十二候。每候五日，七十二候共三百六十日，为一周之期。统于三候者，是一节管十五日之数也。丑与癸为驳杂，然丑与艮有缘；癸与坎有缘；辰与乙为纯阳，然辰则扰于震，乙则扰于巽，其未丁、辛戌可类推矣。

旧注曰：丑属艮宫，癸属坎宫，辰属巽宫，乙屑震宫。

《字林》断法，推缺漏于偏旁；气蛊山头，应迍邅于孤寡。水南山北，应须体地以先天；水北山南，亦乃幽囚于喑哑。干维分至，既言清独从违；配祀苍生，当思重轻取舍。

丑为破田杀，辰为缺唇蛊。为先甲三日，后甲三日。先甲三日，辛、戌也；后甲三日，丁、未也。与丑癸、辰乙同是卦之边旁，皆主孤寡之应。故无论水南山北、水北山南，皆当以干维为用。若以丑辰、未戍立向，未有不幽囚喑哑者。

五行变动第六十七

大人者，悬命于天，托生于地；体魄降地，魂气归天。有生乘五土之融结，变五运之盛衰。

未有命之先，由天而得之命；既有命之后，托地以生。夫身有生必有死，死则魄降于地；有魄必有魂，魂则复升于天，原其生乘五土之融结。考其盛衰之故，则由于五运之变化也。黄帝曰：太虚寥廓，五运回薄，盛衰不同，损益相从。运有

平，气有不及，有太过，而变化生焉。

樗里不云乎：人者，二气钟之，五行之裔也。

二气，阴阳也。五行，一曰水，二曰火，三曰木，四曰金，五曰土。二气生五行，合五行之气而生人，故曰裔。董仲舒曰："为生不能为人，为人者天也。"人之生本于天，天亦人之曾祖父母也。此人之所以上类天也。

五神命之，五行之秀也。

形者，神气之舍。神者形气之主。形气非神，块然一物；神非形气，茫然无归。呜呼，寄神性也，寄气命也。圣人忘形养气，忘气养神，忘神养虚。形神俱妙，与道合真。

神者，阴阳不测之谓，得于五行之至清，故曰秀。

五常性之，万物之灵也。

五常，性所自有，于理无不备：仁者，不忍也；义者，宜也；礼者，履也；智者，知也；信者，诚也。人生得五气以为常，最灵于万物。

五事役之，五行之运动也。

五事者，一曰貌，二曰言，三曰视，四曰听，五曰思。貌曰恭，言曰从，视曰明，听曰聪，思日容，皆所以役之也。貌泽水也；言扬火也，视散木也，听收金也，思通土也，亦人事发见先后之序。人始生则形色具矣，既生则声音发矣，既而后能视，而后能听，而后能思，此五行之运动也。

五福六极舒惨之，五行之亏盈也。

五福，一曰寿，二曰富，三曰康宁，四曰攸好德，五曰考终命。六极，一曰凶短折，二曰疾，三曰忧，四曰贫，五曰恶，六曰弱福。舒而极惨，福盈而极亏也。

死者无嗜欲汩之，五行之已息也。

死者，无所谓五神，无所谓五常，无所谓五事，无所谓五福、六极，故曰息。

魂气散之，五行之变化也。

死者魂升于天，若云之游而无所不之。其变者忽异其形，化者不可得而见也。

骨肉归之，五行之清浊也。

死者骨肉毙于下阴，为野土；其气发扬于上，为昭明焄蒿。此清浊之辨也。管氏之意，以骨肉分清浊。

葬者，乃五行之反本还元，归根复命，而教化之达变也。

人本五土之融结，以生死葬于土，是反其本、还其元、归根以复其命，而后知葬之一端为死者生之之。自圣王教化，无处不有，此非教化之常，由常以达于变也。

嗣续因之，而盛衰消长、舒惨往来，而感召之逆顺也。

其子若孙因五土之吉凶，以为盛衰消长、舒惨往来者，死者无其心也。五土盛则以为长，五土衰则以为消，盈以为舒，亏以为惨，其感召之逆顺，存夫五土而已。

操九者而全之，其惟君子乎？五福常自若也；并九者而丧之，斯为妄人乎？六极焉所逃哉！葬者，特反本还元之一节耳，知其一而不知其八，其亏绝于五行者亦已多矣。望六极之消、五福之臻也难矣。

九者，阳数之极。操者，操其理之全，曰气、曰神、曰五常、曰五事、曰福极，皆天所赋于人。曰无嗜欲、曰魂气散、曰骨肉归、曰葬之而嗣续因之，皆人所复于地。君子体天之赋于人，而不散或戾于天。凡养气、存神、明五常、敬五事，皆所以遵五福、避六极之道；体人之复于地，而不敢或戾于先，故先王立祭统祭义，所以交神明、事上下。夫祭者，非物自外至生于心者也。心沐而奉之以礼，是故惟贤者能尽祭之义。贤者之祭，必受其福，非世所谓福也。福者，备也。备者，百顺之名也。无所不尽之谓备，内尽于己，外顺于道也。方氏曰："魂气归于天，形魄归于地，故必合鬼与神，然后为教之至。"是即五行之既息，而归之于变化，形之于清浊。至于返本还元，而皆不失五行之变动，其惟君子乎！君子未尝有意于邀福，而五福常自若也。不知九者之谓何，六极焉所逃哉！故葬者反气纳骨，特五行之一节耳。知葬而不知即气与神以养我身，知葬而不知五常五事以正我身，知葬而不知事死如事生、事亡如事存之道。死者自死，生者自生，其亏绝于五行者亦已多矣。望六极之消不可得也，况五福乎？

逾宫越分第六十八

针指坎、离，定阴阳之分野；格偏壬、丙，探僭越之津涯。丧家矢柄于群奴，化国总归于一德。是以坤、艮向宅，祸萌于丑、未、寅、申；乾、巽安坟，灾伏于辰、戌、巳、亥。元辰巳水，巽兴合活之悲；向首艮山，丑起缺唇之祟。皆由驳杂，执断例以言凶；若是真纯，岂《字林》之可断。

针指子、午，万古不易，阴阳之定位也。格偏壬、丙者，非天也，盖子之西属壬、午之东属丙，以子午而较之，则有壬子、有丙午。五行各异其用，其原出自上古，非后世所可臆度者。或谓臬影较偏于壬、丙，纷纷争论。不知此羲和之术，所以正四时者，而移之以推地气，则谬矣。两间之理，天动而地静。唐虞至今四千余年，日之躔次相去已五十余度，又安得而齐之？故岁差之法，岁岁有变，非若地之凝然不动也。此书以《洛书》五行为用，专重元女，净阴净阳。在探其津涯者，恐干支阴阳相错，便有群奴丧家之祸。必纯粹无疵者，乃可得其化国之权也。故坤以未、申为奴，艮以丑、寅为奴，乾以戌、亥为奴，巽以辰、巳为奴。若元辰巳水，巽为两巳相共，故犯合活；向首艮山，丑与辰宫相破，故犯缺唇。巳水则为乾山，艮山则为坤坐，故云驳杂不得真纯也。

又况阳宫属左，右位居阴。推孟仲季之三宫，分长、中、少之诸子。果不淫于一气，何自启于五凶？故艮、辛、兑之来山，叶巽、丁、庚之去水，得壬、子、癸之坐穴，宜坤、离、乙之朝山。棣萼联芳，曷有枯荣之辨？原鸰栖翅，曾无飞伏之偏。

自子至丙，属阳宫；自午至壬，属阴位，此左右一大阴阳也。然阳中有阴，阴中有阳，故自子至癸、丑又属阴，艮、寅、甲属阳，卯、乙、辰又属阴，巽巳丙属阳；自午至丁、未属阴，坤、申、庚又属阳，酉、辛、戌属阴，乾、亥、壬又属阳。阳左旋，阴右转，而孟仲季之三宫，则由于八干之阴阳而定。然果得一气纯粹，又何有其凶者？故艮、辛、兑之来山，阴龙也；而巽、丁、庚之去水，阴水也；壬、子、癸之坐穴，阴穴也；而坤、离、乙之朝山，阴应也。阴阳纯粹，公位自然停匀，故引《棠棣》《脊鸰》之诗以喻之。

五凶：疾厄伤痕、生离死别、刑辟患难、夭折鳏寡、暴败猖狂也。

《诗》云：“棠棣之华，鄂不铧铧。”“脊鸰在原，兄弟急难。”脊鸰，水鸟也，其飞则鸣，行则摇，有急难之意。

顾瞻四势之精神，来龙有穴；夹带两旁而妒忌，去水为妖。二用不侔，一例奚既。

来龙出四势之中。来龙夹杂则为妒忌，去水夹杂则能为妖。二用者，阳明、黄钟也。上文言坤、艮向宅，复言乾、巽安坟，一重在向，一重在山，故曰不侔。一例云者，非上文一例所得尽其义也。

五行正要第六十九

茔冢兮，乃造化于黄钟。区穴稍不广兮，异阳宅之占方。东南西北兮，各分六气之运。每方七宿兮，亦以见四正之重光。参之以四维八卦兮，皆具三爻之位。有子母牝牡兮，于以消长其阴阳。

按：此图解已统附此段总注内，不复另标图说

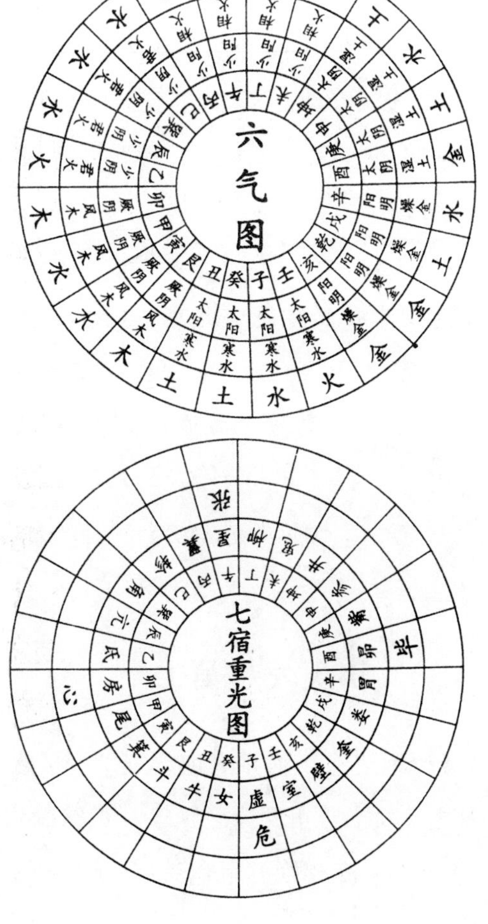

黄钟，黄泉始萌之气。横量曰广，不广，左右不甚阔也。方，向也。阳宅以向为主，非若茔冢以山为用也。六气分于四正厥阴。风木起于艮之半，见唐丘延《翰天机类辰图》。每方七宿者，二十八宿入于二十四位，余四宿重于子、午、卯、酉之四正，其所重者皆日月之宿，故曰重光。参之三分之也，一卦三爻，二十四位，八卦，统之三八得二十四爻也。我生者为子，生我者为母。阴曰牝，阳曰牡。阴消则阳渐长，阳长则阴渐消。《史记》以十干为子，十二支为母。

震为雷兮，必奋收于庚土。土有所出兮，必乔木之苍苍。母甲子乙兮，气必均于一体。兑为金兮，亦庚辛母子之宫。二分之气兮，平阴阳之正候；二至之气兮，见阴阳往复之穷通。阳生于子兮，壬分相剥之火；阴生于午兮，丁金出剥极之中。阳维取相于未复，阴维取相于未藏。始生未离于元气，淫泆必有以堤防。既达乎四正之造化兮，然后四维之义亦可以类而研穷。

雷出地奋二月春分后令也。至八月而雷始收声，当庚之末。故震属木、庚属土、水属木。木生火，故甲为震之母，乙为震之子也。土生金，金生水，故庚生兑，金为母，辛受兑，生为子也。二分，日夜，等其时为同度量，正权衡之候。二至，阴阳极往而必复穷，则必通之候。故壬火位于水之中，丁金居于火之内，壬阳而丁阴，壬左而丁右也。乾以戌水亥金为相，是金犹未复、而水方在往也。艮以寅水丑土为相，二气犹未藏也。巽以辰水巳木为相，是水方藏而木犹未藏也。坤以未土申水为相，二气方在往也。此阳维之未复、阴维之未藏也。然其间未、坤、申、庚为始生之气。壬防爆金之泆丑，癸防水之淫巽，巳防相火之泆是。乾以戌水为子；以亥为兄弟，艮以寅水为母，以丑土为子；巽以巳木为子，以辰水为弟；坤以未土为兄弟，以申水为子；而二十四位无遗蕴矣。并丁合午，阳火必索于阴宫；舍午归丁，阴金必仇于阳火。

夷天发越第七十

《易》不云乎：“裁成天地之道，辅相天地之宜。”扬子云所谓：“天不人不成，人不天不因。”兼斯二者之殊轨，当审两家之情亲。虽符衢之臆见，未契余之私心。必也亏盈乎天理，高下乎天然。旺相则五帝宿其位，囚谢则五正有所不安。人力徒戕其正气，客土第知其不仁。

《易》曰："天地交，泰。后以裁成天地之道，辅相天地之宜。"天位乎上，地位乎下，此其宜也。泰则地在天上，卑高失宜，不得不财成以制其过，辅相以补其不及。天不人不成者，天亦有时而穷；人不天不因者，人不因其天之固然，人亦无所施其用，人特体天之意以完天耳。故旺相之位，或缺陷，则培之，五帝守其位也；囚谢之位，或有所益之五正不安其位者，譬火之所喜者木，而益之以水则不乐矣。若亏盈不合天地自然之理，是亏者徒戕其正气，盈者第知其不仁也。

李淳风曰：自养至旺为有气则可用，自衰至绝为无气不可用。胎养半吉，凡秀峰在纯阳纯阴，方乃为得其应。故裁剪妆补止于左右案应明堂之内，施工可也。若四势不顺难于妆补，或若培客土于来山，则未见其吉，必有不测之凶。

骨肉既割兮，非脂膏之可补；剖竹已解兮，虽胶漆已难完。故曰"使然自然"，此天人之所以分。

既剖、既解之不可补、不可完，其理固然。然亦有伤之久而气复渐完，未可概以既剖、既解者而视之，为使然也。

穴龙之皮，污壤浮湿，主气未至，客气侵欺；穴龙之肉，二气皆蓄，割肪切玉，五色备足；穴龙之骨，膏髓发越，生气绝灭，死脉流血。

蓄，聚也。皮浅，肉适得中，骨则侵石过深。皮为客气，肉为聚气，骨为绝气。然有浮葬者不可以皮论，有沉葬者无石，不可以骨论。盖浮葬者，略掘则水至，势不得不浮皮。即其肉地也，沉葬者虽深而不至膏髓，皆二气所会之地，不得谓其气之绝也。

四穷四应第七十一

险隰兮，尤须一亩之明堂。易野兮，无过一里之应案。乾流兮枯竭其气脉，飘风兮荡散其根源。又况一亩明堂，钳欲流长；一里应案，钳欲朝水。流长则明堂不倾，朝水则应案相迎。应案相迎，气不散乱；明堂不倾，气乃相乘。相乘则嗣续绵远，不散则停蓄繁衍。

险隰属阴，阴以阳为德；明堂平敞属阳，阳舒而阴不塞也。易野属阳，阳以阴为德，应案隆起属阴，阴敛而阳不散也。一亩、一里云者，约略言之耳，若过大过远，反旷荡而难于凭藉矣。盖明堂不聚，则内脉枯竭；案应不集，则真气飞扬。然明堂又恐其倾，必欲其流；长案应又恐与穴不相逆，必欲其相乘而始得阴阳交媾之理。嗣续以子孙言，停蓄以财富言。

心目之妙，止于四要。故曰：天光发明，坦然而邃；不测之源，积于生气。派宗于旺相之途，朝集于大旺而至。止地形而限天经，泽将衰而流既济。反因谢而通之，则丹元而必惫。横乎其形，逆乎其势，纳乎其喉衿，脱乎其裙袂。是以阴极生阳，阳极生阴。惟纯粹而发光芒，忌淫蛊而残凋瘵。

旧注曰：四要，一日来山，二曰去水，三日明堂，四曰应案。

四要即四应。天光发明，明堂之不幽。坦然而邃，明堂之不窄。不测之源，明堂有渊停若鉴者。原其故，皆气之所积。盖气者水之母，水者气之子也。亦有各派会集于此，止地之络、限天之经，必泽于将衰而流于囚谢之地，乃得山川交媾之理。若立向有失，反从囚谢流来、生旺流去，犹之用克泄药石于胃腑，而丹元为之惫矣。然立向之道，贵形与势相逆，以理具于天地之最始。若水口如裙袂之散者，不足言矣。阳极、阴极，左右逆顺之生死；纯粹、淫蛊，前后山向之纯驳。

《海赋》曰：天网淳滃，为凋为瘵。

二气从违第七十二

判一气而形五体，乘五胚而运三精。有生兮禀五气之清浊，反始兮因五土之盛衰。五事五常兮，虽已息而已革；五配五正兮，必有从而有违。顾五福、六极之舒惨，亦依五服、九族，以次而归之。故育子承宗之义重，岂五配五神有所不知？达者释然而悟，昧者懵然而疑。

一气既判，气实生形。形生而具元首、四肢之五体，非三精以运之，五体皆虚具也。魏伯阳曰：耳、目、口曰三宝，即三精出入之地。耳乃精窍，目乃神窍，口乃气窍。体言其外，精言其内也。人之生也，五气之清者为肉，五气之浊者为骨，皆禀自天。死而葬之曰反始，其配于五土之盛者福，配于五土之衰者极，所固然也。然有育子而承其宗者，不可谓五配、五神遂无其凭藉也；亦有无其嗣而乏其承者，又必因五服、九族之近者而依之，五神非不知之也。

人有嫡而有从，木有干而有枝。嫡嗣而从不续，嫡绝而从犹跻。枝蠹则木必朽，心朽则根必枯；枝戕而干必腐，干伐而根犹复。梯人和而义合，义乖则亲离。

断木则根本顿异，接木则脉理相比。司福相投，志清而意解；司灾分付，目眩而心迷。

五祀所在，五神归之。亦有祀废而神不废者，所谓不骰不羞之神也。然其神则已得五土而附之，故杨子曰：情通则气通，义绝则荫亦绝。是情通在应嗣，义绝在不应嗣。应嗣而绝，则不应嗣者又属应嗣，而荫亦不绝。所谓人和而义合、义乖则亲离，可以知从之续乃嫡也。譬之木然，一为断木，一为接木；断木为一本之木，接木为他本之木；一本之木断是嫡绝也，他本之木续是从、犹不绝也。续之吉者志清意解，续之凶者目眩心迷，所必然也。

积气归藏第七十三

钳龙兮融结其气概，明堂兮发越其精神。旁立万象兮，潜逆不露；内乘五运兮，表里相因。腕向前趋，肘后休贪于后曳；面当应拱，背边要识于分枝。有势无形，非行龙则为辅从；有形无势，非打水便是孤遗。

此编论积气归藏，而以钳龙、明堂为积气之场。旁立万象，在钳龙之外。罗城密则其逆者潜也。内乘五运，在明堂之内。表者因其天之时，里者因其地之脉。无不以五运之盛衰为消长耳。“腕向”二句承钳龙说，后曳则其势不来“面当”二句承明堂说，分枝则其应不特。有势无形，有形无势，皆非积气之所不可归藏者也。

土地延长，常有兴衰之运；人情变革，岂无成败之期？若木火土金水之有气，亦水火金木土之非宜。是阴阳何关于造化，日月不见其盈亏。

此一段专言积气。有气则兴，无气则衰，此成败之期也。如木运得丙、辛为有气，得乙、庚为非宜。若以非宜之乙、庚，而用之于木运之地，则阴阳不关于造化，日月无盈亏之候矣。

夹辅既深，缓去不妨于脱气；闺房才露，冲来切忌于风吹。仰手掌心当拟环旋之的，覆手虎口但寻洿窟之规。

此一段专言归藏之所。“夹辅”二句承钳龙说。夹室所以卫区穴。夹辅深，由于其气之不能骤止，故不妨脱。“闺房”二句承明堂说。古诀云：“好龙恰似闺中女，帐幕潜身不露形。”言明堂之口仅露内形，须要外山拦塞，否则便为风所漏矣。“仰手”二句言平洋之无钳。“覆手”二句言冈陇之贵窟。

旧注曰：管氏之意，谓仰手之掌心，必有四势朝应；或平夷之地，亦得藏车隐马，乃为真穴；覆手虎口，则左右钳抱，重重扈从矣。

旧注与本文不甚吻合。

天人交际第七十四

天文人事，用天正人正之殊；地理天时，兼地正人正之用。

天正，阳气始至；地正，万物始萌；人正，万物始甲。周用天正建子，商用地正建丑，夏用人正建寅。

时王授正，以人事为重。故用人正言地者，必合之天时。地正建丑，故冬至后有易墓之说，然不能外人正以为用也。

此篇立意重在以人而合天。天不可得而交，交之于时，即所谓交于天也。择术不精，其如天何？

寻龙择术，天道必赖于人成；侮术听神，人事已甘于天丧。物数亏盈兮，虽先天而定；人事惨舒兮，有回天之造。运有通而有塞，数有沴而有祥。泰通而否塞，祥盛而沴衰。

人与天、地并立为三。人非天、地无以见生成，天、地非人无以赞化育。寻龙择术者，知有其人；侮术听神者，不知其有人也。先天而天弗违，物数之亏盈已定；后天而奉天时，人事之福极当修。蔡虚斋曰：天之道，时焉而已矣。运虽定之于天，数可得之于人。天与地虽同一运，而有通有塞；虽同一数，而有沴有祥。天地交曰泰，不交曰否。如甲年土气太过，而用之于丑、癸，未则为泰；用之于坤，庚则为塞。己年土气不足，而用之坤，庚则为泰；用之于丑、癸，未则为塞。此盛衰之故，不可不辨也。

故曰：承金相水，托土荫木。火利土息，木荣火族。葬水绝火，土金之福。

此一节承上文运数盛衰之故，正天人交际之时也。承金，所以相水也；托土，所以荫木也。火炎，利土以息之；火弱，喜木以荣之。葬水则火绝，土为金之福。故曰承、曰托、曰利、曰荣、曰葬，皆指天时言也；曰相、曰荫、曰息、曰族、曰绝、曰金之福，皆合于地言也。然曰承则谁承之、曰相则谁相之、日托则谁托之、曰荫则谁荫之、曰利则谁利之、曰息则谁息之、曰荣则谁荣之、曰绝则谁绝之、曰福则谁福之，要之皆人也，此天道、地道之必赖人而成，其侮术听神者当何如耶？而或者以为承金大作员堆，穴土大开方口，相水大开员口，印木因山续脉。又或以谓浮阳之穴，非乘金不足以聚之；半阴半阳，非相水不足以发之。乳脉短小，必须印木因山续脉，皆为合以固之。独穴土之法，盖其所钟，肤乳粗大，阳藏于深，必须深取土作穴以通之；若培土太深，则气难发等语，不知其何所据。又托之司马头陀，亦甚不可解也。

小往大来，所异往来之数；轻清重浊，本同清浊之源。

小，阴也；大，阳也。甲消则乙长，丙往则丁来；子消则丑长，寅往则卯来。此小大往来之数。有如是者，其轻清者，为天干而五运寓焉；其重浊者，为地支而六气寓焉。然揆其本皆体于一元，无所谓大小，无所谓清浊也。

又况人有巧而有拙，术有方而有圆。巧者拙之佐，方者圆之先。方圆相胜，祸福相延。祸机相发则忠言不听，而必听于浮言。自非五配、五祀，密为之折衷；而八相、八命，又乌得而兼全？

此言人之遇术，各有其天。方术不多见，幸而遇之，福之基也。或又遭圆术以胜之，岂非祸机之发耶？八分相人也，八分命天也。苟非配祀之良是，徒有其天，徒有其人，于地有未备，五福终未全也。

此篇首言天之天，中言地之天，末言人之天。重在以人而合天。天之天，时也。地之天，因其方以配其天之时也。人之天，与天、地合其德也。

夷险同异第七十五

险隰之巅兮，以宽平为特结；易野之旁兮，以幽邃为特藏。洋洋万顷兮，敛集于一脉；层层万仞兮，平趣于四方。是以东南兮不贵于案应，西北兮不贵于明堂。欲其宽则特紧，紧则特宽。险隰以明堂为贵，易野以应案为真。

险隰，阴也，不患其不藏，宽平则得阳之嘘；易野，阳也。不患其不坦，幽邃则得阴之吸。洋洋万顷，阳也。敛集一脉，是阳中之阴。层层万仞，阴也。平趣四方，是阳中之阳。东南属阴，案应是阴而遇阴；西北属阳，明堂是阳而遇阳。宽则特紧，阳中之有阴；紧则特宽，阴中之有阳。故东南以明堂为贵，西北以案应为真也。

真纯一气，无向背之春风；驳杂两途，见凋零之寒露。

此一段见夷险之同。阴阳不杂，无论险隰、易野，皆见其荣；阴阳不纯，无论东南西北，难免于谢也。

泉脉枯竭兮，非立人之地；沙卤淋沥兮，非积气之墟。有山无水兮，则气散而不停；有水无山兮，则气凋而不结。故曰：穴为奇，水为耦。耦欲平兮奇欲阜。应案兮以分宾主，辅从兮以分左右。四势会集兮，疏漏为忧；三形洁净兮，杂冗为咎。

险隰易枯，易野近沥；高则燥，卑则湿，此其常耳。故有山无水枯也，而气散焉，为其无以止之也；有水无山沥也，而气凋焉，为其无以疑之也。故有山而遇水之平，则气停；有水而遇山之阜，则气结。案应辅从，则险者以之，易者亦以之。疏漏者，即案应辅从之不密。杂冗者，穴场参错而散剩也。

李淳风曰：源脉竭者，乃乾流穴也。有山无水，则人亦不立矣，况配祀乎？若有水无山、沙卤淋沥者，乃土脉不附于造化，其气飞散，皆非可卜之地。

形势逆顺第七十六

虢氏曰：远则观势，近则观形。左右前后，各有行止之程。水分向背，四势成形，封限其中，如堂之登。

远势恒行，近形惟止，兹言各有行止。则是辅门止于外，夹室止于内；以夹室而视辅门，则辅门为行而夹室为止矣。案应止于前，元武止于后，以元武而视案应，则是案应为行而元武为止矣。然止而不行者，非势；行而不止者，非形。水之向者，势亦向；水之背者，势亦背。形由势立，势背而形不成。四势成形者，山封于内，水限于外，如堂之可登也。

钳所卫者为穴，夹带杂类则沾惹私情；宾所应者为主，案前分沓则主被侵凌。

穴场贵平夷坦荡，若钳之中而含堆阜等类，便为沾惹私情，谓若有所挟也。宾贵端崇应主。若面山高大而各自分岐，主被其侵压也。

是以明堂者以洁净为德，以驳杂为刑。忌惟忌于隘陋，贵惟贵乎宽平。散如鸡胸兮，非雍容之相；陷如蟹脐兮，非衿抱之情。

明堂容不得一物。但有一物，便不洁净而驳杂矣。隘陋则气充塞，宽平则气雍

容。若如鸡胸者，突也；如蟹脐者，坎也。突防内乱，坎犯污浊。

或曰法尤取于奇特。洋心圜秀兮，有海眼之名。

洋心圜秀，是明堂中水聚天心，或渊泉真应，皆是。命名海眼，为其不涸而长明也。

曰：镇流痕，卸脱气，而反之不穷者，非凝非刚。方端固，则湛然上发于天英。此古人所以为城门之号，而异乎明堂之称。

流痕，水口也。穷，塞也。方，位也。端，兽名也。天英，离也。形势逆顺见之于水，水又在口上，见其逆之之情。卸言水之倾逝，脱言内无遮拦。水若曲折之元去而复返者，谓之去而不去。若水竟去而不能反之反矣，而不能塞之，非所谓结也。苟塞矣，非坚刚无以示不磨，非方位无以顺六替，非端兽之守无以见户之严，非固执之牢无以见内之密。四者得而水即澄然以安，上与天英相明发矣。盖明堂上应列星，若水口无山镇之，内虽有堂，终是暂荣暂落而已。

盛衰证应第七十七

二气判兮，五土为清；二气淫兮，五土为刑。源脉不续兮，流必竭；干枝不附兮，花不荣。朽樗蠹栎兮，不可雕；饰断缣败素兮，岂任丹青？

二气判者，得净阴净阳；二气淫者，谓阴阳驳杂。源脉自祖宗处分派到堂者为续，不自祖宗分派到堂者，自是短促而不续；故流为易竭。凡干必以枝为卫，其枝不附于干者，源派之所不滋，故其花不荣。朽樗蠹栎，喻险隰之枯索。断缣败素，喻易野之崩破。均不成毛骨者，皆衰之应也。

龙发迹而水归元兮，既纯一体；穴趣全而形避缺兮，始顺成形。水要环城，反背则不钟内气；山寻住脚，连延则不续他情。

盛衰之故系于龙穴。龙而发迹归元，见源脉之接续；穴而趣全避缺，见干枝之相附。水之环者气不背，山之行者气不止也。

尊不可居，卑宁自抑？故阴阳以闰余成岁，而君子以谦虚为德。然形成表里。穴有浅深，在心目之自得，非口耳之可传。

尊处罡饱难容，卑处气定不去。闰者，一岁之余。谦者，君子退让不遑之美德。古诀云："古鼎烟销气，尚浮灵城精。"义葬脉不如葬气，皆尊不可居、卑宁自

抑之意。然穴太低，恐又脱气。惟“闰余”二字极明。一岁而不积，十日有奇之剩，即非所以置闰。而其所以留有余之数者、即其气有不尽也。君子谦让不遑之意，为得其气之和，亦非脱气之谓。形有见于表者，山水案也；有见于里者，浅深之精妙也。穴于皮为过浅，穴于肉为得中，穴于髓则未免伤骨矣。

故曰：开新易故，土岂自然？送死伤生，物嫌非类。同穴同日，同凶同吉。同圹异时，漏泄根基。纵再生阳，先且罹伤。

凡初葬者皆新土，若既葬而复开之，则土不得如当日之新，谓非自然之土也。抑葬而得黄钟之生气，则生生无穷矣。今复送死而合葬，是与生之气有妨。物伤非类之死，况君子乎？同穴谓同此地，同日谓同此天，异时谓先后之葬，异其人。阳者，黄钟之生气也。既葬而复开之，故云漏泄。泄而后塞之，俟一阳再生之候，而黄泉之气复至也。然既有一泄，未有无一伤者，纵使复生，而先已罹其害矣。此盛衰之证也。

袁天纲曰：凡穿凿圹圻见遗物，必已穿掘之地，则是不祥之证，自非土脉之融结。或结三圹，一穴先掩则气已随生余穴，数年之后方发。或方发而开则漏泄，前气必至侵凌。见遗物为不祥，似属可议。

孤奇谲诡第七十八

穴有洼隆兮，均欲贵其得气；气有祥沴兮，岂不习之能悉。土脉不附兮，气淘于沙石。

洼、隆，高下之别名。沴者，阴阳之气乱。淘，荡也。郭氏曰：气因土行，而石山不可葬也。

古人以石为山骨者，必有理脉以通天运，以达天暹。故曰：维石岩岩，其辨有三，似石非石，似土非土，割肪截玉。日不可烈，而雨不可淹。此又寚折之所堪。彼有顽不通气，坚不可凿，葬之如掷潭；崎岖突兀，立尸植符，棱棱飏飏，葬之如塞堋。此石山之葬，衢所不谈。

势降不续兮，气绝于来历。

郭氏曰：气因形来而断山不可葬也。然断有几等：有为水所冲者，有为路所截者。有为畚锸所伤者。龙行至此，未有不遭其害者也。

成形不界脚兮，气过前行。

郭氏曰：气以势止，而过山不可葬也。即《乾流过脉篇》曰：虽涉田濠，尚是乾流之水；未淘沙石，当知过脉之冈。

四势不会集兮，气之孤寂。

郭氏曰：气以龙会，而独山不可葬也。《三五释微篇》云：发将无踪，过将无引。三形失势孤遗，独起以何依；五气施生四水，一时而流尽。此独山之葬，衢之所短。

祀柏不植兮，气残于秃童。

郭氏曰：气以和生，而童山不可葬也。《三五释微篇》曰：霜风剥裂而屑铁飞灰，草木黄落而涂朱散垡。春融融而脉不膏，雨淋淋而气不蕴。此童山之葬，衢之不允。

左右芒刃兮，气镵于尖射。

五鬼克应曰形如芒刺，铜针刺字。

水城不禁兮，气竭于枯槁。

水所以滋养元气，其不禁者脱也。

明堂不净兮，气翳于横逆。

不净，垢污而不洁。草木藤蔓所蔽曰翳。其暗而不洁者，皆主横逆之应。

茫茫无应兮，气散而不停。

凡气聚于四面之完集、但有一缺、不为风所乘便为水所脱，其茫茫无应者，益知其气之散矣。

潺潺而隘兮，气沉于凌逼。

潺潺，水声也。凡水非激之不能有声。山之隘者，其流不畅，故其声潺潺，而气为凌逼也。盖气无以聚之则散，有以聚之而太逼则沉，可以思气之凝结贵乎中和而不迫。

如摇旌反弓兮，气之背脱。

摇旌，其势飘扬；反弓，其势背。

如燕尾八字兮，钳之分析。

燕尾八字，皆不能内顾，故曰分析。

如佩剑兮，气之冲割。

佩剑，一边硬直。

如钗股兮，钳之拙直。

钗股，两边皆直。

气之短促兮，如鱼尾之截段。

鱼尾内原短促，再截为段，其内之容益可见矣。

气之狂悖兮，如羊蹄之不蹠。

狂悖者，不孝之象，羊蹄头开两趾不蹠，是无其践履之痕也。

如囊粮覆杓兮，气之壅滞；

壅滞者，其气不施生。

如乱衣投算兮，气之淫泆。

《葬经》曰：形如乱衣，妒女淫妻；形如投算，百事惛乱。

如死蛇弃匏兮，气之沉溺。

匏，瓠之属也。长而瘦上曰瓠，短颈大腹曰匏。古者佩以渡水。

死蛇亦水形，故皆主溺水。

如拘瘿负赘兮，气之残失。

山居多瘿，饮泉水之不流者。赘，疣瘤也。山之如拘瘿负赘者，则亦有是应。残失，谓其气之凋落而遗也。

势所忌兮，惟忌于多情。形所忌兮，惟忌于百出。

势向左，欲其无不向左，若右盼，便是多情；形之中，著不得一物，若一有所携拥，便为百出矣。

应案惟贵于四应、四集兮，虽忌于杂应兮，有镇五方之中正。

应案贵于四集，然亦忌于冗杂。若冗杂之中而有应于中正者，存亦不害其为冗杂也。

左右惟忌于不掩、不抱兮，虽贵于环抱兮，有赘附挟私之丑迹。

左右贵于环抱，然又忌于夹带。若环抱之内而有附赘悬疣者，存其环抱不足贵也。

是以势所贵兮，惟贵于四集；形所贵兮，惟贵于顿息。形之应势兮，不论其长短；势之就形兮，不论其曲直。势之拱兮，不论其不住；形之住兮，不论其飞潜。动植之可式。

集者，如鸟之集于木。四集则气非孤寂。顿，下首至地也。顿息，则气无前行。形成于势之内，而息于集之中。然形有其长者，有其短者，惟在乎与势相应，便为真结，其长短不计也；势有其曲者，有其直者，惟在乎与形相就，便为贵格，其曲直不计也。又有大势既拱，其爪脚恒有逆拖向外而不止；亦有正干既拱，而其去尚遥，皆所不计。惟在乎得形之止，而其飞者、潜者、动者、植者，皆得而取用之也。

《象物篇》曰：凤翔兮，背崦乃安；驼载兮，肉鞍尤特。蟹伏螯强兮，眼目非露；龟圆头伸兮，肩足难易。蜈蚣钳抱兮，口乃分明；驯象准长兮，鼻乃端的。鱼额脱兮，尾鬣扬波；马耳峭兮，唇口受勒。项舒嘴锐兮，鹤何拘于耳顶；腹满准露兮，牛不堪于鼻息。皆动之类也。古诀云："草上露珠偏在尾，花中香气总归心。"《星辰释微篇》云：瓜藤不附于蒲藤，味甘一实；萍稚难希于莲稚，香馥端彝。皆植之类也。

案所贵兮，惟贵于方员，左右所贵兮，惟贵于从翼不漏而不刺。明堂所贵兮，惟贵于横衍而平夷；龙虎所贵兮，惟贵于不尖而不射。至于迂深蟠曲、去而不倾不促者，亦未为脱而为感。

案方则端正，员则洁净。尖恐贵而有刑，曲似欹邪，直为冲撞，故惟贵于方圆。左右如羽翼之卫，惟丰满则不漏，顺从则不刺。明堂贵乎含蓄，横则不直衍，若千顷之陂，平易无突兀之弊。龙贵蟠，虎贵伏。尖、射皆刑伤之象。明堂居龙虎之内，龙虎包明堂之外。明堂虽忌直长，若迂深蟠曲，龙虎为之纽袷，不见其倾、不见其促者，又不可谓其倾脱而弃之。

五方应对第七十九

来龙兮，欲其一气之真纯；应案兮，欲其挺特而不群。青龙兮，欲其蜿蜒而顾主；白虎兮，欲其蹲踞以朝身。明堂兮，欲其宽平而蕴蓄；宫城兮，欲其堡壁而周巡。

来龙、应案、青龙、白虎，才有其四，明堂居四者之中，宫城居四者之外，其

内宽平蕴蓄，养一体之真元；其外堡壁周巡，防八风之箭浏。

六相兮，欲其含养而丰积；六替兮，欲其潴泽而无闻。四势兮，欲其钟秀而不悖；三形兮，欲其形就而相亲。

养、生、沐浴、冠带、官、旺，为六相。含养、丰积，静定而渊停也。衰、病、死、墓、绝、胎，为六替。潴泽、无闻，悠扬而缓曲也。钟秀、不悖，山无粗恶之态，而与形有情；形就、相亲，砂无他顾之意，而与势相逆。

今也经以《遗书》之旨，纬以樗里之文。

上文曰经，下文曰纬。

潭潭然主欲降而俟，堂堂然应欲趣而陈。枪枪然从欲环而卫，洋洋然水欲绕而平。荡荡然其气宇，集集然其精神。悠悠然吐囚谢而疏积聚，临临然纳旺相而见维新。生生然纯一气而不妒，澹澹然斯百福之是臻。

潭潭，深貌。欲降而俟，根上文来龙说，言龙至此而止，若有所待然也。堂堂，明正貌，根上文应案说，欲趣而陈其意向专一而不他去也。枪枪，盛貌，根上文青龙说。洋洋，宽大貌，根上文白虎说。白虎何以说洋洋也？举白虎内之朝水而言，若内无水来则天门为之闭塞，水绕而平，则虎为驯俯矣。荡荡，言明堂之广远。集集，言宫城之会聚。悠悠，远也。临临，大也，根上文六相、六替说，其积聚者既疏，而所出者皆新矣。生生，秀美之色，根上文钟秀、不悖说。澹澹，恬静之气，根上文形就、相亲说，言形势均要得一气真纯，自然百福之咸集也。

旧注曰：澹澹然者，以福不可贪求，惟谨送死之节，守五行之正，然后得天付之自然，则百福自臻。

气脉体用第八十

夫行龙以势，住势以形；应龙以案，乘案以穴。

龙非势不行，势非形不住。其行也，若江河之奔放。至或汇而为湖，或潴而为泽，即其止之义也。能既止，则无有或行之象。案，其止于前者也。龙能为案，而不能乘案；然穴亦为龙所生，究之龙亦不知案之何以必应夫龙，案亦不知穴之何以必乘夫案。是理在气之先，体得操用之理。

气钟四势，穴就三形。形欲住于内，势欲住于外。大地无形，融结气概；小地

无势，精神聚会。融结则气钟，聚会则气止。

气钟于外者为四势，钟于内者为三形。势若果之核，形若核之仁。大地非无形，形大而势即其形；小地非无势，势小而形即其势。形大而融结者，气概自是恢宏；势小而聚会者，精神必然秀发。二者皆气之积，未可分优劣也。

夫势者，其体以土，其用以水。因体而行，乘用而止。其行也由势而来，其止也顺形而峙。

郭氏曰：土者气之体，气者水之母。有土斯有气，有气斯有水。其体以土，其用以水。是体用实为一串。体属于阴，为静；用属于阳，为动。山本静，以动为用；水本动，以静为宗也。然动此气，静亦此气；势来此气，形峙亦此气也。

形欲住脚，势欲住郭。势行形止，行贵在迩；形行势止，止防为诡；势止形止，气之已委；势止形行，行之莫登，形止势行，行之在城；势行形行，气之始生。

脚言近，郭言远；脚系一身，郭在城外。形在势之内，形已止而势尚行；若行过远则与形为无力。形行而势未有不行者，其或势有止者，非真止也；势止而形未有不止者，势止而形止，其止为真止也。势止形行者，非形形止势行者不可以言非势为其势之行在城也。势行而形亦行者，是在发将之时，其去尚远，气之始生者然也。

势全形就者，气之旺也，是以五配、五祀以之命慈孙而锡孝子；形残势背者，气之衰也，是以五配、五祀之所不安，而丧家贼子之所由起。

全者，言势之备；就者，言形之逆。势备而形与水逆者，体之旺也，天之所以命慈孙锡孝子者也。残者，言形之伤；背者，言势之反。形伤而势与水反者，体之衰也，丧家贼子之所田生也。人第知气脉之体用，而不知配祀为人之体、子孙为人之用、慈孝为人之体、富贵为人之用，今不先之以其体而徒于用求之，亦惑矣。

第十三章　堪舆汇考十三

《管氏地理指蒙》九

贪峰失宜第八十一

四势不集不蓄兮，五气散于八风。窦岩罅石之攲危兮，徒丑陋以腾空。

不集者，众山之不辅；不蓄者，众水之不停。四势虽曰众山，而众水亦在四势之内。窦，穴也。石窟曰岩。罅，裂也，言四势不集、不蓄，有危峰在前，徒显其丑陋耳。

内案兮所以卫区穴，外案兮所以应明堂。是以大姓世家不居于易野者，盖近案不真而远朝，徒望于千峰。

易野一望无际，有近案则易野之气为之一收；然终非悠远之地，必得四势环集之中。内案以卫其内，外案以御其外，大姓世家之所以永久也。然有无内案而外列千峰者，不知内气之固在乎。近案为之蓄外，虽有千峰环列，无补于坐下之气，竟何益哉？

或曰：然则险隰之地，乃富贵之钟。曰穷源僻谷者，重阴之积聚；雍容夷坦者，乃奋发于英雄。

或人以为易野不居，必居险隰，而不知阴阳不可相胜。险隰属阴，必得明堂为限，取阳也；易野属阳，必得应案为真，取阴也。若徒于险隰之地，不有明堂以限之，是以阴遇阴，为重阴之积，未有不败亡者。必得雍容夷坦之场，为阴得阳而昌，方是英雄崛起之地。

支亲谊合第八十二

人之有生兮，命五行而性五常；死而返本分，贷五土而藏五气。因五帝、五正兮，配五运而分五祀；此五福、六极兮，所以舒惨乎吉凶。虽曰送死之礼兮，圣人所以行教化也；然教化与造化兮，亦先圣后圣用心之所同。

人禀二五之气以生，即具有仁、义、礼、智、信之五性。既死而反本还元，非五土无以复其命。于是即五帝、五正之位，配以五运而后祀之，此五福、六极所由生也。然圣人之意，不过为送死之礼，未常及于祸福之说，而不知教化之典实因夫造化之意以为心，非凡民所得而知者。先圣后圣无二致也。

子曰：气也者，神之盛也；魄也者，鬼之盛也。合鬼与神，教之至也。方氏曰：魂气归于天，形魄归于地，故必合鬼与神，然后足以为教之至。然则以地之五正配天之五运，是即不敢或戾于下阴之野土，而复不敢不上肃于昭明。祭义曰，圣人以是为未足也。筑为宫室，设为宗祧，以别亲疏远迩，教民反古复始，不忘其所由生。二端既立，报以二礼，建设朝事，燔燎膻芗，见以萧光以报气也。此教众反始也。荐黍稷，羞肝肺。首心胴以侠瓯，加以郁鬯，以报魄也。教民相爱，上下用情，礼之至也。是以致其敬、发其情，竭力从事以报其亲，不敢弗尽也。

是以，支党兮，有昭穆亲疏之次；义合兮，无不传不嗣之宗。故曰胶漆异产兮，以相济而固；接木遗本兮，能比脉理而荣春风。

《祭统》曰："昭穆者，所以别父子、远近、长幼、亲疏之序，而无乱也。"礼因义起，义之所在，即礼之所宜。义合者，谓昭之绝，穆必有应嗣之，人无不传也。胶，作之皮角；漆，产于山木。其出处不同，而相济则甚固。接木遗本，非其本也，而以之相续，则无有不续。

《礼记·王制》：天子七庙，三昭、三穆与太祖之庙而七；诸侯五庙，二昭，二穆与太祖之庙而五；大夫三庙，一昭一穆与太祖之庙而三；士一庙；庶人祭于寝。周洪谟先生著《朱子家礼祠堂图说》，曰：古者，庙皆南向，而各有室则皆东向。先王之祭宗庙，有堂事焉，有室事焉。设祖南向之位于堂上，设始祖东向之位于室中。昭北穆南，左右相向，以次而东，此室事也。堂事、室事，皆父昭在左，子穆在右，则古之神道尚左矣。

自汉明帝乃有尚右之说，唐宋以来皆为同堂异室，以西为上之制。然古者室事，始祖东向，则左昭右穆以次而东者，不得不以西为上。后世南面之位既非东向之制，而其位次尚循乎以西为上之辙，则废昭穆之礼矣。

父为昭则子为穆，父为穆则子为昭。如文王为穆则武王为昭，而凡周公、管、祭一行皆昭也；武王为昭则成王为穆，而凡唐叔一行兄弟皆穆也。群昭群穆，不是昭一行之群、穆一行之群而已。周公一行，文之昭也；成王诸子，成之昭也；武王诸子，又为武之穆也；康王诸子，又为康之穆也。

设始祖东向之位于室中，则群昭之列于北牖下者皆南向，为向明，故为昭；群穆之列于南牖下者皆北向，北为幽阴矣，故为穆。而昭亦居左，穆亦居右也。但以左右为昭穆，而不以昭穆为尊卑。

盖五土五神兮，岂无所归？必原其氏族、依其承续兮，以衰旺而从违。

五土所以藏五神。人死而神息，骨肉毙于下阴、为野土，其气发扬于上为昭明。焄蒿凄怆，此神之著也。骨肉毙于下则土为魄所依，而即为其发扬于上之本。子产曰：鬼有所归，乃不为厉，我为之归也。然必原其所从出，依昭穆所应嗣。五土之衰者，六极不能有违；五土之旺者，五福不能无从也。

礼虽重于送死，法可易于寻龙。盖一气靡违于一物，故五行惟命一于五常。达反本还元之道理，循归根复命之阴阳。降势成形入穴，荣枯其华实；流泉有路随形，变动其风霜。

易者，简易而不难也。天地万物皆感一气而成，设气于物有或遗，则五行必有其不全之五性，故往未有不还，剥未有不复，数之所必然者。降势犹木之有枝叶，成形犹枝叶之有华实。流泉合路者为雨露，不合路者为风霜。支虽分而谊无不合者也。此书言继嗣之理，凡四见：第十二篇《支分谊合》言无不殽、不羞之神；第六十二篇《星辰释微》言抱养过房；第七十二篇《二气从违》言育子承宗之谊重；此八十二篇言支党昭穆亲疏之次。

因形拟穴第八十三

形乘势来，唯虑其止；势以形止，唯虑其驰。止则势聚，驰则势披。聚则众所辅，披则众所离。探其起伏，索其关节，因其逆顺，防其逾越。若止而来，若来而住。趋其完全，避其嫉妒，全其天工，依其环护。钳口浅深，须辨明堂聚散；穴场宽紧，要看一气真纯。

拟穴必须辨形，辨形必先原势。势来形止，然后探索其来历之关节，因其逆顺之体，考其官分之纯驳何如。若止而来，若来而住，形容穴场将止未止、模糊不清光景，即郭氏之隐隐隆隆、微妙元通也。趋避虽曰在人，然在天则无不趣于完全、而避其嫉妒者，故工不曰人而曰天，务全其自然之势，期无违于环护之妙而止耳。钳口之浅者可，深者亦可，若明堂散则皆不可；穴场之宽者是，紧者亦是，若一气杂恐非是矣。

旧注曰：此论唇鼻颡耳穴也。或山纯粹，立穴处驳杂则参差。左右宽紧，立穴庶免冲风太急，取其和缓。又得水路真纯，在郭氏则谓之穴山，穴支也。

旧注谬。

弯弯腹上，有垂乳而有横腰；直直头前，何当风而何蓄气？覆釜脐间，后接推车之势；画屏匡上，前凭捍脚之阶。

腹有二义：端坐之腹镇乳房，横卧之腹坐龙头。四镇十二坐曰：慎龙腹，避龙腰，镇龙头，避龙尾。腰畏其虚尾，恶其风也。釜脐是自然之坳。后接推车，是开障中过峡起顶而结自然之坳也。画屏，山之壁立者。匡上，是壁立中忽生窝窟。但前无捍脚则倾脱不可御，所贵前有其阶，而堂可升、室可入也。二义见《望势寻形第四十七篇》。

峰不贵多，多为立刃；峦不贵独，独为孤印。峰不嫌多，多贵成形；峦不嫌独，独贵捍城。一重峦转，应钳前当时丰足；三级浪平，朝案外奕叶声名。

峰言其大者，峦言其小者。峰多而尖削者曰立刃，峦独而孤单者曰孤印。立刃主刑伤，孤印主师巫。峰多而有若踏节龙楼、天马御屏等类，不厌其多也；峦独而能若魏珠照乘、赵璧偿城，不厌其独也。一重案只主一代，案至于三叠之多而又得成形之峰应之于外，其富贵为不可量。

欲识风城，水口认行龙之势；才分气库，腋旁非应穴之峰。三形鼓其六翮，四势应于一堂。四势伏而一洋高，气分已散；一洋平而四势起，气集而钟。

风城与风门异，风门，风所从入之门；风城，所以防风之入其城，有城则有门，城门即是水口，水口外相对之山即是风城。此行龙之势，是他处所行之龙适当我水口之外，所谓华表、捍门、天马之类是也。师聪《师明篇》曰：气库成形如蛇怒项、如牛壮颏、如木之瘿、如鱼之腮，亨绝动静篇曰：何为气库，江湄有浮鳖之融，皆喻其隆起而不甚高之形。凡应穴之峰，必开面特朝两旁，亦开睁展翅乃为正应。若腋旁之气库，俗谓之仓库，山岂得为穴之应乎？三形由四势而生。四势伏而内阳忽然高起，其水分则气亦因之以散；四势起而内阳窊下有容，其水集则气亦由是而钟。

得法取穴第八十四

龙来结咽，未是收成之势；龙当入首，当知停止之形。应龙降势，似行龙贵其趣进；去水款城，如揖水要得宽平。

《医经》曰：宴水曰咽，候气曰喉。气、水至此而一束龙须，结咽之后，或开睁，或起顶，方是收成停止之地。应龙即朝龙。行龙，开障落脉，应龙亦开障出身，不然无以见趣进之义。款，曲也。揖，拱也。去水曲则回头如拱然非宽平未免倾逝矣。

流船脱水于风城，尸遭格法；半月探头于案外，盗属刑名。

凡船之听其自流者，皆攲斜不正如尸山然。大约流船，暴尸之形也。尸暴而不掩，故遭格。头在案外，有窥觇之意、盗之情也，故遭刑。

银海浪崩，脚前倾斗；伏犀风急，背后无屏。

银海，目也。伏犀，背也。倾斗是无捍脚之阶，无屏是缺乐山之峙。列肆丛丛，乃市郭兴昌之运；疏林索索，正溪山衰败之时。茂柏乔松，禽朋托乳；颓垣蠹宅，鼠辈扬声。

此因物理以征气脉之盛衰。鸟生子曰乳。凡地为众鸟集者，其气旺；为狐貉居者，其气泄。

枝节一寻，取八尺则侵本干；阴阳五运，穷六气以及黄泉。

四尺谓之仞，倍仞谓之寻。喻枝节上取穴不过在一寻之内，若逾八尺便不在枝节而侵本干，非法也。五运，阴年不及，阳年太过。六气，有司天者，有在泉者，不可因其运之会而不论其气之生与克也。

子午年，少阴君火司天，

阳明燥金在泉。

卯酉年，阳明燥金司天，

少阴君火在泉。

寅申年，少阳相火司天，

厥阴风木在泉。

巳亥年，厥阴风木司天，

少阳相火在泉。

辰戌年，太阳寒水司天，

太阴湿土在泉。

丑未年，太阴湿土司天，

太阳寒水在泉。

旧注曰：此为隐龙穴也。大率伤龙穴最是横龙易伤。或卧龙伏龙，螃蟹之形，才穿穴深；发其血脉，漏其膏髓，伤其肠胃，赤白水乳，则龙伤坏，不可救药。或势雄壮，骑龙立穴，又与此不同论矣。此论穴之上下未尝论及浅深何以有膏髓肠胃等说。旧注误以一寻穴之深八尺也。

故曰：一气侵凌，五行灭绝。

此承上文而言穴法。不特过枝节为一气侵凌，即五运，六气司天在泉之气，一有所犯亦为侵凌。其例如庚年葬子山为承金相水，若值辰戌年，湿土在泉，亦犯侵凌也。详《天人交际篇》。

火穴何殊于火葬，封尸何异于流尸。

火穴谓之火投穴，俗有暖圹之说。富者以炭，贫者以柴，而不知生气逢火则不至。观藏冰者先以火烧地，使春阳之气不至其地可知也。封尸，是以水银入尸、封其众窍、不使流泄。凡封尸者，其尸不化，生气不入，二者无异于火葬津埋矣。

王伋曰：凡圹坼用砖瓦甃砌，及炭引水者，则火气侵凌，土脉不行，阴阳不通，五行绝灭。且王者祀天于南郊，藏冰于北陆，则先以火烧隔绝地气。使春阳不至，阴气内积而不化，砖瓦，经火炼之物，即同凌室葬之，何殊于掷火也？封尸无异于流尸者，水不开导，封闭之也；汪洋淹浸，亦无异于流之水也。昧者不究此理，以为常式，然斯二者为天下之大患，管氏立此说以开后人也。

王注封尸说谬。

又曰：内藏黄金斗，外掩众人口。四势任君谈，五行心自守。

此言穴内立向之法，重在五行，不重在四势。

王伋曰：或利开钳，不利立向；或利立向，不利开钳。万一钳向皆利，则内外皆一，尤殆。庶几或不得已，内会星宿，外循形势，则无害也。更若不利行水，则又难矣。故曰：四势任君谈，而五行星宿自守于心也。

据王注谬。既云内会星宿，外循形势，复云不利行水，其内之会星宿者独何为哉？

樗里曰：直圹正钳，山与水纯；正钳横圹，山水之淫。旺相无泄，坼宜下淋。宽紧穴法，三井藏金。

圹属人为，钳系天造。纯者阴阳不杂，淫者山水不正。坼，裂也，坼字疑作谢字，恐鲁鱼亥豕之误。《通世之术篇》曰：钳里破相，抑亦防虞。内水未有不从钳口流出者。直圹正钳，不但阴阳合纯粹，五行合衰旺，而山水之形势亦自正；正钳横圹，虽得阴阳之纯，五行之旺，而山水形势未免偏侧不正，故曰淫也。大约钳口宜于囚谢，下淋横圹非得已。一为旺相破泄，一为阴阳不纯。《拟穴篇》曰：或结于正，或结于辅。形接于目，而宽紧之法已灼于心。宽紧即缓急二字，结于正者宜宽，结于辅者宜紧。谢氏曰：直送直奔，有气要安无气，此穴于宽者也；横担横落，无龙要葬有龙，此穴于紧者也。若直送直奔之龙，到头之气忽然内缩，宽中微欲求急；横担横落之龙，到穴之气稍有直冲，紧中又欲求宽。此穴于宽一法穴，于紧一法穴，于不宽不紧又一法。三井宽紧虽不同，总不外直圹正钳、正钳横圹之藏金。盖正即用宽，横即用紧；正有不宽不紧，横亦有不宽不紧，故曰三井耳。

旧注曰：三井者，金井中三般穴法，或直圹正钳，或正钳横圹，或石圹不用石底，但旺相不可漏泄。又宁更坼下不用石，则自下淋渗水，凡百难得三般穴法之兼全也。

旧注大谬。

四势三形第八十五

入穴顾形，出穴顾势。势结三形，形钟四势。来山为势，结穴为形。形真则势住，势住则形成。形成欲应特，应特欲流平。流应相合，形势相登，则为昌炽之佳城。

形在内，势在外，其难得在“形成应特”一语。故杨公曰：“但将好主对贤宾”，即其义也。凡水上高下低则倾，稍有高低则流，平则停。平流者，是当穴而停蓄，过穴而始流也。流应相合，是流之平与应之特却当一处。相登，对也。此一节合势与形并论。

左右前后兮，谓之四势；山水应案兮，谓之三形。

此一节指四势、三形之定位。

来龙为发迹势，向首为趣集势。左右为拱辅势，明堂为含蓄势。结峰为来势，人路为行势。盖穴为降势，界水为住势，驼头牛背为发将势，蜂腰鹤膝为行龙势，虾钳蟹距为夹室势，连城接垒为辅门势。

此一节合言其势之名。顾名思义，自得其意之所在。

如乱衣投算，如枯株鸭嘴，为淫蛊势；如鸟喙姜芽，如开骹刑指，为分劈势；如盆倾斗泻，如流槎倒竿，为脱败势；如锋芒匕首，如犁镵枪刃，为刑伤势。

此一节合言其势之凶者，四者，一为乱，一为分，一为直，一为尖。

如悬钟覆釜，为端净势；如掌心握口，为融结势；点点如贯珠，节节如鞶带，为连续势；翼翼如扈从，锵锵如子弟，为夹从势；内活如窟，外圆如月，为停聚势；登之如堂，望之如轩，为融结势。

此一节合言其势之吉者。钟釜顶圆，故端净掌心。握口，其内皆含蓄，故融结。贯珠，与投算异，算不贯而珠贯。鞶带，节节有棱相应，故连续。翼翼、锵锵则严密而无空缺，故为夹从。内活，言内窟之如钱贯，古人以钱命活，故曰活。内活而外圆，则无不停聚矣。堂，正寝而明显者；轩，在堂之前。登见为堂，望止见轩，内外之异其观也。

发将欲绵远，行势欲起伏；结势欲深邃，住势欲拱揖；来势欲后顺，应势欲前趋；内势欲停蓄，外势欲环集；来势欲住于内，去势欲住于外；辅势欲住于左；右应势欲住于当前。

此一节合言其势之宜。发而后行，行而后结，结而后皆住矣。非绵远其气易竭，非起伏其气不灵，非深邃其气不藏，非拱揖其气不集。后逆其势不来，前去其

势不应。内停外集，其气始归于一。来势欲住于内，然住不易住，非去者住于外。辅者住于左右。应者住于当前，而其内不住也。

宗龙异于冲风，一势也；承龙异于失踪，二势也；骑龙异于露爪，三势也；攀龙异于偏肩，四势也。

此一节言势之同而异。来龙奔赴宗其颙息曰宗龙之咤。咤，喷食也。其喷处在微阳环集之内若冲风者。徒有龙而外无包裹，不可宗也。如《龙经》曰：君如寻得干，龙穷二水交，流穴受风，即是此义。来龙磅礴、承其顾殢曰承龙之势。顾，顾盼也；殢，凝止也。其顾盼凝止之处，古所谓"虚檐雨过声犹滴，古鼎烟销气尚浮"，葬脉不如葬气之谓。若至于失踪，真气不及，不可承也。来龙蟠环、骑其源护曰骑龙之洿。处至藏，其去龙每多回顾于内，而即以其去者为案，若天马昂头、凤凰衔印之类。若去龙不能掉转、障蔽于前，谓之露爪，不可骑也。来龙横卧、扳其肩井曰扳龙之胛。胛，肩井也。肩井必有乐有窝，有堂有应，即横龙贴脊之义。若偏肩则无井可安、堂局斜窜，不可攀也。

何四势已具而三形未列，三形既就而四势何别？

此以下言形之异。

故曰：来龙雄壮，应案相登，去水何缓，三形也。

三形：山、水、案也，一言后气充足，一言前气融会，一言外气悠扬。

后如生蛇，前如圭璧，流如之元，三形也。

生蛇言其活，圭璧言其尊，之元言其曲。上文来龙欲其雄壮，而又贵其活动；应案欲其相登，而又贵其尊严；去水欲其和缓，而又贵其屈曲也。

千梢万叶，一形也；几案横张，二形也；巡城堡壁，三形也。

千梢万叶，龙从拥从中出；几案横张，前无宾客之暴；巡城堡壁，水无脱漏之虞。

众中有尊，一形也；特峰端秀，二形也；碧水寒潭，三形也。

众中有尊，张子微谓之定有星辰特地起；特峰端秀，特，朝也，移步便觉其不特；碧水寒潭，至静而不动，澄澈而莹洁也。

纯粹发源，一形也；干维应穴，二形也；六替流长，三形也。

此一节统以水为三形。凡山之来、水之去、案之应谓之三形，此以水之来、水之去，水之应为三形也。

来龙奔赴，一形也；人路盘环，二形也；受穴停蓄，三形也。

此一节统以山为三形。凡龙之来必奔驰远赴，至入路一段，必盘环而作为容与之态。或自左旋右，或自右旋左，然后开窝结穴，始显其停蓄之形。断未有不奔赴而能为盘环，不盘环而能为停蓄者。

朝如潮涨，一形也；行如衡晋，二形也；盘如鞶带，三形也。

此一节统以应为三形。潮涨言其层叠之多。衡，辕端横木衡。晋，如以至平者而进之于前也。鞶带，大带也，命服之饰。朝是当面特来，行是东西横过，盘是两尾相连，三者名不同而应同。

然则四势三形，虽分两途，左右前后，其实一致。远势近形，殆或不齐，反背逆顺，终归一揆。

郭氏曰：千尺为势，百尺为形，而此以远为势、近为形。大约势居于粗，形在乎细；势为形之大者，形为势之小者。然大地无形，融结气概；小地无势，精神聚会；大地非无形，形即在势之内，小地非无势，势即在形之中。若徒于远者、大者而来则失形，若徒于近者、小者而论则失势。惟于大者、远者之中而求其小者、近者，于小者、近者之外而求其远者、大者，则势与形胥得之矣。然势可远观，形须近察；势在中人咸得见之，形非上智未易测识也。

三吉五凶第八十六

体势融结，气概停蓄，精神发秀，三吉也。

体势见之于近，气概见之于远，精神见之于色。

童、断、石、过、独五凶也。

解见《孤奇谲诡篇》。已上二节论山。

宽、平、绕，三吉也。

宽则有容，平则不卸，绕则不背。宽、平在前，绕该左右前后。

瀑，潦、浊、濑、滩，五凶也。

瀑，飞泉悬水也。潦，路上流水；又潢污行潦之水，言无源而易竭也。浊，不清也。濑，湍也。滩者，水滩多石而浅也。

以上二节言水。

儿利孙名，兄友弟恭，父慈子孝，三吉也。

善于兄弟为友。恭，敬也。孝，子承老也。

疾厄伤痕，生离死别，刑辟患难，夭折鳏寡，暴败猖狂，五凶也。

病急曰疾。厄，困也。伤痕，创之瘢也。生不能会曰生离。死不能送曰死别。刑辟，罪之大者。不尽天年谓之夭。中绝谓之折，年未三十也。又未龀曰凶，未冠曰短，未婚曰折。鳏，无妻。寡，无夫。暴败，忽然破家。狂，心病也。猖狂，狂之极也。

已上二节言人事之三五。

旧注曰：此三吉、五凶论命也。余以为三吉、五凶，虽兆于天，实由于地，不可尽归于命。

生气一白，天医八白，福德六白，三吉也。

即贪、巨、武之吉。

伏吟二黑，游魂四绿，绝体三碧，五鬼五黄，绝命七赤，五凶也。

即文、禄、廉、破之凶。

以九宫之色配八卦，遗九紫入五黄，用阴游年诀。

旧注曰：此论五行星也。

山泽原隰，以土为壮；平洋濒水，以石为固；市井方镇，以冲要为奇，三吉也。

高大有石曰山，水钟聚曰泽，高平曰原，下平曰隰；四者皆以土为强。濒水有石，终古不能坏。冲要，为人物车马丛集之地，亦即其气之会处。

堆沙罅石，深谷穷源，高峭险逼，低陷卑塞，脱露凋零，五凶也。

沙，细散石也，堆沙，风所卷成。罅，石裂也。两山中流水曰谷。又有水曰溪，无水曰谷。深谷，是无脉落处。穷源，是水无发源处。山峻曰峭，险岩也。险逼，是与岩山相逼近也。低陷，窊下也。卑塞，不明也，一是凌压，一是幽囚。脱露，不掩也，山不能为之防而水冲直去。凋零，伤碎也。

连城倚郭，傍驿通衢，明林静坞，三吉也。

连城，如向与城相接。倚郭，是坐与郭相靠，或坐与城相连，或向与郭相对，皆是一义。驿，传舍也，往来不绝之地。衢，四达之境。二者俗谓之人朝，然横过则可，直则牵掣。明林，晓畅而不塞。静坞，无水以喧之，无风以动之也。

山高水倾，山短水直，山逼水割，山乱水分，山露水反，五凶也。

山高而渐平则水不倾。水远到则纡徐不迫，短则促不能转，故直水性漫衍而平。若逼之，则拂其本性，而山为之割矣。山有条理则水合，乱则无所统属，故分。山之藏者，水自然弓抱，露则五气不归，水亦反去不顾。

溪绕江长，塔庙捍门，岩山水口，三吉也。

溪绕者，内堂如束带。江长则外之阳气汪洋。塔，如华表；庙，犹锁钥；以之捍门，非寻常之贵。岩山，如金关石濬，牢不可破，内气亘古不泄。

池沼无源，田塍短促，坑壕潦涸，滩激喧嘈，洲移渚易，五凶也。

穿地停水，圆曰池，曲曰沼。田塍，田中畦埒。坑，堑沟也。壕，城下池也。潦，路水积也。涸，水竭也。以上三者皆人所为，非外气所积。滩，水之浅处，受风激而成声。水中可居者曰洲，小洲曰渚，皆有移易之患。

祖宗一气，主客同情，明堂不峻，三吉也。

祖，始山也。宗，祖山所出也。一气者，阴阳之不离。主谓元武，客谓朱雀。同情，两意相孚也。峻，急速也。明堂不峻，水和缓而有含蓄也。

阳发阴行，阴来阳住，阳钳阴流，阴流阳坼，阳坼阴没，五凶也。

阳发阴行，阴来阳住，二义谓祖孙非一气。钳必有流，流必有坼，坼必至没。若谷之注于溪、溪之注于川也，皆忌不纯。

朝于大旺，泽于将衰；流于囚谢，三吉也。

生旺每在阴阳后说。若以“天玉经”论，生旺重于阴阳，盖为甲之来即为庚之去也。

水山流坤，火山流艮，木山流乾，金山流巽，土山流壬，五凶也。

水、火、木、金皆言破生，土独言破旺者，举一以概其四也。《洪范》专主山家，故以山言。

夫辨吉凶之由，在乎明心察物，相土度地，则吉凶之由祸福之基了然可判。

善言天者必验于人，善言人者必证于己，故能尽物之性而后得参天地之化育。是明心察物在相土度地之先，而吉凶祸福庶不致于莫可辨耳。

会宿朝宗第八十七

周天之分兮，翼宿巳而室宿亥；一局之例兮，毕舍申而寅躔尾。

翼，火蛇居巳；室，火猪居亥；觜，火猴居申；尾，火虎居寅。不日觜而曰毕者，毕与觜相比，觜止半度，毕当申之位居多也。

躅周天之运兮，水生翼而火生室；一局之例兮，毕生金而尾生木。五土兮，奠位于中央。寄理于水兮，亦见其数足之不足。

躅，行也。上言周天之分、一定之宫位，此言周天之运、宿度之转移。

四正重光图

	奎	巽	巳	丙	午	丁	未	坤	斗	
	娄	辰	壁	室	虚	女	牛	申	箕	
	胃	乙			危			庚	尾	
毕	昂	卯						酉	房	心
	觜	甲			星			辛	氐	
	参	寅	鬼	柳	张	翼	轸	戌	亢	
	井	艮	丑	癸	子	壬	亥	乾	角	

木土之生气

	角	巽	巳	丙	午	丁	未	坤	井	
	亢	辰	轸	翼	星	柳	鬼	申	参	
	氐	乙			张			庚	觜	
心	房	卯						酉	昴	毕
	尾	甲			虚			辛	胃	
	箕	寅	牛	女	危	室	壁	戌	娄	
	斗	艮	丑	癸	子	壬	亥	乾	奎	

水土旺相之会属

```
  角巽巳丙子丁未坤井
  亢辰轸翼星柳鬼申参
  氐乙    张    庚觜
心房卯          酉毕昴
  尾甲    虚    辛胃
  箕寅牛女危室壁戌娄
  斗艮丑癸子壬亥乾奎
```

葬金者生气之纯阴

```
巽巳丙午丁未坤
辰            申
乙            庚
卯            酉
甲            辛
寅            戌
艮丑癸子壬亥乾
```

水土库之纯阴

```
  巽巳丙午丁未坤
  辰        胃  申
  乙            庚
  卯            酉
翼甲            辛
  寅            戌
角艮丑癸子壬亥乾斗
```

葬金者驳离之墓库

```
  奎巽巳丙午丁未坤斗
  娄辰壁室虚女牛申箕
  胃乙    危    庚尾
  昴卯          酉房心
毕觜甲    星    辛氐
  参寅鬼柳张翼轸戌亢
  井艮丑癸子壬亥乾角
```

葬奎者旺相纯阳之福

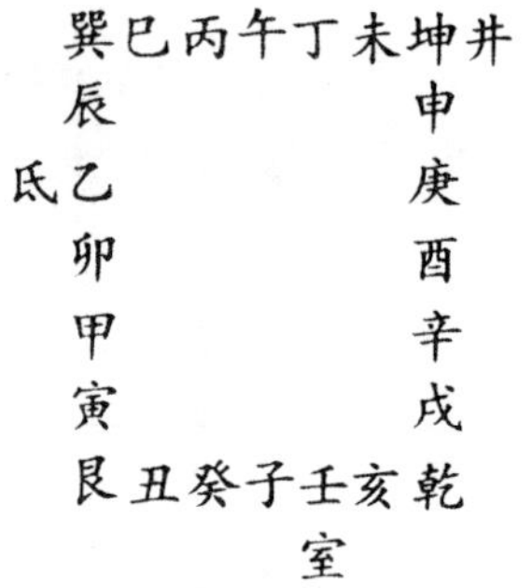

巽巳丙午丁未坤井
辰　　　　　　申
氐乙　　　　　庚
卯　　　　　　酉
甲　　　　　　辛
寅　　　　　　戌
艮丑癸子壬亥乾
　　　　室

葬木者生气之纯阳

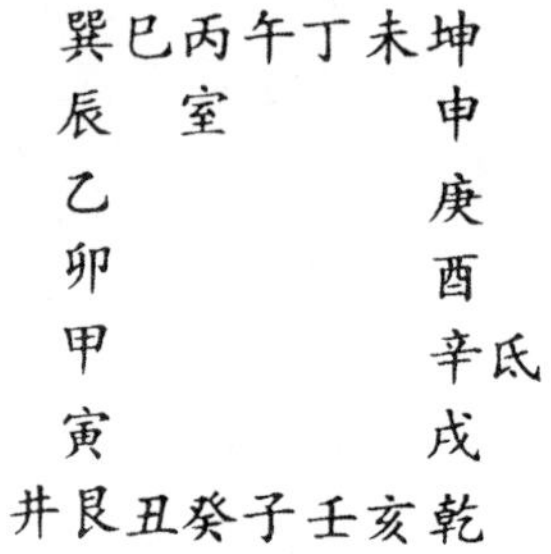

巽巳丙午丁未坤
辰　室　　　申
乙　　　　　庚
卯　　　　　酉
甲　　　　　辛氐
寅　　　　　戌
井艮丑癸子壬亥乾

葬木者艮丙辛旺相纯阴之合

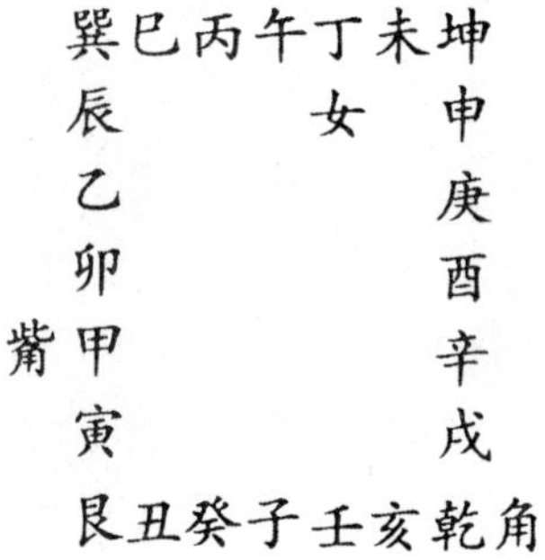

巽巳丙午丁未坤
辰　　　女　申
乙　　　　　庚
卯　　　　　酉
觜甲　　　　　辛
寅　　　　　戌
艮丑癸子壬亥乾角

葬火者乾甲丁长生之驳离

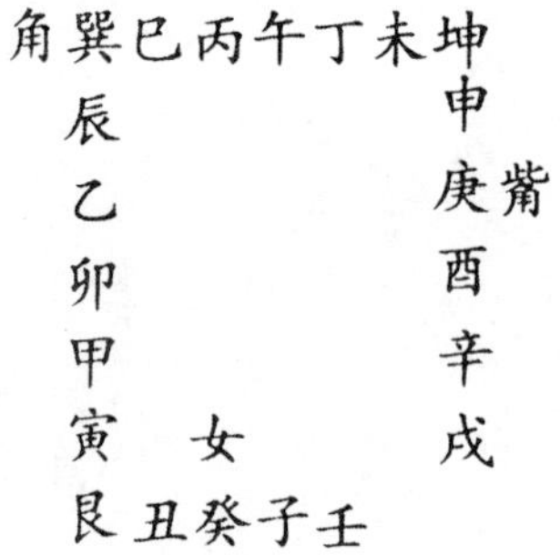

角巽巳丙午丁未坤
辰　　　　　申
乙　　　　　庚觜
卯　　　　　酉
甲　　　　　辛
寅　女　　　戌
艮丑癸子壬

葬火者巽庚癸旺相之冗错

巽	巳	丙	午	丁	未	坤	角
辰						申	
乙	女					庚	
卯						酉	
甲						辛	
寅				觜		戌	
艮	丑	癸	子	壬	亥	乾	

葬火者坤壬乙库墓之纯阳

井	巽	巳	丙	午	丁	未	坤	
	辰						申	
	乙						庚	室
	卯						酉	
	甲						辛	
	寅		氐				戌	
	艮	丑	癸	子	壬	亥	乾	

葬木者巽庚癸藏气之未纯

水土生申，此云生翼；火生寅，此云生室；金生巳，此云生毕；木生亥，此云生尾；皆在合宫，与月将同义。譬正月之地分在寅，太阳则在亥；地不动而天动，天虽转移而无不与地分相合。于此见堪天与舆地之道，不得二视之也。此篇会二十八宿以朝宗，故用天之合宫，不用地之定位。

《饰方售术篇》曰：卜于木者，以奎而起寅；卜于金者，以角而起申；以井而起巳者，卜于元武；以斗而起亥者，卜于朱鹑。是木生亥、奎与乾、亥同宫。以奎而起寅者，尾生木也。他可类推。

数之变兮，不过于十五之纵横；四门躔度兮，吉于会舍而凶于背陆。

数，《洛书》之数。舍，十二辰所次之舍陆路也。

图之横纵五十

书　洛

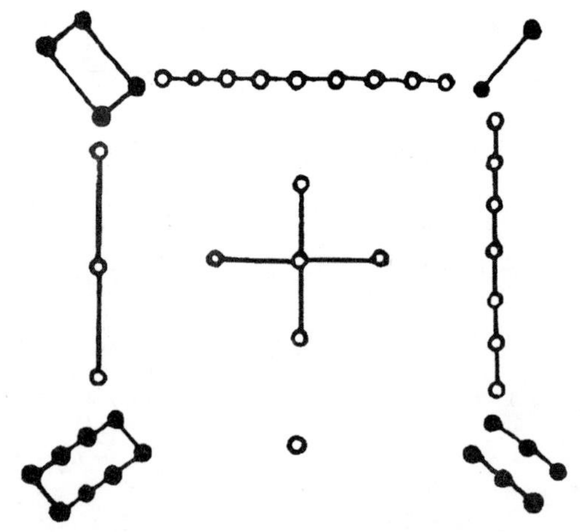

是以五行兮，推生、旺、墓之三宫守宫。朝宗兮，所以分上、中、下之三局。

生为上局，旺为中局，墓为下局。

《饰方售术篇》曰：各于本山生旺墓，起星处布九宫去。再入中宫出四门，从今飞布步星辰。两局星辰相会宫，五行二气一时通。若得此星应山水，节钺公侯万里封。

巽、庚、癸、奎、柳、尾兮，水土之生气。乾、甲、丁、奎、尾、柳兮，旺相之会属。艮、丙、辛、柳、奎、尾兮，库墓之纯阴。于以见水土之生旺兮，皆驳杂之相。角能以类而推之，则星宿之会兮，亦灿然之在目。

水、土、山合以井起，己、巳、巽同宫，则坤、壬、乙亦当奎、柳、尾三宿。

故葬火者，角、亢、女、毕兮，长生之驳杂；巽、庚、癸兮，旺相之冗错；坤、壬、乙兮，库墓之纯阳。于以见火之精兮，此原其在禄。

火山不用艮、丙、辛，禄火神也。

以斗而起亥者，卜于朱鹑。

火山不用艮、丙、辛，当是角、女、觜三宿，角、亢、女、毕疑误。

葬金者，翼、斗、尾、胃兮，生气之纯阴；坤、壬、乙兮，旺相纯阳之福；

乾、甲，丁兮，驳杂之库墓。于以见阴阳之要兮，在择其清浊。

卜于金者，以角而起申。

葬木者，室、并、房兮，生气之纯阳；艮，丙、辛兮，亦旺相纯阴之合；巽、庚、癸兮，藏气之未纯。于以见择其轻重兮，使二气不淫而不剥。

卜于木者，以奎而起寅，房宿当作氐宿。

故虢公曰：赞化育，用阴阳；辟四门，变五行。此古人教人之法，至今不易之章，唯通捷径之路，则趋吉必由于避凶、每音皆先择其三合。生、旺、库置于无用之场，然后始取其真纯之一气。无淫妒、无战剥者，乃富贵之钟。

水、土山先避坤、壬、乙，火山先避艮、丙、辛，金山先避巽、庚、癸，木山先避乾、甲、丁。

以生我者为生气，以我生者为旺相，以我克者为库墓，惟木以克我为墓库。土与水同局，无土局也。

第十四章　堪舆汇考十四

《管氏地理指蒙》十

荣谢不同第八十八

表里阴阳，经纬天地，气概精神之不同，四势三形之或异。

表者言其外，里者言其内。外即天，内即地也。天以二十八宿为经，日月五星为纬。在地之星有一定方位，《河图》老五行，即时令五行也。《造命诀》云：一要阴阳不驳杂，二要坐向逢三合，三要明星入向来，四要帝星当六甲。即表里、阴阳、经纬、天地之义。其知表而不知里，荣而或见其谢，知经而复知纬，谢或得其为荣。气概在乎势，精神在乎形。其无势者不可以言气概，其无形者不可以论精神也。

又曰：粗拙与雄壮不同，

粗拙，粗大而不灵也；雄壮，威盛而强猛也。

枝节与分蘖不同，

本既伐而生枿曰蘖。枝节自老，分孽自嫩。

过关与断续不同，

关，大断处也。寻常断续不过龙身，一断即续。若过关者，群龙送至此止，而脉从中过。迎龙亦若送龙之齐集其两边，界水分去，远者数百里，近者或百里，而后始合，譬关塞关津，然非此不能相通也。

已上三不同言来山之异。

拱揖与斗射不同，

拱揖，相让之意。凡左右纽会曰拱揖。其两头相值者曰斗，其相值而尖利者即射也。

转腕与反背不同，

腕，宛也，言可宛曲也。转腕向内，反背向外。

踞脚与走脚不同，

踞，兽直前足而坐，有止之义。走，去也。

已上三不同言左右山之异。

舒阔与散阔不同，

舒阔者，宽而有容；散阔者，无涯际而不可收拾也。

宽衍与宽慢不同，

衍，丰饶也。慢，怠惰也。宽衍则水从中畜，宽慢则散荡无收。

紧凑与紧急不同，

紧凑，局面虽小而辐辏；紧急，气促而不能圆。

已上三不同言穴场之异。

深邃与深沉不同，

深邃，似门户之重重；深沉，惟幽阴之萧索。

横过与横去不同，

脉之横过者，其去必回头；若竟去而无返顾之情，曰横去。

藏风与闭气不同，

藏风，固是罗城严密；若局内窒塞不开，不曰藏风，而曰闭气。

已上三者言内局之异。

平去与倾脱不同，

水之不去者悠扬不迫，前或有大水拦截，或水田荡平不觉其去。若倾脱者，不特明堂泄泻，且无横水之拦。

朝集与冲撞不同，

曲折有情曰朝集，即不能曲折；而洋洋入怀者亦曰朝集。若直来直射，便为冲撞矣。

已上三者言明堂之异。

蟠折与摇雄不同，

大绕一遭曰蟠，屈曲曰折。摇雄，一边臃肿不灵，未免夺本龙之气。金壁元文有左右摇雄之说。

临城与激脚不同，

左右有卫曰城，水临城外，自无冲激之虞。若无城者，水得直掠于外曰激脚。

合派与分剑不同，

两水合归一处曰合派，一水而分为两派曰分剑。

已上三者言外水之异。

提刀与按剑不同，

提刀，尖砂斜插；按剑，过脑横拦。

拜职与拖蓑不同，

前朝俯伏曰拜职。若紊乱琐碎，则为拖蓑矣。

燕尾与枷椤不同，

开叉阔狭之异。

扑钱与夹指不同。

扑钱之指，其指皆向内。夹指，即枝指，类挟私之迹。

已上四者言杂应之异。

然情虽不同，状则必异。夫散乱杂冗者，其地必失势；齐整会集者，其地必成形。观其态度，原其真情，审其巧拙，别其重轻；得之者心必由于至妙，辨之者目必由于至明。

山水之情具于中，其状自不能掩于外。故散乱杂冗者，无势以统之也。则知地之齐整会集，虽曰成形，实由于势有以一之。然非心目之至清，其孰能与于斯？

三家断例第八十九

《易》曰："在天成象，在地成形。"下齐山岳，上应列星。幌幌郎郎，耀耀荧荧。烟霞散聚，日月升沉。推之微眇，审之杳溟。

"齐"与"跻"同，地气上齐眇微也。象者，形之精华；形者，象之体质。山岳是形，列星是象。言天地虽分上下，其实犹干之有枝不相离也。

善言天者必验于人，善言气者必证于物。

上文言天地上下虽殊，其气犹枝干之相附。此言天人气物之合。《内经》曰：立春之节，初五日，东风解冻；次五日，蛰虫始振；后五日，鱼上冰。次雨水气，初五日，獭祭鱼；次五日，鸿雁来；后五日，草木萌动。次仲春惊蛰之节，初五日，小桃花，《月令》作“桃始华”；次五日，仓庚鸣；后五日，鹰化为鸠。次春分气，初五日，元鸟至；次五日，雷乃发声，芍药荣；后五日，始电。次季春清明之节，初五日，桐始华；次五日，田鼠化为鴽，牡丹华；后五日，虹始见。次谷雨，初五日，萍始生；次五日，鸣鸠拂其羽；后五日，戴胜降于桑。立夏之节，初五日，蝼蝈鸣；次五日，蚯蚓出；后五日，赤箭生，《月令》作“王瓜生”。小满气，初五日，吴葵华，《月令》作“苦菜秀”；次五日，靡草死；后五日，小暑至。次仲夏芒种之节，初五日，螳螂生；次五日，鵙始鸣；后五日，反舌无声。次夏至气，初五日，鹿角解；次五日，蜩始鸣；后五日，半夏生，木槿荣。次季夏之节，初五日，温风至；次五日，蟋蟀居壁；后五日，鹰乃学习。次大暑气，初五日，腐草化为萤；次五日，土润溽暑；后五日，大雨时行。立秋之节，初五日，凉风至；次五日，白露降；后五日，寒蝉鸣。次处暑气，初五日，鹰乃祭鸟；次五日，天地始肃；后五日，禾乃登。次仲秋白露之节，初五日，盲风至，鸿雁来；次五日，元鸟归；后五日，群鸟养羞。次秋分气，初五日，雷乃收声；次五日，蛰虫坏户，景天华；后五日，水始涸。次季秋寒露之节，初五日，鸿雁来宾；次五日，雀入大水为蛤；后五日，菊有黄华。次霜降气，初五日，豺乃祭兽；次五日，草木黄落；后五日，蛰虫咸俯。立冬之节，初五日，水始冰；次五日，地始冻；后五日，雉入大水为蜃。次小雪气，初五日，虹藏不见；次五日，天气上腾，地气下降；后五日，闭塞而成冬。次仲冬大雪之节，初五日，冰益壮，地始坼，鹖鸟不鸣；次五日，虎始交；后五日，芸始生，荔挺出。次冬至气，初五日，蚯蚓结；次五日，麋角解；后五日，水泉动。次季冬小寒之节，初五日，雁北乡；次五日，鹊始巢；后五日，雉雊。次大寒气，初五日，鸡乳；次五日，征鸟厉疾；后五日，水泽腹坚。

择祸莫若重，择福莫若轻。

重人事上说。

老氏之所著，《内经》之所称。三者之说，判然而明。故曰：五行虽有先天数，善恶皆由人事成。得其理者必由于至妙，通其数者必由于至精。

此结上三节之义，见三才皆不可缺，独人事有回天之功。人事有两说：其一主者之修身，其一日者之精妙。日者之精妙固难，其人苟非主者积德以俟之，未易遘也，故引老氏之言以深警之。

例曰：艮对坤山推子丑，甲庚寅卯辨阴阳。乙辛要识龙蛇分，乾巽须分马吃羊。壬丙申奇并酉耦，丁癸戌亥例消详。地人二正中居艮，生理从兹有吉昌。故曰：建破平收，可见王城之积秽；除危开定，须知金斗之辉光。闭横簪而锁跨，执圆净以微茫。成橐黄而倒侧，满元室以汪洋。

艮山建丑　坤山建未　甲山建寅　庚山建申

乙山建辰　辛山建戌　巽山建巳　乾山建亥

丙山建巳　壬山建亥　丁山建未　癸山建丑

地人二正中居艮，则是艮山建艮。艮对坤山，是坐坤向艮；建于未而破于丑，子丑之间属癸，不用地而用天，故曰推子丑也。艮山以癸为闭。甲山建寅，庚山以寅为破。甲阳而艮阴，庚山属阴，当从艮放，故曰辨阴阳也。乙山建辰，辛山以辰为破，不用辰而用巽，巽属龙蛇之分也。

乾山以丁为成　巽山以丁为满

壬山以庚为收　丙山以庚为平

丁山以乾为定　癸山以乾为开

坤山以癸为执　艮山以癸为闭

甲山以甲为建　庚山以甲为破

乙山以巽为除　巽山以巽为危

又例曰：各于本山三合取，清凯凉阊资次去。一二六宫更叶从，儿孙兖兖出三公。天清地浊虽分遁，灵府心机能变通。不周广漠调明庶，养生变卦异黄钟。

巽曰清风，离曰凯风，坤曰凉风，兑曰阊阖风，乾曰不周风，坎曰广漠风，艮曰调风，震曰明庶风。兖，衣裳。九章：一曰龙，二曰山，三曰华虫，雉也，四曰火，五曰宗彝，虎蜼也，皆缋于衣，六曰藻，七曰粉米，八曰黼，九曰黻。皆绣于裳。天子之龙一升一降，上公但有降龙。以龙首卷然，故谓之兖也。

本山三合，其例如甲山三合则取乾，甲、丁，以乾六白入中宫，七赤到乾，八白到兑，九紫到艮，一白到离，二黑到坎，三碧到坤，四绿到震，五黄到巽，所谓“一八白宫更叶从”也。

养生变卦异黄钟，其例如“乾甲丁山”，用“乾，游、福、天、五、命、体、生”诀。

坎、癸、申、辰属游魂文曲。

艮、丙属福德武曲。

震、庚、亥、未属天乙巨门。

巽、辛属五鬼廉贞。

离、壬、寅、戌属绝命破军。

坤、乙属体绝禄存。

兑、丁、巳、丑属生气贪狼。

巽庚癸山，巽，福、天、游、五、生、命、体。

离属福德武曲。

坤属天乙巨门。

兑属游魂文曲。

乾属五鬼廉贞。

坎属生气贪狼。

艮属绝命破军。

震属体绝禄存。

艮丙辛山，艮，游、命、五、生、体、福、天。☶，八卦中爻还位。

震属游魂文曲☳。四变中爻成游。

巽属绝命破军☴。七变下爻成命。

离属五鬼廉贞☲。五变上爻成五。

坤属生气贪狼☷。一变上爻成生。

兑属体绝禄存☱。三变下爻成体。

乾属福德武曲☰。六变中爻成福。

坎属天乙巨门☵。二变中爻成天。

坤壬乙山，坤，福、体、命、生、五、天、游。

兑属福德武曲。

乾属体绝禄存。

坎属绝命破军。

艮属生气贪狼。

震属五鬼廉贞。

巽属天乙巨门。

离属游魂文曲。

坎申辰三山，坎，天、福、生、体、命、五、游。

艮为天乙巨门。

震为福德武曲。

巽为生气贪狼。

离为体绝禄存。

坤为绝命破军。

兑为五鬼廉贞。

乾为游魂文曲。

震亥未三山，震，体、生、五、命、天、福、游。

巽为体绝禄存。

离为生气贪狼。

坤为五鬼廉贞。

兑为绝命破军。

乾为天乙巨门。

坎为福德武曲。

艮为游魂文曲。

离寅戌三山，离，游、天、命、体、五、生、福。

坤为游魂文曲。

兑为天乙巨门。

乾为绝命破军。

坎为体绝禄存。

艮为五鬼廉贞。

震为生气贪狼。

巽为福德武曲。

酉巳丑三山，兑，生、五、体、命、游、天、福。

乾为生气贪狼。

坎为五鬼廉贞。

艮为体绝禄存。

震为绝命破军。

巽为游魂文曲。

离为天乙巨门。

坤为福德武曲。

《天玉经》云“二十四山起八宫，贪巨武辅雄；四边尽是逃亡穴，下后令人绝”者，即此变卦之说。

又例曰：南北四隅，利见跃渊之瑞；东西二气，勿用亢厉之凶。干维重艮而始，支辰北坎爻同。达天地之阖辟，参人事之否臧。

南北，子、午也。四隅，乾、坤、艮、巽也。东西，震、兑也。上曰亢，三日厉。震之上爻、三爻，辰、戌也；兑之上爻、三爻，丑，未也。四正，四隅。利见跃渊者，水皆可以由此而出。辰戌丑未犯亢厉之凶，来去皆忌。子、午，卯、酉虽曰支神，但子坎而午离、卯震而酉兑，得占卦气不同于他支。八干四维，独艮为厥阴。风水之始，气若寅申、巳亥，便为老阴、老阳。立向行水，皆所不用也。阖辟，启闭也。否臧，吉凶也。天启吉，地启凶；地闭吉，天闭凶。

回龙顾祖第九十

或人问曰：回龙顾祖，坐向一气。谀者咸夸其吉地，岂无辰冲破于伏吟，不足疵而不足忌。此言命之谈，而非葬者之事。曰：已知之矣，奚复问焉！抑亦言之而未既？曰：“未既”云者，愿闻其义。

回龙顾祖，有远者，有近者。其远者，几经曲折；即近者，亦未有径直而至者，安能一气拘之？

曰：惟甲之甲、巽之巽、乾之乾、壬之壬、癸之癸，息道固当于六替。

甲水病寅，巽水库辰，乾金病亥，壬火胎子，癸土衰丑，据此六替山向，衰旺一同，以回龙言之也。

彼有丙之丙、丁之丁、坤之坤、庚之庚、辛之辛、艮之艮、乙之乙，碛道破相合思其所避。

丙火旺午，丁金冠未，坤土生申，庚土沐酉，辛水冠戌，艮木官寅，乙火冠辰，皆当六相之位。

金斗不决而不泄，砂城导之玉井潴之，然后择方而择利，心目之妙、工力之备，庶几不见愚而见智。

旧注曰：金斗，圹也。砂城，圹前横沟也。用砂碛填之，暗引两腋之水聚于玉井，然后顺六替决之。玉井，亦圹前洿池之名。

玉井是暗砌水柜上用石梁覆盖，一如平地者，然旧注洿池之名，甚谬。洿池，真穴前容亦有之，但非真应水不可强凿，往往见穴前掘池者祸不旋踵，当以为戒。

又况人之智浅近，天之智远大。明堂临钳，横亘而不吐，是则饰形而致瑞。

总之。水怕直流砂城、玉井。为明堂固净而横者，言若明堂直长，当急用兜堂，砂城、玉井无益也。

彼有伤天龙、夷天造而违不祥焉。嗟乎，凭力而恃势。

上文曰“明堂临钳、横亘而不吐”者，然后饰形而致瑞，此则夷天造而掘龙浚池，大乖自然之势。其意不过欲违不祥，而岂知祥之不可掘凿，而致是徒凭其力而恃其势，山水可为而星躔如故也。

驱五鬼第九十一

圣人筮地，立棺椁以严宅兆之卜，由礼义以审祸福之机。后世相土度地，既流于方伎，弃形势以分贪巨之支，品目谬戾，礼义于是乎无稽。

筮短龟长。《周礼》：“凡丧事，其经兆之体皆百有二十，其颂皆千有二百。”礼者，体也。义者，宜也。得势曰体，得形曰义。得势与形谓得其礼义之正。旁出曰支，不由于义礼，故管氏驱之。

旧注曰：上古立棺椁筮地，而葬故合法式。后世相土度地，至公明时筮法渐

止，至景纯则又不同。贪、巨星命名，谬戾尤甚。五鬼设此惑人，盲聋之人信之，自取祸耳。

按臂反弓，尚号建龙之室；钳门倾斗，尤称舞凤之栖。分张左右，为大鹏展翅；镵刺支脚，曰猛虎张威。露石横尸，谓之玉带；崩流臂胖，谓之金钗。以拖蓑为旗纛，以弃遗为侧罍。以挟私为佩印，以覆杓为灵龟。

纛，以犛牛尾为之，大如斗，系于左騑马轭上；又军中大皂旗。臂一反则龙不回，门倾则凤不舞；左右不收，雌雄失散，支脚芒刃，刑杀交横。露石则含暴骨之忧，崩流则寓丧亡之祸。拖蓑为淫乱之具，弃遗为孤独之形。挟私丑类抱头，覆杓凶同肿脚。如是之类，五鬼必文之以名。吉凶颠倒不以为怪，比比然也。

势向前行，背后且贪于距脚；鼻中端的，角旁尤认于斜披。

大势正行，背后之距脚直桡棹耳，否则为仓库之属。鼻以污崦，中正为藏五鬼，以角旁之斜落者捉摸，谬之甚矣。

望隔涉之闲峰，便言气应；见抛踪之诡蹠，乃道龙飞。前不立身伸脚，直夸其气库；傍无拱意多情，何辨于风旗。

凡气应之真者，皆是本身掉转。亦有自隔涉而应者，其情意交孚，断不若闲峰之无故也。诡蹠，空窝赝窟之类，不若飞龙之肩乘势之有力。气库，身耸与伸脚迥异。风旗，一顺内拱；凡支脚或有不顾，非旗也。

开口动谈星宿，星宿何名？出手便调宫分，宫分何觅？

星宿未尝无其名，官分未尝不可觅，特非五鬼所得知尔。

然先人之荫，或杳或冥；后人之光，可期可瞩。

先人之荫不可见，而见之于后人之光，五鬼能欺人，不过在一时耳。迨期之后人之光不可得见，而始信其说之诬矣。

择术不可不慎，信术不可不笃。

术不择则为术所误，既得吉术而信之不笃，恐不能尽术之精微。

势绝认为形全，形绝认为势足。

势绝者则无形，形绝者为无势。

高牙文笔，不虞其尖锐；单球宝印，不虞其孤独。垂乳不虞其胸阔，蟠腹不虞其背薄。贪后尾之虚钳，受横尸之伸脚。折腕冲风，不虞其刺腋；翻盆散气，不辨

其潺湍。

牙，牙竿也。凡军旅之出，先立牙竿。又将军之旗曰牙旗。大约尖锐之象，较文笔为更峻耳。单球，独印僧道之应，亦为独眠患跟之形。胸阔则乳不真，背薄则腹不实。钳在后者为鬼脚横伸者。非脉臂所以卫腋，折腕则腋受风吹。盆所以盛水，盆翻则水覆而不可御，气亦因之散矣。

故曰：寻常之习虽诡道，而变奇画者谈至理而未安。

至理所在，如偶变奇、奇变偶，非诡道可以蒙混。

纯粹释微第九十二

或曰：一气之轻清者，上而升之为天；一气之重浊者，下而降之为地。天者气之运，地者气之形。形者气之体，运者气之精。

歧伯曰：天气，清净光明者也，藏德不止，故不下也。

注曰：四时成序，七曜周行，天不形言，是藏德也。德隐则应用不屈，故不下以见其气之运处。

袁天纲曰：气之运用，上应天躔，积气于地而成形象也。

李淳风曰：气本于形，而精气为物、游魂为变也。

积气于地，而考形象。

积气成天，积形成地。气上而形下。在天成象，在地成形。形发而象生，兹云积气于地，是以上取合乎下，而以形匹配乎象者也。

故曰：日月星辰，光芒经纬；而金木水火，精积盘凝。

日月为水火之精，星辰为石土之积气。

李淳风曰：五行精积二气，盘凝昭回相感也。

天气下降，地气不应则为雺；地气上腾，天气不应则为雾。天裂，阳伏而不能降；地震，阴迫而不能升。

阴虚则天不下交，阳盛则地不上应。方《盛衰论》曰："至阴虚，天气绝；至阳盛，地气不足。"《阴阳应象大论》曰："地气上为云，天气下为雨。雨出地气，云出天气。二气交合，乃成雨露。"阴反阳上，见遏于阳；阳伏阴下，见迫为阴。故不能升，以至于震。

男行而女随，阳倡而阴和。刚柔相济，牝牡相承。何独取于偏正相胜，专权失证？一阖一辟，有亏有盈；一胜一负，有枯有荣；以否以塞，不令不宁。困而未悟，从而未明，愿闻其旨，则其法程。

或人之意，重在合天地之气而一之，故以男女、牝牡为喻。干支夹杂，似乎不妨兼用。偏，干也；正，支也。证，候也。相胜、专权，谓得其干支之正。阖户谓之坤，辟户谓之乾。一阖一辟，乾、坤、艮、巽也。胜者得其气之旺，负者得其气之微。一胜一负，乙、辛、丁、癸也。天地否闭塞，而成冬在壬之中，不得于亥之正，故曰不令不宁，谓壬、丙、甲、庚也。

曰：刚者天之用，天得一以清；柔者地之体，地得一以宁。柔则静而安，刚则动而用。各守其正，不侵不凌。

此答或人之词。天无体，止可以言用。用者刚也、阳也。地有体而不能自为用。用者柔也、阴也。譬以柔之体而加天，天不得清；以刚之用而加地，地不得宁。柔则其至静者，刚则其至动者，故或刚或柔，贵乎纯一，庶无侵凌之咎。

阴穷阳积，阳胎于壬；壬癸甲乙，随阳所称；阳伏阴生，阴胎于丙；丙丁庚辛，傍阴而评。

此释刚柔之用。冬至一阳生，不生于子而生于亥之末，壬之中，为阳之始；气夫而后生阳之癸、阳之甲、阳之乙。夏至一阴生，不生于午而生于巳之末、丙之中，为阴之始；气夫而后生阴之丁、阴之庚、阴之辛。其艮、巽列阳之位而属阴，为伏阴；乾、坤列阴之位而属阳，为愆阳。

二分之气，正候供平；不蛊不蠹，雨露无声；冲阳和阴，百物生成。二至之气，驳杂交征；有胜有负，雷电寒冰；重阴亢阳，百物凋零。

二分属阴，得冲和之气；二至属阳，为重亢之时。雨言春气，露言秋气。阴阳以回薄而成雷，以申泄而为电。雷出天气，电出地气。

八干山水，表里相迎；四正坐向，经纬相登。释中之法，昭然其明。

山水，见于外者；坐向，秘于内者。《释中篇》曰：始气胚腪而未成兆，中气著象而有常躔。又云：惟壬与丙阴始终而阳始穷，惟子与午阳始肇而阴始生。是山水止取八干、四维，而坐向则兼取四正。盖子、午为经，卯、酉为纬，然犯中子之杀，不可不辨也。

故曰：驳杂交宫，乃丧家之荒冢；真纯入路，惟昌族之先茔。

曰宫曰路，合龙与水言。

毫厘取穴第九十三

欲认三形，先观四势。认势惟难，观形则易。势如城郭垣墙，形似楼台门第。断而复续，乃闪脉以抛踪，去而复留；欲徘徊而殖殢。形全势就，如卒伍之趣从权勋；虎踞龙蟠，如枝梢之荣卫花蒂。前遮后拥以完全，重关集固而相契。单势单形，息道所倚；逆势逆形，漏道之逝。

势立于形之先，形成于势之后。第恐不得其势，形亦不可得；势得而形无不得者也。然形之成必候其变化，如断续抛闪，皆形之欲成而伸其变化之所。去而复留，是形已成而完其无不备之形。然形成于内，非有势先逆乎外形，断断不可得。故入山先寻水口，为第一吃紧要诀。昔贤谓“关内不知多少地”者，夫亦漏道之得乃逆耳。

旧萧注谬，不录。

又况有势然后有形，有形然后有穴。势背而形不住，形行而穴不结。

背者，形住于后；行者，穴结于前。

立穴之法，毫厘取亲。

以下陈毫厘之辨。毫厘，穴法之微妙。稍有差错，便非其穴矣。

如蛇之项，

旧注曰：穴于怒项则气盛。

扦蛇头者伤脑。头乃蛇之高顶，项则气之涌起而当曲会之地。

如龟之肩；

旧注曰：穴于耸肩则有力。

卜氏曰：扦龟肩者恐伤于壳。肩居壳前，肩坳而壳隆也。

如舞鹤翔鸾之翅，

旧注曰：两翅垂拱则翅上有穴。

翅上一穴，当看鹤鸾之喙所顾处。

如狂虾巨蟹之钳：

旧注曰：虾蟹一身之刚在钳。

虾钳一穴，惟平地芦鞭龙似之。古诀曰：扞蟹壳者，伤黄壳饱而钳能容受。

如卧牛之垂乳，

旧注曰：牛卧有穴在乳。

凡牛之卧，其首与足皆环护其腹。腹饱不可穴。腹之见于垂者曰乳，必细腻秀嫩乃可穴也。

如驯象之卷唇；

旧注曰：象卷鼻，气积污中。

驯象言其止，卷唇言其卫。

如鱼之腮鬣，

腮至圆。鱼龙颔旁曰鬣。

如驼之肉鞍；

肉鞍，气所钟处，以前后为左右也。

如弩之机括，

机括，至中、至正之所。弩，其障也。括处微微有窝。

如弹之金丸；

金丸，平中之一突弹，其后托而抱者也。

如波之漩，

波之漩必有涡窟，穴也。

如木之痕；

木伤久而成痕。痕处有容，非若节之隆也。

如钗之股，

言其钳之直。

如帛之纹；

言其穴影之微，即盏酥之类。

如覆手之虎口，

垂坡窝穴。

如仰手之掌心；

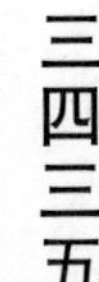

杨公谓平洋穴在水分。水聚之中，即金盆、荷叶一类。

如将军端坐之腹，

穴在脐。

如仙人仰卧之阴；

穴在胯内。

如停珠之腮颔，如卷水之尾节；如奔水之肩坳，如爪脚之拿云；

四者皆在龙之身。腮颔、肩坳在坦窝，尾节、爪脚在鞠抱。

如旗纛之吉字，如虹月之晕轮。

吉字在旗之至中，虹月皆如弓抱。晕轮，谓阳气之结若隐若见者也。

曾公曰：红旗是转皮名字，紫微起半月星辰，即此二义。

欲高而不欲危，欲傍而不欲侧；欲谩而不欲绝，欲藏而不欲蔽；欲低而不欲沉，欲特而不欲孤；欲众而不欲群，欲显而不欲露；欲浅而不欲浮，欲深而不欲伤；欲壮而不欲粗，欲坳而不欲断；欲肩而不欲背，欲鼻而不欲唇。

高者必危，其四山从佐皆高即得安。傍者气每偏注，侧则不可容受。谩者其气悠扬，绝则气赶不到。藏者局展，蔽者局塞。低者藏，沉者脱。特必求辅，众必要尊。显则明快而藏，露则爪牙不蔽。藏于涸燥者宜浅，过浅则似乎浮矣。藏于坦夷者宜深，过深则近乎伤矣。壮者其气厚，粗者其气顽。坳者伏而后起，断者不可复续。肩有凹可安，肯无下手处。鼻有双崦，唇不兜收也。

曰蟠结者，不论其不住；曰夹辅者，不论其过去。曰水城者，不论凋零；曰出洋者，不论其脱露。

龙欲其住不欲其去，若蟠结者，其所去之尾皆掉转回环，故不论其后，龙之不住也。《五气祥沴篇》曰：夹辅龙者，左右深邃，枝繁节衍，扈从环卫，众木之敷荣而依依。左右夹辅既深，穴结于内，其左右去者只只皆回头，以拦截内堂之水，故不论其余者之过去也。凋零者，囚谢之谓。水既环抱如城，外气无有不聚，囚谢非所论矣。出洋者，平中忽起冈阜，如山林之兽、过海之船，非气之旺盛者不能。盖其离障脱卸既遥，本身自生环卫，不得谓其脱然孤露而弃之。

故曰：住不住，看人路；去不去，看四顾；著不著，在转脚；遇不遇，在跬步。

此承上四者而言龙欲其住，不欲其不住；若龙蟠者，唯看其落头之有无，其去者虽重，皆为我身之卫，故惟看其入路也。其夹辅者，只要四顾有情，余气去者，虽长适为内堂之卫，故不论其去与不去也。至于水城之所，一片平洋，或在冈阜，或在田原，穴面既经垦凿，上下左右难以定其毫厘，故穴之著与不著，只看其脚之转处，便为真气所注之所。一举足曰跬，两举足曰步。遇不遇一义虽承出洋龙说，其实统四者而言之。谓取穴既在毫厘，则穴之遇与不遇，只在一步两步之内，而形之必不可易处亦甚微矣。

阖辟循环第九十四

或曰：夫人者托天而生，依地而长。应五星之景躔，随五运之变动。以清以浊，以盛以衰，以智以愚，以怯以勇。还元五土，配祀五神。五墟既正，五福以臻。其理昭著，其说纷纭。奇形怪穴，佳山秀水。亘古及今，不闻有匮。吉凶悔吝，无时而已。

阖辟，变化之谓，循环往来而不穷也。

曰：冈骨既成，源泉混混；土复洲移，天旋堆转。数运穷通，星物移换。洪水崩蚺，田塘开垦，蛰蚁穿蚀，木根聚散，风雷震动，岸圮脉断。人事从违，随时隐见。司灾司福，罚恶赏善，巧目日睁，踌躇顾盼。或奇毛异骨之荫庇孱顽，或丰桧茂松之枝条芟剪。日兹月益，山水变化之不常；否极泰来，人事无时而有尽。

乾坤阖辟之后，天动而地静，数运无有穷时，唯水迁徙不常。或高岸为谷，或深谷为陵，其阖辟在地；或农人蓄水为田，或居民凿池注水，或筑堤防河，或车轮畚锸之转运，其阖辟在人；至于蛟蛇冬蛰、狐貉穴居、蚁聚而土空、木穿而岸坏，其阖辟在物；若风能飞沙聚山，雷能驱电劈石，龙兴而山为之崩，蛟徙而冈为之断，其阖辟在天。则人事之从违，或求之得，或求之不得。冥冥之中，又有司其灾祸者焉。至若巧目明睁，山川无可遁之迹，而不免于遗漏。至今者是奇毛异骨，或隐形孱弱，或寓迹粗顽，或故墓之傍而为松桧所偃息，未常不经人迹往来，而人之所遇，容有不能尽合于天者，则又存其用于既用之后。况日滋月益，山水复有其生生；人事之往来，安有尽乎？

释水势第九十五

先观山形，后观水势。山有行止，水分向背。乘其所来，从其所会。敛其方中，巡其圜外。

山来则水随，山聚则水止。水之向者穴在其中，水之背者气所不附。或乘其所来为张潮之水，或从其所会为积畜之渊。敛其方中形，无他去之意，巡其圜外势，无走窜之情。

险隰之钟，夹室所系；易野之钟，辅门所逊。或内直而外辅，或左湾而右掣。

险隰，重在近关；易野，重在外关。盖山谷不难于关，而平原则外水易散。元辰内直，不妨只要外山兜转。此论险隰也。左水环绕右水曳者，亦有之，此论易野也。

朝似生蛇出穴，蜿蜒而环绕；抱如玉带围腰，悠扬而停憩。

水之妙，无过此二者。

交锁翻盆，有兴有废；合宗分派，有祥有沴。

二水相会曰交锁，当面水倾卸曰翻盆。交锁主兴，翻盆主废。

《寻龙经序》云：源头分派，黄泉之脉归宗，言合也；水口开岐，苍造之源别谱，言分也。合则气全，故主祥；分则气散，故主沴。

无倾侧潺湲，无云奔砍射。

倾侧者边有边无，潺湲者有声不断。云奔喻流之迅，砍射直削而猛急也。

又况来不欲冲，行不欲脱。去而复留，潴而复泄。如摆练铺帘，如缺环半月。

面无拦则受冲，脚无关则便脱。复留者，其去者之元；复泄者，其留者顿息。摆练则悠扬不迫，铺帘则阔荡洋洋。如环如月，皆取象于围绕，以见其一面之有情也。

横、平、宽、整，欲江涧而无声；抖、直、浏、奔，忌田濠之短折。

横则绕，平则静。宽则其势不猛，整则不偏江涧。言其有源，五者统言其吉。抖则倾，直则不曲。浏，水溜不容也。奔，疾走也。田濠皆乾流易涸，五者统言其凶。

掷面冲心，须经隔涉；内荡无城，明堂被裂。

凡当面冲来之水，须大水拦截于外，而始不与穴地相冲。盖掷冲之势，至于隔涉则已散矣。凡内堂流出之水，须有案砂拦截于内，而穴内之元气始完；否则明堂直倾，便为不蓄之穴。

忌其溜笕长槽，忌其偏枪斡割，忌其摇旋反弓，忌其崩唇夹胁，忌其二气相交，忌其双宫逾越。

以竹通水曰笕，槽深而笕细。偏枪，水下削也。斡，转旋也。水旋而太逼则割。摇旋，不正之貌。反弓，背也。崩唇者，下无兜收。夹胁者，左右不展。二气交者，阴阳之混杂。双宫越者，偏正之侵凌也。

地浊天清，相朝替没。

朝言来，没言去。

故曰：乾流源竭者，殇残之家；襟江带湖者，将相之穴。

龙长者水会于江湖，龙短者水会于溪涧。若乾流源竭者，非深山即枝节，由其力量不绵远，不能与大冰相值，故其应亦易歇。若江湖之水，非千里百里之势不能汇聚。以千百里之势为襟带者，其气概自可见矣。然亦有穴结于此而水潴于彼者，穴上虽不见水，暗拱之势为力更大，不可谓非将相之穴也。

李淳风曰：前篇云：水未经于方镇，止高金粟之区；山必界于江湖，斯结王侯之垒。谓乾流之穴虽好亦不能久长也。

阴阳交感第九十六

天无私覆，地无私载，日月无私照，圣人无私畀。

天地覆载，日月照临，人处乎阴阳交感之内，而不知也。《易》曰：天地感而万物化生。圣人感人心，而天下和平，即是无私处。

故万物之生，以乘天地之气。善而有祥，嗔而有沴。纷纷郁郁为祯祥，郁郁葱葱为佳瑞。以濛以浝，为霾为曀。

纷纷，乱也。郁郁，文盛貌。郁郁葱葱，言气之条畅而佳皆阴阳之和。天气下降、地气不上应则为濛。浝，沾渍也。风而雨土曰霾，阴而风曰曀，皆阴阳之戾。

祥气感于天为庆云、为甘露，降于地为醴泉、为金玉，腾于山冈成奇形、成怪穴，感于人民钟英雄、钟豪杰。

庆云现，贤者得用于世。甘露，王者之瑞应。《鹖冠子》曰：圣人之德，上及太清，下及太宁，中及万灵，则醴泉出。瑞应图曰：王者纯和饮食，不供献，则醴泉出，饮则令人寿。《东观汉记》曰：光武中元元年，醴泉出京师，饮之者痼疚皆愈。许慎曰：五金，黄为之长，生于土，故字左右注象金在土中之义。金屑生益州，有山金、沙金二种。黄金气赤，夜有火光，及白鼠山，有薤下有金银屑生永昌。银之所出处亦与金同，俱是生土中也。闽、浙、荆、湖、饶、信、广、滇、贵州，交趾诸处，山中皆产银。上有铅，下有银；山有葱，下有银。银之气入夜正白，流散在地，其精为白雄鸡。

金生丽水。又蔡州瓜子金、云南颗块金，在山石间采之，黔南遂府吉州。水中并产麸金，五岭山、富州、宾州，澄州、涪县、江汉河皆产金，居人养鹅鸭取屎以淘金，其金夜明。按《太平御览》云：交州出白玉，夫余出赤玉，扶娄出青玉，大秦出蔡玉，西蜀出黑玉，蓝田出美玉。《淮南子》云：钟山之玉，炊以炉炭三日三夜而色不变，得天地之精也。《礼记》曰：石蕴玉则气如白虹，精神见于山川也。《博物志》云：山有谷者生玉。又云：水圆折者生珠，方折者生玉。二月山中，草木生光，下垂者有玉。玉之精如美女。于阗有白玉河、缘玉河，每岁五、六月，大水暴涨，则玉随流而至。七八月水过，乃可取。彼人谓之“捞玉”。观此，则玉有山产、水产二种。中国之玉则在山，于阗之玉则在河也。

沴气升于天为晦冥、为昏塞；入于地为崩洪、为圮缺；流于山冈为枉住、为诡结；感于人民为庸愚、为背悖。

晦冥、昏塞，白昼如夜、日蚀雨土皆是也。崩洪，朋山共水之义。大龙屈伏之所。圮缺，破碎而不成毛骨。枉住，住而非住；诡结，结而非结，皆沴气之为感于人民，则为愚为悖矣。

人感二气而成形，取二气而凝结。死则血肉溃败而陷其骨，故葬者纳真气于本骸，感祯祥于遗体，安其本而荫其末。富贵贫贱，蠢陋愚哲，清浊寿夭，随气所孽。

郭氏谓凝结者成骨，此云取二气而凝结，是骨者。阴阳交感之气所成。而不化血肉，则阴为野土一体于青山。

陈希夷曰：人之生禀二五之精以为性，而乾之为阳、为神；禀二五之气以为形，而坤之为阴、为骨。胞胎孕养，生气凝结，神从所感而生。及其元气尽阳竭神，无所生而死，死则气脱而骨留、精去而神在。葬山乘气，使二五之气温其骨而藏其神，此感应之机也。

是以圣人智通神明，功夺造化，仰观天象，俯察地形。可以藏往知来，开物成务。致日月之重辉，使阴阳之倡和。启福德之门，阐教化之路。

此承圣人无私畀句。推而行之谓之通。圣人智通神明以造化之理，达之民用。神以知来，智以藏往。开相度之门，以成天下之业，要其故非合日月阴阳，无以得致感之神。虽曰启福德之门，实所以为仁人孝子之奉其亲也。

故曰：指心义，开心悟。耀一时，垂千古。

义在仰观俯察，上合昭昭，下合冥冥。上见悟则透其理于一心时者，山川之方位与时令同耀一时，便可以垂千古而勿替矣。

五气祥沴第九十七

《易》曰："天垂象，见吉凶。圣人象之。"物有象而后有数，象者数之源；象有数而后有运，运者气之流。

象如河中龙马，洛水神龟；数如《河图》《洛书》。有龙马神龟，而后有《图》《书》。此象者，数之源也。有《图》《书》，而后知甲为一、己为六、乙为二、庚为七、丙为三、辛为八，丁为四、壬为九、戊为五、癸为十。此数者，运之流也。象为山川之形，数为山川之理。数无定在，有数而即有运。运者，岁月之流行也。

阴阳者，清浊之象，五气之体；奇偶者，刚柔之用，二仪之宗。

"立天之道曰阴与阳，立地之道曰柔与刚。"阴阳者，先天之卦位，加以《洛书》畴数之宫，奇属阳而偶属阴也。如乾、坤、坎、离居先天之四正，得戴九履一、左三右七之数，故甲、乙、壬、癸、申、辰、寅、午皆阳也；震、巽、艮、兑居先天之四隅，得二四为肩、六八为足之数，故庚、辛、丙、丁、亥、未、巳、丑皆阴也。此清浊之象。实为五气之体。然阴阳不能自为用。偶为阴数，奇为阳数。刚者言天之用，柔者言地之用，甲奇而庚偶，壬奇而丙偶，乙奇而辛偶，癸奇而丁偶，乾奇而巽偶，坤奇而艮偶。十二支之阴阳皆随纳甲所属，此刚柔之用即二仪之宗也。

又况物之与象，犹元首之于腹心；数之与运，犹股肱之于手足。循环迭运，不可得而偏废也。

象为元首，数为腹心，运为股肱之于手足。得象而不得数，得数而不得运，均谓之一偏。得数与运而不得象者，不得谓之数，亦不得谓之运也。

在《易》，"卦一以象三，揲之以象四"者，水、火、金、木也。中央之土寄胎于申，则五行具矣。

三者，三才也。象者，地之四象也。水、火、金、木见于四方，奠位于中央而四时即寓于方位之内。

曰夹辅者，左石深邃，枝繁节衍，扈从环卫，象本之敷荣而依依；

数、运由象而生，所重者象，故于象着为五形。

曰生龙者，秀峰层集，经历升降，分枝布叶，象火之荧煌而辉辉；

火星要落得远，故言经历升降。

曰睡龙者，悠扬坦荡，夷演雍容，气脉隐伏，象土之宽厚而迟迟；

睡龙气伏于下，潜行地中。土星三年移一宫，故迟。

曰出洋龙者，脱颖特达，出众超群，端崇雄伟，象金之刚毅而巍巍；

平地中忽起为山。曰出洋，非蔓延尖锐、隐伏曲折之比，故取象于金。

曰回龙者，朝宗顾祖，曲折盘旋，首尾相应，象水之悠洋而折折。

回龙非蟠折不能顾，故取象于水。已上言五气之祥。

曰此五正之流形，大块积聚，亦傍理而推。

木正勾芒，少皞氏之子；火正祝融，颛顼氏之子；金正蓐收，金官之臣；水正元冥，水官之臣，土正后土，亦颛顼氏之子。名黎五正，实治五方。曰流形者，形各成其质也。

曰杂冗者，节目无绪，随吹欹斜，支干凋落，散乱交加，反肘背面，擘脉开丫，袅腰突额，屈折槎牙，纵横倒侧，铁屑浮砂，象木诊而疵瑕；

腰贵细而正，袅则其气偏邪。额贵圆而净，突则其气凶暴。铁屑浮砂，言皮毛之皴恶也。

曰浅漏者，枯焦砂碛，石刃流痕，蜂房侪杂，倒栋悬檐，漏囊脱橐，瘦骨藤蟠，尊卑失序，齐首并眉，蓦然间断，杂沓驰奔，象火沴而烟炎；

火有燎原之势，若浅漏者，一如其似明不灭之象。石刃，言石之尖皆射上。流痕，石上之痕如流水。

曰丑拙者，横腰直胫，突兀挛拳，高而不方，低而不圆，覆箕瓢杓，拖斩流船，伏尸毙豕，坏廪颓垣，镵尖插地，堕卵遗便，象土沴而罹冤；

纯是一片滞气。横腰最软，直胫最硬。突兀者不安，拳拳者不畅。高而方者正，低而圆者活。覆箕，倾削不兜；瓢杓，孤单寒薄。拖斩则不断牵连，流船则欹斜不正。伏尸、毙豕，死亡之象；坏廪、颓垣，破碎之形。镵尖插地，崩破而犹有其存；堕卵遗便，龙尽而尚留其迹。

曰刑伤者，东西错列，左右交差，镵楞芒刃，挺直横斜，开骹列指，鸟喙姜芽，羊蹄鱼尾，惊燕腾蛇，蛙尸牛肋，走鼠惊蛇，象金沴而咨嗟；

东西为交，邪行为错。凡尖者属火，此以尖利者属金，金主刑，而以尖为受伤之具也。

曰淫泆者，探头闪面，倚附怀私，锁肩穿胯，直棒横梭，赘瘿抱屿，新月蛾眉，伸肱臂胖，槎牙乱衣，内外无别，大小相随，象水沴而披离。

凡圆者属金，此以探头闪面、新月蛾眉等属水，圆以形者，此以意言也。形得其粗，意得其细。

锁肩即交肩。穿胯如韩信出于胯下。山在水中曰屿。臂上节曰肱。槎牙，斫木也。

然融结之形，破碎之势，不逃于五视。

夹辅龙、生龙、睡龙、出洋龙、回龙，皆融结之形；杂冗、浅漏、丑拙、刑伤、淫泆，皆破碎之势。

布于天为五星，分于地为五方，行于四时为五德，布于律吕为五声，发于文章为五色，总其精气为五行。人灵于万物，票秀气而生。《易》曰："天数五，地数五，天地之数五十有五。"故万物皆感五气而成。

木为岁星，于地为东方，于时为春，于德为仁，其音角，其色青；火为荧惑，于地为南，于时为夏，于德为礼，其音徵，其色赤；土为镇星，于地为中央，于时为四季，于德为信，其音宫，其色黄；金为太白，于地为西方，于时为秋，于德为义，其音商，其色白；水为辰星，于地为北方，于时为冬，于德为智，其音羽，其

色黑。皆五行之精气为之。天地生万物，人亦万物中一物，特灵于万物者，以禀五行之秀气为然也。天数五者，一、三、五、七、九，皆奇也；地数五者，二、四、六、八、十，皆耦也。五奇之积，得二十有五；五耦之积，得三十。凡天地之数五十有五。《河》、《洛》之数，五位中央。一感五而成六，水也；二感五而成七，火也；三感五而成八，木也；四感五而成九，金也；五感五而成十，土也。

九龙三应第九十八

寻龙先分九势，择向必应三精。龙不真则穴不结，向不等而气难乘。

三精见后之所畏、所爱所类。

回龙形势蟠迎，朝宗顾祖，如舐尾之龙、回头之虎；

第一龙。

出洋龙形势特达，发迹蜿蜒，如出林之兽、过海之船；

出洋气力宏肆，所禀有余，故能奔出平洋，奋然而起。若出林之兽；但见为兽；过海之船，但见为船。其为兽、为船，各有其可穴之地，不得以孤独而弃之。

降龙形势耸秀，峭峻高危，如入朝大座、勒马开旗；

从上而下曰降。经云：势若降龙，水绕云从，爵禄三公。

生龙形势拱辅，支节楞层，如蜈蚣槎爪、玉带瓜藤；

蜈蚣牙爪独多，玉带、瓜藤则全无牙爪。

飞龙形势翔集，奋迅悠扬，如雁腾鹰举、两翼开张，凤舞鸾翔、双翅拱抱；

凡开静展翅曰飞。

卧龙形势蹲踞，安稳停蓄，如虎屯象驻、牛眠犀伏；

惟冈阜龙为然。

旧注曰：蟠身踞脚。

隐龙形势磅礴，脉理淹延，如浮簰仙掌、展诰铺毡；

隐龙穴俱在水分、水聚之中。

旧注云：簰，体长系缆。仙掌，仰而盛露。其仰而盛露之内，即是水分、水聚之中，谓之阳会。水非阴流也。

腾龙形势高远，峻崄特宽，如仰天壶井、盛露金盘；

穴结于顶，无异平地，所谓天穴也。

旧注曰：耸秀绝顶停蓄。

领群龙形势依随，稠众环合，如走鹿驱羊、游鱼飞鸽。

一队之中，求其众所趋附之所。

故曰：龙分九势，有真伪之殊；穴辨三停，有轻重之别。

九龙俱根形势，恐学者落于伪也。盖有势则龙自真，有形则穴不假。穴之高下虽不齐，要不能外三停之法以求之。

曰：猛虎出林，形卓枪案；龙马饮泉，形铁索案。曰凤凰仪韶，形张罗案；飞鹤下田，形双箭案。曰苍龙滚浪，形神剑案。是取其形之所畏。

取其所畏者，以示其不动之义。

曰：白象卷湖，形聚草案；灵龟朝斗，形七星案；生蛇上水，形虾蟆案；翅，形游鱼案。曰列士入朝，形旌节案。是取其形之所爱。

取其所爱者，以示其意之所存。

曰：仙人对弈，形宾主案。曰将军出阵，形屯军案；严师端坐，形列拜案；群龙聚会，形雄雌案；半月隐山，形照日案。是取其形之所类。

取其所类者，以示其相应之理。引而伸之，触类而长之可也。

故曰：应案端崇龙始住，夹室藏风；朝峰挺特穴方成，明堂养气。

九龙所应者曰畏、曰爱、曰类，然畏不徒畏，爱不徒爱，类不徒类。夹室非应案则龙不住，而风无以藏；明堂非朝峰则穴不成，而气无以养。盖朝峰居应案之外，明堂居应案之内。所畏、所爱、所类虽不同，而其所以藏风，所以养气则兼所用焉。

形穴参差第九十九

或曰：大地无形，观气概；小地无势，看精神。

旧注曰：险隰之地势，以峰峦秀拔为精神。

夷易之地，有形可观。精神易得而气概不易得。

穴于腹者，有肠而有胃；

肠，水谷二道，为大小肠，心肺之府也。又肠，畅也，通畅胃气也。

旧注曰：葬深则伤肠胃。

穴于首者，有鼻而有唇。

旧注曰：鼻则停蓄，唇则不藏。

若无形而无势，则何别以何分。

已上或人之言，据其意谓大地既无形，小地既无势，从何处分别其是非。

曰：冈垄之辨，毫厘取亲。或宽而或紧，以粹而以纯；

穴法之取，俱在毫厘取亲。故特言冈垄且然，其夷易益可见矣。

旧注曰：穴紧取慢，穴正取旁，穴偏取骑。

左崇而右实，右胜而左殷。

左崇其穴在右，右胜其穴在左。

旧注曰：殷，大也。

势缺形孤，可向窊污而卜；东弯西抱，宜于节乳而寻。

既无形势可恃，非窊污绝无收藏之地，此穴于宽者也。东弯西抱，穴必居中。但中无正落，第见为东弯西抱之形。当于其节乳处求之，必有其至中而不可易者。穴法非撞则实粘，须防失气，此穴于紧者也。

穴钗股者，柳梢之不等；

旧注曰：柳梢短长不同，与钗股异。

穴鱼尾者，羊蹄之不禁。

鱼尾摆开，看后倚前亲之势。羊蹄，瘦小无阳。

旧注曰：如鱼掉尾，有力处可穴。

如翔鸾舞鹤者，形之结；如惊燕走鼠者，势之棼。

翔舞开翅而悠扬，惊走疾窜而不展。

如禽闪弹者，势必惊飞；如蟹伏螯者，形必顾身。

禽之闪弹，必斜撇而直迅；蟹之伏螯，必端拱以护身。

如拜恩谢职者，形之拱；如拖蓑负斩者，势之屯；

一为端正俯伏，一为突兀落头。

旧注曰：一头朝拱而面谦恭，一头向外而尾垂流。

如辫钱席帽者，形之聚；

旧注曰：身积聚而脚带乘踞。

如蛾眉新月者，势之淫；

旧注曰：头浅露而势不堂堂。

如灵龟覆釜者，形之积；

灵龟覆釜，其体圆净。不言势者，势大而形小，若以为势，不得谓之龟与釜矣。

旧注曰：龟体介而首尾分明，釜体负而踞脚不走。负疑员字。

如瓠瓜瓢杓者，势之峻；

瓠瓜，瓢杓之类，貌总壅滞，较之龟釜，其相颇长。

旧注曰：杓高大而尾小，出孤寡之人。

如方屏栏槛者，形之特；

轩窗之下为棂曰栏，以版曰槛。栏、槛较方屏似阔。

旧注曰：栏槛一作端笥。笥耸高。端方而气清，屏方而高峙。

如舆榇旛带者，几势之淹；

有榇之体，则有旛带之用。

旧注曰：淹，没也。攲斜则气绝。

如鼓角楼台者，形之耸；如烟包火焰者，势之磷。

磷，死于兵者之鬼火也。又牛马之血为磷。

旧注曰：磷，萤也。赤色霞光，石头尖利。

然则四势之于气概，三形之于精神，一经一纬，相济而相因；千态万状，一伪而一真，依稀仿佛，相类而相甡。

或人谓大地无形，有气概可观；小地无势；有精神可见。至若无形无势，便茫无着手，区处而不知。势者形之积，形者势之生。无形则必有势，以具于外而不见为势者；以水为势者也；无势则必有形，以积于中而不见为形者，以水为形者也。故势曰经，形曰纬。形非势不生，势非形不结。然千态万状，以言乎势则为伪、以言乎形则为真者何也？盖冈垄之辨，在乎毫厘。若徒恃其势，不究其形，则八尺之地，安所从而得其故哉。故大地无形，非无形也，形在乎几微之内，非若精神之发见乎外者。苟能于无势无形之内而索之，则地理之能事思过半矣。

望气寻龙第一〇〇

谨按《周礼》：眡祲氏掌十煇之法。

眡，视也。眡从氏者，氏，东方之四宿，眡祲氏所以占日，以日从东升，故从氏。祲者，阴阳气相浸，渐以成灾祥也。

郑司农田，辉，谓日光气也。

一曰祲，二曰象，三曰鑴，四日监，五曰闇，六曰瞢，七曰弥，八日叙，九日隮，十曰想。察盛衰以辨清浊，观妖祥以辨吉凶。

郑司农曰：祲，阴阳气相侵也。象者，如赤乌也。鑴，谓日旁气四画反乡如辉状也。监，云气临日也。闇，日月蚀也。瞢，日月瞢瞢无光也。弥者，白虹弥天也。叙者，云有次序，如山在日上也。隮者，升气也。想者，辉光也。一谓鑴，读如童子佩鑴之鑴，谓日旁气刺日也。监，冠珥也。弥，气贯日也。隮，虹也。《鄘风》云："朝隮于西。"想杂气有似乎形可想也。弥，虹气贯，日为是。弥，弛弓也。虹似弓，故虹气贯日曰弥。阇，暗也，又晦也。屈原《天问》曰："冥昭瞢阇"，合是无光之象。谓日月蚀者，非盖日月薄蚀有保。章氏掌天星，以志星辰日月之变动，以观天下之迁，辨其吉凶，当不在十辉之例。瞢即眩字，从旬。旬始妖气，状如雄鸡。

望气之法，眩目萦心。上自天子，下及庶人，有权有变，有仪有伦；昏晨晦暝，雾霭氛氤，有庆有景，有妖有屯；平视桑榆，初出森森，若烟非烟，若云非云。名为喜气，太平之因。

仪，义也。伦，理也。晦暝，雾暗不明也。平视，平明而视。桑榆，晚也。

如彗如星，如狗如龙，首尾穹窿，虹霓日旁。一为乱君，二为兵丧。圣人崛起，人主受终。

《春秋传》曰：分至启闭，必书云物。郑司农曰：以二至二分之日，观之日旁云气之象。青为虫，白为丧，赤为兵荒，黑为水，黄为丰。

以日旁之气占之，止可以占天，不能占地。

彗，扫竹也。晏子曰：天之有彗，以除秽也。文颍曰：彗、孛、长三星，其占异同。孛，光芒短，其光四出，蓬蓬勃勃；彗，光芒长，参参如扫帚；长星，光芒有一直指或竟天，或十丈、三丈、二丈。大法：孛、彗多为除旧布新、火灾，长星多为兵革。又《纬书》曰：彗形长丈。色青苍，侯王破；赤，强国恣；白，兵大作。星为阳之精，日之所分也。

如彗如星等，非谓有其彗，亦非谓有其星，总谓其气之有似耳。

天子之气，内赤外黄。或恒或杀，发于四方。葱葱而起，郁郁而冲。如城门之廓雾下，如华盖之起云中，如青衣而无手，象龙马之有容。名为旺气，此地兴王。

恒，常久也。杀，衰小也。葱葱、郁郁，佳气也。如城门、如华盖、如青衣、龙马，以表其成形之特异。

宰相之气，赤光闪起。如星月而弯趋，如长虹而斜倚。或内白而外黄，或前青而后紫；或郁郁而光照穹庐，或纷纷而晕如两珥。青如牛头，黄如虎尾。

穹庐，在野之圆庐也。珥，瑱也，所以塞耳。穹庐言其气之高罩于上，两珥言其气之映见于左右。青言牛，黄言虎，其色最正。

猛将之气，如门户异。如光芒而应弓，如流星而烛地。初若云烟，终如鼎沸；如竹木而本卑，如尘埃而头利。内白而外赤，中青而下黑。坠如摇旌，踏节而五色皆全；如弯弓，长弩而爪牙俱备。

其气之所成，有一段不可犯之意。

福喜之气，上黄下白。如牛头之触人，如羊群之相迫：如人持斧以腾身，如将举首而向敌；或如堤坂，或如木植。

其气凝聚有力。堤坂，系横亘者；木植，系森列者。

暴败之气，下连上擘，聚而复兴，微而复赫。如卷石扬灰，如乱穰坏帛；如惊蛇飞鸟，如偃鱼巨舶。

其气零散不凝。鱼偃仆者，不能踊跃。舶，海中大船，形体横卧，殊无振兴之象。

故曰：太阳出没，盛衰有别。见其中断，见其横截。黄富而青贫，赤衰而白绝。唯五色之氤氲，乃绵绵而后杰。寻龙至此而能事已毕。爰银海之明，欲灵犀之活。

太阳出没，其占或旦或暮，即前文之平视桑榆也。大低山川之气，非太阳照耀无以显明。但日中则其气潜伏，无可觇验，故必俟其日之未升而阳气始兴，或候其

日之既没而阴气始萌。盖日未出地二刻半已明，既入地二刻半始昏。望气寻龙，只在此五刻之内。故《周礼》眡祲氏十辉之法，不能外日旁之气以别验其妖祥，则望气寻龙，求之太阳出没之时，亦即以日旁之气占之意也。第恐心目之未清者，既无银海之明，又乏灵犀之活，即旦暮而求之，终而益耳。

第十五章 堪舆汇考十五

《古本葬经》

内篇

葬者，乘生气也。夫阴阳之气，噫而为风，升而为云，降而为雨，行乎地中而为生气。生气行乎地中，发而生乎万物。人受体于父母，本骸得气，遗体受荫。盖生者气之聚凝，结者成骨，死而独留，故葬者反气内骨，以荫所生之道也。经云：气感而应，鬼福及人，是以铜山西崩，灵钟东应；木华于春，栗芽于室，气行乎地中。其行也，因地之势；其聚也，因势之止。丘垄之骨，冈阜之支，气之所髓。经曰：气乘风则散，界水则止。古人聚之使不散，行之使有止，故谓之风水。风水之法，得水为上，藏风次之，何以言之？气之盛，虽流行，而其余者犹有止；虽零散，而其深者犹有聚。经曰：外气横行，内气止生。盖言此也。经曰：浅深得乘，风水自成。土者气之母，有土斯有气；气者水之母，有气斯有水。故藏于涸燥者宜浅，藏于坦夷者宜深。

此言以中明堂为浅深之准，则山龙之明堂常深，平地之明堂常浅。涸燥指山龙言，坦夷指平地言。

经曰：土形气行，物因以生。地势原脉，山势原骨。委蛇东西，或为南北。宛委自复，回环重复。若踞而候也，若揽而有也。欲进而却，欲止而深。来积止聚，冲阳和阴。土厚水深，郁草茂林。贵若千乘，富如万金。经曰：形止气蓄，化生万物。为上地也，地贵平夷，土贵有支。支之所起，气随而始；支之所终，气随以钟。观支之法，隐隐隆隆，微妙元通，吉在其中。经曰：地有吉气，土随而起；支

有止气，水随而比。势顺形动，回复终始。法葬其中，永吉无凶。夫重冈叠阜，群垄众支，当择其特。大则特小，小则特大。参形杂势，主客同情。所不葬也，夫垄欲峙于地上，支欲伏于地中。支垄之止，平夷如掌。故经曰：支葬其巅，垄葬其麓。卜支如首，卜垄如足。形势不经，气脱如逐。夫人之葬，盖亦难矣。支垄之辨，眩目惑心。

垄，言其老也；支，言其嫩也。老忽变嫩，嫩忽变老，所以眩目惑心也。

祸福之差，候虏有间。山者，势险而有也，法葬其所会。故葬者原其所始，乘其所止，审其所废，择其所相。

辅也，即缠护夹从也。龙怕孤单，故须夹辅。

避其所害。浅以乘之，深以取之，辟以通之，阖以固之。乘金相水，穴土印木。外藏八风，内秘五行。天光下临，地德上载。阴阳冲和，五土四备。是以君子夺神，工改天命。经曰：目工之巧，工力之具。趋全避缺，增高益下。微妙在智，触类而长。元通阴阳，功夺造化。上地之山，若伏若连。其原自天，若水之波，若马之驰。其来若奔，其止若尸。

伏连自天。水波、马驰，言势来若奔龙欲其来也。形止若尸，穴欲其止也。

若怀万宝而燕息，若具万膳而洁齐，若橐之鼓，

言气之吸也。

若器之贮。

言气聚而不散也。

若龙若鸾，或腾或盘。禽伏兽蹲，若万乘之尊也。天光发新，

明堂开也。

朝海拱辰。

言譬水虽万派，同归于海；星虽遍天，必拱北辰。例众水皆为穴用，诸山皆拱此龙。

龙虎抱卫，

贴身龙虎，抱卫朝山，与主山之穴情相向也。

主客相迎。四势端明，五害不亲。十一不具，是谓其次。山之不可葬者五：气以生和，而童山不可葬也；气因形来，而断山不可葬也；气因土行，而石山不可葬

也；气以势止，而过山不可葬也；气以龙会，而独山不可葬也。经曰：童断石过独，生新凶，消已福。占山之法，势为难，形次之，方又次之。势如万马自天而下，其葬王者，势如巨浪，重岭叠障；千乘之葬，势如降龙，水绕云从；爵禄三公，势如重屋，茂草乔木；开府建国，势如惊蛇，屈曲徐斜；灭国亡家，势如戈矛；兵死刑囚，势如流水。生人皆鬼，形如负扆，有垄中峙，法葬其止；王侯崛起，形如燕巢，法葬其凹。胙土分茅，形如侧罍。后冈远来，前应曲回。九棘三槐，形如覆釜；其巅可富，形如植冠；永昌且欢，形如投算；百事昏乱，形如乱衣；妒女淫妻，形如灰囊；灾舍焚仓，形如覆舟；女病男囚，形如横几；子灭孙死，形如卧剑；诛夷逼僭，形如仰刀，凶祸伏逃。牛卧马驰，鸾舞凤飞，螣蛇委蛇，鼋鼍龟鳖，以水别之。牛富凤贵，螣蛇凶危，形类百动，葬皆非宜。四应前按，法同忌之。夫千尺为势，百尺为形。势与形顺者吉，势与形逆者凶。势凶形吉，百福希一；势吉形凶，祸不旋日。千尺之势，宛委顿息。外无以聚内，气散于地中。经曰：不蓄之穴，腐骨之藏也。盖噫气为能散生气，龙虎所以卫区穴。叠叠中阜，左空右缺，前旷后折，生气散于飘风。经曰：腾漏之穴，败椁之藏也。经曰：外气所以聚，内气过水所以止。来龙千尺为势，百尺为形，势来形止，前亲后倚，为吉藏也。

后倚，其圆分也；前亲，其尖合也。言后要有分，前要有合也。

经曰：地有四势，气从八方，故葬以左为青龙，右为白虎，前为朱雀，后为元武。元武垂头，朱雀翔舞，青龙蜿蜒，白虎驯頫。形势反此，法当破死。故虎蹲谓之衔尸，龙踞谓之嫉主；元武不垂者拒尸，朱雀不舞者腾去。土圭测其方位，玉尺度其遐迩。以支为龙虎者，来止迹乎冈阜，要如肘臂，谓之环抱；以水为朱雀者，衰旺系乎形应，忌夫湍激，谓之悲泣。朱雀源于生气，派于未盛，朝于大旺，泽于将衰，流于囚谢，以返不绝。法每一折，潴而后泄。洋洋悠悠，顾我欲留。其来无源，其去无流。经曰：山来水回，贵寿丰财；山囚水流，虏王灭侯。夫土欲细而坚、润而不泽，裁肪切玉，备具五色。干如穴粟，湿如到肉。水泉砂砾，皆为凶宅。经曰：穴有三吉，葬有六凶。藏神合朔，神迎鬼避，一吉也；阴阳冲和，五土四备，二吉也；目力之为，工力之具，趋全避缺，增高益下，三吉也；阴阳差错，为一凶；岁时之乖，为二凶；力小图大，为三凶；凭恃福力，为四凶；僭上逼下，

为五凶；变应怪见，为六凶。经曰：穴吉葬凶，与弃尸同。经曰：势止形昂，前涧后冈。龙首之藏，鼻颡吉昌，角目灭亡，耳致侯王，唇死兵伤。宛而中蓄，谓之龙腹。其脐深曲，必后世福；伤其胸胁，朝穴莫哭。是以祸福不旋日。经曰：葬山之法，若呼谷中，言应速也。

《青囊奥旨》

序

是经，大唐国师杨公筠松传家之奥旨也。以二气、五行、一节、二节之法成赋，门人曾文遄掇合成篇，曲尽地理造化运行之机，真参赞化育之大道也。首言寻龙之法，审来龙以辨雌雄，察金龙以定水路，观血脉以究源流，认三叉以明聚散，识阴阳以明运气交媾之情，分顺逆以求祖宗来历之旨，于堪舆无余蕴矣。用来龙三合以量山，收十二方山龙之吉；以向上元空三合纳音而论水，收十二路水神之妙。山管山，水管水，而五行各专生旺之气，吉凶之应昭然矣。次又分甘四山之阴阳，以定穴情之可否。或正来、或饶减，而进退迎缩之法明矣。所以穴顺来龙，向依水法，而山与水之杀无不消矣。至于沟壑水路出入之法，生克会自然之运而不失其度，俾鬼神不得以司祸福之机，天地不得以擅化育之宰，真所谓改天命、回造化之元术也。岂时师之所能与知哉。洪武四年秋玉屏山人刘基伯温序。

总论

年来养老看雌雄，天下诸书对不同。

雌为阴，雄为阳，二气也。而以雌雄言者，犹夫妇之义也。夫妇媾而男女生，雌雄交而品汇育，此天地化生之大机也。故杨公首看龙家之雌雄有四：察雌雄于来龙行度之间，则仰为阳，覆为阴，有窝为阳，脊为阴。俯仰相该，窝脊相乘，可以占真龙行度之吉也；察雌雄行度于方位之上，则坎、癸、申、辰、离、壬、寅、戌、乾、甲、坤、乙属阳为雄，艮、丙、巽、辛、兑、丁、巳、丑、震、庚、亥、未为阴为雌。雄龙懒缓，雌龙清秀，可以占形体贵贱之标格也；察雌雄于纳甲之中，则用乙、辛、丁、癸、甲、庚、丙、壬、辰、戌、丑、未为阴为雌，乾、坤、艮、巽、震、离、坎，兑、寅、申、巳、亥为阳为雄，各以配卦纳甲相见，可以占一气相应之吉也；察雌雄于形体之上，则以气行于土中为雌为阴，气溢于地外为阳为雄。山水相会，可以占形止气，畜之吉也。此皆地理所当知。然杨公寻龙，固未尝外此，亦未尝专主于此。天气左旋为阳，地气右旋为阴。先天之理，有气斯有形，形以气成；后天之理，有形斯有气，气以形著。故寻龙之法，因形察气。龙从左旋则气必从左，为阳为雄；龙从右旋则气必从右，为阴为雌。此以左右龙脉之气，为雌雄之辨正。杨公寻龙之要诀；而其所以异于人者此耳。

先看金龙动不动，次认血脉定来龙。

辰、戌、丑、未为亢、娄、牛、鬼之宿，应焉。故古人以四墓为金龙四墓之地。水路通则为金龙动，不通则为金龙不动。凡水流去俱要流墓地，故库为藏气之所。阴阳，交媾之门户也，故金龙动则为雌雄交会，其地始吉；不动，则化育机塞而气不合矣。是以古人寻龙必先看四墓水路通不通，又要看水神发源之处以认来龙。龙随水行，水随龙出。如水自西北发源，则知龙从乾、亥而来；从未库上去，则知龙自亥、木入首矣。故看金龙者，察去水以认入穴也；看血脉者，察来水以认来龙也。

龙分两片阴阳取，水看三丫细认踪。

此龙气行于地中，有阴有阳。气以形应，形势左行则知为阳，形势右行则知为阴也。杨公寻龙，分阴分阳，取明于两片者，欲得水神配合。阳龙则用阴水，阴龙则用阳水。相应来朝之法，外气所以止内气也。凡龙行入首之处，必为左右水交，会夹到头，合襟在前，或左倒，或右倒，聚而复流，各随库方出，知以为入首成胎之体制。寻龙点穴之法，必欲对三叉以认踪迹也。其水不合襟则内气不聚，而穴未成也。刘氏《指金赋》云“水对三叉穴自成”，正此谓也。

江南龙寻江北住，江西龙去望江东。

至堂须看水横过局而左右无荫腮水，相合而去流到堂，入墓则横过，水特客水耳，非辅正气元界水也。须见此水，龙气不止，尚穿田渡水，向前而去耳。至水交砂会之处，其穴方结，不可便谓其有横水而谓龙尽也。此言真龙出身，或隐或见，

一起一伏，穿田渡水，最难指点。必须详观细认四顾朝应如何，或关或绕，或锁或栏，内无去处，然后得以见其入首真龙之处，故曰：江南龙寻江北住，江西龙去望江东。如江西见龙而江东应山不起，或江东复起而前去，则其气岂得止于江西乎？

二十四山分顺逆，认取阴阳祖与宗。

阳龙左行为顺，阴龙右行为逆。顺行逆行，各有起处为祖为宗。此于罗经上，以后天先天取廿四支为四维，员布其内，以按二十四方之水，从某字上去右转左转，以辨山水之阴阳、顺逆也。如从坎、癸入亥，则知其右行为逆，巽宫行气、乙木施生矣；自戌、乾入亥者，则知其左行为顺，乾宫行气，甲木施生矣。右行为阴，亥以乙祖；左行为阳，亥以甲祖。知其祖宗、顺逆之理，则生气可乘而葬不失气也。

阳从左边团团转，阴从右路转相通。若人知得阴阳局，何愁大地不相逢。

阳龙左转，则用阴水右行；阴龙右转，则用阳水左行。此《青囊》之阴用阳朝、阳用阴应、阴阳相见之义也。故阴阳分左右者，非空言山龙与水独运也。山水相见，配阴合阳，雌雄交媾，方成妙理。观其转相通之意可知也。下云山与水须要明此理，自有元微，是以寻龙之法，在知阴阳而已。

是以圣人卜河洛，瀍涧交华嵩。

洛邑之地，瀍水在东，涧水在西，界洛于中合襟出于大河，东北人海。周公相之，以为洛邑得瀍、涧之合而三叉明矣。来龙血脉本于华、嵩，瀍、涧二水出于其源，嵩、华起而祖宗明也。龙自华山左转，为阳；水自嵩山右转，为阴。阴阳相见而顺逆明也。杨公言此以证三叉合襟、顺逆祖宗之法，昭然明矣。

相其阴阳流水位，卜年卜宅始都宫。

此发明山水各有阴阳顺逆，而其妙在见阴阳交媾而已。上文言三叉血脉，以审来龙之祖宗及入首之交合。在此阴阳流水之位，以审水神之阴阳及发源之祖宗也。卜年克择之法，如推五运、定六门、排八门、应三奇、超神接气、顺时避煞之宜，皆是立穴卜宅之法。审来龙、察入首、究偏枯、度浅深、推长短高下得宜、进退得位，皆是都官营造之法。宫室街市，各随方位，鸠工办材之类，皆是此也。由是观之，寻龙之法固不可忽，而克择之妙亦不可不精。况于立穴营造，岂得苟耶？经曰：得龙不得穴者绝。又曰：年月日时之不善，反为吉地之深殃。故圣人作洛，必卜年而后都室也。

朱雀发源生旺位，一一开讲说愚蒙。

龙脉之气，乘风则散，界水则止。气自龙来，必得水横于前则龙气自止。经云：外气横形，内气止生，正谓此也。故杨公以水为朱雀，盖示人以寻龙之法，必遇水交于前，然后可以辨其形止气聚之处也。然水之发源，要自生旺方来、死绝方去。郭氏曰：派于始生，朝于大旺，泽于将衰，流于囚谢。盖欲生旺之气流向穴前，而后出于墓库也。若山形之气，则取其入首一节乘何五行以趋生旺之位，使葬得乘其生气也。山则取其生旺之气于穴中，水则取其生旺之气于局前，故曰内乘生气，外接堂气，皆指生旺之气而言也。由是观之，则山之生旺只在入首，而其发身之地不必拘也；水之生旺只在发源，而其流出之处只在死绝也。

先天罗经十二位，后天方用支干聚。四维八干辅支位，母子公孙同一类。

先天取用于《河图》，惟有十二支神以应方位；后天取用于《洛书》，十干去戊、己而用八干。乾、坤、艮、巽，布于四维；乙辛、丁癸、甲庚、丙壬，布于四正。先天员布象天，后天方布象地，圣人则天之经法、地之纪用，《图》《书》以布方隅，古人论之已备其妙。而杨公言子母公孙者，盖以支干相配，取五行之气，自各以类应也。同室为一家，三合为一气，则是子母公孙之义。若曰：生我为母，我生者为子，则壬见子、丙见午、甲见卯、庚见酉，何不以兄弟称耶？乾金生亥水，坤土生申金，巽木生巳火，顺生，故以子母相生，诚为有理。

二十四山双双起，少有时师知此义。

先天之数，惟有十二支神员布于十二方位；后天之数，以甲、乙属木而配于东方，丙、丁火而配于南方，庚、辛金而隶于西方，壬、癸水而隶于北方。天地之生气行于四隅，故寅、申、巳、亥隶之，而取乾、坤、艮、巽配焉，若《河图》《洛书》合而为一者也。是以每宫各有二山双双起也。二山双起者，合而形焉者也。其义精，其旨远，圣人立法之奥，岂时师所能知哉？

五行拨配二十四，时师此义何曾记。

二十四山，五行之气寄焉。以十二支而言之，则亥、子为水，巳、午为火，申、酉为金，寅、卯为木，辰、戌、丑、未为土。以十干言之，甲、乙为木，丙、丁为火，庚、辛为金，壬、癸为水，戊、己为土。以天干而配地支，甲、乙隶于

寅、卯而居东，丙、丁隶于巳、午而居南，庚、辛隶于申、酉而居西，壬、癸隶于亥、子而居北。辰、戌、丑、未之土寄于金、木、水、火之中，无物不有，无所不通，故无定位。寄于四支之内，而不以方位焉。此盖五行之妙，万古不易之定位也。盖正五行，取用圣人仰观俯察、心通乎天地之道，立为盘格，以步地中之气。其制取用之义至精也。惟其精义，故其妙用。

识得精微分五行，知得荣枯死与生。

五行拨配二十四山之内，其义精微。而人苟能晓其取用之义，则心与天地相为流通者也。是以行于地中虽不可见，而考于盘格之中，则土中之气自不能以逃其情。某方生，某方死，荣枯死生，可得而尽知矣。如木龙入首，则知生气在亥、旺在卯、死于午而绝于申之类。余仿此。

申子辰坤壬乙水，巳酉丑巽庚癸金，亥卯未乾甲丁木，寅午戌艮丙辛火。用此步水与量山，万里山河一饷间。

古人以五气隶于二十四山方位之上者，正五行也。然五行须各有正位，而一室寄一双山则理不容改，而为二矣。且先天既以十二支神，如生旺死绝，则后天四维、八干亦宜从地支而布矣。故杨公立双山五行，三合起死生，其亦自然之运也。假如亥、子属水，水不能生于子，而圣人曰生于申，申本金也，而曰水生于申，则申从水矣。申既从水，则同室之坤安得不类合也？水墓于辰，辰，土也，水之墓居焉，则辰从水矣。辰既从水，而同室之乙安得不类合于水局耶？故杨公曰：申、子、辰、坤、壬、乙。申、子、辰，地支也，先天之气也；坤、壬、乙，天干也，后天之气也。先天后天，气同一元，而《河图》《洛书》相为表里者欤。学者知此，可以类推矣。后世明三合五行为四经五行者，以土与水居申也。生申、旺子、墓辰，生以验其气之始，旺以验气之盛，墓以验气之终。原其始，究其终，而五行之运于地中者，皆可得而知矣。

山上龙神不下水，水里龙神不上山。

龙神者，五行之生旺气也。流行于地中，神妙莫测，故以龙神名之，状其妙也。然山有山之生旺，水有水之生旺。论山只以来龙入首一节原何五行，即以本山纳音起长生，以观方上之山得何生旺，所谓山上龙神不下水也；论水只以水神流出一路属何墓库，则于本墓音上起长生，以考方上之水得何生旺，所谓水里龙神不上山也。山上龙神则以山之生旺分吉凶，水里龙神则以水之生旺明吉凶。若以山龙与水神混取生旺，则法同而祖宗异源，雌雄顺逆吉凶难辨矣。

二十四山分两路，认取阴阳祖与宗。二十四山论五行，知死又知生。

此结上文。三合五行论生旺死绝之气，固尝有山龙与水龙之异，然各要分阴阳二路。山有山之阴阳，水有水之阴阳。阳从左转，阴从右通。山有山之祖宗，水有水之祖宗。如阳本祖于甲，阴本祖于乙之类也。山则以入首一节论五行，水则以出口一节论五行。认祖宗，察生死，皆于此定也。

不问坐向与来山，死气却虚闻。

凡来龙入首四墓之地，而水路出入之处，故不取龙入穴。若其八方行龙，非生方则旺方入首矣。龙本无死也，然穴依龙而审。龙立穴，或不合阴阳之体，当正下而反以侧取，则穴乘死气而龙无用矣。至于水流东南，则生旺之气必在西北；水出西北，则生旺之气必在东南矣。水何有死焉，然向依水而认。水立向，或失夫阴阳三合之妙，生旺在东南而反向西北，则向乘死气，则水为无用矣。或曰以向上长生数龙，以龙上长生数向。如龙用丙向，以火生寅，至亥为死绝也。以甲木生于亥，至午为死绝向。向绝龙死，并不堪用。此言正为不经。假如杨公葬白龙潭，地阴亥，以乙木生午，至午为生；向用丙，向生于寅，亥为绝龙。绝龙生向且发富贵如此，岂得以龙向之生旺互见为法哉。断非杨公立法之本初也。

一生二，二生三，三生万物是元关；山管山，水管水，此是阴阳元妙理。

一者，五行之正气也。五行之气见于山水之中，有阴阳之异。阳从左转，阴从右通。分阴分阳，所谓二也。阴阳之气皆取明于二耳，如申子辰、坤壬乙之类。三合之法立，而生旺休囚之气可以察矣；生旺之气既明，则吉凶祸福如彰矣。推五运、辨阴阳、详三合、察生旺四者，杨公寻龙之要诀也。然以山与水，岂混而无别哉？用此步水，则论水之五行、阴阳、三合、生旺；用之量山，则论山之阴阳、五行、三合、生旺。顺行逆行，各认其祖；或山或水，各认其气。而推步之，则山水之贵贱吉凶班班也。

阳山阳向水流阳，此说甚荒唐；阴山阴向水流阴，笑杀人拘泥。若能勘破个中元，妙用本来同一体。

凡龙入首，界水则止，故寻龙必先看水者，所以察气聚也；真龙入穴，必见雌

雄交媾，故寻龙得阴阳者，所以察冲和气也。然龙家之气，以穴乘之；水神之气，以向乘之；经曰内乘生气，外接堂气是也。山自山主，穴从山；水自水立，向从水，盖一定之法。而时师狃于净阴净阳之谬，诚荒唐之甚也。

更有收山出煞法，前后八尺须无杂。坎癸申辰坤乙星，离壬寅戌兼乾甲。此是阳山起顶来，收山出熬正宜裁。斜侧收入阴阳取，缓逢生旺实奇哉。

此乘生气立穴、收山出煞之法也。来龙入首，脉随气行；而以穴乘之，所谓葬乘生气也。然龙行至头，于二十四字上有阴阳之辨。阳气之龙，正大而直，性缓而轻。立穴取脉，随其脉路所来。或盖或撞，裁穴宜正；须有斜、正、侧，不过因阴阳之气左行右行，以取耳受、腰受之异。盖其穴则当于旺龙乘旺气，生龙乘生气，决不可右转左挨，以脱生旺之正脉路也。故曰缓逢生旺实为奇焉。阳脉逢缓，正求迎斗而收，盖言以穴乘气出煞也。若脱正脉，反伤柔恶之煞。

艮丙兑丁并已丑，巽辛震庚亥未受。此是阴山入穴来，立向何须拘左右。若逢顺逆有从来，取脉论方向上裁。

阴龙之气，雄壮而刚，性急而迫。立穴乘气，当察其正脉之来。或粘或倚，穴宜居左右，以避其直冲之气。然又当因其龙势之顺逆而收脉入穴，以为斜侧之异。转左挨右者，向扦之也。若下于正脉而不知饶减架折之法，则犯刚逼之杀也。阳龙离脉太脱，固不可；阴龙进脉雄旺，亦不可，二者之祸一般。

此是收山出煞书，三节四节不须拘。只要龙神得生旺，阴阳却与穴中殊。

凡收山出煞之法，只取来龙入首一节，前后八尺约共二三丈地也。却取盘格子立穴，一定下向，顾后面来龙从何字落头。如在坎癸、申辰十二个字落头，便为阳山；如在艮丙、巽辛十二字落头，便为阴山。各随阴阳以立穴，又不当拘执三节四节之远，又不可避其落头之一节而取后节以出煞，二者皆失。又要乘后龙生旺之气，而不使离脉脱气方可。生旺气在顺逆之间求，所谓阳从左转、阴从右转之法也。知龙行之阴阳，则知龙气之生旺矣。龙气之阴阳与二十四山上之阴阳不同，故曰："阴阳却与穴中殊"，此杨公之旨。惧人不知寻龙阴阳之元，以方上之阴阳取于双山三合之法，故特言之。

更看明堂并朝水，文库大小俱得位。截定生旺莫教流，直射直流家退败。射破生方主少亡，冲破旺方财狼当。沐浴来时男女乱，库方来到定非祥。

此以向上五行收山出煞也。来龙山音长生十二方，看其水神来去。若得阴阳相见、雌雄交媾，则山与水音自然合法，其来去各得生旺死墓。来从生，去从死，绝休囚墓库，则明堂、水朝自然无祸矣。若雌雄不交，则山音布运，而其方位之上水神流来去，岂尽如法度耶？生方主人丁，冲破主少亡；旺方主财禄，冲破损财禄。沐浴为文曲，水来主淫乱。墓库宜去，来则祸起。大抵长生临官帝旺，宜来；衰病死墓绝，宜去。一不合法则当以别向收之，盖向依水立，实无关系于龙家。如用来龙山音及卦气纳于配向，则水神为祸。龙须吉而福不现，未受吉龙之福而先受水杀之祸矣。是以杨公立向并依水法取裁，而未尝以龙音之三合立向也。盖龙以静专为守位，而水以动直司祸福，故穴乘龙气，而龙有缓急，以穴避之；向乘堂气，水有吉凶，以向避之而已。

更看诸位起高峰，尖秀方圆俱得位。生方高耸旺人丁，旺位起峰官爵至。

前一节以水音步水，此一节以山音量山。凡寻龙，如见亥龙入首，若从右转则为阴龙，当以乙木起长生于午。午上数右至戌为墓。午上为长生，有高山则主旺人丁；若缺陷则主人丁受亏。寅卯上为官旺，有高山则主发财禄；若缺陷则财禄亏矣。至于衰病死墓绝方，并不宜高大而取缺陷；如反高大则祸必立至，所谓山管山者此也。

坐向须明生克化，进退水路总非轻。

五行之气，有生必有死，有旺必有衰。而来龙水神故当合休囚生旺之法，而以立向乘之。然又当察其生克制化之理，以明吉凶之应。是以龙向之中，其生其克互有吉凶。至于水路进退之间，其生克亦然，而其吉凶之应，比山音尤验，又岂可忽哉？

生出克出为退曜，生入克入为进神。退水何愁千百步，进水须教流入户。

进退水路于二十四字，俱欲其克入生入为进神，生出克出为退神。来水从向，去水从穴；来水主官禄，去水主人丁。皆于生克出入之间，以察人丁财禄之吉凶焉。夫山龙水神，如得阴阳相配、生旺顺逆，则人财两无所害，固不必于山音水音之生克以定吉凶也。若阴阳不交、生旺失位，则人丁财禄皆有所害。是以立山音、水音生克于来水、去水之中，以救人丁财禄，此杨公救人之元术也。又说此言内局、外局。如内局水流辰，外局水流未，是水生、木出也；内局水流丑，外局水流

未，是金克、木出也；并为退曜，以情自己出泄气故也。外局水流未，内局水流戌，是木生、火入也；外局水流戌，内局水流丑，是火克、金入也；并为进神，以情自彼入有情故也。《玉尺经》云：予之夺之，彼无心而曷济；生入克入，情既去而复留。正是此法。

进神得位出公卿，大旺人丁家巨富。

山管人丁，水管财禄。穴从龙，故以去水收生克于穴中，以救人丁；向从水，故以来水收生克于向，以救财禄。其生其克，各得其法，则人丁旺而家巨富矣。

天上星辰似织罗，水神三八要相过。水发城门须要会，却似湖里雁交鹅。

天上星辰，二十八宿为经，五星为纬。于周天三百六十五度四分度之一中，似纵横、如织罗，此天垂象于上，自然之经纬也。于水之行于地中，亦当顺其自然之经纬也。天文地理，上下流通。地著象于下，亦如织罗而错综不乱也。如辅龙水来，一枝从右到堂，一枝从左到堂，交合成义，各从本龙墓库流出，升阶殿而去。至于金鱼虾须，两股亦要从左右会流到堂，各从本龙坐向之前，于乙、辛、丁、癸上发，行小神入中神；从申、庚、丙、壬而上寅、申、巳、亥位分，会合大水，倒右同上御阶而去。一纵一横，犹如织罗。而左倒右倒，如雁鹅也。鹅者家禽，喻龙入首金鱼也。雁者野禽，飞自外来。辅龙到头，喻外合襟水也。外水三合，要自辰、戌、丑、未右倒入乾、坤、艮、巽，为登御阶；内水三合，要自向前乙、辛、丁、癸左倒，从甲、庚、丙、壬至寅、申、巳、亥，为入大神。内水入会外水，犹鹅与雁交也。内水倒左，外水倒右，布列如织也。三合相遇，过穴前也，须要内水合外水也。水法合此，富贵双全。然外水难移，内水可裁，立法虽云自小神而至大神，又不可太拘，只取右倒之义。如甲、庚、丙、壬之向，自乙、辛、丁、癸入大神，势固可为；若作寅、申、巳、亥向，即于甲、庚、丙、壬左倒至寅、申、巳、亥及乾、坤、艮、巽，亦为得位矣。又如乙、辛、丁、癸，只要自本向前出至甲、庚、丙、壬，亦为得法；若乙、辛、丁、癸与乾、坤、艮、巽，路远难通，势或阻隔，将何处之？故善用者存乎变通也。至大神登御阶，亦为织罗矣。

水名消息要知音，却向元空里面寻。乾坤艮巽先发长，寅申巳亥长伶仃。甲庚丙壬中男发，子午卯酉中男杀。乙辛丁癸小男强，辰戌丑未少男殃。

水自生旺方来，墓方去，得之合法，不同是何字上，并有吉而无凶。宫佐均平，必无偏枯之患也。或水来去不得三合，则吉凶异应不免有不均之祸。复有消息水音之法，取孟、仲、季以定长、中、少公位，断吉凶之应。夫水神来去之路关系祸福最切，天干位上宜来，地支位上宜去。若从地支方来，并从长、中、少公位断之，其应如神。

又说：元空非谓丙、丁，乙、酉原属火之元空，乃谓立向消水。假如木龙而得金水，口当立金，向从三合控制。舍一得二之法亦收之。弃却木龙，便是元空矣。其法神妙，所谓山自山、水自水，各专生旺而化机自成矣，岂忆度牵扯之所云云者哉？

沟壑明堂定方隅，便从品折审萦纡。四尺五寸为一步，折取须教向所宜。小神须要入中神，中神流人大神位。三折更上御阶去，一举成名传万古。

明堂者，穴前小明堂。沟壑，穴前傍小涧水也，及四隅左右微茫，荫腮水也。导此引水出门，须要品配三合，曲折而去，仍用营造尺四尺五寸之步以定萦纡之数。生旺流长，死绝流短。并从水神，由小自中至大，右倒上御阶而去，斯为上吉之法也。

奇贵贪狼并禄马，三合联珠贵无价。小神流短大神长，富贵声名满天下。

此言沟壑之水虽为轻微，而关系祸福非细故耳，必自小而中至大。然欲得奇贵、贪狼、禄、马来去，则为福龙。奇者，地盘乙丙丁也；贵者，天乙贵人也；贪狼，生气也；禄者，天禄艮离也；马者，天马乾离也。以至天下禄马及长生贪狼、官禄武曲之类，皆是以合奇贵、禄、马到堂，三合联之，更上御阶而去，其秀气龙昭然矣。出入水路既有曲折，则不能不犯凶神矣。凶神则休囚死绝之类也。但恶神宜短而吉欲其长，导引入堂，三折而行，远近有步，短不过三，长不过九而已。此以沟壑之水、合腮之水而会外水之法也。

申子辰收坤乙壬，寅午戌收艮丙辛。巳酉丑联巽庚癸，亥卯未联乾甲丁。山与水，须要明此理；水与山，祸奇更相关。

此言天干、地支、三合之法，即双山、四经、五行之本旨也。如水土生，子申旺子墓辰。生者，气之始也；旺者，气之盛也；墓者，气之终也。以生、旺、墓联合者，究造化之始、天地之终义也。坤以隶申，壬以隶子，乙以隶辰，以先天配后天之气，则《河》《洛》相为表里也。故坤隶申，则坤中之气，自相通而无间，所谓双双起义也。水土之气行于地中，则始终于地支；行于地外，则始终于天干。故坤壬乙所以附于申子辰者，亦其气运联合之妙也。余仿此。论山者则取来龙之本音起长生，以究三合；论水，自有水之本音起长生，以定三合。如用申子辰，则坤乙壬亦隶之。此谓须要明此理也。然山自山、水自水，而于祸福无相关也。假如申子辰三合，行龙入首，取水、龙之合立向，用申子辰为向，使水神流坤申则破长生矣，流壬子则破旺方矣，其祸福为不相关乎？且谓三合者，自龙以向水口成三合，犹鼎足而立之谓也。向指未立，则祸福未彰；龙向一定，则祸福随见。所谓吉凶悔吝，生乎动也。

左行子丑向未场，申酉抵亥左为阳。右行午巳辰卯寅，向子猴羊右为阴。二十四山分五行，尽在顺逆里面寻。依此法，不必问纳甲。

阳生于子而顺行，阴生于午而逆行，各从五行之阴阳而顺逆布运。如亥龙左行为甲木，生亥，旺卯，顺布；亥龙右行为乙木，生午，旺寅，龙逆布也。其立向之法，或生龙作旺向，或旺龙作生向，或从本墓作向者，谓三合联珠局法，并不必寻纳甲卦气之说也。卦气者，如兑纳丁、巽纳辛之类。

颠颠倒，二十四山有珠宝；逆顺行，二十四山有火坑。

既有左行右行之分，则五行之气，分阴阳而顺逆颠倒矣。阳气顺行，而生旺之运从子转丑而行；阴气逆行，而生旺之运从午转巳而布。二十四山各有珠宝、火坑亦明矣。此言随阴阳，来龙及水神顺逆布气之法也。

雌与雄，须令交会合元空；雄与雌，也向元空卦内推。

天地交而万物生，夫妇交而男女育，此化育之真机。故法象家立葬法以求鬼福者，必使天地之气流通无间，然后能改造化而回天命也。是以辨雌雄之交、明顺逆之运、穴乘生旺、向指冲和，而后可以求福。若徒想象于砂法之中，而不会雌雄交合之和，岂能发富贵、旺人丁哉？故杨公云：雌与雄，须令交会合元空。雌，阴也；雄，阳也。山龙、水神，各有阴阳。阳从左转，阴从右转，其形之阴阳可以观气之顺逆，如阳龙顺行入首，则宜阴水逆来交阳；阴龙逆行入首，则宜阳水顺来交阴。阴阳相见，气自冲和。葬乘生气者，鬼福以及人也。夫山水左转右转，自其形象而言也。二气行于地中，顺行逆行，默运于冲漠之中，目不可得而见，言不可得而喻。二气交感，万物化醇。此理元之又元、空之又空，故曰元空也。

又说：从水口立向以消水，不论本龙，故曰元空，非丙、丁、乙、酉原属火之谓。

合元空，翻天倒地对不同；用元空，三年大发福无穷。局金龙，经纬阴阳义不同；动不动，只待高人施妙用。

《易》曰：一阴一阳之谓道也。以山水分阴阳，以阴阳为雌雄。天道左旋属阳，而生气顺布也；地道右旋属阴，而生气逆布也。阴用阳，朝地得天而气交；阳用阴，应天得地而气合。故一顺一逆，错纵交合，如亥入首，一也。有气自亥顺布趋未者，为甲木；有气自午逆布趋戌者，为乙木；正元空之气翻天倒地对不同之处也。若其山水交合、雌雄相见，得合元空其妙，二气冲和而灵粹所钟，富贵之所以生也。故曰三年大发福无穷，言应之速也。

又说：杨公通篇之旨至在局金龙上。盖辰、戌、丑、未四大水口，乃屠龙之砧；能立向以收之则为福，向指一差则祸立至。经曰：有绝向，无绝龙，故曰：只待高人施妙用于动不动之间，旨哉言乎！

第十六章 堪舆汇考十六

《十二杖法》

顺 杖

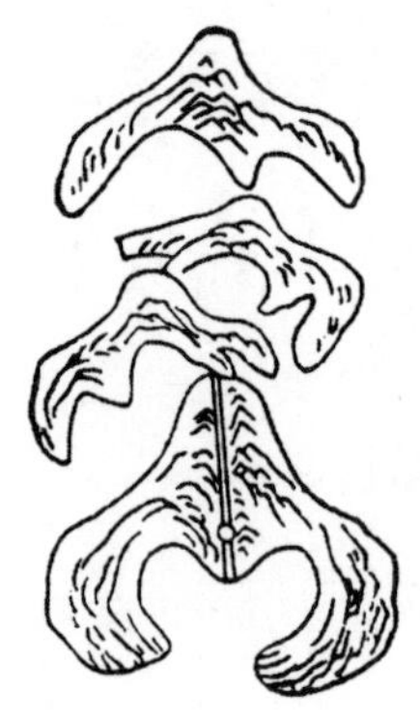

图说

顺者，顺乘乎本山之来脉而受穴者也。必其后龙已经剥换，脱杀得尽。及至将入首处，不强不弱，不必饶减，微微一脉，迤递而来，无直冲剑脊。细看则其来实清奇而真正，远视则其脉若散漫而难收。在穴场视之，则见穿心对顶，朝案端正，龙虎和平，堂水中聚，分合清切，球檐界限，证佐分明，唇脐端圆，正接来脉。而下及登其结作之顶，则细嫩曲屈之元折出，起伏顿跌横飞直冲。局若对顶而实不对顶，脉若穿心而实不穿心。或阳来而阴结，或阴来而阳结；无直来直受之疵。然两边夹辅之水，均之欲其正聚于内外之堂，虽或倒左倒右，终正聚而中出也。大低作法多盖、撞、吞、沉四法。结此顺局，必后龙力量厚重，结王侯状元极贵之穴，顺杖方发福也。否则，龙体贱微，则顺杖顺局端不发福。故顺之诀不在于局，而在于龙也。

逆　杖

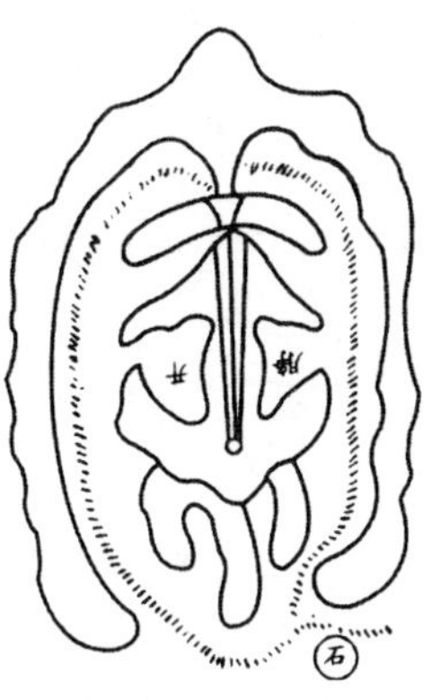

图说

逆者，逆接乎本山之来脉而倒受穴者也。必须祖宗高耸清秀，落脉细嫩，如蛛丝灰线，顿跌起伏转折而来降。体无脊石，不点驳，无枝脚，冲射两旁，开静而不凌压。行龙虽有起伏顿跌转折，无冲霄插汉之峰峦，直至结穴之处，则特起星峰朝山。虽系祖宗，而对峙之间俨若宾主之相称。虽曰祖，不厌高，亦不欲其逼近压冢。愈远而愈秀，至近亦须有百步之隔。远则高峰无害，近则不可使强于主也。然倒骑逆受之穴，多阴发而阳行，弱来而强结。大抵作粘、并、斜、钩四法，天罡石前不可撞受，只可循脉将尽处，稍离数尺逆受其气。立穴犹当审其前果有来、后果无去，两边桡棹。来者果向前而不刺穴，往者果向前而不牵泄。后穴鬼撑，不宜十分太长，多则不过三、五、六节。只宜直尖而平伏，不许其少有结作、以分泄其气。张其来山，会其来水，此逆杖之大约也。发福极远，力量极重。

缩　杖

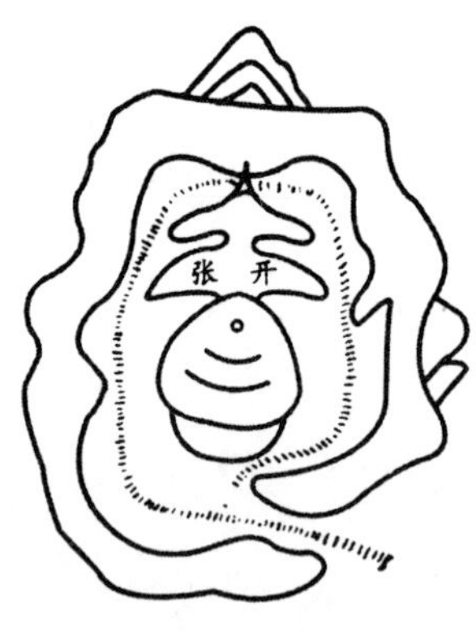

图说

缩者，气聚于山之顶中来而缩受穴也。必须四势高应，明堂远聚，爱遥山之耸秀、喜远水之生光者也。贴近之水不忌直跌，所谓上聚穴也。乃上聚而下散，气钟顶脑。四伴山峦俱高峻而环合，虽藏牙缩爪而杀气尽无。苟不察来长止短之脉，而在低处求穴，则四山高压、鲜有不绝者。故四山若高卫，则气必不下行；气不下行，则必上聚；气既上聚，则穴必在百会、囟门之间；穴在百会、囟门之间，则诸煞自然低伏；穴高而诸煞咸伏，是煞伏而化为权矣。然既化为权，即所谓强将手下无弱兵矣。故凡天穴而其下，或有石爪交牙，乌石岩岩，如枪如剑，如戈如戟等形，蹲踞于下，则愈显得上穴之力量，尚有何煞之可畏耶？此则强来而强受。大抵作盖、吞二法，当寻其太极生成之窝。受穴最怕风吹，又怕前面官。星太长，至长不过二、三节。亦不许见其尖嘴如舌之状，而憎人口舌也，概取其不见为美。

缀　杖

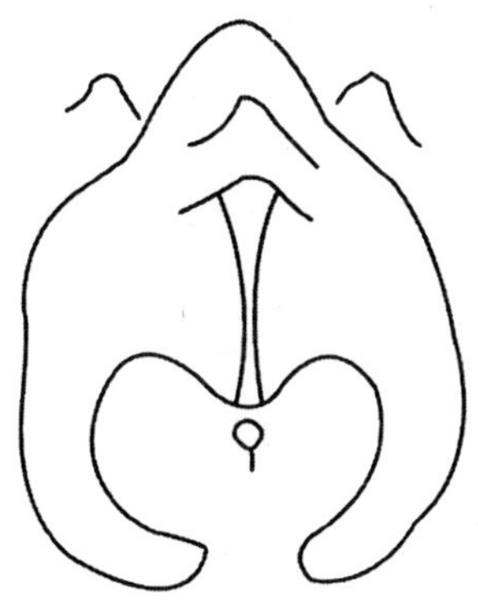

图说

缀者，如线缀衣缝、缀联其穴于脉也。盖缀杖似易而实难，何则？龙势雄急，落脉强健，结穴最低。就龙脉将尽未尽之处立穴，高一寸则伤龙，低一寸则脱气，务宜详审其欲离未离之势，杀脱而气和。龙体虽急，而穴中终不觉其威猛；穴场虽低，而局势终不觉其沉陷。对顶乘气，不饶不借，不偏不倚，不高不低，不深不浅，在缓急相乘之间，缀穴于脉，方为合法，大低多粘、坠二作法。然缀杖之法有二，有实缀，有虚缀。其来脉虽系刚急，至脉尽处微有化生脑者，则矮入球檐二三寸，粘脉立穴，此实缀也。其降脉雄急，一气行落，不起化生脑，虾须不生，八字不分，只有金鱼荫腮，所来气尚未舒缓；又须脱得杀尽，离球一二尺，使杀脱而气和，方才立穴，此虚缀也。夫缀杖之法，多用于顺局。乃先受堂气而后乘龙气者也，最怕水跌，故龙真局完，方用缀杖。

开 杖

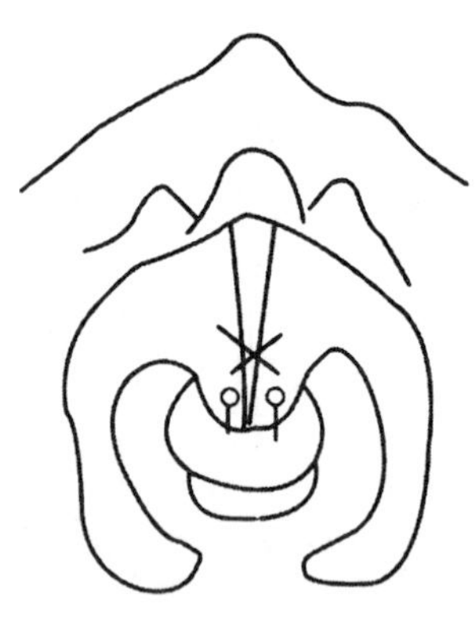

图说

开者，龙势直冲当头，有杀对顶，中分其脉，两边受穴，分开一脉而作两穴，脱中杀而傍脉倚穴者也。盖开杖之法最难。当脉则冲煞而速祸，脱脉则无气而防绝。故分开两旁，收其左右相顾之意，倚其中抽平分之势。翕其应乐，纳其堂食，循脉雄强将弱之处裁穴，方为合式。必须穿心出帐，直来直受，正向正坐，不畏直硬。但傍城借主，或饶或减，或虚或实，皆随局裁成，而不使其毫厘之间隔者，此正开也。又有一等结作，来势雄急相同，但应乐、堂气、砂水、朝案俱聚归一边。聚归左则倚左立穴，聚归右则倚右立穴，其不敢当脉之中而受穴则一也。大抵多倚、挨、并三作法，杀气在中，不可轻犯；面前沙嘴，不宜直长。尖闪唇脐，务宜横阔。堂水不拘来去横过，但只见其聚、不见其直泄即可，何则？盖龙雄气盛，所以中脉不敢受穴。斯则借脉立穴，发达甚速，力量亦重，故曰“直冲中煞不堪扦，堂气归随在两边。依脉稍离二三尺，法中开杖最精元，”即开杖。

穿　杖

图说

穿者，脉自旁来而正面结局，如线穿针眼。如柯斗斧眼，气从腰入而成穴者也。必须来龙长远，直来横结，或横来直结；正来斜结，或斜来正结；至此再不分枝分擘，龙尽气钟，乘脉寻穴，不用饶减，不可脑受，又不可耳受，以腰受脉正立穴而傍受气者，其穿杖之体段方真。又当详察四顾之情何如。耳人穴之处，果前有朝案、后有托乐，左有青龙、右有白虎，明堂兜襟，虾须蟹眼，蝉翼金鱼，件件合式，俨若出帐对顶结作一般，力量才重。如或面有前朝而背无后乐，或后有应乐而前无案朝；或脉自左来而右砂不转，脉从右来而左砂不紧，此必奴龙也。甚弗强于裁剪，而曰此宜穿杖也。遂借口讹扞，以至误人，慎之。大抵多插、撞、盖三作法何则？脉既横来，无有杀气，亦无天罡，缓急随势而受穿，得脉著即已，复何难焉？

离　杖

图说

离者，脱离本山之来脉而受穴者世。盖离杖之结作甚巧。人见其坦缓平夷，以龙至弱也，殊不知似弱而实刚。何则？成龙之山必顿跌起伏，或大顿而小跌，小顿而大跌；或大起而小伏，或小起而大伏；或小顿小跌而大伏，或大顿大跌而小伏；或大顿大跌，至将结作处，如蚕蛾之脱茧，如蛇蝉之脱壳，形体虽在而生气别脱出外矣。凡黄蛇吐气、美女铺毡、仙人弈棋、丹凤衔书、贵人用印、猿猴捕影、灵龟照子、将军打弹、狮子戏球等形，与夫过水重兴营寨者，皆脱离本山之形而就气立穴者也，皆大顿大跌、小顿小跌而微起者也。人孰不曰柔弱而迟缓也？岂知顿后所伏之气，至此方起，特由剥换中出来，但无杀耳。其方起之势，殆犹火之始燃者，气之盛为何如？必须后龙俱是行体未经劫泄，砂水不少停，无可立穴处；直至穴场，方才集聚于平坦微突处，离祖作穴者，此离杖也。大抵多用盖、并、坠三作法，当急受。此地甚大，力量长远，主富贵悠久。

没 杖

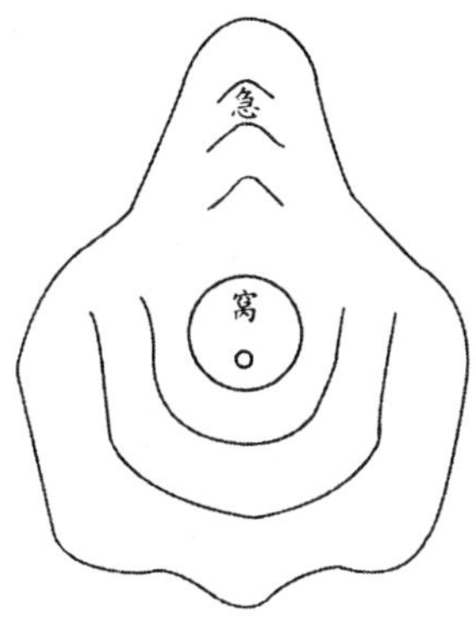

图说

没者，本山阴来阳结、急落开窝、窝中立穴者，入首潜伏其气，沉于窝底，杖亦没于窝底深，乘乎本山之来脉而受穴也。盖龙势雄急，一向阴健；又或穿心出帐，自离祖而来，直行至此方剥出阳来，杀气未除阴，若不开窝，谓之独阴。不生断不可用若后龙虽系刚急，而至此则盘旋均停，隐然如螺旋乌窝、金盆油盏之类，中心低而四旁高。或如侧盆侧盏之属，自然有一种藏风聚气之象，此阳结也。则因势开凿，至乘气处，规矩准绳自与杖法相契，如杖之没于泥底也。故曰：没杖不忌高昂，但求穴上不见巉岩破碎而已。或十步、二十步、三十步之外，或在身下，虽如枪，如刀，如戈戟列于左右前后，只要不射刺穴场，愈增福力，故一窝能藏百煞。虽或有出不尽之杀，穴高则请杀咸化权而拱福矣。大抵多撞、插、吞、沉、架五作法何也？咏既深沉而来，则穴必深藏而受。又因其窝之大小而施夫裁成之工。不可一概以为没杖气必沉也，而必深受穴焉。如窝小则当少加开凿，而因势乘气立穴也。

对　杖

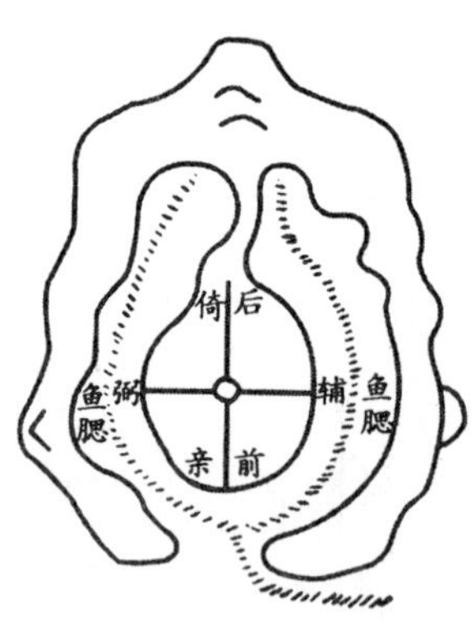

图说

对者，杖头紧指有情之处，取其四势登对而中心受穴者也。必须祖宗峻拔，降体奇伟，行度精俊。两水夹出，直来若奔；一水横拦，其止若尸。龙真局正，三方环固，四势和平。及至入首去处，如一片浮牌，无窝无钳，无乳无突。本身之上，毫无凭据，但体前情，亲后乐，准辅弼，刺鱼腮，指定四兽交顾之处，以天心十道口衔材之法取之，则穴无遁情矣。又有一等龙脉，清浊未分，上面高直，下面低坠；高扦则见下面太低，低扦又觉上面悬绝；却于缓急平分之间，对脉中停受穴，此又一法也。大抵只要四势登对，则裁穴必在十字横直交接之中。多用挨、并、坠、插四作法何则？对杖，平中多用之，山冈间有之。盖平洋之脉，有生死而无强弱，有起伏而少分合，故当挨生、并死、坠气、插脉，随界水浅深以成穴也。斯则山水朝揖于外，生气藏畜于内，如石中之玉、沙里之金，不凿不淘，曷为而见？坪中之穴，不有证佐，不有对杖，曷为而知？

截　杖

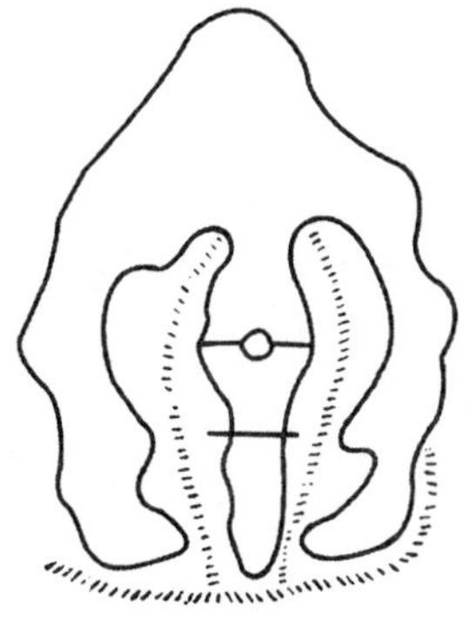

图说

截者，截去其穴前吐出有余不尽之气、左右不包之砂头也。必须后龙未经结作，雨水夹出，直至穴前。一水横拦，气不他往。后无鬼劫，前无官飞。势若群羊之见犬而只只回顾，但包穴而不包袍；如大蛇之见蝎，而兹兹吐舌。但劫地而不劫气。众山俱短而此山独长，立穴于元武尽处则无夹护，故于本山纾徐停蓄之间，收其左右夹拱之山，截其元武长嘴。乘其欲断不断之势以受穴，则无高露风低脱脉之患矣。夫截者，斩截之谓也。须斩截得无一毫气脉之行，方才合矩。大抵亦要上面有来，下面无去，见其来不见其去为美。若后面见其迢递而来，前面又见其迢递而去，虽夹照齐整似可作穴，不过山断处耳，龙脉驻足处耳、所谓过山气甚深沉。若曰众短取长亦勉强。裁截穴法，惟斩得绝三字足以尽之矣。

犯　杖

图说

犯者，伤犯乎本山之脉而凿开合杖者也。必须众山皆雄伟，而此龙独柔软居中、众山俱长而此龙独短、众山俱高而此龙独低，或众山俱大而此龙独小，或众山俱秀丽而此龙独粗丑，此等皆阴发而阳行、阳来而阴受者。若复于缓处立穴，则伤于太柔矣。故当视其阳体初变之处，大施人力，急夺天工，即于孩儿头上开金取水，高居尊位以降伏群阴也。大抵缓来而急受，多用盖、吞、撞、插四作法何则？“一阴一阳之谓道。”阴阳迭运者气也，刚柔相济者理也。阳以含阳，阳以畜阴，气形理也。众阴而独一阳，理固辨矣。然夫造化之凝结，必不离父母所生之体。阳复生阴，穴方的矣。盖犯杖之法，人所畏忌，殊不知力量甚重。真龙大地，天之所珍，地之所秘，将以福其善也。恐泄其机于不善，到头之时多不开头面，而私此一诀以福善也。必须堂局宽展、遥山耸秀、远水生光者，其体方真。若逼山逼水、局量浅小者，亦以犯杖裁之，未有不绝者，慎之。

顿　杖

图说

顿者，堆顿高垒，积客土以受生气、培假早以配真局者也。必须龙真局正、众山俱小，而此龙独大，众山俱低而此龙独高，众龙俱细嫩而此龙独粗老，四伴俱柔弱而此龙独刚强，及到头将结作处，则顺势直倾、尽泻其气于堂局之中，总四兽之气以为气，应四兽之形以为形，仗四兽之情以成篑，顿四兽之局以裁穴。如大贵人之巡狩一邦，则一邦之人迎者送者。迎送莫不矢心于一人一样。局势又环，来龙又真，泻落平垟，或入泉涧，不论高低大小，于十字杖中顿墩成穴，只要与四山相称即已，不必以入首脉络不清而疑泥于其间也。大抵急来而缓受，四面夹护俱柔软可亲，独有此龙雄伟居中，刚急可畏。若复于急处立穴，则伤于太刚，且露风凄煞，故当于平中高垒土埠以成坟耳。然惟干龙方有之何则？干龙多结州郡阳宅。设或结阴地，其龙气宏大一时细小不来，故气满堂直倾而成顿局。夫有顿必不跌，顿而泄落平垟是顿而方跌矣。顿而方跌，则气正欲前往，一水横拦，不能前行而上掤，故气浮在上。顿土可以成穴也。若局量褊小，则无顿法也。

顺杖兼杖

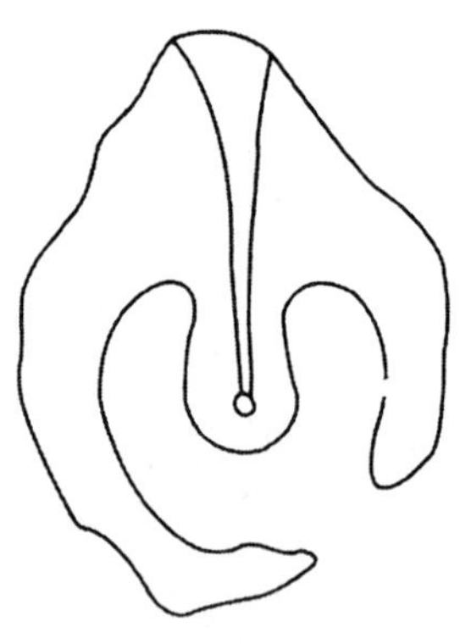

图说

顺而兼乎逆者，顺乘其临头之脉而逆接乎堂中之气以受者也。使真气拂耳，宜挨去水一边立穴，不可少侵上边顺水砂头；只收下转之山以拦截上来之气，出上山之杀以注纳下流之水；以耳乘气，中正受局；天门大开，地户紧闭；头顶来龙，脚踏去水，方合局也。

顺杖兼缩

图说

顺而兼乎缩者，顺乘其脉而结穴于百会、囟门之间者也，乃上聚而下散，受遥山之秀、喜远水之光者也。正接来脉而下，穴场虽高然藏风聚气犹如平地。堂局证佐亦与顺杖无相彼此，而此特星辰高应，收纳遥山远水之秀，力量更觉重厚，为少异耳，大约与顺相似。

顺杖缀杖

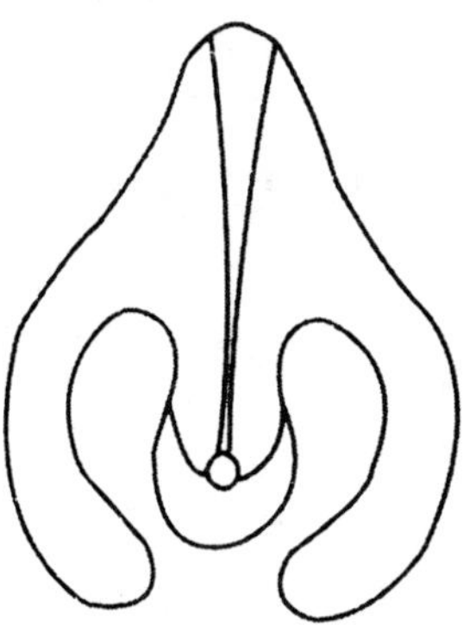

图说

顺而兼乎缀者，顺粘其穴于龙尽气钟之处，缓其所急脱煞而缀穴于脉者也。宜抵受穴、略侵界水限一、二尺许。要堂局低平而不倾泄，宽大而不旷荡，四势和平。穴场虽低而不觉沉陷、不相饶减。其大约亦与顺杖相近，而此特底受穴耳。务宜详密，以其易于脱脉故也。

顺兼开杖

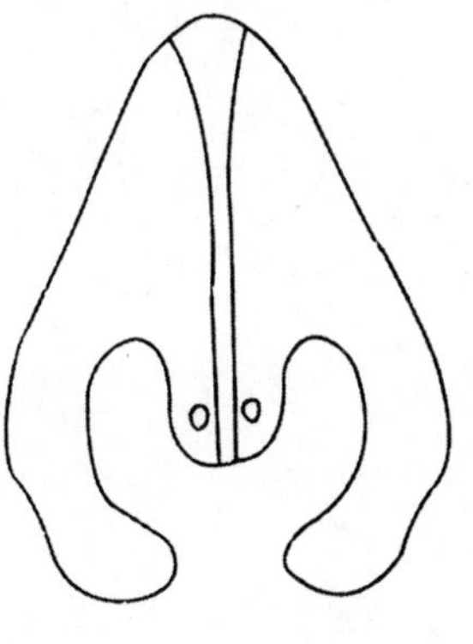

图说

顺而兼乎开者，顺乘其脉而两开受穴者也。龙气雄急，一顺直冲，当中脉立穴则犊煞矣。故脱中煞而旁受穴，局势证佐。欲其中分中应而不可少有偏倚，大约与顺杖相同，而此特来脉粗雄、不比顺杖落细而当中立穴耳。故分穴居脉之两旁，顺穴而开葬也。

顺兼穿杖

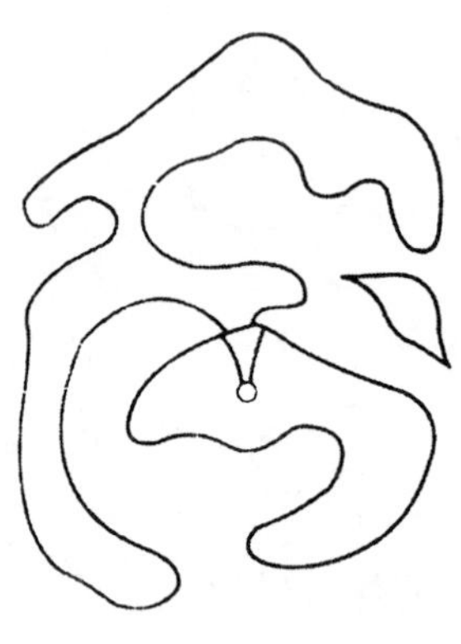

图说

顺而兼乎穿者，顺食堂气而斜乘龙气以受穴者也。不论左来穿穴、右来穿穴，大率以腰受气。必局势纯净，虽不对顶出脉，而其局则俨然穿心出须帐者一般。全要下砂不牵曳，而兜头尽转；后乐要峻拔，而开面正抱正接堂气而脉来贯耳者，皆顺而兼穿之杖也。

顺兼离杖

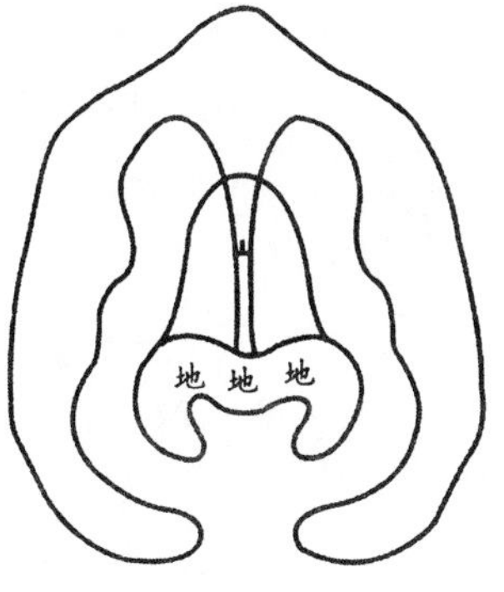

图说

顺而兼乎离者，顺就其局、脱离其脊、抛出平地、中矮堂气而立穴者也。必须元武山上急峻，不可立穴；平地中心，微起突胞；或微生旋窝，上头虽见一片老板壳，而直势直奔，落头不清，其实对顶乘气而有临头、有合脚也。故拂顶受穴者皆顺，脱脉矮局者皆离；山行龙而地结穴者，顺而兼乎离也。上称离山，行龙非离卦也，乃结硬局而扦平软穴也。

顺杖兼顿

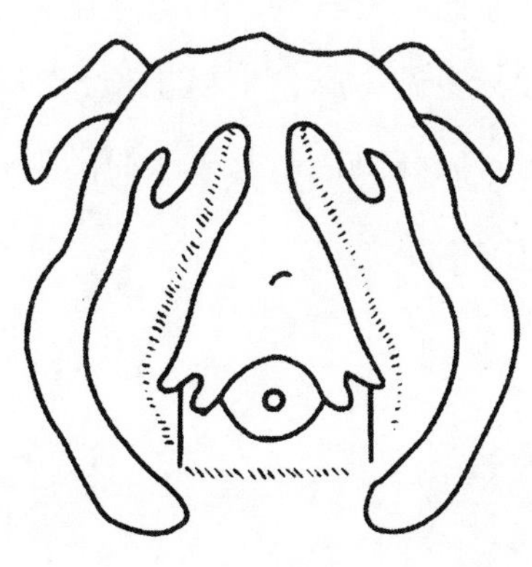

图说

顺而兼乎顿者，高山出脉，穴居平地，顺其前后左右高下相应之间。因其高处，簧成一山，正受其局以立穴。只要主山耸拔，诸山远顾而不旷荡，局面低平而不紧小形局，相称前面；一水拦截，四势和平，使高山卸落平地之体，复顿成高阜，是静而复动、顺兼乎顿也。

逆兼顺杖

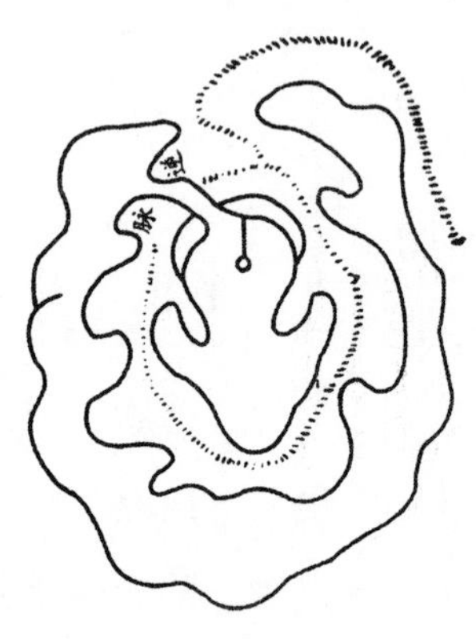

图说

逆而兼乎顺者，逆接其气而顺受其局、倒流逆施以受穴者也。三台起祖，分臂分枝，角落顺势，至顺极处，逆抛一脉，坐祖正顶，前对脐心，后对鬼撑；虽从囊入，俨然穿心出帐一般，前后左右俱逆，龙顺顾而随逆俱顺，至切勿以顾祖回首而认鬼撑为穴，以踏于果头城之弊也。

顺杖兼没

图说

顺杖兼乎没者，正坐来脉，正接堂气，开金取水，深藏其穴。未作穴时，则惟一个圆金星穴一；作时天心十道球檐薄口，件件与前后左右相合。虽未开窝而作为乘金相水，深开大窝，发福极速、但忌前面堂水倾泄，不发财禄、而百煞亦不畏者，以一窝之能藏也。

顺杖兼对

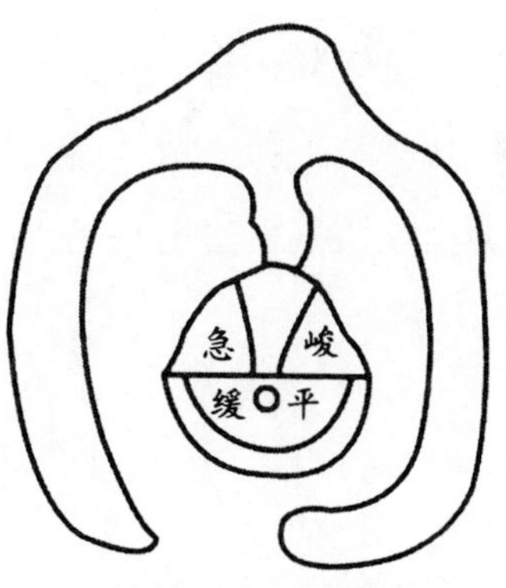

图说

顺而兼乎对者，顺受其脉于急缓交济之间，正放棺于天心十道之中，平分四势以裁穴者也。必须上刚下柔，上生下死，上动下静，上明下暗；后头山脉至此焉终，前面唇脐至此焉始。于上下相乘之中，对十字天心立穴，则无伤龙脱脉之患。此顺而兼对之杖，高山平地有之。

顺杖兼截

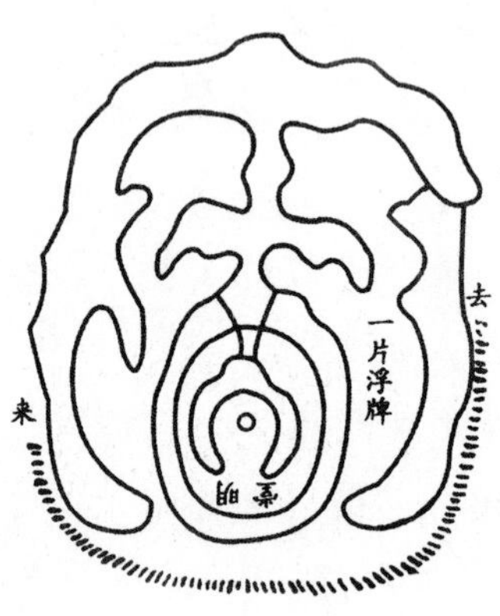

图说

顺而兼乎截者，顺水直冲，穴结中停；后面有来，前面有去；于穴中循法造作，后来之气截然不能前往，本龙气脉无有一毫不行；始虽似乎一片浮牌，终则作为龙穴砂水如自然者一般。收其左右夹顾之情，逆其生旺深长之水，迎神背杀，弃死挨生；乘其所来，截其所去；顺兼截之法也。

顺杖兼犯

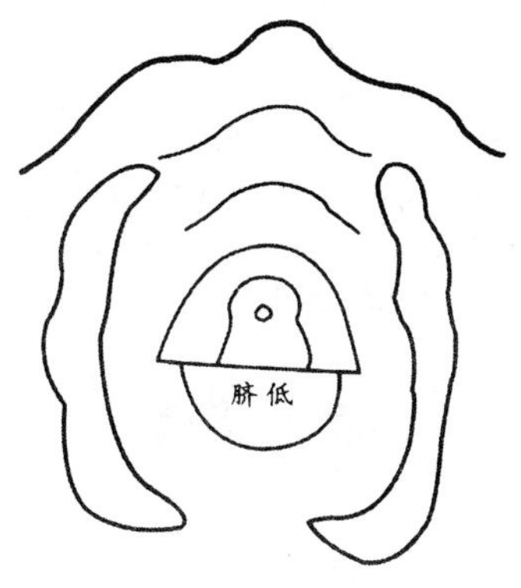

图说

顺而兼乎犯者，后龙踊跃，迢递而来，穿心出帐；及至到头处则成一顽金体势，无分合亦无薄口，如玉藏于石，凿破始逢；当高齐眉、低应心之处，大开茔穴，深凿金坑，必乘其气而后已，使始之员金一块作成个字三义，改犯其本龙之形体以成穴者，顺而兼犯之法也。

逆杖兼缩

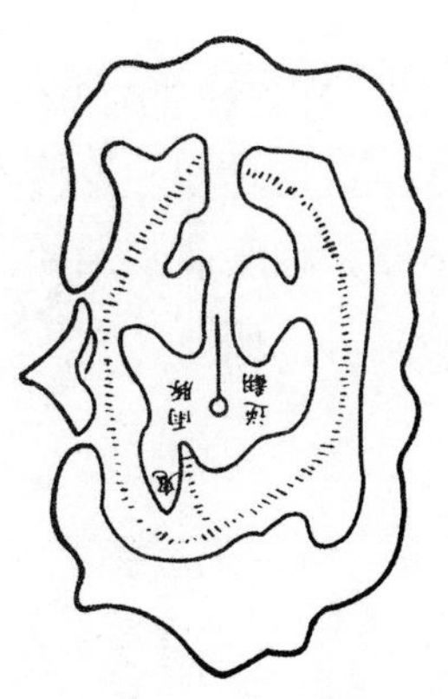

图说

逆而兼乎缩者，还乘其脉而星辰高应、穴结于囟门、百会之间者也。四山强峙，只落脉细弱，穴情逆开面目，番身结顶，两脚逆番；遥山拱秀，远水生光，两边明堂之水洋朝，前脉无脊，后鬼有兜，穴场虽高而无风吹，水分两边从后绕旁合襟而出，而无水劫，故逆杖还兼缩法高也。

逆杖兼缀

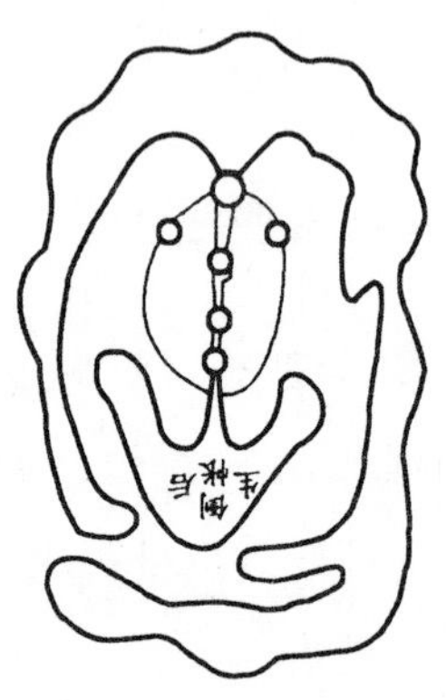

图说

逆而兼平缀者，逆受其脉而星辰低应、急乘其气而面真背假以立穴者也。多祖宗峻拔而行龙细软活泼，虽倒受其气，登局却似后来而有倒帐，如不敢凑其急煞一般，方逆缀也。夫逆缀与顺缀不同，顺缀而堂局紧小，犹可用逆缀；而局量紧窄必非逆结，乃过峡也，必须面前宽阔方可用。

逆杖兼开

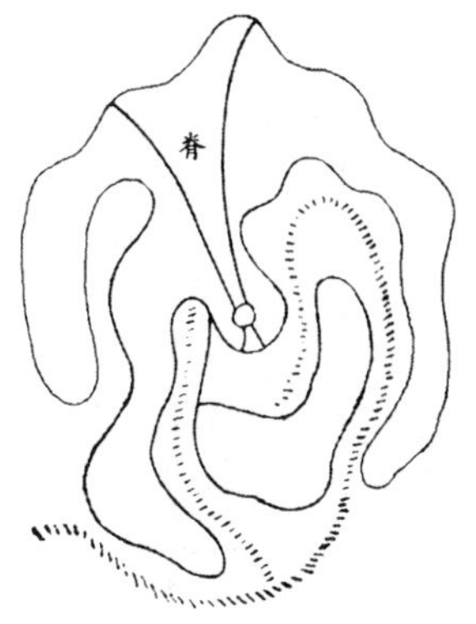

图说

逆而兼乎开者，逆乘其脉而闪开一边、挨脊倚脉以立穴者也。此局来龙多无起伏，浑浑而来。后面枝股，俱是用神体段，回头逆顾里面而不自立门户。其脉之来也，强硬而不脱杀；其枝之去也，细软而不结作。于杨柳枝头出来正心上，立穴不贪遥山远水，只收纳自家山水，傍有局一边，作逆开杖法。

逆杖兼穿

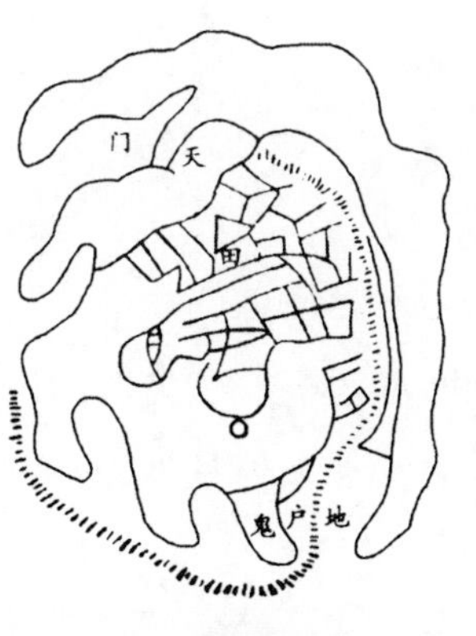

图说

逆而兼乎穿者，逆就其局而横受其脉、回头顾祖以受穴者也。不拘左转右转，但中抽出脉而闪归一边，复顾祖逆就局而横受脉者，皆逆而兼乎穿者也。就山来这边，枝脚短缩而不刺穴；水去这边，一股直护过穴而不短缩；天门又开，地户又闭；局平整而不左倾右泄，结穴不高不低，惟与局势相称而已。

逆杖兼离

图说

逆而兼乎离者，逆转朝宗离脉、循局以立穴者也。必须从大剥小，飞鹅势只跟一只直至水边，过水重兴。虽系回头顾祖，面前一水横拦，俨若宾主对峙一般。

《博山篇》

概　论

相地法

论曰：凡看山，到山场先问水。有大水龙来，长水会江河；有小水龙来，短水会溪涧。须细问何方来、何方去？水来处是发龙，水尽处龙亦尽，两水合才是尽。或大合，或小合，须细认。

善知识，何以相？龙神上聚，登高相之；龙神下降，就下相之，穴土位中，对面相之。水来水去，侧身相之；砂左砂右，徒步相之。前朝后应，前后相之。眠彼堂逼，周遭广野，果尔俱合。乃论阴阳定向，首稽气候，正方隅；形势符，方位

合，斯全吉；阙形势，不可扦；失方位，减福力。善知识此话概。

论　龙

寻龙法，寻祖宗、寻父母。祖宗所居，极高之方，火星所结；顿起楼殿，漫天水星，与渠相映。曰：水与火乃成既济。父母所居，中高之方，金星所结。爰有二星，内外相照，一父一母，是为对待。龙自此出，自此退卸，自此博换，才是行龙，才可结穴。

若从大山，便落一节，两边龙虎，名为假穴，何以故不贯顶也。

认得真龙，真龙居中。后有托的，有送的；旁有护的，有缠的。托多送多，护多缠多，龙神大贵、中贵、小贵，凭这可推。

行龙的度，人身相似。开两手，分八字；抽胸膛，直前去。身正的，身歪的；偏左的，偏右的；叠串的，倒转的；趋高的，趋下的，变化多端，汝谛汝谛。

八个相法，相何等相？二十八形，形何等形？九八变星，星何等星？分富贵贱贫。

三样落法：自肩而落，自腰而落，中心而落。三落者，各分枝，各分叶。中落上，肩落次，腰落又次。到尽处，真好真好。

辨五势：龙北发，朝南来为正势；龙西发，北作穴、南作朝为侧势；龙逆水上、朝顺水下，此乃逆势；龙顺水下、朝逆水上，此乃顺势；龙身回顾祖山作朝，此乃回势。五者结穴有顺局五、逆局五以逆为贵，顺则减力。势之顺逆，论大江水正侧逆顺。祖山之水皆可到堂，回势既远，盖砂障隔；祖山之水难以到堂，但势盘旋兼水环绕，虽不到堂，其力反重。既得势了，便看水口，兼看下砂。俱在逆取，不向顺裁。逆势者，情得水，无下砂亦结地；顺势者，无下砂，有的近案，乃可用；顾祖者，远为优、近不如。何以？故远者龙长，得水为多；近者龙短，得水为少。

龙犹树，有大干，有小枝。干长大，枝短小；干为荣，枝为卫。论低昂，何轩轾？若得水，咸可用。枝干上有疑，龙须细论。

山双行，水居中；水双行，山内拥。水界龙，龙之行；得水界，龙便止。何以？故气行地中，是曰内气；水流土上，是曰外气。外气界截，内气止聚。

支中眠脉，土脊是脉；陇中眠骨，石脉是骨。遥遥是势，迩迩是形。势来形

止，生气可乘。

龙欲其聚，不欲其散。龙欲其止，不欲其行。散余有聚，行余有止。得地之纪，何知是聚，城郭是聚；何知是止，结作是止。

陇龙属阴，其气浮如，最慑风吹；支龙属阳，其气沉如，不慑风吹。

何名峡，山断续。这处是两山相夹，为峡之吉。风吹水射，峡是以凶有正出的，有左出的，有转顾的；有正出斜过的，有侧出正过的。峡之出，穴如之。欲得穴，先推峡。能得峡，穴可明。

两样地，十样过，宜细认。

论向首，字对字。看何龙，作何向；看何峡，作何坐。因长短，结远近。认得真，穴可定。

龙神博换，从大博小，从高博低。断了断，乱了乱，穴必嫩；不曾断，不曾乱，便丑样。

遇凶星，须博吉，方可用。不博吉，若要用，间星从，流星从，须细认。顺制逆，逆求顺，不晓得，生恶业，胡可用？

龙穿帐出，厥力乃重。含金含水，这帐为上，纯水为中；两角有带，这帐为上，下垂为中；穿胸的帐，这帐为上，穿角为下。帐下贵人，这个为上；若居帐上，这个为下。

左关右轴，这个为上；边有边无，这个为下。

灵泉养荫，异骨奇毛，皆能证验。

欲详穴，先辨龙；不识龙，胡识穴？得龙真，穴有病，可医修，若龙贱，修无益。但这龙，众人母，诞贵儿，在何方，须细认。勿因龙贵，妄认孅穴。汝见龙形，当知穴形。莫待临穴，乃尔失真。有飞龙的龙，蟠龙的龙，舞凤的龙，踞虎的龙，奔马的龙，游蛇的龙，平冈的龙，嵯峨的龙，尖射的龙，乱杂的龙，孤秀的龙，凡十一样，相穴状可知。或结禁龙，或结蛟龙，或结鸾凤，或结狮象，或结马驼，或结弓剑，或结星月，或结将府，或结凶坛，或结营寨，或结神观；宜细论，要博推。

即后龙，分年代。看何龙，詹何属。

审星宿，问方隅。亥艮兑，巽丙丁，辛庚己，龙之吉，法宜扦；壬子癸，震亦中。

论合穴，亥龙向，丙巽丁；艮龙向，丙庚丁；兼辛巽，合星元。兑向艮，卯巽丁。巽之向，亥艮辛；丙之向，亦艮辛，丁之向，亥艮临。辛合庚，巽卯艮。巳与亥，对宫扞。壬之向，惟坤乙；子癸向，俱午坤；卯之向，庚辛位。此龙穴，俱合贵。

寻龙者，认峦星，望灵气。

定龙脉，何者来，何者去。

考方位，注真气。加制伏，方得利。

论龙神，详且未。有星垣，会者稀。识全局，知大地。有紫微，有太微，有天市。天虹来，天马至。古名都，眠不眠。高着眼，锲心记。诲尔龙，龙如是。

论　穴

善知识，龙格下，有穴星。或金体，或木体，或水体，或火体，或土体，此为正。有高圆金，有矮圆金，有金带水，有土带金，俱为全吉；金带火，金带木，水带荡，火带焰，俱凶。星有变的样子；无龙虎的，双龙虎的，有龙无虎的，有虎无龙的，左侧的，右偏的，左高右低的，右高左低的，开口的，不开口的，垂乳的，不垂乳的，百千样子。或睡卧势，或大坐势，或耸立势。睡者身仰上，气下行，穴宜下；坐者身隐曲，气中聚，穴宜中；立者身高耸，气上行，穴宜上。

五龙作，穴横直。飞潜回，穴变多。岐高忽而低，亦低而高；北忽行南，亦西而东。有闪走的，有斜飞的；有背水的，有临岸的。穴有正体，有变体。正体如如变体难拘有结水中的，有结石中的，有散平地的，有现山脊的，有藏田心的，有逆跳翻身的，有斩截堂气的，有凭高取势的。势虽多端，要证佐，要得水，故曰："地理几卷书，总总是太虚。个中四个字，一个是真如。"上数穴皆奇状，皆怪形；宜用乐，宜用鬼；宜开堂，宜取水。审所宜，勿失一。

认穴法，何者真？何者假？山水向，是为真；山水背，是为假。何者生？何者死？风藏水，逆气聚，是生；风飘水，荡气散，是死。

龙逆水，方成龙；穴逆水，方得穴。何以故？龙得水在势逆，穴得水在砂逆。龙将入首，逆转收水，方得成龙；穴将融结，下砂逆水，方得成穴。

穴局正偏，大宜细认。堂似弓，穴似箭，朝似的。把弓箭，执两匀；比对的，弓调匀。发必中，此可验。比对处，有明暗。明可见，暗不见。但正处常在中，定

穴左右，乘气食水。龙右气左，龙左气右。气若归左，砂便左抱；气若归右，砂便右抱。左扦者，乘左气，食左水；右扦者，乘右气，食右水。

穴有高的、低的、大的、小的、瘦的、肥的，制要得宜。高宜避风，低宜避水；大宜阔作，小宜窄作；瘦宜下沉，肥宜上浮。阴阳相度，妙在一心。穴里元元，何以省得？审阴阳，定五行，决向背，究死生。推来历，论星峰；看到头，论分合。觑其明暗，核其是非，察其缓急，慎其饶减，知其避忌，精其巧拙，定其正偏，审其隐露。上乘金，下相水，中穴土，旁印木；外藏八，内秘五，不离隐约一圈之中。这一圈，天地圈。圆不圆，方不方，匾不匾，长不长，短不短，窄不窄，阔不阔，尖不尖，秃不秃。在人意见，似有似无，自然圈也。阴阳此立，五行此出。圈内微凹，似水非水；圈外微起，似砂非砂。分阴分阳，妙哉至理。阴不离阳，阳不离阴，真个妙用。大阴阳，小阴阳；大交度，小交度；大分合，小分合。自一至九、乃至九九。皆阴阳妙也、五行妙也。善知识，知之乎？不知之乎？这阴阳，有聚散，何以辨？上小下大，是为阴脉，中微有突；上大下小，是为阳脉，中微有窝。阴气在里，厥脉沉如；阳气在表，厥脉浮如。

高低之法，瞻前顾后。视左应右，依心为准。左一步，右一步。前一步，后一步。想一想、看一看。他是我，我是他。不要忙，不要乱。不可露，不可陷。案中准，心中验。眉上齐，心上应。浅中深，深中钱，最难辨。气有浮沉，土有厚薄，晕有大小，翼有高低。土中痣，切须知；土中瘢，切须忌。

穴局员净，是为全吉。出直现尖，须力避却。一边直，一边尖，神煞露法宜盖，高处穴也；左右低，带尖直，神煞窜法宜落，低处穴也。左尖直，右而无；右尖直，左而无，神煞偏法宜避，下侧穴也。

若认龙点穴，即善男、信女身，到头来，龙格下，顿星峰，为男相，阳中阴须有窝，有少阴。窝晕中，韭叶窝，是有太阴；窝晕中，锡底窝，是若阳龙。下阳穴，主死别与生离。龙格下，即结穴，此女相，阴中阳，须有泡，有少阳。泡晕间，微结块，是有太阳；泡晕中，见乳泡，是若阴龙。下阴穴，主风声，且破家。作之法，审缓急直斜，审长短高低，审阔狭浅深，审单双正偏。缓高之脉、急下之脉、直偏之脉、斜正之脉，皆少阴作也。脉短，从头分之；脉长，从中分之。脉高，露顶就之；脉低，凑脚就之；皆少阳作也。脉狭，当心下之；脉阔，取气而下；脉深，揭起就高；脉浅，浮上就气；皆太阴作也。脉单而虚，则就其实；脉双而长，则取其短。脉之正者，当侧受之；脉之偏者，当正受之；皆太阳作也。脉之病，急须知：首乱石，身浪痕，臂低折，脚走窜，水断肩，山破腹，唇上缺，嘴下尖，肚饱满，皆穴病。轻则整，重则弃。

去水地，最可忌；龙虎窜，最可忌。穷龙无案，此亦可忌；孤龙无朝，此亦可忌。穴有贼风，当避则避；明堂低下，当培则培。相其轻重，细加剪裁。

智者步龙，巧者得穴。得穴步龙，得者十八；步龙寻穴，得者十一。

气不和，山不植，不可扦；或奇纹，土隐中，法宜扦。

气味止，山走趋，不可扦；或腰结，或横龙，法宜扦。

龙未会，山而孤，不可扦；落平阳，水堂卫，法宜扦。

气不来，脉断续，不可扦；自然断，断了断，法宜扦。

气不行，山累石，不可扦；或异骨，土隐中，法宜扦。

五吉星，可取用；四凶星，勿妄裁。博好龙，逆好水。凶化吉，理须猜。

论五星，辨贵贱；论传变，辨祸福；论形体；辨吉凶。

合阴阳，化阳阴。较耳腧，扶龙神。吉宜挨，凶勿侵。

金线宫，玉缠位。分得明，为上瑞。

课山主，何主星？何年代？值则荫。

课年命，何穴星？何生人？值则荫。

课公位，是何星？是何位？值则荫。

课年月，属何星？何年发？

课坐向，属何星？何方坐？

课山水，得几步？几世益？

课去来，那边来？来则福。

课生死，那边生，生则福。

九者样，百者形，是不是？真不真？眼中见，心中明。

起起起，伏伏伏，来来来，堆堆堆。阳精转，阴血随。

知牝牡，识雌雄。

穿针眼，把翼肩。杖上取，指上安。罗纹固，土宿横。二星曜，决通灵。透地法，勿虚传，验不验？然不然？辨五土，为正诠。或开堂，或穿圹，或作堆，俱有法；或开门，或放水，或取路，须端的。作用底，有专门。训尔曹，须勉旃。

论　砂

砂关水，水关砂，抱穴之砂关。元辰水，龙虎之砂关；怀中水，近案之砂关；中堂水，外朝之砂关。外龙水周围环抱，脚牙交插，砂之贵者，水之善者。

两边鹄立，命曰侍砂，能遮恶风，最为有力；从龙抱拥，命曰卫砂，外御凹风，内增气势；绕抱穴前，命曰迎砂，平低似揖，拜参之职；面前特立，命曰朝砂，不论远近，特来为贵。四砂惟朝关系匪轻，高低穴法只此可凭。本身横案，亦是朝神。

插水砂，进田笔。祸福紧，万勿失。水左来，山右转；水右来，砂左转。抱内水，插外水，所以贵。

龙与虎，吾掌中。随身取，为至功。穴若真，必不顺；穴若假，岂肯逆？若借外砂，名曰护从。环抱低平，左右相应。其或不交，借案横拦？亦能收水，此亦可扦。上水宜长，下水宜短。下水若长，下砂要转。

亦有偏龙，水自右来，左宫贵穴；亦有偏虎，水自左来，右宫贵穴。或正用，或斜裁。知正知变，顺逆安排。

又有龙虎结成顺局，须抱过腕，臂末起峰，横拦穴前，亦多成地。

主短朝长，是朝逆主；主长朝短，是主逆朝。名为变势，若道其常。主朝相若，是为正势。两山相会，水亦相交。朝山贵峰，或三或五，尖员端秀，是为上格。短缩之形，虽秀减神。时或横过，突起对峰；意非特朝，亦有可取。身脚水路，不我相向。偏斜走窜，无所取裁。

主山之水，赖朝锁纽；朝山之水，趋向主龙。何论尖员？何拘本方？但要端正，真水到堂。

有等大地，主山固逆，朝山亦逆。三阳之水，乃无走泄。发龙虎后，抱龙虎前，此名近案。或发龙腰，亦为案取。贵下生上，勿上生下。有案无朝，内水了收；有朝无案，亦赖前砂。朝案俱无，护砂前插。法若背此，穷龙之宅。朝不厌远，案固欲近。案秀尖员，厥形为上。一字平过，得案正样。中高中低，几几相合。高凌低脱，云胡可论。

水口之砂，最关利害。交插紧密，龙神斯聚。走窜顺飞，真龙必去。砂有三：富、贵、贱。肥圆正为富局，秀尖丽为贵局，斜臃肿为贱局。砂砂有杀，汝知乎？

有尖射的，破透顶的，探出头的，身反向的，顺水走的，高压穴的，皆凶相也。又有相斗的，破碎的，直强的，狭逼的，低陷的，斜乱的，粗大的，瘦弱的，短缩的，昂头的，背面的，断腰的，皆砂中祸也。

夹护之砂，须要审详。左护者，多必为左穴；右护者，多必为右穴。迎托之砂，须认下落。后托之砂，有边长的，有边短的；穴在长边，此亦可据。

四砂法，若推磨。龙与虎，事若何？吉、吉、吉，凶亦多。后元武，要睡头。祸与福，谁之招？前朱雀，尤紧急，要翔舞，须轩豁。吉凶机，须早察。有盖砂高大，盖穴者是；有照砂正照，穴场者是；有乐山出穴，星后者是。

尖尾鬼，尖属火，乃主贵；齐尾鬼，齐属土，只主富。横龙穴，须认此。若正出，任有无。

曜气何，插两臂。龙虎外，拖衣袖。

官星何，前砂外。官属阴，曜属阳。不见者见，见者不见。前后左右，气之剩余；尖员直方，气之秀发。向外则吉，反射则凶。参以龙穴，细细研穷。

天有北辰，地有镇星。生居水口，角幞分明。亦有兽星，与夫螺星。方员尖石，马象龟形，如鸾如凤，平地高冈。论力之重，夷掌水中。印砂何取？鱼砂何论？顾我为真，背我弗问。西方为佳，妙在艮、巽。巽、丙、丁，砂之秀。乾坤艮，亦吉曜。若罗列，可推究。

木克土，土克水，水克火，火克金，金克木。木生火，火生土，土生金，金生水，水生木。生中克，克中生，看何方何，星属何星？旺是的地。砂之形，穴之应。勿失真，认而认。宜立堆，宜作坪。论生克，讨分明；宜开池，宜筑坝，论制化，俱有验。化凶吉，随龙神。妙中妙，心中明。喝砂形，随时见。是何方，则何荫。

论　水

聚水法，要到堂。第一水，元辰方，食母乳，养孩婴；第二水，怀中方，食堂撰，会养生；第三水，中堂中，积钱谷，家计隆；第四水，龙神方；广田宅，太官方。水口山，论远近。龙长短，此正应。识大小，辨逆顺。

何以分，来者是；何以合，止者是。堂中受，瓮中贮。

欲识龙，在识水；欲识水，在识中。识得中，逆之中。

水近穴，须棱织。到穴前，须环曲。既过穴，又梭织。若此水，水之吉。与龙逆，与穴逆，与砂逆，水之得。

山趋东，水自西；水趋东，山自西。山返转，水如如；水返转，山如如。皆真逆，见莫拘。两水合，无逆局，穴亦非。

看水城，转何处。论得穴，此足据。山坐北，面向南；水自西，趋而东。转而北，北有地。何以故？水之抱。抱在北，气斯聚。宜融结，类而推，穴易得。

有捍门，守御固；有罗星，纽会全。为剑戟，为旗槊，为车马，为狮象，为鹅雁，为凤鸾。看二星，论头尾。高与低，穴之据。

观紧慢，知有无；观形势，知大小。

寻龙门，点穴户。水口密，下砂顾。

龙若任，冰口狭；若不住，便宽阔。见怪形，论得水。

五龙落，四水聚。真血脉，真生气。

洋潮汪汪，水格之富；湾环曲折，水格之贵。直流直去，下贱无比。有形与穴克的，穴小水大的，穿破堂局的，穴前割脚的，过穴反背的，尖射穴的，皆从凶论。

寻龙认气，认气尝水，其色碧，其味甘，其气香，主上贵；其色白，其味清，其气温，主中贵；其色淡，其味辛，其气烈，主下贵。若酸涩，若发酸，不足论。

水为朱雀，亦是贵局。有声为凶，无声为吉。咚咚可取，最忌悲泣。

论水远近，当山高低，加减之则此亦可推。或绕穴后，或绕左右，皆为吉地。面前水法，尤宜精细。水口重重，将相之关。山谷水口，倍加结礴。平阳水口，势自停纤。外海洋潮，胜于交织。水口虽阔，纳水之域。或无朝山，真水无山；或无朝水，真山错环。左右交牙，气聚其间。

山应稍迟，水应神速。山行益后，水行益前。大约世数，不过十步；若问祸福，断在何方？占水乘舟，决水量地。阳脉几尺？阴脉几尺？要知水法，元情空色。何为三阳？巽、丙及丁。震、庚、艮、亥，辛、巳、壬方，水法之吉，嗣以凶详。

上、中、下格，还看龙神。龙贱水贵，亦非全吉；水贱龙贵，也堪从革。

论明堂

善知识，吾语汝，明堂法。明堂里，会神仙。识明堂，穴可扦。

小明堂，穴前是；中明堂，龙虎里；大明堂，案内是。此三堂，聚四水。水上堂，穴即是。低平洼，方是处。要藏风，要聚气，良可喜。气不聚，空坦夷。其中最重，惟中明堂。锁结要备，纽会要全。山脚田岑，关插重重，气不走泄，福自兴隆。堂内聚水，名蓄内气。洁净为佳，塞块为病。增高就卑，谬妄自若，恣意穿凿，伤残真气，反惹祸基。堂之广狭，随龙长短。龙远堂宽，斯为正法；龙近堂小，形势乃宜。山谷宽好，平阳狭作。宜狭而宽，便为旷野。当宽而狭，真气不发。宽不至旷，狭不至逼，斯名全吉。或堂中窟坑，堂中壅塞，山摧岸落，四面不足，山脚射身，倾斜崩陷，皆堂病也。其势四平，高下分明。中低傍起，屈曲回环，横得好，直得好，圆得好，方得好，匾得好，皆好相也。

忌有土山，忌有巨石，忌有土堆，忌长荆棘，忌作亭台，忌多种植。天光下照，吉水长流。看水聚左，看水聚右，看水聚中。凭兹论课，取用最灵。既明堂局，要识堂气。一白好，五黄好，六白好，八白好，九紫好，此为五吉。又忌四凶：二黑宜忌，三碧宜忌，四绿宜忌，七赤宜忌。

放水去，放水来；宜倒左，宜倒右。要合法，勿妄裁。

论阳宅

论阳宅，理无二。但穴法，分险易。势来趋，亦可居；势若止，须坦夷。起楼台，立亭院，俱有法，非虚语。

木之星，金之星，土之星，作居宅，子孙兴。火之星，为龙神。须博换，乃可扦；水之星，须止聚，和土针，水口固，财星临，明堂阔，更坦平，路要环，水要缠。门中正，家道成。看城居，论人局。论明堂，论水曲，论卑高，论广狭，论门庭，论比屋。虎忌冲，龙忌压；反巷伤，楼台杀；天井深，天井搦；岑太高，岑太促；入首来，覆金局；逢土安，逢木发；水则倾，火则覆。细推详，毋恍惚。看乡居，论胎息，论阴阳，论缓急，论浮沉，论起伏，论龙虎，论缠托，论朝案，论城郭，论水口，论八国。明饶减，乃架屋；妄增高，恣穿凿；伤龙神，消己福。路从水，门从木；精水位，详作法。

论平地

语汝高山法，平地亦可猜。看坐立，知高山；看睡卧，知平地。龙与砂，水与

堂，原无二。起一起，便是山；低一低，便是水；开一开，便是钳。正仰面，此作穴。脚在上，顶在下；后坐顶，前对乳，傍开肹，合星辰。形体真，勿妄扦。陇中形，得支性；支中形，得陇性。急中取，缓中裁，毋妄猜。支扦顶，顶留巘；陇葬足，足留趾。论五星，分位分，细劳神。

风水字，要分明。得水处，便藏风。水之来，风之去。地户闭，天门开。知其诀，登仙台。

天下道理，阴阳五行。阴阳五行，不离一圈。这一圈者，生死之窍。天地之间，有小的圈，有大的圈。识得此圈，处处皆圈。偈曰："白玉团团一个圈，乾旋坤转任自然。能知圈内四般趣，便是人间行地仙。"

此祖师见理之精也，心法之妙也。绎此数言，天下道理尽在是矣。曹仙赞曰："我师妙诀，千载心传。云依日月，水满山川。阴阳无始，天地无边。开门一笑，满目真元。"

厉仙赞曰："不见先生面，雅闻先生诀。大哉我曹师，千载传真法。"

第十七章　堪舆汇考十七

《十六葬法》

总论

盖、粘、倚、撞，脉之四穴；斩、截、吊、坠，息之四穴；正、求、架、折，窝之四穴；挨、并、斜、插，突之四穴。四四一十六，葬法大纲也。星体穴情，既有主见，人手工夫，自有定法。一法可配四法，四法总归一法。天、地、人三穴，该尽天地妙用；俗学以高下名之，误矣。

脉之四穴

盖穴　法象

盖穴葬义

盖者盖也，有如合盘之形。盖之脉，自坤而见于乾；盖之法，自乾而施于坤。媚合之大道存焉，天地之精蕴见焉。须是精求慎，毋苟且。盖小盖大，则伤其元

气；盖大盖小，则泄其元气；盖上盖下，则脱其来气；盖下盖上，则失其止气；盖左盖右，或犯其剥气；盖右盖左，或受其冷气。纵得龙穴之妙，必遭横逆之祸。顶薄舍盖云者，舍之不用；非舍上取下、舍高就低之谓也。此以作穴言，彼以审穴言，意义自别。

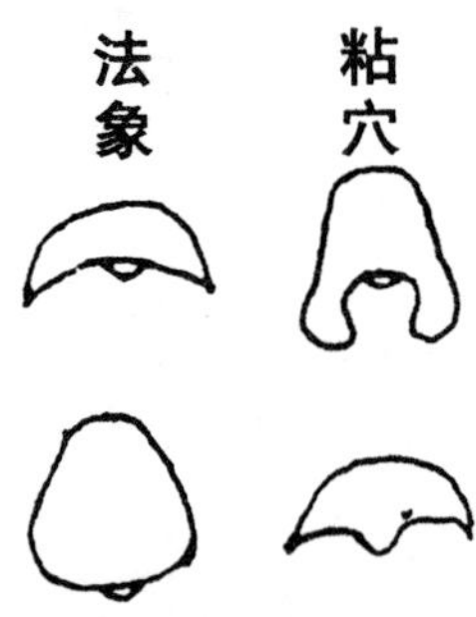

粘穴葬义

粘者沾也，如沾恩宠之义。粘之脉，自来而止于止；粘之法，自止而止于尽。施承之大道攸存，化工之生物将著。法理未精，天渊悬隔。粘上粘下，则脱其来气；粘下粘上，则失其止气；粘左粘右，则左死而右亦伤；粘右粘左，则右伤而左亦亡。纵得砂水之美，终叨玷辱之危。下薄莫粘云者，弃之不用；非弃上扦下之谓也。粘之真，虽下临长江大河无碍工巧，岂有下薄莫用粘之理乎？

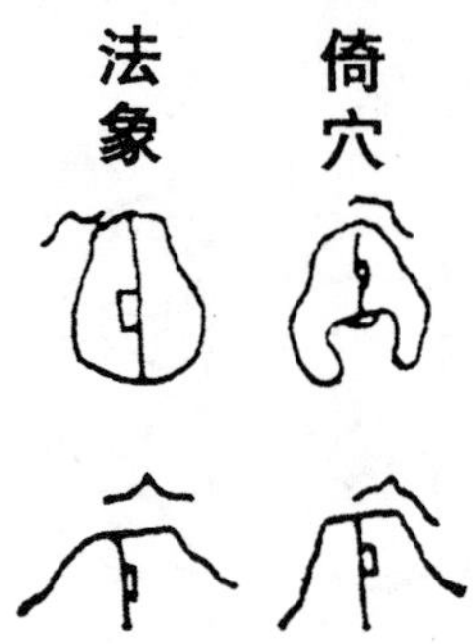

倚穴葬义

倚者依也，如倚居之义。倚之脉，自上而临于下；倚之穴，自傍而依于正。傍栖之形既成，变化之义自著。切不可骑脉而扦，亦不可脱穴而葬。倚左倚右，则失正而就于偏；倚右倚左，则犯刚而投于燥；倚上倚下，谓之脱脉，始见隆而终受孤单；倚下倚上，谓之中杀，初见合而后必散离。固知有左右之穴，终是失倚依之正。纵得局面之奇，必见衰凌之患，本与挨法相似。挨法施于突之平，倚法用于脉之直，非上智其孰知之？

撞穴葬义

撞者抵也，如斗斧之义。撞之脉，自傍而就于正；撞之穴，从正而就于傍。傍来之既脉专，专一之情可见；切不可过脉而扦，亦不可离脉而撞。撞上而失之下，则气从下散；撞下而失之上，则气因上浮；撞深而失之浅，则生气虚行；撞浅而失之深，则生气枉泄。纵得来脉之真，终失止脉之吉，亦与斜插相似。但斜插施于突之直，撞法施于脉之斜。一毫千里之远，江河几席之间，不可不察。

盖、粘、倚、撞，四大作用也。包罗万象，统率万物。盖似天穴，粘似地穴，倚、撞似人穴，统同也；似天非天，似地非地，似人非人，辨异也。大抵天、地、人，大纲也；盖、粘、倚、撞，大领也。纲领既知，则万目斯举，往钦哉。

息之四穴

法象　　斩穴

斩穴葬义

斩者断也，斩截其生气。生气见于息之横。高不可侵，顶晕薄也；低不可近，足底寒也。是以斩上恐失下，斩下恐失上，斩中心恐失左右，斩左右恐失中心。细观息象明白，次观穴情的当。然后以斩法施之，则上下左右自成体段。然息，体也，体之微；斩，用也，用之广。若不细察，遽尔投棺，则生气受伤，子母遭挫。纵得包藏之固，终非可久之道。且息象用斩，其息必小，小则难以投其大；斩施于息，其茔必大，大则难以容于小。

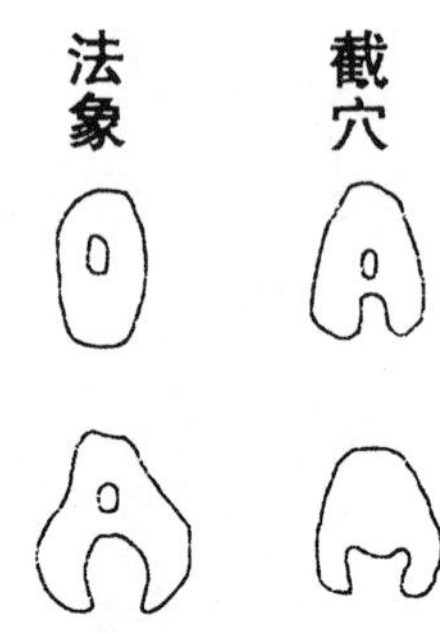

截穴葬义

截者剖也，剖辟其生气。生气露于息之直。高若侵顶，谓之剖首；低若站麓，谓之剖足。是亦截上恐遗于下，截下恐遗于上；偏左而截失之右手，偏右而截失之左肢。呵气而成，谓之一息，一息既成，贴于穴体。穴体微茫，切勿轻举。斩之息，多土意；截之息，多木意。横土用斩，截尽生意；直木用截，接尽生气。势不相侔，作用迥异。若不细玩，遽尔轻投，则体用两伤、生气破泄。大抵脉息之穴，不可双葬，正谓宁失之小、毋失之大。

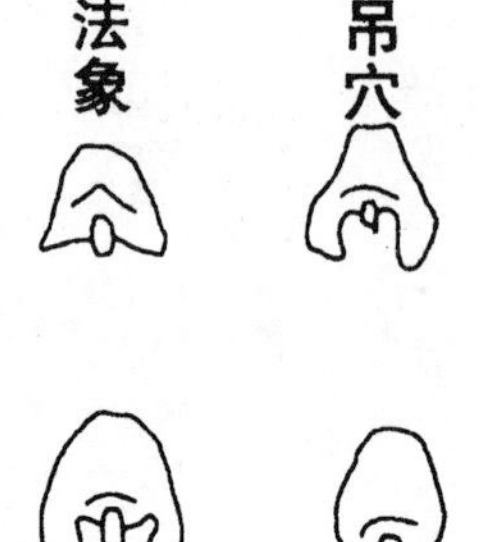

吊穴葬义

吊者悬也，悬提其生气。生气奔于息之下，上不可过高，恐漏其气；下不可过低，恐脱其脉。生气半在息体之足，半在息体之衬。一阴既盛，一阳复生。气交感而成形，形既完而成穴。左右自无可混，上下最宜参究。吊与粘相似，粘乃吊之垂，吊乃粘之起；吊与坠相似，吊者坠之半，坠者吊之全。因材器用之道，量职官人之义，须当此处辨之。

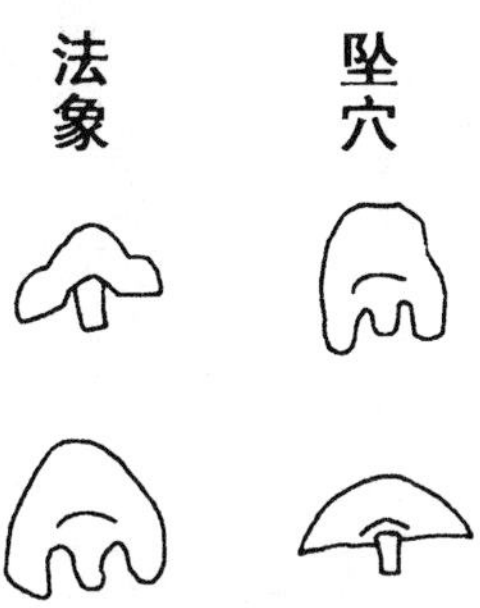

坠穴葬义

坠者落也，坠落其滴露。生气既完，如果脱蒂。坠高则就其偏枯，坠下则入于偏驳。坠上坠下，来而不来；坠下坠上，止所非止。是以上不可顶脉而扦，下不可离脉而就。顶不离弦，来意专一；足不离褥，生意直遂。设若怠心一乘，则必失其本体。大抵与粘穴相似，粘乃坠之全，坠乃粘之半。息体丰肥，褥弦、出转；穴星轩昂，出口吐脉。尽是吐落之情，并依坠落之法。脱上则退其刚硬之枯，开唇则舒其呼吸之气。高不如吊，低不如粘。若不细用心思，则首受杀伐、足履卑污，左右虽有缠绵，本主自难抵敌。

斩、截、吊、坠四大作法，阐扬蕴奥，昭示精详。吊似天穴，坠似地穴，斩截似人穴，统同也；似天非天，似地非地，似人非人，辨异也。大抵天、地、人，大经也；斩、截、吊、坠，大法也。经法既明，则得手应心，尚慎哉。

窝之四穴

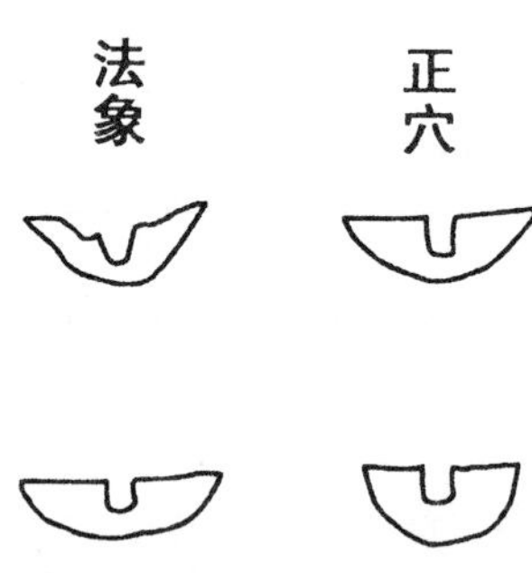

正穴葬义

正者整也，整肃其身体、收敛其心志也。窝象既小，生气初凝。过于大，未免伤其元神之真；入于深，岂不坏其细嫩之体？伤其元神，则气不足；坏其细嫩，则体不完。亦有上下之误，岂无左右之偏？阴阳妙合，归于中正之天；刚柔相济，止于中正之地。见阴正于阳，见阳正于阴；见显正于微，见柔正于刚。显者发之过，刚者弱之强。三分损益，一理推行，斯义得之。一有云正当作止，其义亦通。

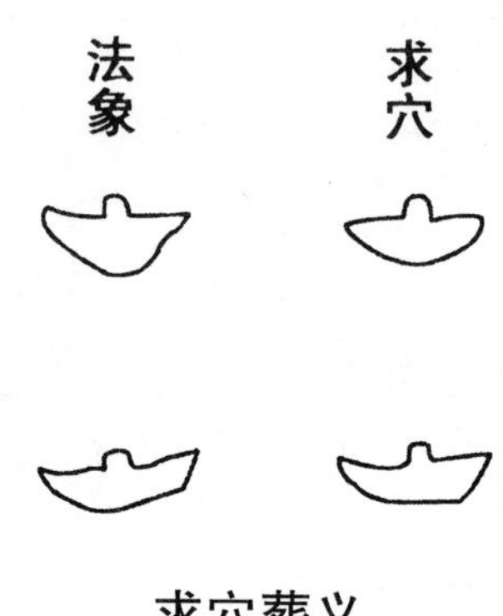

求穴葬义

求者度也，度量其大之止、追求其止之真。窝象既大，生气弥漫。过于大，则生气流而不专；过于小，则生气游而不息。流而不专，则度之未真；游而不息，则求之未切。虽见窝象明白，下后百无一发。是能求之于穴，不能求之于求；或能求之于求，不能求之于穴。求上求下，而上之不能度；求下求上，而求之不能量。求得于左，忽又求失于右；求全于右，倏焉求失于左。亦有高低之分，岂无浅深之误？一真吐露，六义匀停；一见了然，五行自著；自然高不容下、低不必上矣。

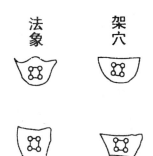

架穴葬义

架者加也，加棺于木、故名曰架。窝象深下，下藏阴杀。上而畏风，故气聚于下；下而畏湿，故气薄于上；下上受敌，故气凝于中。失之于上，难免暴败之祸；失之于下，必遭阴消之患。必度其受气之源，以定其止聚之基；须先用木以渗其暴败之情，然后加棺以龖其滋溢之气。水性就下，下之阴杀，见木即消。阴杀薄上，上之暴气通风而散，其中之生气愈见蕃盛，脉续不穷。若执夫窝不葬心之说，是未明夫通变之权。但要知深浅之法，务必度土石之宜。架左当虚其右，必左来脉而将右为界限也；架后当空其前，必后脉至而取前为界限也。架之高，高不可三分；架之低，低不可三分。察土石以定来脉，审变化以定高低。茔前水道，不妨直出。

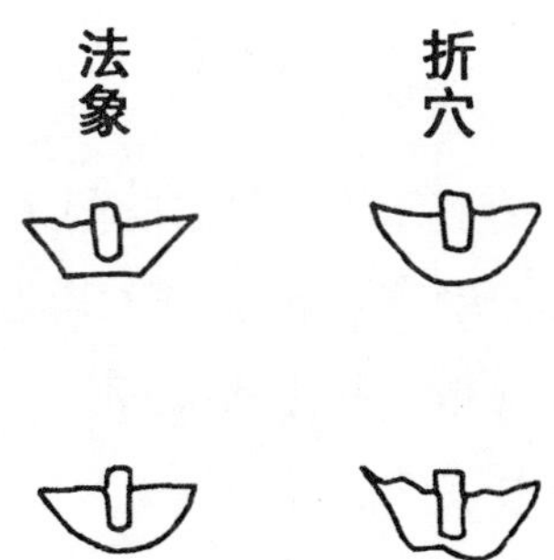

折穴葬义

折者裁也，以斤断木、故名曰折。窝象既浅，四顾茫然。杀乘风旺，气随风散。风旺则杀愈高，气散则杀益炽。故生气之避杀气，犹君子之避小人，默聚于一

穴，至难折析也。立于上，要砂水均应；立于下，必龙虎匀朝。诚如坦坡之象，分明游布之势。须审其出彼入此之真机，预定其参前倚后之定向；折中其上下，分扒其左右；而折之义详矣。是法深不过五，浅不失三，前后无容于遗，左右须详其误。正于架，相似而架则正之深；折于求，相似而折则求之阔。同中之异，异中之同。少有懈怠，则施于甲者施于乙，用于丙者用于丁，定不见福。

正、求、架、折四大作法，开示蕴奥，剖露天机。求似天穴，折似地穴，正架似人穴，统同也；似天非天，似地非地，似人非人，辨异也。大抵天、地、人，大节也；正、求、架、折，大目也。节目既审，则随施随应，勉之哉。

突之四穴

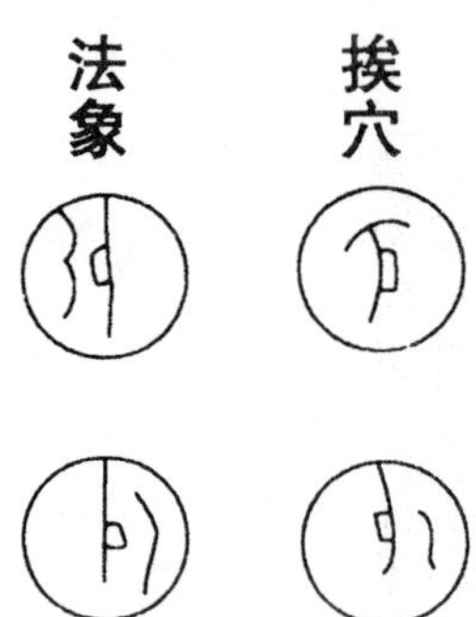

挨穴葬义

挨者傍也，傍就其生气、故名曰挨。突象既彰，阴脉微现。求其上来处，又急底于下止处；又缓乘其中，犹恐伤顶。跨其脊，切虑难骑。渺茫无际，恍惚无栖。无栖则捉摸莫定，无际则居止无依。故步其微突之脉，折其曲直之宗而挨之。庶上不投其急，而暴杀已和；下不受其寒，而阴气旋复。不乘中而断其来，不贴脊而绝其去。傍挨生生之气，爰直化化之原。挨与倚相似，而埃则倚之切；倚与挨各别，而倚则埃之宽。可埃处，如种之方芽，龙之将蛰；当挨处，形如转皮、气如仰掌。阴脉易见，阳脉难明。细观分穴之文，吉凶有如立见。

法象　并穴

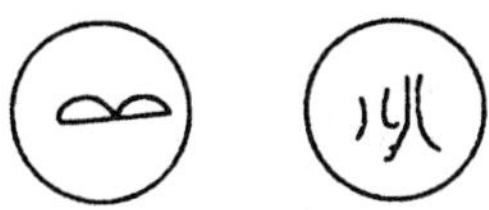

并穴葬义

并者合也，合并其生气、故名曰并。突象两彰，阴脉重现，如浮鸥傍母之形，若嘉栗吐华之势。投其左，则情意不专；投其右，则生意不固。生意不固，直亡阳之杀；情意不专，直阴驳之祸。或两脉显其短长，或二突露其大小。相依不散，理势通同。故乘其短而小者穴之，合其大而长者并之，则理气合一而不散，元辰完而不伤。此义似觉易明，吾言无事叠琐。

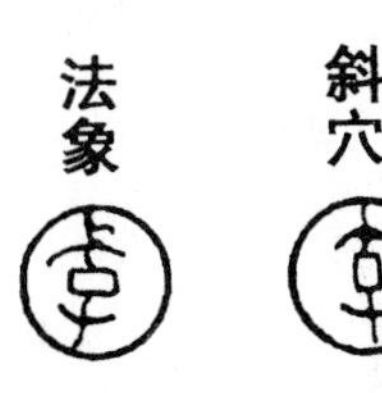

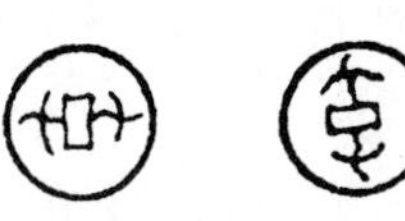

斜穴葬义

斜者切也，斜切其生气、故名之以斜。凡见突显之脉，直下棺体，切莫受首。挨其弦，则脉落不到；就其顶，则脉势专强。不到之处谓之退落，专强之中谓之刚雄。刚雄，阳中之阳，偏阳不生也；退落，阴中之阴，偏阴不成也；故斜而切之。斜则不直，受其暴气；切则不疏，远其真情。凶可去而吉可得，祸患远而福气滋。可斜处，两金担水，一线穿珠；当斜处，阴见于阳，阳见于阴；阴阳迭运，急缓相济，而斜穴之名义立矣。

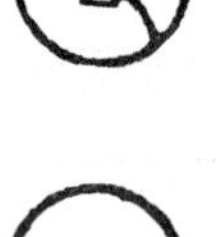

插穴葬义

插者下也，下插其生气、故名之以插。凡见突脉之斜，须详作穴之义。迎其来，则去处牵扯；就其止，则来处悠长。故乘其过续之中，而插之以枯朽之骨。庶来气磅礴，源源不绝；转气充盛，浩浩难尽。鬼福及人，自有效验。可插处，脉见活动，如横抛之势；当插处，穴情昭著，似直撞之形。横抛之势，则力愈健；直撞之形，则情益专。愈健而愈见功效，益专而益见悠远，而插法之理致尽矣。

挨、并、斜、插四大作法，罄尽底蕴，开示良知。挨似天穴，并似地穴，斜插似人穴，统同也；似天非天，似地非地，似人非人，辨异也。大抵天、地、人，大本也；挨、并、斜、插，大原也。本原既立，则辄行辄效，往钦哉。

地理由于一元，本于五行，根于太极。判于阴阳，是生两仪；脉息窝突，是生四象。十六作用，倍于八卦。每一法变四，四四一十六；终六爻之义，共八八六十四法，分配八八六十四卦。八八六十四卦，不出乾、坤、姤、复之中；八八六十四法，不出脉息窝突之外。仍有抛接缀迎等穴，自可以类推之。

《至宝经》

三十章

名标至宝，价值千金。

正折有方，强弱之情须辨。

葬口有法，明暗之体当分。

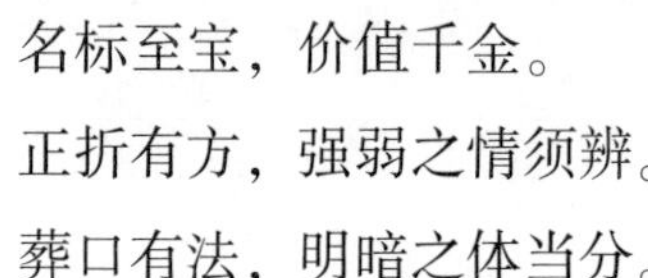

首观四应证佐，内别真情。
次辨十字送来，中分出煞。
水抱尖圆，定两边之明暗。
棺挨左右，借二气之吸嘘。
其有不分强弱，正宫拂顶，为一路同行。
或只取于厚薄，出死挨生，折三叉两片。
双脉求短小，股须分葬口三叉。
单脉论化生，头仍看鸡迹两片。
贴脊有聚气，死肉入彼毬檐。
窝钳分散气，生肌待其蓄注。
平洋高低，放送定有合水分金。
左右顺逆，生来此是随龙出脉。
斜倚对交会、向坐逼元武，为横圹转柴。
曲脉按动处、尖圆差入路，则斧头翻斗。
独阴无合襟不葬，孤阳无送水难扦。
下合上分，自是阴阳交济。
有分无合，谁识雌雄失经。
露而不隐，应一合以乘胎。
潜而弗彰，实二交而受息。
阴脉到三叉，性急不接，斗以何妨。
阳脉隔三尺，气慢不来，入而无害。
蛮肤认虾鬚单股，横荫微茫。
硬面出柑脱朗梳，直流登对。
水穴自论正仄，聚檐必有人中。立表最要端详，下面可无出匜。
大约浅深，交水为度。
斜正顺逆，像脉而裁。
两边绳路要完齐，数句真机宜秘密。勉尔宝之，非人勿示。

《神宝经》

总论

皇天本无二道，下民眩惑于多岐；圣人安有两心，末学浸淫于别派。

地理生成于天，发挥于圣，一而已矣。末学失传，浸淫别派，而有卦例等项之说。下民眩惑，莫知适从，此《神宝经》，所以作也。

尝观择地之要，必当明理为先。故知旁道支离，遂使正宗湮没。或用针盘而定向坐，或执卦例而谈吉凶，何殊胶柱调弦、刻舟求剑？承讹接舛，析绪分端。

此书专言作穴之法。穴之尖圆、向坐，天生一定，不可强为。此正理也。不明正理而用针盘、卦例以定向坐、谈吉凶，多方揣摩，皆旁道支离，讹舛非一日矣。此书拔本塞源而救其弊，故言之剀切如此。若倒杖定穴之后，方用针盘格其方位、以备造葬选择，则可。

今欲统三才而返于一元，合二气而归于太极。著为妙诀，令达士见之心开；泄尽天机，使邪术闻之胆裂。卜其宅兆，宜尔室家。副仁人孝子之用心，俾后嗣先宗而共永。术能易得，道不虚行。山灵妒此书之存，须防六丁下取神物。恐斯道之失，岂无万圣同呵？理实有之，言岂诬矣？

此经发泄造化生成之妙，故山灵妒焉。然圣神恐地理失传，定然护持不令泯绝。

或谓山冤无口诉求，生气凝结恐难凭。岂知人智有眼，观验土色丰腴而可证。

生气凝结，此穴也。观验自有智术，岂待山灵口诉？土色解见下文。

石山偏宜土穴，冲和定见红黄；

石山非土穴不扦。其土必红黄，乃冲和之气。

石穴出自土山，温润仍分紫白。

土山石穴，其石必色紫白而质温润，乃吉；如坚硬顽石，凶矣。

也有石山石穴，必须柔脆可锄；

柔脆即温润。

能无土穴土山，但取精强为美。

土不宜太润。

土穴似土而非土，纹理紧密；

即精强之谓。

石穴似石而非石，颜色鲜明。

即柔脆之谓。

此为柔里钻坚，韧中点脆。

承上文石、土二穴言。

支龙多生小石，剖之必有异纹。

即土山石穴，其石必有异纹乃贵。

垄穴或出平尖，锄之要无烟墨。

即石山土穴，其土必细嫩可锄。此见顽粗之石飞烟迸火者，则凶。平尖即葬口。

是故顽硬者，生气不蓄；松散者，真阳不居。

穴内土贵冲和，既不要顽硬，又不要松散。真阳者，生气也。

舌尖堪下莫伤唇，

伤唇则太卑，失穴。

齿罅可扦休近骨。

近骨则太高，伤龙。

鸡胸切玉，须明老嫩交襟。

阴脊来如鸡胸，不可阴来阴作。老嫩即阴阳交襟，乃界水。

鸠尾裁肪，要识刚柔界限。

平阳地如鸠尾，不可阳来阳作。刚柔亦阴阳界限，即交襟。说理须明，又在眼力。不然，明是阳而指为阴，明是阴而指为阳，虽熟诵此经何益？

既已明其的当，可无裁剪之能？倘然作用参差，难致和平之福。毫厘之谬，如隔万山；尺寸之违，便同千里。

裁剪、作用俱是穴法，详见下文。

阳舒阴惨，义须谨于吸嘘；

阳作必借阴气一吸，阴作必借阳气一嘘。即阴来阳作、阳来阴作之义，若阳来阳受者，则见祸舒徐；若阴来阴受者，则见祸惨急。

夫弱妇强，法当严于正架。

夫弱，阳也，法宜正毬；妇强，阴也，法宜架折。以正侧言。

覆掌仰掌，以别阴阳；明毬暗毬，以分强弱。

形如覆掌，阴也；如仰掌，阳也。阴来，明毬显然为强；阳来，暗毬隐然为弱。覆掌仰掌者，形也；正毬架折者，法也。皆承上文发明舒惨、吸嘘之义，非夫星家阴龙阳向、阳龙阴向之谓。

先施倒杖，次卓竖竿。

相穴先看阴阳强弱，倒杖以定之。次依倒杖所指，竖竿牵绳分其坐向。针盘、卦例俱不用。

三合三分，见穴土乘金之义；两片两翼，察相水印木之情。

乘金、相水、穴土、印木，此四穴法，载在郭氏《葬经》。必于三分、三合、两片、两翼中求之。解见下文。

灰中线之微茫，毡里毫之仿佛。

申言上文脉气微茫，仿佛如此，必须法眼详察乃得，岂卤莽可识？

左乘右接，须防翻斗斧头；

穴有宜左乘者，乘金也；有宜右接者，印木也。当左而右、当右而左，是斧头翻斗。

后缩前伸，切忌凿伤钗股。

后缩，吞葬也，穴土也。前伸，吐葬也，相水也。相水，穴在承浆部位，故曰：水伸缩，贵乎得宜，不可伤龙失穴，故曰：龙穴从来怕二伤。正此之谓。

双脉求短股。若情不顺，理合从权；

双脉求短，正法也。若情不在短，又当从权，作用不拘短股也。

挨生枕薄边。如义不然，义当变法。

挨生枕薄，正法也。如情不在薄，又当变法。作用大抵相地在相其情意所钟而已。贵在通融，岂宜拘执？

仍观上下之分龙滴水、向背之接气迎堂。

上之分龙，下之滴水；后之接气，前之迎堂，此又变法中之不可变、从权中之不可移者也。

十字天心，匪夫妇不配之十字。

穴法有天心十字，乃四应之至中是也。龙法又有不配十字，乃夫妇同行。刘江东曰：夫妇同行一路收，阴阳不配两边流。水分十字扦须架，若也无分只枕毬。非此之谓。

水抱尖圆，多错认作穴前界土；气分互换，常误称为坐下交襟。

此言气脉闪跌，行而未止。人不详察，见其水抱尖圆，遂错认作穴前界土、坐下交襟，而不审其气分左右互换前行也。其误甚矣。

故葬腹者，多伤胸；扦鼻者，竟凿脑。

承上文。惟其错误以致扦葬太高而伤龙。

上下台盘，角阴来阳，受为凭；

台盘，角阴也。

前后铁锟，唇阳脉阴，扦是准。

铁锟，唇阳也。

上鏊下角者为弱，上角下鏊者为强。

鏊形平正，喻阳弱；角形尖削，喻阴强。俱上来者为主。

盖阴阳之分，乃有前、缩之异。

阴宜前，阳宜缩，即吞吐也。

仍审隆鬣察脉之法，此为平、坡拟穴之规。

隆鬣，脉行分水脊也。察此脉气阳耶、阴耶，此平洋龙、高坡龙拟穴一定之规。

孤阳无分，或穴正，可接脉而界流；

孤阳之地，下有合水，上无分水。倘或中有正穴，不可弃也。于来脉处培土接之，分界其水，使两边而流。

寡阴无合，倘龙真，但凿池而会气。

寡阴之地，上有分水，下无合水。倘龙气果真，不可弃也。于脉止处凿池，合其水而会其气。盖地理或然不可一途而取，然非龙真穴正，安可强哉？此又不可不知。

阴脉理宜凑入奈性急，亦宜避煞而扦；阳龙义合避檐缘性宽，只得斗毬而下。

明葬法或前或缩者以此。

生龟尾，急去则伤龙；

龟尾，阴也，穴不宜急凑。

死鳖背，平扦则伤穴。

鳖背，阳也，穴不宜平缓。

窝穴宜深更宜浅，天机切要心明；乳穴宜下又宜高，秘诀全凭眼力。

窝穴，阳也，阳坦夷宜深，又有宜浅者。乳穴，阴也。阴避煞宜下，又有宜高者。天机元自活泼，在人心眼通明。

阴龙性急，自然无拂顶之堂；阳脉性宽，亦或有穿耳之局。

阴龙决要架折。阳脉虽性宽，亦或用架折。而穿耳者曰堂、曰局，天生一定坐向，非人所强也。

或也法当倚撞，倘焉情在；盖粘理合，凑急粘宽。不烦人力，义当挨生出死，总合天然。

穴有盖、粘、倚、撞四法。四法者，上、中、下、左右也。统言之，不过一止字耳。或凑急、或粘宽、或挨生出死，何往而非止，皆合天然、不烦人力。见此经之不强作也。

月角龟肩，多向偏中求正；

月之角，龟之肩，穴在偏旁。然偏中多有正处。多者，未必尽然之词。

竹篙枪竿，定从险里求安。

形如竹篙、枪竿，险矣。定，寻安处作穴；安，乃妥平处。定者，一定不移也。

或堂长而脱杀水中，倘局顺而情归正处。

或堂长则水当面直流，此流泥杀也。看取龙虎何边有情趋吉，横侧作穴，以脱去水中之杀，故云脱。倘局顺而正不容侧作者，情归正处作穴，堂长只得任之，惟获福稍迟耳。

凿蛇头者，神死；破蟹壳者，伤黄。故多下于两眸，或只扦于七寸。若使神在王字、气聚沫中，何妨触类行权，随机应变。

作穴以神气钟聚为据。蛇形固忌凿头，倘神在头王字上，又宜行权应变；蟹形固忌破壳，倘气聚壳沫中，亦然。

学者当精于格物、审于致知。一理才通，皎若秋空之月；万疑顿释，涣如春冶之冰。体用充周，显微洞贯。存之在我，应之在彼。妙夺神功，知窥天巧。

地学只是一个理字。

不问阴阳向坐，板脚定对蛤尖。

不问阴作、阳作、坐某、向某，棺之板脚定对蛤尖，即合襟处，此倒杖法也。

要知深浅高低，穴底但平涡里。

以一合、二合水定浅深。

合襟气会坴乳，得之至沉；寿带水交支皮，用兮伤浅。

穴底浅深，虽平涡里，又有坴乳、支皮不同。坴乳，高阜龙也；支皮，平阳龙也。合襟、寿带，即一合、二合之水，所云涡里也。坴乳之穴若平，合襟则深而至沉矣；支皮之穴若平，寿带则太伤浅矣。又当别有斟酌。

浅深交度，当思泄去之基；

泄去，即一合二合水穴，不可深于合水，故曰当思。

高下乘生，必有妥平之口。

穴或高或下，必乘生气。凡生气之处，必有妥平葬口，即是放棺之处。必有者，天生自然也。

或年深积流而无据，或岁久戕贼而难凭。切要精详，毋事卤莽。

承上文板脚、蛤尖、穴底、窝里、合襟、寿带、泄去之基、妥平之口而言。

别有龙藏水底，穴隐石间。穷变化之难量，岂愚夫之可测？

水底必须道眼，石间贵得明师。

贴脊平头脉短，故当插入而扦；

横龙穴居贴脊，头平不起，其脉短也。下棺当插入以接其气。是故横担横落，无龙须下有龙。

窝钳起顶气长，拟用粘宽而下。

窝钳穴上面起顶，而来其气长也。下棺粘宽，不可斗脉，是故直送直奔，有气要安无气。

上分有脊脊坴成个字，见脉路之分明；下合有涡，涡现作三叉，验堂情之的确。

脉行则水上分，如个字之形；无此不见脉路分明。脉止则水下合而成涡，如叉之交会；无此不验堂情的确。堂，小明堂也。

朱雀未正，情合取于局之停匀；

朱雀，案也。案未正，以龙虎左右局停匀取用之。

元武垂长，法当求其脉之止会。

气止水交，脉之止会处为穴。

是以左来者穴居右畔，右来者坟在左边。

来者，向我而来，谓砂水也。砂水情意，来向在左，则立穴右畔以迎之。曰穴居右畔，以砂水左来而知之也。既来向，必其拱护在此，故知穴当在右。右来者亦然。

若还正到长来，却去中心正下。

砂水情意不在左、不在右。案山端拱，龙势迢迢，此正到长来也。穴居中心正下。

逆中取顺者，因脉逆转而求；顺中取逆者，因脉顺流而出。

顺、逆只是阴、阳二字别名。三阳从地起为逆，三阴自天降为顺。阳脉为逆，阴脉为顺；与他处顺逆又不同。

顺中取逆，谓之饶龙。逆中取顺，谓之减虎。

右来左受穴，故曰取逆；左来右受穴，故曰取顺。

左来右下，全凭右臂拦龙；右到左扦，必借左砂关虎。

关、拦俱谓下砂。左来右下，即上文穴居右畔之云；右到左扦，即上文坟在左边之云。

是以门户渗漏者气散，

关、拦不合法，水口旷荡，故真气随之而散。

墙垣凹陷者风寒。

垣局不周全，龙虎断缺，故穴受风寒。

或损高而益低，或截长而补短。

龙真穴正，人力补其未备。

穴贪朝来之水，切防刺胁刳肠；

朝水吉地，无砂横拦刺刳为害。水贵屈曲有情也。

案求逼近之山，最忌压头障眼。

有近案，吉穴也；高而太迫，压障为害。

盖穴宜取高下，须求蝉翼分明。粘龙不怕低扦，必验虾须界合。低防失脉，高忌露风。

忌露风，故求蝉翼分明；防失脉，故验虾 界合。

空手锄头，见兄弟尊阜之分；

手把锄头，一前一后，如兄弟尊卑次第。龙虎相让如此。

临头割脚，知胞胎真假之情。

临头，上有分水也；割脚，下有合水也。分合中间乃有真穴，否则假矣。胞胎即穴也。

硬垄大肤，多是块然不结。

硬、大，无生气，不结地。

软肩弱颈，巧从侧处藏机，故有鼠子转皮，奇形借脉。

肩软颈弱活动有生气结穴多巧藏闪边侧如鼠子如转皮奇形借脉是也。

脉情不顺面前，慎弗贪峰宾礼。虽亲脚下，当防倒屣。

坐下脉情不对前峰，慎勿贪朝失穴。面前朝峰虽对，又防其峰脚顺水窜走也。不窜走乃是真朝，故曰：顶虽尖圆而可爱，脚必走窜而顾他。此之谓也。

斜到正扦取局，正来侧下迎堂。侧龙直下，但取交金；直脉侧扦，翻成横圹。

龙脉斜到，穴则正扦，但以两水交金为据；龙脉正来，穴则侧下迎堂，龙正穴侧，故曰翻成横圹。

穴凹必须平正，

穴落凹处必须凹处，平正不平正，乃界水耳，非真穴也，凹窝也。

背单但要乳长；

乳长则背单无妨；不长必要鬼托，否则仰瓦矣。

鬼还气以为奇，

鬼长能夺，我气若还。在后障风，在下塞水。为我用神，又自奇也。

劫有情而反吉。

劫去本分，我气若有。情环卫主，山反为吉也。鬼劫之龙，人所不喜。倘若还气，有情自结。垣局门户，亦奇吉而可用。此正解上文，亦一说。

后循脉气，休教丝线离针；前接堂情，无使夫妻反目。

作穴之法，内接生气、外接堂气而已。要接生气，必须后循来脉，不可斗、不可脱，如丝线穿针，勿令离也；要接堂气，必堂情与穴情相应如夫妇然，勿令

反目。

屈曲但寻转变，高低切看来情。

龙脉自是屈曲而来，要细心寻他转变去处则得矣。来情有阴有阳，穴情高低看此以定。

水里人眠，勿使襟据沾湿；

窝穴中必要乳突泡，谓之水里坐；如无，谓之水里眠。此乃金星开水窝之法。如无乳泡，就楞弦作穴，谓之藏头索气。否则，沾湿也。

壁间灯挂，莫令裀褥倾油。

高穴必要微窝，阳中要有少阴，纯阳则沾湿矣。阴中要有少阳，纯阴则油倾矣。地理来来往往，只要阴中阳、阳中阴，再无别说。

桥流水不流，为脉法之真机；

桥流，喻脉行也。水不流，两边界水不流过面前，合襟也。此脉行不止。看脉者，此其真机。

水过山不过，乃穴情之妙处。

水过，两水交过，合襟也。山不过，脉为水界，止而不行也。欲寻穴情，此其妙处。

逆水枪头之有力，顺流砂嘴之无情。

砂嘴如枪头逆水，则有力；顺水则无情。

顺砂过穴未言凶，尖杀藏锋反为吉。

又言砂之顺水，不可尽言无情。或环拦冲射之水，或过身横抱为案，又能藏锋不露尖杀，则不凶而反为文笔之吉矣。故云：过身者勿以顺嫌。

龙真穴的，始可论土色之精奇；

相地以龙穴为主，不真不的，纵土色精奇何益？故曰：土色次之。

堂舛砂讹，更莫问穴情之朕兆。

堂砂为穴证佐，又舛又讹，无穴可知，何必更言土色之美也。

水流生旺，但可用于砖头；

以方位论水流之生旺，此惟开沟砖上用之。若龙穴左右，只取水之屈曲、还顾有情而已，何论方位也。以见针盘卦例之不用也。

穴泥星辰，岂能移其板脚？

星辰，罗盘方位之星辰。今人泥此点穴，岂知生成之穴板脚定对蛤尖，岂星辰之所能移哉？

顺流扦平水，要堂局关锁以固真气；逆穴作高坟，宜龙虎开张以纳来情。

龙势顺结，扦穴不可太高。与水相平，仍要面前堂局关锁周密，使真气固而不散，最忌开张。龙势逆结，砂水来朝，当作高坟。及龙虎，亦要开张纳受来情，却嫌面前紧狭。

或为人之所同，不似我之所独。

独自享用砂水，不与人公共，方是真穴。此同不如独也。

背后卷空，仰瓦败自天来；

天财横结，须有鬼托。

面前反趏，斜飞气随形荡。

内有真穴，砂水自然抱护。反且斜焉，气荡可知。

星辰无化气，全凭融结之精神；

如上文所云，硬垄大肤，是无化气也。亦有流动可作穴处，必其融结极有精神，方可裁剪。若欠精神，又何凭焉？

作用有神功，要得裁剪之手段。变凶为吉，点铁成金。

点穴作用，得法自有神功，全在裁剪手段耳。有此手段，便可变凶为吉、点铁成金。非神功乎手段，即收山出煞、弃死挨生、接气迎堂、知止聚，识性情之类。上文句句皆是。

性穴万万般，虽有性形，而无性主；吉龙处处有，纵有吉地，而无吉人。是以好地常存于世间，良师罕遇于知己；售术贵乎观德，明珠恐有暗投；择友妙在知言，至宝无庸妄泄。此书在处，当有神物护持；后学得之，即是先师亲授。

《天宝经》

葬法第一

阴阳二路若能明，倒杖应须一葬成。
既识标竿深与浅，仍明后接与前迎。

接迎若误难为福，顺逆才差有废兴。
学者要明饶减法，常从脉路认真情。

葬法第二

看脉须从上看来，先分个字作根荄。
微微水路如灰线，瓴溜随龙两畔开。
送入穴中应有合，合时葬口自凹隈。
详观证应能分晓，倒杖何妨任剪裁。

葬法第三

阴从天降气非沉，阳气先应地下升。
仰掌案囊知壮弱，覆拳脊硬欠和平。
急来缓处堪扦穴，脉缓宜从急处评。
急缓殊途明进退，更将分数折来情。

葬法第四

人穴尖圆仔细推，好从个字下寻之。
若将口鼻都锄破，便是曾杨也有疑。
前有后无休下手，左空右缺莫轻为。
看他证应分明了，方用阴阳讨细微。

葬法第五

不识阴阳莫乱埋，葬其所止串其来。
乘风则散界水止，界限些儿莫过裁。
上面脉来观尽绝，毬檐慎勿破其腮。
更看偏左并偏右，分寸无违始妙哉。

葬法第六

脉来尽处已成穴，深浅明堂须辨别。

后头标竿在中央，前面看水何处合。
合处分明是向端，挂定线兮为正墨。
断然不必用罗经，天地生成一定则。

葬法第七

聚者上分下抱腮，散因下合上头开。
阳升阳降情难合，阴媾阴交气不来。
奇耦往来成化育，雌雄匹配孕胞胎。
但观左右乾流水，真假分明不用猜。

葬法第八

二分饶减定毫厘，差了些儿气便衰。
撞脉黄金生白烂，伤时骨黑入淤泥。
脉离湿烂生虫蚁，脉撞伤冲会者稀。
饶让小人从耳入，接迎君子脑应之。

葬法第九

折葬毬扦不一般，先明前缩紧和宽。
仍观偏左并偏右，吞吐情分两样安。
若是阴来当架折，阳来板脑枕毬端。
最嫌翻斗成殃祸，寄语时师莫误钻。

葬法第十

凡认脉情观住绝，水若行时脉未歇。
歇时当有小明堂，气止水交方是穴。
后面若令气可乘，前头要使水可泄。
若还凿脑与凿头，凑急伤龙匪融结。

葬法第十一

暗翊元从阳处寻，明肩出处定从阴。
生居大小八字下，四应观他照穴心。
倘然二水无明暗，却把高低两扇看。
阴阳到此定分匹，生死亦须从此判。

葬法第十二

阴见阳来合就阳，阳来阴受浅中藏。
阴阳相半观来脉，前接堂情匹配装。
后倚前迎如合度，更从急缓细消详。
世间穴法知多少，一理才通总断当。

《乘生秘宝经》

开宗演道章

老子五千犹简略，阴符三百尚支离。
世间葬法知何限，微妙无过十二诗。

阴阳正架章

阴阳脉体分强弱，迎接之方有架毬。
出入二途因急缓，故令葬法不相侔。

明暗厚薄章

水从两畔分明暗，气向中间定吸嘘。
更有一般生死法，看他厚薄是如何。

四应真情章

外观四应知匡郭，内别真情见肺肝。
不幸曾经戕贼坏，烦君再向土中看。

配与不配章

夫妇同行一路收，阴阳不配两边流。
水分十字扦须架，若也无分只枕毬。

双脉单脉章

双脉齐长小股扦，或求短股气纯全。
若还单脉如何葬，一法迎之就实边。

贴脊窝钳章

贴脊骨深多死肉，窝钳气散待生肌。
骨深挖入方为的，气散偏从聚处宜。

横圹转柴章

左右龙来分顺逆，正斜出脉验雌雄。
前头接局教安稳，后面乘生莫失宗。

曲脉翻斗章

龙来屈曲认尖圆，点穴多从动处粘。
可笑庸师差入路，斧头翻斗最堪嫌。

分合真伪章

有分无合名为假，有合无分是独阳。

下合上分交度好，情真穴正合天常。

浮沉浅深章

阳脉沉潜深处取，阴龙浮露浅中求。
坦夷涸燥无过此，却与排星事不侔。

蛮肤硬面章

蛮肤单股水文交，横荫微茫孕脉苗。
硬面朗梳钳口出，直流垄对不须饶。

合角禾鍪章

三叉合角及禾鍪，锯口牛唇仔细消。
下角上鍪当正作，下鍪上角亦须饶。

叮咛告戒章

此书净尽泄天机，在在神灵谨护持。
寄语后人须秘宝，莫将至道等儿嬉。

《璚林国宝经》

总歌

先看来龙后论穴，只审到头第一节。
五星切要体性真，入穴相生须辨别。
带劫带煞并刑克，此是败龙何劳说。
生死硬软观性意，真假虚实防漏泄。
梗乳窟息与突脉，无脉节气请须折。
鬚比合气两难下，倚撞盖粘并斩截。

浮沉吞吐转架毬，字字须凭师口诀。
第一切要识阴阳，阳龙阴穴阴龙阳。
覆仰乳钳仔细辨，四字其中奥义长。
地气元来有元牝，脉粗两畔细消详。
脉小不离方寸位，顺逆时师难度量。
急来须就缓处取，缓来须凭急处藏。
左来右下右关水，右来左下左边长。
相生须向逆水向，相克顺水最为良。
浅深尺寸有定法，四兽仍须看四方。
雌雄十道谁会得，龙穴砂水有隈藏。
上看脉来下看口，此法毫厘不可走。
出口入尾有元微，不得师传却似迷。
请君细看穴中煞，少则失粘多不发。
上有三叉下两片，尖圆平直随所见。
移花接木有顺逆，乘接之方存缓急。
虽然明得此真经，不熟山头眼如漆。

定穴证应口诀

大凡看地，先认穴情何若，次观正应分明。详化生脑大八字，大八字下须有四应。正宫左右，认明肩暗翊。肩高为阴，肩低为阳。有两边小绳路，水如草蛇灰线，分股明股暗，交护水痕，送气脉从。小八字下，亦分股明股暗。盖一边水来急，股暗为阴；一边水来缓，股明为阳。左右证应，当水缠绕气脉而下，至三叉个字下，水抱尖圆处即的对，认是何名字。或尖或圆，或顺生或逆生，或闪左或闪右。或上阴下阳，先强而后弱；或上阳下阴，先缓而后急。认毬檐上阴阳，就左右手看何边为阴，何边为阳，必有一气葬口。或气脉送名字至毬檐上止，其气急，谓之阴；或气脉送名字来缓，离毬檐上一二尺不来，其气弱，谓之阳。或合饶减，或不须饶减，熟认尖圆的对，以定急缓。取放棺吹枕之法，须和阴冲阳，亦有曰阳就阴。或脉来急，露而不隐是阴，可枕归阳边。饶二分阴来定深浅，以水抱葬口下合，即贴身第一合交腮水合处为度。脉正来缓者，隐而不露是阳，可枕归于阴边。

倚其急阳来定深浅，以第二合虾鬚水合处为度，盖以涸燥宜浅、坦夷宜深故也。顺逆之法不过如此，却立标竿于葬口，上用小绳一条贴地缚在标竿之下，牵至明堂前，下面送三叉合水处认或阴或阳，以定一合水尖处为准的。葬口准对明堂之准，登搭其绳，横过两平，却用杖于下竿约量高低，得几多尺寸，则浅深可知矣。然其妙又当开井验土纹以证之，必得五色兼备之土或红黄鲜明脆嫩之石，晕文的确，与亡者脑之正凑无使有失高失低乃善。经曰：浅深得乘，风水自成。良有以也。定向坐之法，亦就葬口上立标竿对明堂，前将小绳牵至下面三叉合水处为准，认阴阳以定远近分合。如阴来，以第二合交腮水合处为向坐；阳来，以第三合金鱼水合处为向坐，乃天造地设一定不易之法虽有奇踪怪穴万状千形，亦不能出此规矩之外也。

奇形怪穴法

高窠

高窠高窠不厌高，
燕案凹里产英豪。
啸天龙兮安鼻耳，
金龟背兮并巨鳌。
天盆天湖莲花心，
仙掌峰露云可侵。

低窠

低窠低窠近平地，
伏龙伏虎穴居鼻。
螺蛳螃蟹腌中扦，
下后儿孙真富贵。

长窠

长窠长窠不厌长，

何妨龙虎直茫茫。
盖天旗心脉不走，
彩幡跨下气潜藏。
仰船稍兮金钗股，
罗带同心结为主。
雄龙冲兮羝户安，
功名富贵无居左。

短窠

短窠短窠短不妨，
狮子鼻根名印堂。
马鼻寿星虎鼻孔，
卧牛目里产侯王。

反窠

反案反案皆背结，
金勾曲处来安穴。
象形鼻曲龙虎回，
顾印真龟蓄肩下。
巨蟹蟹钳钳里安，
下后天然之富贵。
蟠龙曲兮龙尾扦，
宛转回环曲处安。
蟠龙颔下眠犬颈，
曲凤回环来顾鸾。

侧窠

侧窠形势不安平，
偏颇高低穴似倾。

扷船侧掌行蛇曲，
或如牛耳披须积。
有时作穴如牛耳，
扦角有峰牛角起。
虽然欹侧葬牛耳，
白屋能生卿相子。

双窠

双窠自是有奇山，
莫将龙虎穴头安。
天雄蜈蚣两鼻孔，
龙鼻虎鼻细详看。
翔龙鼻兮螃蟹眼，
两畔一般死背反。
此形若突颈安扦，
利益真诚无有损。

单窠

单窠单窠不可双，
天雄蜈蚣钳里藏。
鱼脑弩圆并弹眼，
马面寿星居中央。
象形有鼻一边转，
若作双案顺一反。
两边鼻眼一边雄，
只处雄边为气本。

大突

大突之穴大突形，

悬囊垂腹凤凰膺。
龙颡鳌头骑虎额，
直须龙虎抱分明。
突穴若无龙虎抱，
腾翻不蓄如风扫。
或成宛转左右兜，
逆水上来为至宝。

小突

小突之穴气不微，
藏头王字舌头儿。
狗眠龙卧求其乳，
金鸡抱卵出窝龟。
两畔护身须揖拱，
后龙不许见斜欹。
若是横欹灾最重，
时师得处讨真机。
大凡小突气无全，
不必留心向此源。
抛踪闪迹更前去，
大成大受有天然。
将军旗峰并鼓角，
小突山前最磊落。
大龙毕意自潜踪，
山突之中徒结作。

蟠曲

蟠曲蟠曲穴偏奇，
顾尾龙穴转头龟。

蟠龙交龙穴在腹，
蟠龙卧龙亦如之。
回风膺头行蛇曲，
跃鱼尾上犀牛腹。
形如卷象耳耽耽，
宛转之中多作福。

坡垂

坡垂之穴大龙来，
飞龙吐气渐低隈。
龙吐云兮云上穴，
虎啸风兮气似雷。
骆驼囊兮囊上落，
天虹贯水虹头作。
有时山似敛旗形，
向首直须求转脚。

龙虎

龙虎之穴不孤单，
须教虎伏与龙蟠。
狮子拱毬两脚抱，
弄珠龙鼻脚回还。
负扆心里陇中峙，
两边湾环势可倚。
螃蟹双整两距生，
口中一穴符天理。
卧龙穴须额下求，
尾蟠足转顾其头。
凤凰头兮羽翼就，

仍须有案水湾兜。
龙虎须全无山案，
水不之元真气散。
山无秀气生顽愚，
四兽并如相拄贯。

骑跨

骑跨之穴最难别，
点穴还须腹内截。
龟扦颈上自天然，
凤头龙顶细详诀。
骆驼鞍上穴须高，
龙麟山根龙虎歇。
群蛇出洞一蛇抱，
曲处穴居七寸结。
金鞭袅里瓜藤蒂，
总要前峰抱罗列。
若无龙虎水无缠，
前案无峰天狱穴。
奇形势乱影无踪，
除是真龙形颖脱。
棺材横向龙虎腰，
向穴之水须特达。
有时形穴无不周，
又恐当头八字流。
应案城门无吉势，
假令富贵亦难悠。
或有案高峰不起，
正穴不曾安穴里。

高高天外望前峰，
破败亡家皆为此。

平地

平地之穴易中难，
来龙有气穴斯安。
欹流破射皆凶气，
勿恃平洋胜似山。
浮海簰心为正穴，
系定之簰尾上穴。
著岸簰兮穴在头，
应案水城须合诀。
锦毡心穴豹皮心，
如意飞仙座处寻。
新月流星求影焰，
南北斗口值千金。
黄龙吐气求和气，
气未和时失经序。
牛皮形穴穴难安，
十二穴中生富贵。

山巅

山巅之穴不寻常，
形如覆釜底中藏。
金鸡卵上微微窍，
出水金龟背上长。
啸天龙颡突中窟，
金莲心里无空缺。
四畔波涛傍巨鳌，

灵龟背上生人杰。

依山

依山之穴在山根，
飞天蜈蚣气上尊。
卧牛腹穴眠兮弛，
新月初生角上弦。
斗牛斗龙两山气，
依靠一山为主帅。
伏龙伏虎伏狮龟，
鱼腹灵蛇气潜至。
或在天虹贯日形，
两头穴上不分明。
或成卧象鼻生石，
依靠山巅气自生。

傍水

傍水之穴山形促，
卧牛膀胱江豚腹。
饮水龙兮饮水蛟，
穴在鼻中前水曲。
弄水灵龟穴在肩，
甘泉涌出卧龙湾。
猿猴饮水或乔泉，
水边螃蟹子宫前。
宝砚之形真是石，
汹涌墨池须要识。
石中得土是天然，
金马玉堂清要职。

水中

水中之穴诚清奇，
陆地神仙方识之。
金龙口兮金鳌口，
金狮金鱼口最宜。
海鰌海马俱求口，
鱼腹龙藏真不朽。
若将亲骨口中藏，
富贵荣华世稀有。

倒挂

倒挂之穴却如何，
龙行正面应嵯峨。
回宗顾主峰峦好，
倒挂安坟福更多。
子龙顾母回头耸，
尾转勾横山揖拱。
穴安腮颊后风拗，
百福千祥应接踵。
生龙出洞来委蛇，
回龙顾祖合天机。
或然形象成金带，
屈曲盘还如反背。
带头曲处顾金鱼，
朝水朝山来应对。
或有山如骑跨形，
面前粗恶不分明。
翻身顾后朝宗祖，

反手勾刀宛内寻。
下著顿教旋踵发，
青缃百世振家声。

石中

石中之穴少人知，
如龙如虎或如狮。
灵龟形如犍牛样，
口中安穴福之基。
螺肉蚌蛤蟹鳌里，
但得土穴贵无比。
岩岸石畔不须疑，
只恐水砂不全耳。

骑牛

骑牛之形三十六，
左右来兜皆吉穴。
水城接案寂无声，
列宿贵人要罗列。
一名文笔二元珪，
三四躬珪与纛旗。
五名拥璧双珪六，
双璧三台四转奇。
十道五侯相并合，
七星八国正周匝。
十五玉笏旌旗生，
双旗三旗生杂沓。
十九前逢列戟形，
楼台鼓角红旗迎。

攒攒簇簇相照应，
捍门华表插天生。
帷幄貂蝉皆主贵，
地灵孕秀产豪英。

夺气

夺气之穴皆有余，
须从过脉辨盈虚。
山如过去穴须在，
要令隐马与藏车。
流星赶月脉过月，
七星之间藏妙穴。
背星面月夺来气，
莫遣真元虚漏泄。
横马打毬捧对毬，
百步穿杨穴箭头。
生蛇过水勿令过，
赶雄龙气腹中求。
又有一般夺气地，
山腹之间求过气。
三枝五枝一样回，
亦解于中生富贵。

借气

借气之法来不来，
剥龙换骨作元胎。
势来形止脉未止，
隐隐隆隆妙矣哉。
犀牛解角非无角，

螺蛳脱壳非无壳。
神龙换骨论故新，
蛟龙吐气论纯驳。
睡龙睡虎并睡龟，
无突无窝穴莫为。
先看主山有奇处，
次验八干并四维。
新月垂光光熟辨，
不近不远隐而现。
有时新月魄中安，
明缺清奇天理现。
或安凤翼与龙珠，
温燠怡和气有余。
非窝非突人难识，
只将来脉辨盈虚。

奇怪

奇形怪穴人难信，
神龙入水口中认。
黄龙啸天鼻里求，
孤雁回风风势迅。
风鹏摆翼四边风，
金龟下海四边空。
狂鱼作浪波涛起，
巨鳌涌水水泉中。
鼎湖一片莲花叶，
月蚌开衔水天接。
海藏浮珠海屿中，
藏蛇吐舌形尤怯。

神丹出灶四方空，
五龙聚水水晶宫。
蛟龙饮水水入口，
荷叶跳珠湖泽中。
古人立法治风水，
多求聚散与行止。
若能于此悟天机，
造化元来在一指。

水砂

水砂之穴最多形，
坐下无山可讨论。
只将水势求天理，
立冢安坟福子孙。
水势成龙三十二，
只认去来看水势。
进龙十六看来朝，
翔龙十六看其势。
大进龙兮小进龙，
左进右进气潜通。
单成单舞并双雁，
三台四辅吉还同。
五星六合并七宝，
八国九星出师保。
十洲有水出神仙，
百会进祥大人造。

过海

过海之龙穴海中，

大海之中有所容。
或居龙口或龙鼻，
或耳或头或龙冲。
或在项兮或在尾，
有时龙爪擎天起。
四面波涛日夜生，
藏风聚气长儿孙。

抛闪

抛踪闪迹号真龙，
惟有真龙不易逢。
不比常龙徒显耀，
退藏于密晦真踪。
老龙睡稳其气足，
不在乳兮不在腹。
首尾交加若接连，
耳鼻之前或藏蓄。
有时结作戏龙形，
目鼻脐腹气皆倾。
卷鼻委蛇应头额，
谁知尾穴产豪英。
戏狮卧虎皆求尾，
乳虎舌兮饮龙耳。
走狮毬带有同心，
赶鹘虫形求鹤嘴。
或如嬉子坠丝形，
天然有穴网心成。
坐看网心朝嬉子，
枢密将相此中生。

宝马遗鞭何处穴，
四旁车马旌旗列。
须求遗鞭顺生形，
顺鞭一穴生贵哲。
骊龙颔下有明珠，
珠与龙身穴自殊。
珠焰前头形宛宛，
攀龙附凤佩金鱼。
真形三百六十五，
分明上应周天度。
人身命度总如斯，
消息盈虚有真数。

挂灯

挂灯穴在高山上，
万水千山皆入望。
八风不动尽教高，
下看公卿并将相。
高山自结龙虎窝，
十道承浆水不蹉。
点得真龙天巧穴，
判花视草与披荷。

花头

花头穴法人难识，
或在山间或在碛。
枝间软弱叶不多，
惟见花头乃堆积。
不问土山不问石，

石中有穴尤奇特。
蜂飞蝶舞叶徘徊，
穴向花心贵无敌。

漩涡

漩涡一穴最堪佳，
云叶团团水漩花。
穴在涡心最深稳，
千年富贵孟尝家。

流星

流星一穴最宜扦，
或在平湖或野田。
四畔茫然无倚托，
细看骨脉却连山。
过水蜘蛛同一体，
落地梅花皆此意。
神仙漏泄这真机，
满砌芝兰均富贵。

泛水梅花

真星脱体蘸清波，
泛水梅花出水荷。
煮茧跳鱼并泛藕，
满朝朱紫寿仍多。

蹄涔

蹄涔一穴落平洋，

或在高山顶上藏。
俗士怕嫌泥水湿，
不知葬了出朝郎。

金柜

陇头结穴方如柜，
下著人家主富贵。
坐山左右一般齐，
锁钥中间有嗞味。
莫嫌穴险不堪安，
怪处从来人厌观。
认取真龙真住处，
解令白屋出高官。

仙人出帘

端正尖峰秀且清，
真如仙女出帘形。
但高百丈脐心穴，
立见公卿佐圣明。

覆钟

覆钟便只是悬钟，
穴险难教俗眼通。
但向脐中扦一穴，
子孙富贵永无穷。
若是有风须低下，
不比尖头唇嘴者。
如钟只是点脐浤，
除此余无他说话。

金字

贪狼入穴身何似，
端正真如写金字。
当心一穴若能扦，
子子孙孙皆贵士。

太字

第一怪是太字火，
便有人字穴尤拙。
太字两边分得均，
人字股短一股掣。

人字

要知点穴法一般，
两股合处好安扦。
不教两股气分著，
定主其家富贵全。

垂珮

山中出穴如垂珮，
三角中间为事最。
不惟庙食与神仙，
子孙齐赴功名会。

三十六座骑龙穴法

三十六座骑龙穴，
不是神仙不敢别。

水分八字两边流，
且在穴前倾又跌。
无龙无虎无明堂，
水去迢迢数里长。
元武端雄气连过，
庸师岂敢妄评章。
真龙气涌难歇住，
结著穴了气还去。
就身作起案端严，
四正八方皆会聚。
外阳不问有和无，
只看藩垣与夹扶。
左右护龙并护水，
回还交锁正龙居。
或在龟肩或牛背，
或作鹤嘴蜘蛛肚。
凤凰衔印龙吐珠，
天马昂头蛇过路。
本案不拘尖与圆，
或横或直正无偏。
但寻真气归何地，
看取天心十道全。
或在高峰半山上，
或在平洋或溪傍。
或然水去万千寻，
或然水绕千万丈。
神仙略与说规模，
自可一湖通百湖。
巧目神机扦正穴，

何须逐一看沙图。
若人了得骑龙穴，
世代荣昌产英杰。
三元科甲未堪夸，
将相公侯朝帝阙。

骑龙截法

真龙头上说骑龙，
千变万化有何穷。
岂可三十六言尽，
高人心巧自能通。
坐山或峻或平漫，
案山偏正或尖圆。
元武虽行必不远，
前逢缠护转关阑。
水分八字下前溪，
相交咫尺是真机。
纵使留神三五里，
之元屈曲亦相宜。
更有十二直流穴，
相合骑龙四十八。
四十八穴若能扦，
下著子孙皆显达。
更有十二倒骑龙，
前篇砂水略形容。
千变万化理归一，
尽在聪明解悟中。
要砂无非捉脉气，
吉凶祸福毫厘耳。

乾旋坤转妙无穷，
心孔开时不难事。

倒影

乔松倒影卧斜阳，
红藕开时闻水香。
窗外月明窗内白，
天边归雁恋潇湘。
嘶马闻风于彼处，
冉冉风帆归别浦。
全神全气落何方，
未许时师轻漫语。
弃却青骢驾夜航，
月明双桨去忙忙。
青山低处见天阔，
红藕开时闻水香。
阴阳造化在元微，
巧目神机自合宜。
多见时师只碌碌，
捕风捉影太无知。

直穴

钳穴钗穴两臂直，
元神水直亦消得。
须是真龙头上寻，
不是龙头休费力。
前面山横水又横，
本身何虑直如倾。
古有十二直流穴，

请看神仙斗口经。

平地窠

平地有尖尖有窝，
此则是名抱鸡窠。
若把蹄涔一般看，
时师无识奈之何。
金锅煮茧波寻月，
落地梅花泛水荷。
大海浮沤丝钓饵，
平川跃鲤雁交鹅。
高低圆匾凸平凹，
浸泛尖方少独多。
穴法浮沉分聚散，
气明互换莫差讹。
妙参造化情投眼，
休学时师妄揣摩。

奇怪总诀

大抵怪形并异穴，
真龙头上方堪说。
若是真龙真住时，
何论端严与攲拙。
只看气脉在何山，
参合朝迎与护缠。
一任高山与平地，
神仙真眼但标扦。

接木泄天机口诀

阴阳之理，微妙难通。天实因之，神其司之。《葬书》曰：道眼为上，法眼次之。又曰：变而不法乃术之杂。术抵于杂，岂足以言地理也哉？此极言其不可无法度也。凡择地之法，先看大势在何处结聚；次看落头星辰、入手气脉；又其次看前面合脚及堂气。皆要合法，然后察入路之顺逆、阴阳、缓急，到头转跌合、如何迎接，要知生死去来、山从何来、水从何合，名字又证分晓，上开下合分明，方可倒杖，亦须用小明堂为证。其结穴之处不可无一锥之地，此即小明堂也。若无此，则不能知其脉之止处。须要上面分得个字端正，入路真的，更认两边虾鬚二水送脉明白，直至下面界合处住。前谓下合者，即虾鬚金鱼也。仔细审认，水合处即是脉尽处，脉尽处即是小明堂，有小明堂方是的确之所。若上面无分，下面有合，乃孤阳不生、模糊不来，即不可葬。若上面有分，下面无合，乃独阴不成、气散不真，亦不可葬。大凡真龙结穴，全凭三分、三合应验。三合者：入路名字住处，隐隐然分开流下，为第一合；贴身二水交流，为第二合；左右龙虎大会处，为第三合。此即上分下合也。外大合，诸人可见。或内合可见而不分晓者，法用茅草烧灰，布于作穴之所，待微雨之后，灰流成路，三合，自然明显。其孤阳、独阴者，不可以分合言也。或无三合止有二合者，乃枝龙之结气非不全，以其平坦故也。开井定深浅之法，非此合水不可知。阴龙气脉浮露，故用内一合。阳龙气脉沉隐，故用第二合也。其所量尺度之法，立一标竿于交毬滴断处，立一标竿于合尖水中，用线一条缚于两竿之上下，登搭两平则深浅可知矣，故曰：浅深得乘风，水自成开井。放棺亦以牵线为的。此为倒杖定向之法。明暗二字亦以二水别之，水明为阳水，暗为阴；阳者挨阴，阴者挨阳。反此则成翻斗斧头矣。然三合之内又自有明毬、暗毬之辨焉。若来脉直急，则脱毬而凑檐；来脉摆缓，则入檐而斗毬。若高了些子，则伤龙；低了些子，则伤穴。先贤曰：龙穴从来怕二伤，切忌伤龙与伤穴。又云：伤脉腐烂，离脉蚁入。切忌伤浮，又怕伤湿。此极言高低深浅不可分寸之违。故《葬书》曰：穴吉葬凶，与弃尸同。此之谓也。善葬者取阴阳二气交会之处以放棺，内接生气，外接堂气。生气者山也，堂气者水也。所谓脉不离棺、棺不离脉，棺脉相亲，剥花接木，此接木泄天机之所以得名也欤。世俗赃术多，因针盘以定向坐，指卦例以言吉凶，此大谬也，学者其慎之哉。